Geschichte und Geschehen

Handreichungen für den Unterricht 3

Herausgeber:
Prof. Dr. Michael Sauer

Autorinnen und Autoren:
Prof. Dr. Michael Epkenhans
Dr. Ursula Fries
Dr. Charlotte Husemann
Sönke Jaek
Dr. Christian Mehr
Anja Neubert
Dr. Heinz Niggemann
Prof. Dr. Michael Sauer
Dr. Holger Schmenk
Dr. Helge Schröder
Martin Thunich

Ernst Klett Verlag
Stuttgart · Leipzig · Dortmund

Umschlagbild: Die Abbildung zeigt das Fahrgestell einer Dampflokomotive mit typischer Treibstange. Die im 19. Jahrhundert entwickelten Dampflokomotiven nutzten das Prinzip der Dampfmaschine: Der aus erhitztem Wasser gewonnene Wasserdampf trieb die Lokomotive an. Die Entwicklung der Eisenbahn veränderte die Transportmöglichkeiten und das Verkehrswesen im 19. Jahrhundert grundlegend. Menschen und Waren konnten nun schneller und leichter transportiert werden. In Deutschland war die Eisenbahn eine wesentliche Triebfeder der Industrialisierung.

Quellennachweis

81 Ernst Klett Verlag GmbH, Stuttgart; **97.u.** Grafik: Ernst Klett Verlag, Stuttgart. nach: Brian R. Mitchell: Statistischer Anhang. In: Carlo M. Cipolla/
Knud Borchardt: Die Entwicklung der industriellen Gesellschaften. Fischer, Stuttgart/New York 1985, S. 504.; **108** Ernst Klett Verlag GmbH, Stuttgart; **174** Klett-Archiv, Stuttgart, nach: Elmar B. Potter/Chester W. Nimitz/Jürgen W. Rohwer, Seemacht. Eine Seekriegsgeschichte von der Antike bis zur Gegenwart, Pawlak, Herrsching 1986, S. 294.; **236** Ernst Klett Verlag GmbH, Stuttgart; **Cover** Thinkstock, München (tatyana_tomsickova);

1. Auflage   1 5 4 3 2 1 | 27 26 25 24 23

Alle Drucke dieser Auflage sind unverändert und können im Unterricht nebeneinander verwendet werden.
Die letzte Zahl bezeichnet das Jahr des Druckes.
Das Werk und seine Teile sind urheberrechtlich geschützt. Das Gleiche gilt für die Software und das Begleitmaterial. Jede Nutzung in anderen als den gesetzlich zugelassenen Fällen bedarf der vorherigen schriftlichen Einwilligung des Verlages. Hinweis § 60a UrhG: Weder das Werk noch seine Teile dürfen ohne eine solche Einwilligung eingescannt und/oder in ein Netzwerk eingestellt werden. Dies gilt auch für Intranets von Schulen und sonstigen Bildungseinrichtungen. Fotomechanische, digitale oder andere Wiedergabeverfahren nur mit Genehmigung des Verlages.
Jede öffentliche Vorführung, Sendung oder sonstige gewerbliche Nutzung oder deren Duldung sowie Vervielfältigung (z. B. Kopieren, Herunterladen oder Streamen) und Verleih und Vermietung ist nur mit ausdrücklicher Genehmigung des Ernst Klett Verlages erlaubt.
Nutzungsvorbehalt: Die Nutzung für Text und Data Mining (§ 44b UrhG) ist vorbehalten. Dies betrifft nicht Text und Data Mining für Zwecke der wissenschaftlichen Forschung (§ 60d UrhG).
An verschiedenen Stellen dieses Werkes befinden sich Verweise (Links) auf Internetadressen. Haftungshinweis: Trotz sorgfältiger inhaltlicher Kontrolle wird die Haftung für die Inhalte der externen Seiten ausgeschlossen. Für den Inhalt dieser externen Seiten sind ausschließlich die Betreiber verantwortlich. Sollten Sie daher auf kostenpflichtige, illegale oder anstößige Inhalte treffen, so bedauern wir dies ausdrücklich und bitten Sie, uns umgehend per E-Mail an info@klett.support davon in Kenntnis zu setzen, damit bei der Nachproduktion der Verweis gelöscht wird.
Lehrmedien/Lehrprogramm nach § 14 JuSchG

© Ernst Klett Verlag GmbH, Stuttgart 2023. Alle Rechte vorbehalten. www.klett.de
Das vorliegende Material dient ausschließlich gemäß § 60b UrhG dem Einsatz im Unterricht an Schulen.

Autorinnen und Autoren:
Prof. Dr. Michael Epkenhans, Dr. Ursula Fries, Dr. Charlotte Husemann, Sönke Jaek, Dr. Christian Mehr, Anja Neubert, Dr. Heinz Niggemann, Prof. Dr. Michael Sauer, Dr. Holger Schmenk, Dr. Helge Schröder, Martin Thunich

Mit Beiträgen von: Shari-Lynn Beutelspacher, Dr. Peter Offergeld, Friederike Seever

Externe Redaktion: Dirk Haupt, Leipzig
Entstanden in Zusammenarbeit mit dem Projektteam des Verlags.

Umschlaggestaltung: Petra Michel, Essen
Satz: endless creative – Holm Klix, Leipzig
Reproduktion: Meyle u. Müller GmbH & Co. KG, Pforzheim
Druck: Digitaldruck Tebben GmbH, Biessenhofen

Printed in Germany
ISBN 978-3-12-443171-4

Konzeption und Aufbau von Schulbuch und Handreichungen für den Unterricht

I Die Konzeption des Lehrwerks

„Geschichte und Geschehen" ist ein Unterrichtswerk für den Geschichtsunterricht an Gymnasien in der Sekundarstufe I. Es entspricht den konzeptionellen und inhaltlichen Vorgaben des aktuellen hessischen Kerncurriculums. Behandelt werden alle dort vorgeschriebenen Themen.

„Geschichte und Geschehen" orientiert sich an den im Kerncurriculum vorgegebenen Kompetenzbereichen. Die Entwicklung dieser Kompetenzen wird in allen Bausteinen der Schulbücher aufgegriffen und fortschreitend vertieft.

Das Lehrwerk kann in unterschiedlicher Weise genutzt werden. Darstellungs- und Arbeitsteil bilden ein integriertes Angebot. Sie können aber auch getrennt voneinander eingesetzt werden. Lehrkräfte können aus dem vorhandenen Angebot eine Auswahl treffen und eigene inhaltliche Akzente setzen. „Fakultative Unterrichtsinhalte" des G9-Lehrplans sind mit einem Symbol im Inhaltsverzeichnis und in den Unterkapiteln ausgewiesen.

„Geschichte und Geschehen" bietet damit ein unterrichtsbezogenes Grundangebot und ermöglicht es zugleich, individuelle Planungen im Hinblick auf spezifische Lernbedingungen vor Ort flexibel zu realisieren.

In der konzeptionell erweiterten Neuausgabe von „Geschichte und Geschehen" finden die Themen *Sprachbildung* sowie *Medienkompetenz* durch neue Schulbuchelemente besondere Berücksichtigung.

II Sprachsensibler Geschichtsunterricht

Sprachbildung

„Geschichte und Geschehen" legt ausdrücklich Wert auf fachbezogene Sprachsensibilität. Schwache Sprachleistungen bilden generell eine Hürde für Teilhabe an schulischer Bildung. Das gilt auch für das Gymnasium, an dem die Heterogenität der Schülerschaft langfristig immer mehr zunimmt. Sprachbildung ist deshalb zur Querschnittsaufgabe für alle Fächer geworden.

Darüber hinaus sind aber gerade mit dem Fach Geschichte besondere sprachliche Anforderungen verbunden. Das gilt vor allem für die Arbeit mit Textquellen, die die wichtigste Quellengattung des Geschichtsunterrichts bilden. Schülerinnen und Schüler sollen Textquellen verstehen, in denen in einer oftmals fremden Sprache und Begrifflichkeit ihnen fremde Dinge verhandelt werden. Bei der Interpretation solcher Texte sollen sie anspruchsvolle Denkoperationen vollziehen, die sich wiederum sprachlich (mündlich oder schriftlich) manifestieren. Schülerinnen und Schüler haben es aber auch mit schon ausformulierten Deutungen von Vergangenheit zu tun. Dabei handelt es sich in erster Linie um die Verfassertexte des Schulbuchs, zuweilen aber auch um sprachlich komplexe Historikertexte, deren Aussagen und Urteile sie analysieren sollen.

Textquellen

Sowohl bei Quellen- als auch bei Darstellungstexten geht es um den Abbau möglicher Verständnisbarrieren. Das besondere Problem bei Textquellen liegt darin, dass sie nicht beliebig durch „Umschreiben" an den sprachlichen Horizont von Schülerinnen und Schülern angepasst werden können; vielmehr ist der Wortlaut des Textes gegeben, die einzige Anpassungsmöglichkeit besteht in Kürzungen (wenn man von einer modernisierenden Übertragung etwa eines frühneuhochdeutschen Textes oder einer gezielten Neuübersetzung einer fremdsprachigen Quelle absieht). Umso notwendiger sind *Worterklärungen*. Sie beschränken sich in „Geschichte und Geschehen" nicht nur auf einzelne zeitspezifische „Fachbegriffe", sondern beziehen auch andere Begriffe und sprachliche Wendungen ein, die heutigen Schülerinnen und Schülern alltagssprachlich nicht vertraut sind.

Verfassertexte

Verfassertexte sollen komplexe historische Gegebenheiten für Schülerinnen und Schüler verständlich darstellen. Sie müssen also einerseits sachadäquat, andererseits adressatengerecht geschrieben sein. „Geschichte und Geschehen" vermeidet *unnötige sprachliche Barrieren* insbesondere für die unteren Klassenstufen, indem

- die Texte durch Zwischenüberschriften und Absätze kleinteilig strukturiert werden;
- die Satzlänge überschaubar bleibt;
- stark hypotaktische und komplexe Satzkonstruktionen (z. B. Partizipialgruppen, Inversionen, weite Satzklammern) keine Verwendung finden;
- wichtige und/oder schwierige Begriffe in der Marginalienspalte erläutert werden;
- auf komplizierte Begriffe und Wendungen (abgesehen von unentbehrlichen Fachbegriffen) und überflüssige Varianz in der Begriffsverwendung verzichtet wird.

Durch sprachliche Verknappung können Texte unter Umständen auch schwerer verständlich werden, weil sie an Anschaulichkeit verlieren. „Geschichte und Geschehen" stellt deshalb auch *Konkretisierungen durch Bilder, Personifizierungen oder historische Szenarien* her, um die Vorstellungsbildung von Schülerinnen und Schülern zu unterstützen. Dies geschieht zum einen durch die kurzen Geschichtserzählungen im Kontext der Verfassertexte. Zum anderen dienen dazu gezielte Verweise auf einzelne Materialien im Verfassertext: Wenn dort eine Stadt, eine Region oder ein Land erwähnt wird, unterstützt ein Verweis auf die Geschichtskarte im selben Kapitel die räumliche Orientierung der Schülerinnen und Schüler.

Wenn im Text ein Gegenstand (zum Beispiel ein Faustkeil) erwähnt wird, von dem Schülerinnen und Schüler keine oder eine anachronistische Alltagsvorstellung haben, bewirkt der Verweis auf eine Bildquelle eine Konkretisierung bzw. Historisierung.

Die Verfassertexte werden durchweg von *Arbeitsaufträgen* erschlossen. Diese unterstützen die Sinnentnahme, zugleich machen sie deutlich, dass Verfassertexte nicht einfach mitteilen, „wie es wirklich war", sondern be- und ggf. auch hinterfragt werden müssen.

Arbeitsaufträge/Operatoren
Eine weitere sprachliche Herausforderung für Schülerinnen und Schüler stellt das Verständnis und die Umsetzung von Operatoren dar. Denn mit Operatoren verbinden sich einerseits bestimmte geistige Operationen, andererseits aber auch spezifische (mündliche oder schriftliche) Sprachhandlungsmuster, die Schülerinnen und Schüler kennen und realisieren können sollen. Deshalb erläutert „Geschichte und Geschehen" in einem *Operatorenglossar* die Aktivitäten, die jeweils mit einem Operator intendiert sind, und bietet zusätzlich *Formulierungshilfen* dazu an.

Formulierungshilfen finden sich ebenfalls auf den Kompetenztrainingsseiten. Alle Kompetenztrainingsseiten enthalten ein dreischrittiges Erarbeitungsschema. Zu jedem Schritt werden Umsetzungsbeispiele in Form geeigneter Formulierungen für Satzanfänge gegeben. Dem Umgang mit Operatoren sind außerdem spezielle *Kompetenztrainingsseiten* gewidmet. Sie vertiefen noch einmal die im Operatorenglossar gegebenen Formulierungshilfen, indem die Realisierung ausgewählter zentraler Operatoren an Modelltexten vorgeführt und geübt wird.

Abgesehen von den Operatoren enthält in der Regel jedes Unterkapitel mindestens einen *Arbeitsauftrag, der in besonderer Weise eine sprachliche Aktivität intendiert*. Diese Aufgaben können noch einmal das Verstehen und Anwenden von Operatoren aufgreifen, bestimmte textsortenbasierte Sprach- und Schreibhandlungen anregen, den Umgang mit Fachbegriffen intensivieren oder produktionsorientierte Möglichkeiten der Zusammenfassung und Präsentation vorschlagen (Lernplakat, Beitrag für ein Schülerlexikon, SMS …). Zu diesen ausgewiesenen Arbeitsaufträgen zählen auch jene, die handlungsorientiert auf eine *historische Simulation* zielen: Schülerinnen und Schüler sollen sich zu einer Quelle oder allgemeiner zu einer historischen Situation als Zeitgenossen in einer vorgestellten Rolle und in einer bestimmten Textsorte äußern (Tagebucheintrag, Brief, Zeitungsartikel, Rede …). Damit Schülerinnen und Schüler einem solchen Arbeitsauftrag nachkommen können, erläutert „Geschichte und Geschehen" die inhaltlichen und sprachlichen Besonderheiten der jeweiligen Textsorte im Kontext des Operatorenglossars.

Concept Maps
Mit Concept Maps lassen sich historische Sachverhalte auf der Basis von Begriffen in komprimierter, visualisierter Form zusammenzufassen. Der „Klassiker" der Concept Map ist das Verfassungsschema oder -schaubild. Die Aufgabe für Schülerinnen und Schüler besteht darin, dieses fertige Schema zu „lesen" und zu verbalisieren. Concept Maps können jedoch auch als „Halbfertigprodukte" präsentiert werden, in denen manche Begriffe und Bezüge bereits vorgegeben, andere aber offengelassen sind; diese müssen dann von den Schülerinnen und Schülern ergänzt werden. „Geschichte und Geschehen" bietet auf ausgewählten Seiten der Rubrik „Wiederholen und Anwenden" *Concept Maps* als Mittel der *Zusammenfassung, Strukturierung und Einprägung* an. Sie weisen eine Progression von einem weitgehend vollständigen Schema hin zu immer stärkerer Offenheit und Ergänzungsbedürftigkeit auf.

III Medienkompetenz im Geschichtsunterricht

Geschichte ist immer „was mit Medien"

Da die Vergangenheit nicht direkt zugänglich ist, sondern unsere Rekonstruktionen vergangener Zeiten immer zugleich auf Medien beruhen wie auch sich in Medien ausdrücken, lässt sich sagen, dass jede Form der Auseinandersetzung mit Geschichte notwendigerweise immer über Medien erfolgt und Geschichtslernen somit immer allgemeine wie fachspezifische Medienkompetenzen voraussetzt und fördert. Geschichte ist daher im Rahmen des schulischen Fächerkanons ein zentraler Platz für den Erwerb und die Förderung von Medienkompetenz. Im Mittelpunkt des Geschichtsunterrichts steht von Anfang an das Erlernen eines fachspezifischen kompetenten Umgangs mit Quellen und Darstellungen. Diese liegen analog wie digital in unterschiedlichen medialen Formen vor: als gesprochene Sprache, Texte, Bilder, Filme oder auch in Form von Computerspielen.

(Digitale) Medien, historische Inhalte und Kompetenzen

Digitale Medien sind kein losgelöstes Additum, sondern ihre Integration in den Unterricht erfolgt kompetenzorientiert in der Auseinandersetzung mit historischen Inhalten. Inhalte, Medien und Kompetenzen sind aufeinander bezogen und bedingen sich gegenseitig: Durch die Arbeit an historischen Inhalten erwerben, üben und erweitern die Schülerinnen und Schüler ihre Medienkompetenzen, mit deren Hilfe sie wiederum Geschichte und ihre Zusammenhänge besser verstehen, sich aneignen, analysieren und beurteilen können. Die Schülerinnen und Schüler erwerben dabei im Geschichtsunterricht über die fachlichen Inhalte und Methoden hinaus grundlegende Kompetenzen für das Leben und Arbeiten in einer stark medialisierten Welt. Im Prozess des historischen Lernens wird an Medien (z.B. Quellenanalyse MKR 1.2), über Medien (z.B. Medienanalyse MKR 6.1), mit Medien (z.B. Medienproduktion MKR 3.1) wie auch in Medien (z.B. digitale Umgebungen und Arbeitsmöglichkeiten MKR 4.1 und 5.4) gelernt.

Medienkompetenz im Kerncurriculum Geschichte

War der Geschichtsunterricht lange vorrangig auf die Arbeit mit geschriebenen Texten ausgerichtet, zu denen bedingt durch die Verbesserung der Drucktechnik zunehmend Bilder hinzutraten, nehmen der Medienkompetenzrahmen Hessen (vgl. S. 6f.) und das Kerncurriculum Geschichte nun die große Breite medialer Formen von Quellen und Darstellungen in den Blick und machen sie von Beginn an zum Thema im Unterricht. Aus der Sicht des Geschichtsunterrichts lassen sich im Medienkompetenzrahmen Hessen (MKR) vier Bereiche identifizieren, die – jeweils auch unter Berücksichtigung digitaler Formen – besonders relevant erscheinen:

1) das (Er-)Kennen unterschiedlicher medialer Formen, z.B. die Unterscheidungen verschiedener Gattungen von Quellen und Darstellungen (MKR 6.2);
2) das Untersuchen von Quellen und Darstellungen, z.B. durch die Quelleninterpretation (MKR 1.2, 6.1, 6.2);
3) das kritische Beurteilen und Bewerten von Aussagen in Quellen und Darstellungen, z.B. das Hinterfragen von Geschichtsbildern und erinnerungskulturellen Phänomenen (MKR 1.2, 6.1, 6.2);
4) das Nutzen und Anwenden von Medien als (digitale) Werkzeuge, z.B. bei der Informationsrecherche (MKR 1.1) oder der Präsentation von Arbeitsergebnissen (MKR 3.1).

Umsetzung in „Geschichte und Geschehen"

Im vorliegenden Schulbuch werden diese Bereiche durch Kompetenztrainings vorbereitet und dann durch mit „MK" gekennzeichnete Aufgaben zur „Medienkompetenz" eingeübt. Zugleich sind neben den bisherigen Medienformaten in diesem Schulbuch neue berücksichtigt, um Schülerinnen und Schüler neben Stift, Papier und Kreidetafel von Anfang an digitale Werkzeuge z.B. zur Text- und Bildbearbeitung für die Arbeit in der Schule und zu Hause nahezubringen. In Erweiterung des Schulbuchs werden durch Links ins World Wide Web auch digitalisierte Quellen und digitale Formen aktueller Geschichts- und Erinnerungskultur für den schulischen Geschichtsunterricht erschlossen. Im Laufe der folgenden Bände werden die Medienformate wie auch die Kompetenzerwartungen, wie vom Kernlehrplan vorgesehen, nach und nach erweitert, sodass die notwendige, altersgemäße Progression der einzelnen Kompetenzen durch die Arbeit mit dem Schulbuch angebahnt und unterstützt wird.

Medienkompetenzrahmen Hessen

1. Suchen, Verarbeiten und Aufbewahren	2. Kommunizieren und Kooperieren	3. Produzieren und Präsentieren	4. Schützen und sicher Agieren	5. Problemlösen und Handeln	6. Analysieren und Reflektieren
1.1 Suchen und Filtern Arbeits- und Suchinteressen klären und festlegen; Suchstrategien nutzen und weiterentwickeln; In verschiedenen digitalen Umgebungen suchen; Relevante Quellen identifizieren und zusammenführen	**2.1 Interagieren** Mit Hilfe verschiedener digitaler Kommunikationsmöglichkeiten kommunizieren; Digitale Kommunikationsmöglichkeiten zielgerichtet und situationsgerecht auswählen	**3.1 Entwickeln und Produzieren** Mehrere technische Bearbeitungswerkzeuge kennen und anwenden; Eine Produktion planen und in verschiedenen Formaten gestalten, präsentieren, veröffentlichen oder teilen	**4.1 Sicher in digitalen Umgebungen agieren** Risiken und Gefahren in digitalen Umgebungen kennen, reflektieren und berücksichtigen; Strategien zum Schutz entwickeln und anwenden	**5.1 Technische Probleme lösen** Anforderungen an digitale Umgebungen formulieren; Technische Probleme identifizieren; Bedarfe für Lösungen ermitteln und Lösungen finden beziehungsweise Lösungsstrategien entwickeln	**6.1 Medien analysieren und bewerten** Gestaltungsmittel von digitalen Medienangeboten kennen und bewerten; Interessengeleitete Setzung, Verbreitung und Dominanz von Themen in digitalen Umgebungen erkennen und beurteilen; Wirkungen von Medien in der digitalen Welt (zum Beispiel mediale Konstrukte, Stars, Idole, Computerspiele, mediale Gewaltdarstellungen) analysieren und konstruktiv damit umgehen
1.2 Auswerten und Bewerten Informationen und Daten analysieren, interpretieren und kritisch bewerten; Informationsquellen analysieren und kritisch bewerten	**2.2 Teilen** Dateien, Informationen und Links teilen	**3.2 Weiterverarbeiten und Integrieren** Inhalte in verschiedenen Formaten bearbeiten, zusammenführen, präsentieren und veröffentlichen oder teilen; Informationen, Inhalte und vorhandene digitale Produkte weiterverarbeiten und in bestehendes Wissen integrieren	**4.2 Persönliche Daten und Privatsphäre schützen** Maßnahmen für Datensicherheit und gegen Datenmissbrauch berücksichtigen; Privatsphäre in digitalen Umgebungen durch geeignete Maßnahmen schützen; Sicherheitseinstellungen ständig aktualisieren	**5.2 Werkzeuge bedarfsgerecht einsetzen** Eine Vielzahl von digitalen Werkzeugen kennen und kreativ anwenden; Anforderungen an digitale Werkzeuge formulieren; Passende Werkzeuge zur Lösung identifizieren; Digitale Umgebungen und Werkzeuge zum persönlichen Gebrauch anpassen	
1.3 Speichern und Abrufen Informationen und Daten sicher speichern, wiederfinden und von verschiedenen Orten abrufen; Informationen und Daten zusammenfassen, organisieren und strukturiert aufbewahren	**2.3 Zusammenarbeiten** Digitale Werkzeuge für die Zusammenarbeit bei der Zusammenführung von Informationen, Daten und Ressourcen nutzen; Digitale Werkzeuge bei der gemeinsamen Erarbeitung von Dokumenten nutzen	**3.3 Rechtliche Vorgaben beachten** Bedeutung von Urheberrecht und geistigem Eigentum kennen; Urheber- und Nutzungsrechte (Lizenzen) bei eigenen und fremden Werken berücksichtigen; Persönlichkeitsrechte beachten	**4.3 Gesundheit schützen** Suchtgefahren vermeiden, sich selbst und andere vor möglichen Gefahren schützen; Digitale Technologien gesundheitsbewusst nutzen; Digitale Technologien für soziales Wohlergehen und Eingliederung nutzen	**5.3 Eigene Defizite ermitteln und nach Lösungen suchen** Eigene Defizite bei der Nutzung digitaler Werkzeuge erkennen und Strategien zur Beseitigung entwickeln; Eigene Strategien zur Problemlösung entwickeln und mit anderen teilen	

(Medienkompetenzrahmen Hessen, aus: Hessisches Kulturministerium (Hrsg.) (2019): Praxisleitfaden Medienkompetenz – Bildung in der digitalen Welt, Wiesbaden, S. 10–11. Online unter: https://kultusministerium.hessen.de/presse/infomaterial/9/praxisleitfaden-medienkompetenz-bildung-der-digitalen-welt, Zugriff: 18.03.2021)

Medienkompetenzrahmen Hessen

1. Suchen, Verarbeiten und Aufbewahren	2. Kommunizieren und Kooperieren	3. Produzieren und Präsentieren	4. Schützen und sicher Agieren	5. Problemlösen und Handeln	6. Analysieren und Reflektieren
	2.4 Umgangsregeln kennen und einhalten (Netiquette)		**4.4 Natur und Umwelt schützen**	**5.4 Digitale Werkzeuge und Medien zum Lernen, Arbeiten und Problemlösen nutzen**	**6.2 Medien in der digitalen Welt verstehen und reflektieren**
	Verhaltensregeln bei digitaler Interaktion und Kooperation kennen und anwenden; Kommunikation der jeweiligen Umgebung anpassen; Ethische Prinzipien bei der Kommunikation kennen und berücksichtigen; Kulturelle Vielfalt in digitalen Umgebungen berücksichtigen		Umweltauswirkungen digitaler Technologien berücksichtigen	Effektive digitale Lernmöglichkeiten finden, bewerten und nutzen; Persönliches System von vernetzten digitalen Lernressourcen selbst organisieren können	Vielfalt der digitalen Medienlandschaft kennen; Chancen und Risiken des Mediengebrauchs in unterschiedlichen Lebensbereichen erkennen, eigenen Mediengebrauch reflektieren und gegebenenfalls modifizieren; Vorteile und Risiken von Geschäftsaktivitäten und Services im Internet analysieren und beurteilen; Wirtschaftliche Bedeutung der digitalen Medien und digitaler Technologien kennen und sie für eigene Geschäftsideen nutzen; Die Bedeutung von digitalen Medien für die politische Meinungsbildung und Entscheidungsfindung kennen und nutzen; Potenziale der Digitalisierung im Sinne sozialer Integration und sozialer Teilhabe erkennen, analysieren und reflektieren
	2.5 An der Gesellschaft aktiv teilhaben			**5.5 Algorithmen erkennen und formulieren**	
	Öffentliche und private Dienste nutzen; Medienerfahrungen weitergeben und in kommunikative Prozesse einbringen; Als selbstbestimmter Bürger aktiv an der Gesellschaft teilhaben			Funktionsweisen und grundlegende Prinzipien der digitalen Welt kennen und verstehen; Algorithmische Strukturen in genutzten digitalen Tools erkennen und formulieren; Eine strukturierte, algorithmische Sequenz zur Lösung eines Problems planen und verwenden	

Medienkompetenzrahmen Hessen, aus: Hessisches Kulturministerium (Hrsg.) (2019): Praxisleitfaden Medienkompetenz – Bildung in der digitalen Welt, Wiesbaden, S. 10–11. Online unter: https://kultusministerium.hessen.de/presse/infomaterial/9/praxisleitfaden-medienkompetenz-bildung-der-digitalen-welt, Zugriff: 18.03.2021).

IV Aufbau der Schulbücher

Zeitleiste

Zur fachlichen Kompetenz gehört auch eine weiträumige Orientierung in der Geschichte. Deshalb befindet sich hinter der Titelseite der Schulbücher jeweils eine ausklappbare Zeitleiste. Sie gibt einen Überblick über den gesamten im Schulbuch behandelten Zeitraum. Die dort angegebenen Daten empfehlen sich als Lernzahlen.

Kapitel und Unterkapitel

Die Schulbücher sind nach den im Kernlehrplan ausgewiesenen Inhaltsfeldern in Kapitel gegliedert. Die Kapitel sind wiederum in Unterkapitel mit einem Umfang von zwei oder vier Buchseiten unterteilt. Diese Unterkapitel können im Unterricht in ein oder zwei Unterrichtsstunden umgesetzt werden; eine ausführlichere Behandlung ist ebenfalls möglich.
Jedes Kapitel wird mit einer Orientierungsseite eröffnet. Jedes Unterkapitel setzt ein mit einer historischen Frage, die durch die Überschrift und/oder einen Vorspanntext aufgeworfen wird.

Orientierungsseiten

Aufmacher jeder Orientierungsseite ist ein großformatiges Foto, das demonstriert, wie in der gegenwärtigen Geschichtskultur auf das jeweilige Thema Bezug genommen wird. Die Orientierungsseite hat eine vierfache Orientierungsfunktion:
- Der Einleitungstext verdeutlicht die Relevanz des Themas und nimmt Bezug auf die Abbildung.
- Die Zeitleiste ermöglicht eine chronologische Einordnung des Themas und einzelner Ereignisse.
- Die Karte bietet eine räumliche Orientierung.
- Die Kompetenzbox weist – nach Bereichen differenziert – die Kompetenzziele aus, die Schülerinnen und Schüler bei der Erarbeitung des Kapitels erreichen sollen.

Darstellungsteil

Der Verfassertext liefert die Grundinformationen, die Schülerinnen und Schüler benötigen, um sich mit dem Thema auseinanderzusetzen. Er ist in einer altersgemäßen Sprache verfasst. Soweit möglich, werden unterschiedliche Positionen und Perspektiven in der Geschichte, aber auch bei der rückblickenden Deutung der Geschichte (offene Fragen, Kontroversen) angesprochen. Um die Arbeit mit dem Text zu unterstützen, ist er mit einer Zeilenzählung versehen. In der Marginalienspalte werden Erläuterungen zu Begriffen und Personen gegeben. Außerdem finden sich dort unter dem Stichwort „Themen verknüpfen" Rückverweise auf andere Passagen im Schulbuch.

Arbeitsteil

Die Materialien im Arbeitsteil dienen dazu, historische Fragen für die Schülerinnen und Schüler diskutierbar und beantwortbar zu machen. Gegenüber dem Verfassertext bieten sie thematische Vertiefungen oder eigene Akzentsetzungen. Die Materialien schöpfen das gesamte Spektrum historischer Quellen aus (Text- und Bildquellen, Abbildungen von Sachquellen, Bauwerken und Denkmälern). Hinzu kommen informierende Darstellungsformen (Karten, Tabellen, Grafiken) und bisweilen Darstellungstexte. Quellen sind mit einem „Q", Darstellungen mit einem „D" ausgewiesen. Bei jedem Material informiert ein kurzer Vorspanntext über den Entstehungszusammenhang. Textmaterialien sind in der originalen Schreibung des nachgewiesenen Fundortes abgedruckt, also (in aller Regel) nicht in die neue Rechtschreibung übertragen.

Arbeitsaufträge

Alle Materialien und auch der Verfassertext sind mit Arbeitsaufträgen versehen. Sie sind im Block „Nachgefragt" unterhalb des Materialteils zusammengefasst. Die Lösungsmöglichkeiten für die Arbeitsaufträge werden in den vorliegenden Handreichungen für den Unterricht erläutert. Die erwünschten Schüleraktivitäten sind mithilfe einschlägiger Operatoren beschrieben. Diese werden unterhalb des Aufgabenblocks den drei üblichen Anforderungsbereichen zugeordnet. Zum besseren Verständnis sind die Operatoren auf den Ausklappseiten zu Beginn und am Ende des Schulbuchs erläutert und mit Beispielen für einschlägige Formulierungen versehen.
Speziell ausgewiesen sind solche Arbeitsaufträge, die entweder in besonderer Weise auf sprachliche Aktivitäten ausgerichtet sind oder gezielt die Medienkompetenz schulen. Ein Akzent liegt außerdem auf handlungsorientierten Arbeitsaufträgen, die dazu dienen können, Schülerinnen und Schüler einen historischen Sachverhalt aus unterschiedlichen damaligen und heutigen Perspektiven wahrnehmen zu lassen.
Bei den Arbeitsaufträgen werden *zwei Arten von Differenzierungsangeboten* gemacht: Zu den mit einem leeren Kreis markierten Arbeitsaufträgen finden sich im Anhang des Schulbuchs „Denkanstöße", die Schülerinnen und Schüler bei der Lösung der Aufgaben unterstützen und nach Bedarf herangezogen werden können.
Mit einem gefüllten Kreis markiert sind weiterführende Arbeitsaufträge, die den Schülerinnen und Schülern komplexe Denkleistungen abverlangen, einen weiteren historischen Kontext in den Blick nehmen, methodische Verfahren reflektieren oder Rechercheaufgaben beinhalten. Diese beiden Angebote sind in jedem Unterkapitel vorhanden.
Die Gemeinsam-lernen-Boxen zu Beginn ausgewählter Unterkapitel sind ein Angebot an die Schülerinnen und Schüler, das jeweilige Thema alternativ zu den Arbeitsaufträgen im Block „Nachgefragt" kooperativ zu erarbeiten. Hinweise darauf, wie die jeweilige Methode an dieser Stelle verwendet werden soll, finden sich im Methodenglossar am Ende des Buches.

Kompetenztraining

Das Schulbuch bietet auf Sonderseiten drei *Spielarten des Kompetenztrainings* an: „Fachmethode", „Operatoren verstehen und anwenden" sowie „Arbeitstechnik/Digitale Arbeitstechnik".
Bei der „Fachmethode" geht es um die Schulung der fachspezifischen Methodenkompetenz. Schülerinnen und Schüler sollen exemplarisch den Umgang mit den wichtigsten Gattungen von Quellen und Darstellungen erlernen. Dieses Kom-

petenztraining ist jeweils in solche Kapitel eingebunden, für die das betreffende Medium bzw. die betreffende Darstellungsform besonders typisch oder die Beschäftigung mit ihnen besonders ertragreich ist. Jedes Methodentraining ist konsequent nach drei „Methodischen Arbeitsschritten" aufgebaut. Diese können sich die Schülerinnen und Schüler gut als regulatives Prinzip aneignen. Über das digitale Zusatzangebot „Medien zum Schulbuch" gibt es die Möglichkeit, eine Musterlösung zu einem Beispiel abzurufen.

Im Kompetenztraining „Operatoren verstehen und anwenden" wird Schülerinnen und Schülern vermittelt, wie die Handlungen, die mit zentralen Operatoren verbunden sind, sprachlich umgesetzt werden können.

Beim Kompetenztraining „Arbeitstechnik" bzw. „Digitale Arbeitstechnik" erlernen Schülerinnen und Schüler wichtige analoge und digitale Möglichkeiten der Recherche und der Präsentation. Mithilfe dieses Angebots können sie ihre Medienkompetenz entwickeln und fördern.

Geschichte begegnen

Dieser Seitentyp demonstriert Schülerinnen und Schülern, dass die behandelten historischen Themen Gegenstand heutiger Geschichts- und Erinnerungskultur und damit auch ihrer eigenen Lebenswelt sind. Dabei kann es um unterschiedliche Formen des Umgangs mit Geschichte gehen: öffentliche Verhandlung von Geschichte anlässlich von Gedenktagen und Jubiläen; historische Erinnerung in Form von Denkmälern und Mahnmalen; spielerische Annäherung durch Living History und Reenactment; Präsentation von Geschichte in Institutionen oder in einschlägigen Medien von der Fernsehdokumentation bis zum Comic.

Wiederholen und Anwenden

Diese Rubrik bietet für die Schülerinnen und Schüler am Ende jedes Kapitels Aufgaben zur Verständnissicherung und Lernerfolgskontrolle. Die Aufgaben nehmen Bezug auf die Kompetenzziele der Orientierungsseiten; die Kompetenzbereiche sind bei den einzelnen Aufgabenstellungen ausgewiesen. Angeboten werden unterschiedliche Formen von Aufgaben:
- einfache geschlossene Testformate (Richtig-Falsch-Aufgaben, Multiple-Choice-Aufgaben, Ergänzungsaufgaben z.B. als Lückentext, Zuordnungsaufgaben). Dafür werden meist spielerische Präsentationsformen verwendet (Quizaufgaben, Kreuzworträtsel, Kreuzzahlrätsel, Silbenrätsel, Memory etc.);
- mit neuen Materialien verknüpfte Aufgaben, die Impulse für eine Anwendung und Übertragung von erlerntem Wissen oder methodischen Fähigkeiten geben;
- Aufgaben, die gezielt Urteilskompetenzen wie Fremdverstehen oder historische Perspektivenübernahme ansprechen (z.B. anhand von multiperspektivischen Betrachtungsweisen oder Entscheidungsszenarios);
- Concept Maps als Mittel einer strukturierten Zusammenfassung und Wiederholung (s. S. 4).

Anhang

Der Anhang jedes Schulbuchs enthält zunächst die erwähnten „Denkanstöße". Es folgt ein Methodenglossar, in dem die Arbeitsschritte der Seiten „Kompetenztraining" sowie die Arbeitsschritte der gebräuchlichsten Formen des kooperativen Lernens zusammengefasst werden, die in modernem Unterricht praktiziert werden (Gruppenpuzzle, Partnerpuzzle, Rollenspiel, Lernen an Stationen, Pro-Kontra-Diskussion, Think-Pair-Share, Portfolio).

Das Methodenglossar der späteren Bände enthält jeweils auch die Methoden der vorhergehenden und lässt so den Rückbezug auf früheres Methodenlernen zu. Außerdem enthält der Anhang kurze Erläuterungen zu den wichtigen Bildgattungen in Band 1, ein Begriffsglossar, Register ausgewählter Personen und Begriffe sowie den Bildnachweis. Insgesamt unterstützt dieses Angebot die Schülerinnen und Schüler dabei, „Geschichte und Geschehen" selbstständig als Lern- und Arbeitsbuch zu nutzen.

Medien zum Schulbuch

Mit dem Zusatzangebot „Medien zum Schulbuch" lässt sich der Unterricht digital anreichern. Hier finden sich sämtliche digitalen Materialien, auf die das Schulbuch verweist. Symbole im Buch zeigen auf, an welcher Stelle die Materialien sinnvoll eingesetzt werden können.

Die „Medien zum Schulbuch" enthalten:
- Erklärvideos und Animationen,
- Audios und Hörspiele,
- Methoden-Arbeitsblätter zu digitalen Arbeitstechniken,
- Musterlösungen zu Kompetenztrainingsseiten,
- interaktive Übungen,
- thematisch passende Weblinks.

Konzeption und Aufbau von Schulbuch und Handreichungen für den Unterricht

V Die Arbeit mit den Handreichungen für den Unterricht

Die Handreichungen bieten didaktisch-methodische Hinweise und Informationen für den Einsatz der Schulbücher im Unterricht. Sie machen einerseits Vorschläge, wie sich Unterricht zum Thema in einer zeitökonomischen, aber inhaltlich adäquaten Minimalvariante realisieren lässt, die sich nur auf einige der im Schulbuch angebotenen Materialien stützt. Andererseits bieten sie Anregungen für die Nutzung des breiteren im Schulbuch vorhandenen Materialarrangements und weisen darüber hinaus auf weitere Materialien außerhalb des Bandes hin. Damit bieten die Handreichungen für den Unterricht eine variable Hilfestellung für einen von Kapitel zu Kapitel flexibel umgesetzten, sowohl dem Kernlehrplan wie den spezifischen Bedingungen der Klasse gerecht werdenden Unterricht.

Kapitel

Die Hinweise zu den Kapiteln beginnen mit einer *Einstiegsgrafik*.

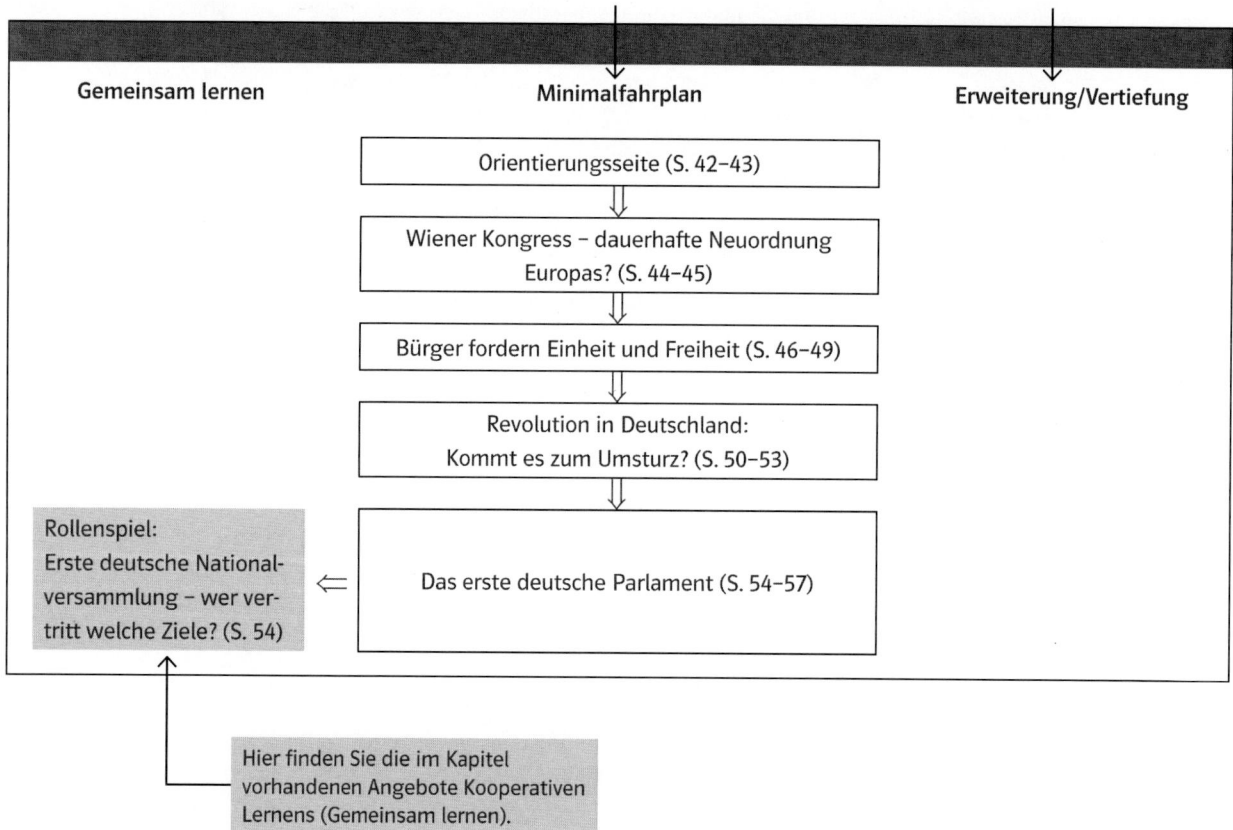

Im Anschluss an die *Einstiegsgrafik* werden die *Kompetenzen* benannt, die die Schülerinnen und Schüler innerhalb des Kapitels erwerben. Dabei finden alle im Lehrplan vorgesehenen Kompetenzbereiche Berücksichtigung. Es folgen Anregungen zur Arbeit mit der *Orientierungsseite*. Den Abschluss bilden knapp kommentierte *Medienhinweise*.

Unterkapitel

Für jedes Unterkapitel bieten die Handreichungen für den Unterricht konzentrierte Hinweise zur Unterrichtsgestaltung. Am Anfang sind die *Kompetenzziele* für das Unterkapitel ausgewiesen, wiederum differenziert nach Kompetenzbereichen. Es folgt eine Grafik für einen *Sequenzvorschlag*.

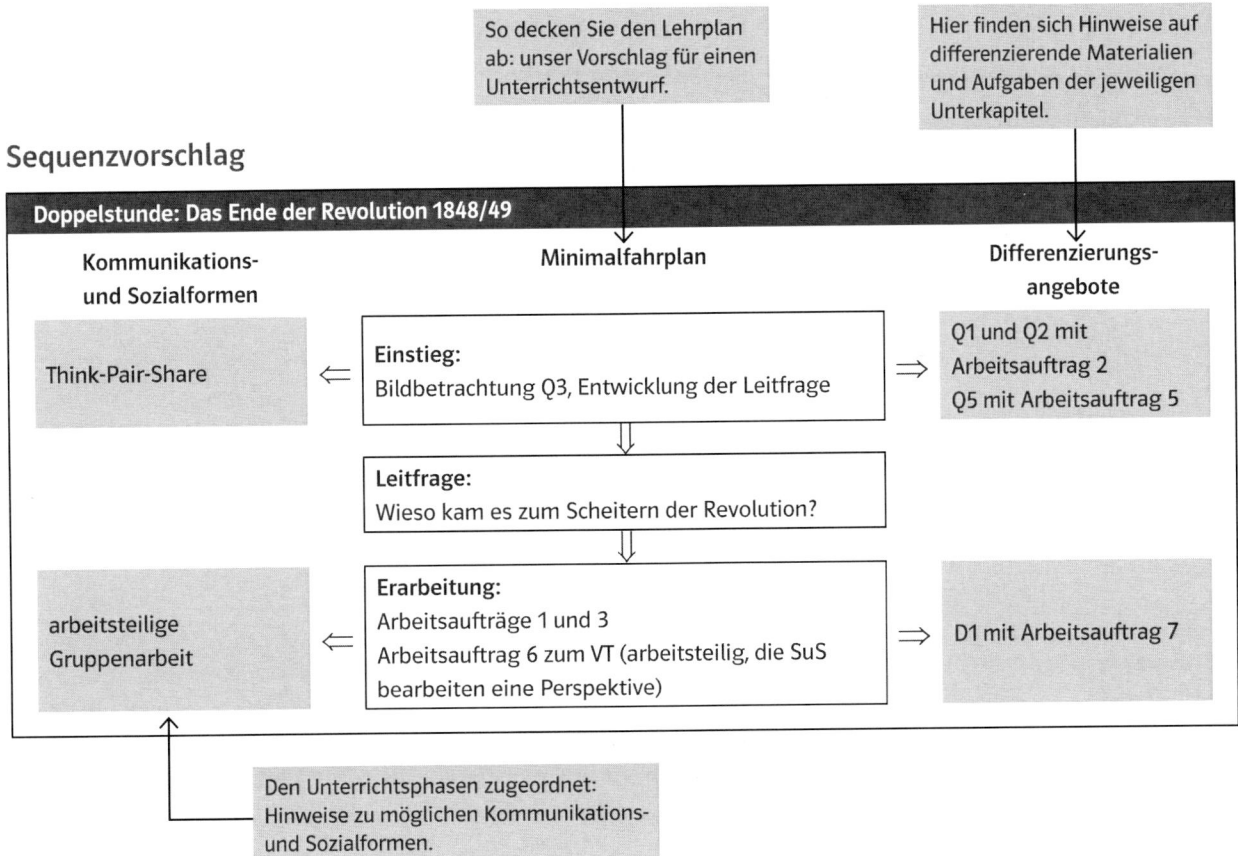

Es folgen kurze *Informationen zum Verfassertext und zu den Materialien*. Sie können direkt in den Unterricht eingebracht werden oder vertiefen das Hintergrundwissen der Lehrkraft. In den *Erläuterungen zu den Arbeitsaufträgen* wird ein Erwartungshorizont zu den Aufgaben aus den Schulbüchern skizziert. Jene Medienkompetenz schulenden Aufgaben des Schülerbuches, die mit einem Symbol gekennzeichnet sind, werden dem betreffenden Bereich des Medienkompetenzrahmens zugeordnet. So sind Bezüge zum Medienkompetenzrahmen leichter erkennbar. Die Hinweise zu den Unterkapiteln schließen mit einem Vorschlag für ein *Tafelbild*.

Kopiervorlagen

Als Bögen zur Selbstkontrolle können die Erwartungshorizonte der Seiten „Wiederholen und Anwenden" genutzt werden. Sie sind als Kopiervorlagen angelegt. Die Schülerinnen und Schüler haben so die Möglichkeit, ihren Lernstand selbstständig zu überprüfen.

Inhaltsverzeichnis

1 Die Französische Revolution und ihre Wirkung in Europa — 14

Frankreich in der Krise — 17
„Freiheit, Gleichheit, Brüderlichkeit" – Das alte Regime wird gestürzt — 23
Geschichte begegnen Menschenrechte heute – selbstverständlich oder immer noch missachtet? — 26
Die Spaltung der Revolutionäre und der Streit um die Monarchie — 29
Kompetenztraining Verfassungsschaubilder analysieren — 34
Die Schreckensherrschaft – Freiheit mithilfe von Gewalt? — 36
Napoleon beendet die Revolution — 40
Preußische Reformen als Folge der napoleonischen Siege? — 43
Wirkungen des Rheinbundes auf Hessen — 49
Wiederholen und Anwenden — 51

2 Europa zwischen Restauration und Revolution — 54

Wiener Kongress – dauerhafte Neuordnung Europas? — 56
Bürger fordern Einheit und Freiheit — 60
Revolution in Europa: Kommt es zum Umsturz? — 65
Das erste deutsche Parlament — 69
Kompetenztraining Erklärvideos analysieren – und selbst erstellen — 74
Das Ende der Revolution — 76
Wiederholen und Anwenden — 81

3 Industrielle Revolution und soziale Frage — 83

Warum beginnt die Industrialisierung in England? — 86
Verspäteter Aufbruch in Deutschland — 90
Kompetenztraining Statistiken auswerten — 95
Neue Industrien entstehen — 99
Kompetenztraining Fotografien analysieren — 102
Das Leben auf dem Land ändert sich — 105
Die Industrialisierung verändert den Alltag — 109
Kompetenztraining Operatorentraining: Erläutern — 114
Wie kann die soziale Frage gelöst werden? — 116
Wiederholen und Anwenden — 120

4 Das deutsche Kaiserreich von 1871 – Lösung der nationalen Frage? — 122

Reichsgründung „von oben" – endlich Einheit und Freiheit? — 124
Wie wurde das Deutsche Kaiserreich regiert? — 129
Nationalismus und Militarismus — 133
Kompetenztraining Denkmäler analysieren — 136
Die Gesellschaft gerät in Bewegung — 138
Der lange Weg zur Gleichberechtigung — 142
Jüdisches Leben im 19. Jahrhundert — 145
Der Umgang mit Andersdenkenden und Minderheiten — 149
Beginnt im Kaiserreich die moderne Zeit? — 152
Wiederholen und Anwenden — 155

5 Das Zeitalter des Imperialismus — 157

Kompetenztraining In digitalen Sammlungen recherchieren — 159
Die Europäer verteilen die Welt — 162
Afrika – ein „herrenloser" Kontinent? — 167
Braucht Deutschland einen „Platz an der Sonne"? – deutsche Außenpolitik im Imperialismus — 171
Herero und Nama – unterdrückte Völker wehren sich — 175
Geschichte begegnen Raus aus den Museen? – Wie gehen wir heute mit Objekten des Kolonialismus um? — 179
„To make the world safe for democracy" — 183
Japans Weg zur imperialen Großmacht — 187
Das russische Zarenreich – imperiale Herrschaft über ein multiethnisches Reich — 189
Wiederholen und Anwenden — 195

6 Der Erste Weltkrieg – Urkatastrophe des 20. Jahrhunderts — 199

Der Balkan – ein „Pulverfass" für Europa? — 201
Ein Weltkrieg entsteht — 204
Mit Jubel in den „Heldentod"? — 207
Front- und Alltagserfahrungen im Ersten Weltkrieg — 212
1917 – Beginn einer neuen Epoche? — 217
Kompetenztraining Operatorentraining: Vergleichen — 221
1918 – ein „Ende mit Schrecken"? — 224
Die Pariser Friedenskonferenz – ein Neuanfang? — 227
Wiederholen und Anwenden — 234

: Kopiervorlagen (KV)

1 Die Französische Revolution und ihre Wirkung in Europa

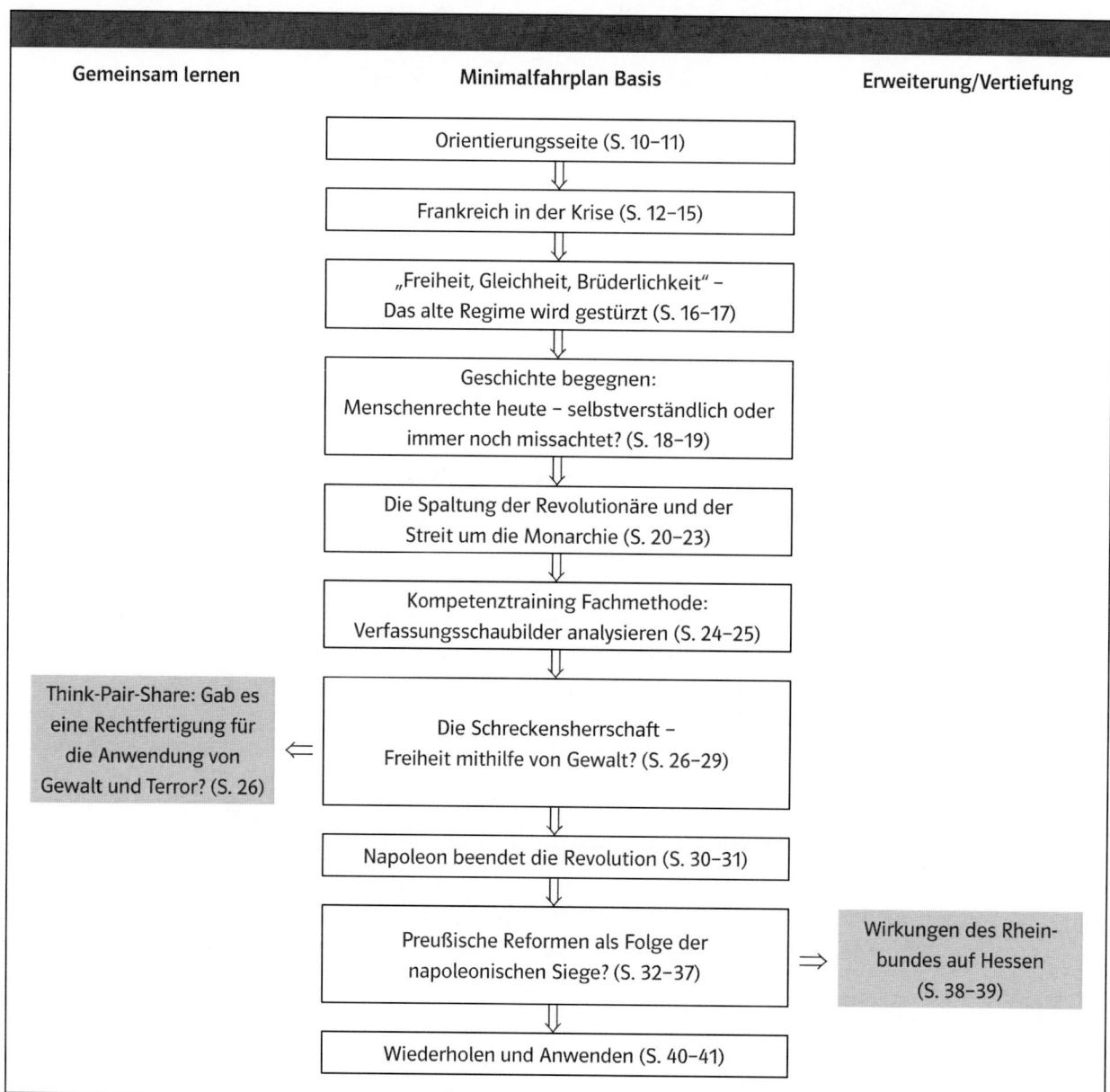

Kompetenzziele des Kapitels

Wahrnehmungskompetenz
Die SuS
- können zielgerichtete Fragen zur Krise Frankreichs vor der Revolution stellen;
- können sachgerechte Vermutungen über die Ursachen der Französischen Revolution aufstellen und diese überprüfen;
- können aufgrund ihres erworbenen Wissens überprüfen, welche Bedeutung die Französische Revolution in der Geschichte hat.

Analysekompetenz
Die SuS
- können den unterschiedlichen Erkenntniswert von Darstellungstext und Geschichtserzählung analysieren;
- können ein Verfassungsschaubild analysieren.

Urteilskompetenz
Die SuS
- können die Verfassung von 1791 im Hinblick auf ihre demokratische Qualität beurteilen;
- können die Schreckensherrschaft der Jakobiner bewerten.

Orientierungskompetenz
Die SuS
- können die Bedeutung der Menschenrechtserklärung für die Gegenwart erläutern;
- können ihre Untersuchungsergebnisse im Plenum präsentieren;
- können unterschiedliche Positionen in einem Streitgespräch darstellen.

Hinweise zur Orientierungsseite

Die Anmoderation im VT stellt den Sturm auf die Bastille an den Anfang, führt dann kurz ins Thema ein und wirft umfassende Fragestellungen auf.
Das ausgewählte Bild korrespondiert mit der Anmoderation: Es zeigt den Sturm auf die Bastille als eine recht wüste Szene aus einem Spielfilm von 1989. Mit dieser Hilfe können die SuS weitere Fragestellungen entwickeln, z. B.
- Warum wurde die Bastille angegriffen? Wie war es möglich, dass so ein massives Bauwerk erstürmt wurde? Wer waren die Angreifer? Warum wendeten sie Gewalt an? Wer waren die Gegner?
- Warum ist das Ereignis so wichtig, dass noch 200 Jahre später ein Film dazu gedreht wird?

Die Zeitleiste enthält nur wenige ausgewählte Daten, die eine erste grobe Orientierung in der Chronologie ermöglichen.
Die Frankreichkarte zeigt einige zentrale Schauplätze der Revolution und gegenrevolutionärer Aufstände.
Die Kompetenzbox vermittelt den SuS einen ersten Eindruck von den zu erwartenden Inhalten. Sie kann nach der Unterrichtssequenz noch einmal zur Selbstkontrolle herangezogen werden.

Weiterführende Medienhinweise

Fachbücher
- Kruse, Wolfgang: Die Französische Revolution. Paderborn 2005.
  Kruses Werk hat einen interessanten Aufbau: Auf den ersten 30 Seiten schildert er knapp und klar die historischen Ereignisse bis zum Staatsstreich Napoleons und liefert anschließend etwa 30 wichtige Quellentexte. Der zweite Teil des Buches bearbeitet aspektorientiert sieben relevante Themen der Revolutionszeit.
- Kuhn, Axel: Die Französische Revolution. Stuttgart 6. Aufl. 2012.
  Kuhn stellt die Hintergründe, Ereignisse und Personen der Französischen Revolution präzise und anschaulich dar. In seiner Geschichte geht er auch auf die Auswirkungen der Revolution auf Deutschland ein.
- Thamer, Hans-Ulrich: Die Französische Revolution. München 2009.
  Thamers schmales Bändchen ist eine Überblicksdarstellung, informativ und gut lesbar. Das Buch ist chronologisch aufgebaut, enthält aber, die Chronologie durchbrechend, z. B. auch ein Kapitel zur Mentalitätsgeschichte.
- Schneider, Gerhard: Die Französische Revolution 1789–1799. Schwalbach/Ts. 2012.
  Schneider legt eine Quellensammlung vor, die einen Schwerpunkt auf die Auswirkungen der Französischen Revolution auf Deutschland legt. Zu jedem der vier chronologisch geordneten Großkapitel und zu jeder Quelle gibt es eine knappe Einleitung des Verfassers.
- Fuchs, Ralf-Peter/Onken, Björn (Hrsg.): Die Französische Revolution. Geschichte – Erinnerung – Unterricht. Frankfurt/M. 2020.
  Das Buch aus der Reihe „Starter Geschichte" richtet sich an Studierende, Referendare und Lehrkräfte und behandelt sowohl fachhistorische als auch didaktische Aspekte des Themas.

Die Französische Revolution und ihre Wirkung in Europa

Jugendbücher

Es gibt zahlreiche Jugendbücher zur Französischen Revolution und zur napoleonischen Zeit, sowohl Romane als auch Sachbücher – oder aber Mischformen. Eine kleine Auswahl:

- Geschichte erleben – Gerstenberg visuell: Die Französische Revolution. Freiheit – Gleichheit – Brüderlichkeit. Hildesheim 2007 – Text von Hans-Ulrich Thamer.

  Wie alle Bände dieser Sachbuchreihe für Jugendliche ist auch „Die Französische Revolution" schön und sehr reichlich bebildert. Die Zusammenstellung von Originalbildquellen und eigenen Zeichnungen ist vielleicht etwas respektlos, macht das Buch aber sehr anschaulich. Die Bilder illustrieren sehr faktenreiche Textblöcke – oder die Texte liefern das Hintergrundwissen zu den Abbildungen.

- Parigger, Harald: Die Französische Revolution oder der Preis der Freiheit. Würzburg 2012. (Arena Bibliothek des Wissens/Lebendige Geschichte)

  Bei den Büchern dieser Reihe handelt es sich um Mischformen, es sind sowohl Erzähl- als auch Sachbücher: Auf ein Erzählkapitel, das einen durchlaufenden Erzählstrang verfolgt – in diesem Fall die Geschichte des Marquis de Lafayette während der Revolutionsjahre –, folgt jeweils ein Sachkapitel mit erläuternden Informationen.

Fachdidaktische Zeitschriften

Praxis Geschichte
Heft 5/2011: Lebenswege der Französischen Revolution
Heft 6/2006: Schauplätze der Französischen Revolution

Geschichte lernen
Heft 146/2012: Das Zeitalter Napoleons
Heft 188/2019: Französische Revolution

Filme

- Wajda, Andrzej: Danton. Polnisch-französischer Spielfilm von 1983, 136 Minuten.

  In diesem Klassiker der Revolutionsfilme legt der polnische Regisseur Wajda den Schwerpunkt auf den Machtkampf zwischen Robespierre und Danton. Danton wird als geläuterter Revolutionär dargestellt, der sich gegen den revolutionären Terror wendet und sich so gegen Robespierre stellt. Er will ein Ende der Schreckensherrschaft.

  Für den Einsatz im Unterricht ist der Film recht lang, es lassen sich aber Schlüsselszenen zeigen, so z. B. das erste Treffen der beiden Protagonisten, der Verlauf der Gerichtsverhandlung oder aber die Rede Robespierres nach der Verhaftung Dantons, deren Wortlaut historisch authentisch ist.

- Robert Enrico: Die Französische Revolution – Jahre des Zorns (2-tlg.) und Die Französische Revolution – Jahre der Hoffnung (2-tlg.) – 1989, F/I/BRD/CDN, 360 Minuten.

  Bei den Filmen handelt es sich um eine europäische Gemeinschaftsproduktion für das Fernsehen; gesendet wurde in vier Teilen zu je 90 Minuten. Anlass war das 200-jährige Jubiläum der Französischen Revolution; das Bild auf der Orientierungsseite ist dem Film entnommen.

  Der Film erzählt die Ereignisse der Französischen Revolution mit großem Atem, er schwelgt in opulenten Bildern und historischen Kostümen und schreckt auch vor drastischen Szenen nicht zurück. Bei der Länge des Films ist für den Unterricht nur an ausgewählte Szenen zu denken – wie z. B. den Sturm auf die Bastille.

Internet

- Einen virtuellen Besuch im Schloss Versailles ermöglicht u.a. die mehrsprachige Homepage „Château de Versailles". Deutsch wird leider nicht angeboten, neben Französisch aber u.a. auch Englisch.
- Ein vergleichbares Angebot zum Thema stellt auch die Seite „Versailles 3D" bereit.
- Im Internet sind einige von Fernsehsendern produzierte Filme abrufbar, so z. B. aus der Serie „1 x 1 der Wirtschaft" des Bildungskanals ard alpha die Folge „Der Staat bin ich".
- Über Medienzentren o.Ä. kann man die von FWU produzierte DVD „Absolutismus – Ludwig XIV. und Europa" entleihen, durch die mit Spiel- und Dokumentarfilmszenen, umfangreichem Bildmaterial und Textquellen ein Einblick in das Selbstverständnis und die Selbstdarstellung des Königs, in die zentralen Bereiche seiner Machtpolitik und seinen weitreichenden Einfluss auf Europa ermöglicht werden. Ein Vergleich mit England macht Unterschiede deutlich. Die DVD enthält zudem neben der deutschen auch die französische Fassung des Basisfilms für den bilingualen Geschichtsunterricht. Auch andere kommerzielle Anbieter haben die Thematik im Angebot.
- Die Internetseite segu-geschichte.de steht für „selbstgesteuerter entwickelnder Geschichtsunterricht" und ist eine „Lernplattform für offenen Unterricht". Zur Französischen Revolution bietet sie einige zentrale Bildquellen mit ergänzenden Textauszügen und Arbeitsaufträgen für deren Analyse.
- Die Internetseite online-lernen.levrais.de ist ein kostenloses Lernportal, das zur Französischen Revolution in deutscher Sprache Übungen verschiedenster Art präsentiert: Lückentexte, Grafiken, Kreuzworträtsel, quizartige Fragen mit einer Liste vorgegebener Antwortmöglichkeiten.
- Auf der Internetseite des Bayerischen Rundfunks findet man unter „alpha lernen" das Thema „Französische Revolution". Sie wird chronologisch anhand von Bildern und Texten präsentiert, wobei die Texte die Bilder erläutern oder die Bilder die Texte illustrieren.

Frankreich in der Krise

Kompetenzziele

Wahrnehmungskompetenz
Die SuS
- können zielgerichtete Fragen zu den Ursachen der Französischen Revolution stellen;
- können aufgrund ihres erworbenen Wissens überprüfen, welche Bedeutung die Einberufung der Generalstände hatte.

Analysekompetenz
Die SuS
- können Texten gezielt Informationen entnehmen und stellen gedankliche Verknüpfungen dar;
- können den unterschiedlichen Erkenntniswert von Darstellungstext und Geschichtserzählung analysieren.

Urteilskompetenz
Die SuS
- können die Forderungen des Dritten Standes analysieren und beurteilen;
- können begründete Werturteile über den Verlauf der Generalstände formulieren.

Orientierungskompetenz
Die SuS
- können einen Perspektivwechsel vornehmen und sich in die Lage von Zeitgenossen versetzen;
- können eigene Ergebnisse im Plenum präsentieren.

Sequenzvorschlag

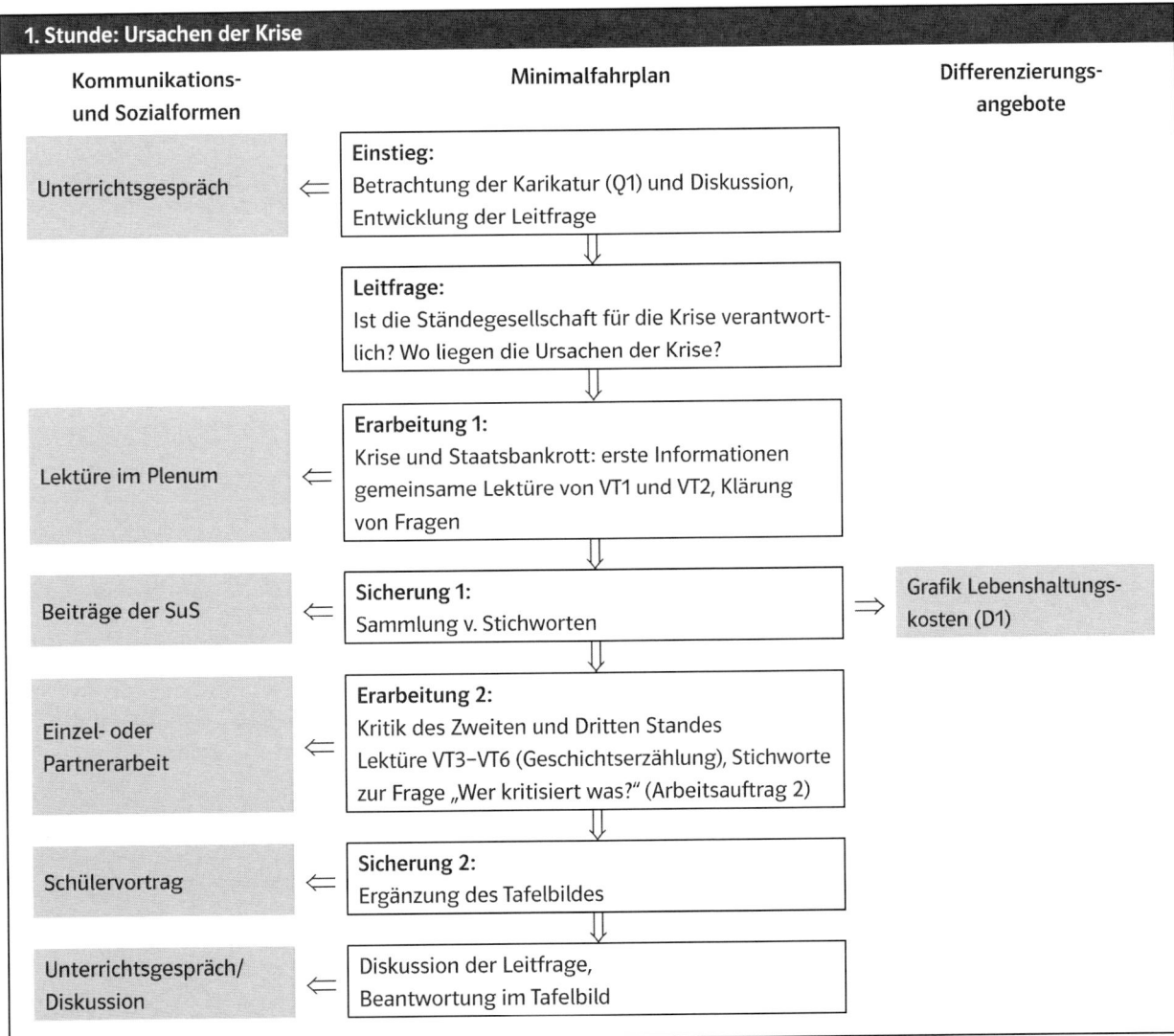

1 Die Französische Revolution und ihre Wirkung in Europa

2. Stunde: Versuche, die Krise zu bewältigen

Kommunikations- und Sozialformen	Minimalfahrplan	Differenzierungs- angebote
Unterrichtsgespräch	**Einstieg/Impuls:** Was könnte der König tun? Hypothesen, Erarbeitung der Leitfrage	1. Bildbetrachtung Q2 (Mutmaßungen)
	Leitfrage: Wie reagiert der König, wie die Franzosen auf die Krise?	fiktives Gespräch mit „Julie" über die Zukunft Frankreichs
Einzel- oder Partnerarbeit	**Erarbeitung 1:** Welche Maßnahmen ergreift der König? Lektüre von VT6 und VT7; dazu Arbeitsauftrag 6 (zu Q2)	2. Bildbetrachtung Q2 (nach Faktenkenntnis, Arbeitsauftrag 6)
Schülervortrag	**Sicherung 1:** Kontrolle und Ergänzung der Ergebnisse	Arbeitsgruppen zu Grafik D1 (Arbeitsauftrag 9)
arbeitsteilige Gruppenarbeit (vier Gruppen)	**Erarbeitung 2:** Reichen diese Maßnahmen? Was wollen die Bürger Frankreichs? Erarbeitung d. Cahiers: Q3, Q4, Q5 (Arbeitsauftrag 7) und der Karikatur (Q1 – Arbeitsauftrag 5), Formulierung von „Spiegelstrichen" für das Tafelbild	
Schülervorträge Diskussion	**Sicherung 2:** Zusammentragen der Ergebnisse, Tafelbild „Forderungen der Franzosen" Diskussion der Leitfrage (Sind die Forderungen revolutionär? Verständlich? Könnte sich der König darauf einlassen?)	

Tafelbild 1

Ursachen der Krise

- **hohe Verschuldung des Staates:** teure Kriege, teure Armee, verschwenderisches Leben am Hof, zu wenig Steuereinnahmen (Steuerfreiheit für den Ersten und Zweiten Stand)
- **Kritik der Handwerker** an Manufakturen, der Lohnarbeiter am niedrigen Lohn, der Bauern an den Feudalabgaben
- **Unzufriedenheit des Zweiten Standes:** Gegner des Absolutismus, zu wenig Macht und Mitsprache
- **Kritik des Dritten Standes:** keine politische Mitsprache oder Macht, keine hohen Ämter, hohe Steuern
- **Kritik der Bourgeoisie** an Privilegien des Ersten und Zweiten Standes

Fazit: Die Ständegesellschaft ist die Hauptursache für Frankreichs Krise.

Tafelbild 2

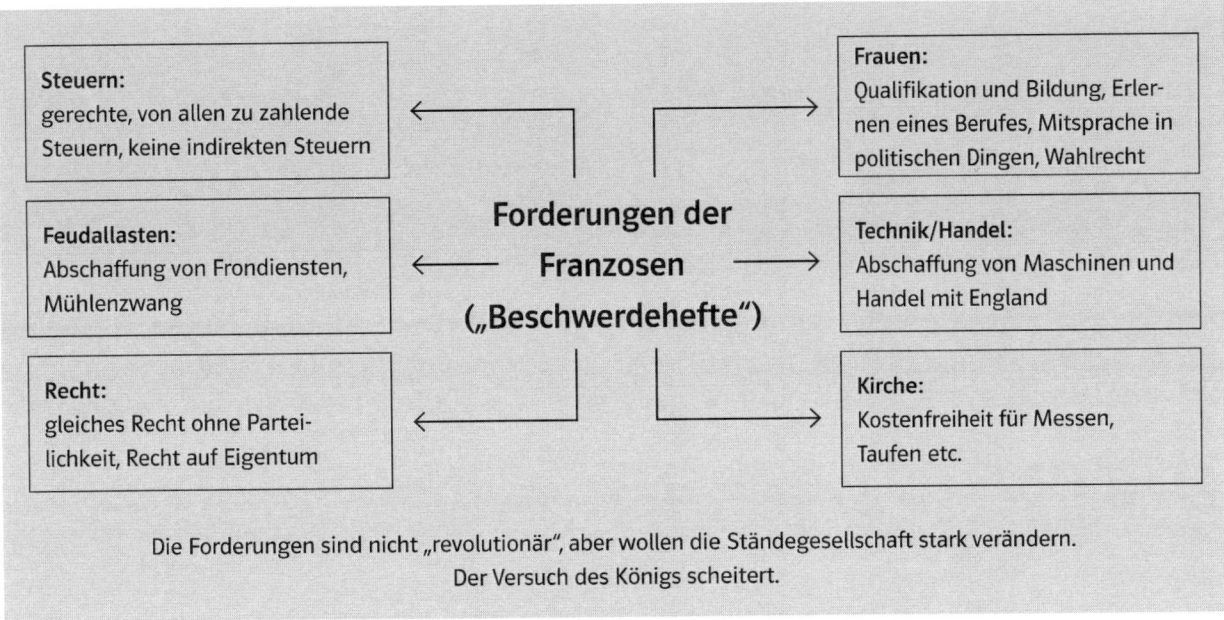

Die Forderungen sind nicht „revolutionär", aber wollen die Ständegesellschaft stark verändern.
Der Versuch des Königs scheitert.

Hinweise zum Verfassertext und zu den Materialien

VT Das Unterkapitel enthält eine Geschichtserzählung: Die SuS begleiten die 14-jährige Pariserin Julie durch die Jahre 1788 und 1789. Julie gehört zum Dritten Stand, sie ist offen und neugierig, ihr Vater ist politisch interessiert. Mit Julie können sich die SuS identifizieren, die Situation kurz vor der Französischen Revolution kann leichter nachvollzogen werden. Die Geschichtserzählung umfasst VT4–VT6 – umrahmt wird sie von Informationen, die ein 14-jähriges Mädchen nicht haben konnte. Man kann unschwer Aufgaben dazu finden, wenn man Julie mehr Raum geben möchte (Gespräch mit dem Großvater auf dem Dorf, die Forderungen der Frauen [Q4], Diskussion über den Abstimmungsmodus der Generalstände [VT7]).

Das sich an dieses Unterkapitel anschließende Kompetenztraining „Karikaturen untersuchen" bezieht sich inhaltlich auf die Krise Frankreichs. Es kann sinnvoll sowohl vor als auch während oder nach der Behandlung dieses Unterkapitels eingesetzt werden.

Die Ursachen für die Französische Revolution sind vielschichtig; wirtschaftliche, gesellschaftliche und politische Faktoren spielen zusammen. Der VT versucht die wichtigsten dieser Faktoren schülerangemessen darzustellen. Während die Probleme und die Interessen des Dritten Standes recht ausführlich dargestellt werden, beschränken wir uns bei der Darstellung für die Gründe der hohen Staatsverschuldung, das sinkende Ansehen der Monarchie und die Unzufriedenheit der ersten beiden Stände auf das Wesentliche.

Einen wohl entscheidenden Faktor bei der Staatsverschuldung bildete das Heer. Ludwig XIV. und seine Nachfolger unterhielten ein großes, stehendes Heer, kein Heer, das – wie vorher üblich – bei Bedarf aufgerufen und nach dem Einsatz wieder aufgelöst wurde. Diese Armee war teuer und aufwendig; dafür machte sie die absolutistischen Herrscher unabhängig vom Adel und konnte auch als Druckmittel gegen den Adel eingesetzt werden. Zwar waren höhere Offiziersstellen für die Adligen reserviert; die Ernennung erfolgte aber durch den König. Trotz des teuren Heeres zeigten die absolutistischen Könige bei der Außenpolitik und bei der Kriegsführung keine glückliche Hand: Sie waren in zahlreiche langwierige und kostspielige Auseinandersetzungen verwickelt; selbst die militärischen Erfolge konnten sie oft nicht positiv nutzen. So unterstützte Frankreich die aufständischen amerikanischen Kolonien gegen England – konnte aber vom Sieg der Amerikaner nicht profitieren. Insgesamt verlor Frankreich die Vormachtstellung an England, ein Prestigeverlust, der auch das Ansehen der Monarchie sinken ließ.

Die Entmachtung des Adels bei gleichzeitiger wirtschaftlicher Privilegierung sorgte einerseits für ständige Unzufriedenheit innerhalb des Adels und des höheren Klerus, andererseits verlor die Privilegierung durch die Funktionslosigkeit des Adels auch jegliche Legitimation. Kümmerten sich die Adligen in der vor-absolutistischen Zeit um Verwaltung, Gerichtsbarkeit und Kriegsdienst, waren diese Rechte und Pflichten jetzt weitgehend eingeschränkt. Ihren Privilegien entsprach keine Leistung mehr.

Q1 Die Karikatur ist eine von zahlreichen ähnlich aufgebauten Zeichnungen; zum Teil kursierten diese Bilder als Flugblätter und erreichten so einen hohen Grad an Verbreitung. Ihr Vorteil besteht darin, dass auch Analphabeten die politische Aussage erfassen können.

1 Die Französische Revolution und ihre Wirkung in Europa

Q3, Q4, Q5 Beschwerdehefte sind in großer Zahl vorhanden und stellen eine wichtige Quelle für die Beschreibung der gesellschaftlichen Situation am Ende des Ancien Régime dar. Sie verdeutlichen auch, dass es vor 1789 wohl eine große Unzufriedenheit, aber keine klare „revolutionäre Stimmung" in Frankreich gab.

Q4 Frauen waren in allen Bereichen benachteiligt: In der Hauptsache war Frauenarbeit bäuerlich, als Mitarbeit in der Landwirtschaft und im Haushalt. Wenn sie – wie zumeist – in Städten erwerbstätig waren, weil der Verdienst ihrer Männer nicht ausreichte, bekamen sie viel weniger Lohn als ein vergleichbarer Arbeiter. Schul- und Berufsbildung gab es für Mädchen nicht, sodass ihnen die besser bezahlten Berufe verschlossen blieben. Nur gut ein Viertel der Frauen konnte etwas lesen und schreiben, bei den Männern war es immerhin knapp die Hälfte. Als besonders ungerecht empfanden viele Frauen die Ehegesetze: Der Mann durfte z. B. allein über die Finanzen entscheiden und er konnte die Frau verlassen, ohne ihr Unterhalt zahlen zu müssen. Das Eherecht galt auch für adlige Frauen, deren Lebensumstände allerdings zumeist erheblich besser waren. Manche Frauen aus dem Adel waren hochgebildet und hatten – wenn auch indirekt – durchaus Einfluss auf das gesellschaftliche und politische Leben. In den abgedruckten Quellen bringen die Frauen zwei Forderungen bzw. Bitten vor: Sie wünschen Bildung und Ausbildung und sie fordern politisches Mitbestimmungs- bzw. Wahlrecht. Fragen der Steuergerechtigkeit, der Feudallasten und der sozialen Lage spielen hier keine Rolle, obwohl Haushaltsfinanzen und Lebensmittelversorgung „klassische" Frauenthemen sind. So lässt sich aus diesem Ausschnitt schließen, welcher Schicht die Verfasserinnen entstammten: Vermutlich waren es gebildete Frauen, die zumindest der mittleren Bourgeoisie angehörten.

12–15 Erläuterungen zu den Arbeitsaufträgen

1. Fasse zusammen, warum sich Frankreich 1789 in einer Krise befand (Q1, VT). (AFB I)
- Frankreich war bankrott, es hatte viele Schulden und gab mehr Geld aus, als es einnahm.
- Mit der bisherigen Ständeordnung waren fast alle unzufrieden: Der Erste und der Zweite Stand hatten zwar viele Privilegien und mussten keine Steuern zahlen, besaßen aber nur wenig Macht. Der Dritte Stand bestand aus vielen verschiedenen Gruppen mit unterschiedlichen Interessen, aber alle wollten, dass auch die beiden anderen Stände Steuern zahlen und dass sie als Dritter Stand politisch mitbestimmen.

2. Lies die Geschichte von Julie. Erkläre, welche Ursachen die Krise in Frankreich hatte und was der Anlass für die Einberufung der Generalstände war (VT4–VT6). (AFB II) ○ → S. 180
Der Staat war hoch verschuldet und nahm zu wenig Steuern ein. Der Erste und Zweite Stand zahlten keine Steuern und hatten auch weitere Privilegien. Der Dritte Stand war unzufrieden: Die Bauern waren arm und die reicheren Bürger wollten mehr Mitsprache in der Politik. Anlässe für die Einberufung der Generalstände waren Missernten, eine Erhöhung des Brotpreises und der drohende Staatsbankrott.

3. Erläutere die Unterschiede zwischen einem Darstellungstext (VT1–VT3) und einer Geschichtserzählung (VT4–VT6). Nutze das Arbeitsblatt im D01. (AFB II)
1. Lies zunächst den Darstellungstext VT1 bis VT3 sowie die Geschichtserzählung VT4 bis VT6 im Unterkapitel „Frankreich in der Krise". Vergleiche dann beide Textarten, indem du die Tabelle ausfüllst. → Denkanstoß: Du kannst unter anderem folgende Begriffe verwenden: fiktive Personen berichten, sachlich informieren, gefühlsbetont erzählen, …

	Darstellungstext	Geschichtserzählung
Perspektive des Textes	sachliche/beschreibende Perspektive	persönliche/erzählende Perspektive einer fiktiven Person
Absicht des Textes	sachliches Informieren über einen historischen Sachverhalt	gefühlsbetonte Veranschaulichung eines historischen Sachverhalts
Stil	klar, informativ, objektiv	emotional, erzählend, subjektiv
Besonderheiten	kurz, prägnant	lang, ausschweifend

2. Finde jeweils Belegstellen in den Texten und ergänze Zeilenangaben in der Tabelle.
3. Notiere Vorteile und Nachteile der beiden Textarten.

Darstellungs-text	Vorteile: – viele sinnvolle Informationen zu einem Sachverhalt – hohe Informationsdichte – wissenschaftlich Nachteile: – starr – sehr sachlich – selten mit Beispielen
Geschichts-erzählung	Vorteile: – leichte, verständliche Sprache – Sachverhalt kann u. a. durch Erzählen leichter erschlossen werden – Emotionen ermöglichen z.T. besseres Verständnis für Sachverhalt – fördert Einfühlen in eine historische Person Nachteile: – Fiktion und Wahrheit können oft nicht voneinander unterschieden werden – Vermischung von historischen Fakten und Erzählung

4. Ist es sinnvoll, dass sich in einem Geschichtsschulbuch viele Darstellungstexte und nur wenige Geschichtserzählungen befinden? Diskutiert darüber in der Klasse.

In einem Geschichtsbuch können Geschichtserzählungen zur Unterstützung für das Verständnis historischer Sachverhalte dienen. Diese Textgattung sollte immer als solche gekennzeichnet und auch so diskutiert werden. Geschichtserzählungen dienen der Veranschaulichung von historischen Situationen und dem Hineinversetzen in die jeweiligen Zeitgenossen. Sie dienen als eine angemessene Ergänzung zu den Darstellungstexten. Letztere bieten möglichst sachliche Informationen zu den unterschiedlichen Themengebieten. Darstellungstexte sollten grundsätzlich den Großteil in Geschichtsbüchern ausmachen. Das Arbeiten mit Darstellungstexten im Verbund mit Quellen ist für das Erlangen von Kompetenzen sehr ertragreich.

4. Erstelle eine Tabelle, in der du die unterschiedlichen Interessen der Bevölkerungsgruppen wiedergibst (VT). (AFB II) ○ → S. 180

Gruppe	Interessen
König	Machterhalt, gesicherte Finanzen, Ansehen, Beliebtheit, kein Konflikt mit dem Ersten und Zweiten Stand, Beruhigung des Dritten Standes
Erster und Zweiter Stand	Erhalt der Privilegien, vor allem Steuerfreiheit, mehr Beteiligung an der Macht, gesicherte Finanzen, kein Machtzuwachs für den Dritten Stand
Dritter Stand gesamt	Abschaffung der Privilegien, Steuergerechtigkeit, Teilhabe an der Macht, Zugang zu Ämtern
Handwerker	Schutz vor Konkurrenz durch Manufakturen
untere Schichten	Verbesserung der Lebensbedingungen, höhere Löhne, niedrigere Preise
Bauern	Abschaffung der Feudalabgaben, der Frondienste
Intellektuelle	Umsetzung der Ideen der Aufklärer

5. Interpretiere die Karikatur Q1. Welche Position vertritt der Zeichner? (AFB II)

– Man sieht drei Männer, einer liegt halb aufgerichtet auf dem Boden, er ist im Begriff aufzustehen, die anderen beiden weichen entsetzt vor ihm zurück. Der auf dem Boden Liegende ist gut, aber bürgerlich gekleidet, er reißt mit der rechten Hand an einer Kette, mit der linken ergreift er ein Gewehr. Die erschrockenen Männer hinter ihm sind unterschiedlich gekleidet: der linke vornehm und mit einem Degen, der rechte in einem langen grauen Priestergewand. Im Hintergrund ist ein großes Gebäude erkennbar, Menschen wandern darauf zu. Im Vordergrund sieht man verschiedene Waffen.

– Es werden die drei Stände dargestellt: Der Priester und der Adlige als Vertreter des Ersten und Zweiten Standes heben entsetzt die Hände, weil der Dritte Stand – hier ein Vertreter des Bürgertums – aufsteht, seine Ketten abwirft und sich bewaffnet. Das Gebäude im Hintergrund könnte die Bastille sein, eine Gruppe Menschen – vielleicht Soldaten – zieht dorthin.

– Der Zeichner ist auf Seiten des Dritten Standes: Er macht sich über die ängstlichen Vertreter der anderen Stände lustig. Er befürwortet das „Erwachen des Dritten Standes" – so die im SB abgedruckte Überschrift der Karikatur.

6. Benenne die Personengruppen in Q2. Zeige auf, was die Kleidung und die Sitzordnung über die Generalstände aussagen. (AFB II) ○ → S. 180

Folgende Gruppen lassen sich erkennen:
– Hinten im Bild, aber hoch über der Versammlung thronen König und Königin, umgeben von ihrem Hofstaat. Am Tisch vor ihnen sitzen die Minister. Die drei Stände sitzen getrennt, durch Kleidung gut unterscheidbar. Links im Bild bzw. vorn im Saal sitzen die Vertreter des Ersten Standes (Bischöfe und Kardinäle, violette und rote Gewänder, Käppchen). Die Vertreter des Zweiten Standes sind an ihren Hüten mit Straußenfedern zu erkennen, die sie abgesetzt auf den Knien tragen, ihre Kleidung ist farbenprächtig (rechts im Hintergrund). Die Vertreter des Dritten Standes sind dunkel und schlicht gekleidet (vorn im Bild). Man erkennt in ihren Reihen einen Geistlichen mit schwarzem Käppchen (Pileolus) und, in der vierten Reihe, nachdenklich blickend, Robespierre. Auf der Galerie (rechts über dem Zweiten Stand) sind Zuschauer zu sehen, Frauen und Männer. Die Kleidung verrät, dass es sich hier nicht um „das Volk"

handelt, sondern um Mitglieder des Hofes bzw. des Zweiten Standes.
- Die Sitzordnung spiegelt die Hierarchien des Ancien Régime wider: herausgehobene Stellung des Königs, Trennung der Stände, der Dritte Stand im hinteren Teil des Saales platziert. Die Sympathien des Malers gehören aber dem Dritten Stand: Couder hat die Perspektive so gewählt, dass der Dritte Stand nah herangerückt wird, er steht – anders als im Saal – im Vordergrund. Hier können wir Gesichter erkennen, Robespierre ist porträtiert, der König dagegen ist kaum identifizierbar.

7. Nenne die Forderungen in den Beschwerdebriefen (Q3–Q5) und ordne sie nach selbstgewählten Kategorien. (AFB I)
Gefordert werden im Bereich
- Steuern: gerechte, von allen Ständen zu zahlende Steuern, keine indirekten Steuern;
- Feudallasten: Abschaffung von Frondienst, „Zehnten", Mühlenzwang;
- Recht: Recht auf Eigentum, gleiches Recht, keine Parteilichkeit;
- Kirche: Kostenfreiheit kirchlicher Dienstleistungen;
- technischer Fortschritt: Abschaffung von Maschinen, mechanischen Webstühlen;
- Frauen: Wahlrecht;
- sonstiges: weniger Heeresdienst, Aufhebung des freien Handels mit England.

8. Überprüfe, ob die Forderungen des Volks revolutionär waren (Q3–Q5). Beachte auch die Definition des Begriffs Revolution auf S. 13. (AFB III)
- Die Forderungen deuten sowohl vom Inhalt als auch vom Ton her nicht auf revolutionäre, d.h. umstürzlerische Ideen hin. Sie legen eine konstitutionelle Monarchie nahe, was freilich vor dem Hintergrund des Absolutismus revolutionäre Züge hat.
- Ziel der Beschwerdeführer ist aber zunächst die Abschaffung offenkundiger Missstände, Härten und Ungerechtigkeiten. Sieht man von den problematischen Forderungen nach Abschaffung von Maschinen und Begrenzung des Handels ab, erscheint keine der Forderungen unbillig oder maßlos.

9. Untersuche mithilfe der Grafik die Lebensbedingungen von Handwerkern und ungelernten Arbeitern (D1). (AFB II)
- Ein ungelernter Arbeiter gibt mehr als drei Viertel seines Tagesverdienstes für Brot aus, d.h. für die billigste Möglichkeit, seinen Hunger (und den seiner Familie) zu stillen. Nach Bezahlung der Miete bleibt ihm kaum Geld; Gemüse, Wein oder gar Fleisch kann er sich nur selten leisten. Sobald der Brotpreis steigt, muss er hungern. Sein Verdienst erlaubt ihm keine höheren Ausgaben für Brot.
- Etwas besser sind die gelernten Arbeiter gestellt, aber auch sie geben knapp die Hälfte ihres Verdienstes für Brot aus. Ihr Verdienst erlaubt ihnen aber den regelmäßigen Genuss von Gemüse, Fleisch und Wein. Auch ihr Lebensstandard wird aber empfindlich eingeschränkt, sobald das Brot teurer wird.

SP 10. Schreibe ein Streitgespräch zwischen einem Vertreter des Dritten Standes und einem Adligen: Wie soll abgestimmt werden (VT7)? Sammle zunächst Argumente für jede Seite. Überlege auch, wie die Vertreter die Argumente der Gegenseite entkräften könnten. (AFB II) ○ → S. 180
- Adliger: „Aber warum seid ihr denn nie zufrieden? Ihr dürft doch mit abstimmen: Jeder Stand eine Stimme, das ist doch wirklich großzügig!"
- Vertreter des Dritten Standes: „Wir haben doppelt so viele Abgeordnete wie ihr! Und weißt du warum? Weil wir für weit über 90 % der Franzosen sprechen!"
- Adliger: „Ja, aber was für Leute sind denn das? Bauern und Tagelöhner! Ungebildetes Volk! Das kannst du doch nicht zählen! Die wissen doch nichts von der Politik!"
- Vertreter des Dritten Standes: „Sie – wir! – bezahlen ganz Frankreich! Wir wissen, was wir wert sind – und wir wissen, was wir wollen: Unsere Stimme muss in den Generalständen gehört werden, sie muss Gewicht haben …"

11. Beurteile das Verhalten des Königs. In welcher Hinsicht hätte er anders – und vielleicht klüger – handeln können (VT)? (AFB III) ●
- Der König könnte, um sein Ansehen zu steigern, einige populäre Maßnahmen durchführen: sparen, das stehende Heer abschaffen, bescheidener leben. Er könnte, wenn er den Adel als Verbündeten behalten will, ihm mehr Macht geben und im Gegenzug moderate Steuern von ihm bekommen. Er könnte sich auch konsequent auf die Seite des Dritten Standes stellen und die Privilegien der anderen beiden Stände abbauen. Seine unklare, unsichere Haltung ist unklug.
- Mit der Einberufung der Generalstände und der umfassenden Erkundung der Stimmung im Volk durch die Beschwerdebriefe geht er auf den Dritten Stand zu. Das gilt auch für das Zugeständnis, doppelt so viele Vertreter in die Versammlung schicken zu dürfen wie die anderen beiden Stände. Dann aber hält der König an der Privilegierung des Ersten und Zweiten Standes fest und verweigert die Abstimmung nach „Köpfen". Bei der Abstimmung nach Ständen wäre der Dritte Stand aber den beiden ersten Ständen immer unterlegen gewesen; die Stimmen von Abgeordneten aus den ersten beiden Ständen, die mit dem Dritten Stand sympathisierten, hätten nicht gezählt. Das Zugeständnis, 578 Vertreter wählen zu dürfen und damit fast doppelt so viel wie jeder der beiden anderen Stände, hätte den Abgeordneten bei einer Abstimmung nach Ständen letztlich gar nichts genützt. Mit seiner Entscheidung hat der König den Dritten Stand enttäuscht; er hat auch die Entschlossenheit der Abgeordneten unterschätzt. Das war ein Fehler.

„Freiheit, Gleichheit, Brüderlichkeit" – Das alte Regime wird gestürzt

Kompetenzziele

Wahrnehmungskompetenz
Die SuS
- können die Ereignisse des Jahres 1789 reflektieren: Ballhausschwur, Erstürmung der Bastille, Abschaffung der Leibeigenschaft und der Privilegien, Erklärung der Menschen- und Bürgerrechte;
- können Vemutungen anstellen, warum der 14. Juli zum Nationalfeiertag wurde.

Analysekompetenz
Die SuS
- können Bilder analysieren, indem sie ihnen Informationen entnehmen, sie in den historischen Kontext einordnen und die Intentionen erschließen;
- können einen Quellentext analysieren und gegenwartsbezogen diskutieren.

Urteilskompetenz
Die SuS
- können verstehen, dass die Wechselwirkung des Handelns der Revolutionäre und des Königs die revolutionäre Entwicklung vorantrieb;
- können einschätzen, welche Ereignisse revolutionäre Qualität besaßen;
- können die Menschenrechtserklärung beurteilen.

Orientierungskompetenz
- Die SuS können einen Perspektivwechsel einnehmen, indem sie als Zeitgenosse einen Zeitungskommentar zu den Ereignissen vom Juni bis August 1789 schreiben.

Sequenzvorschlag

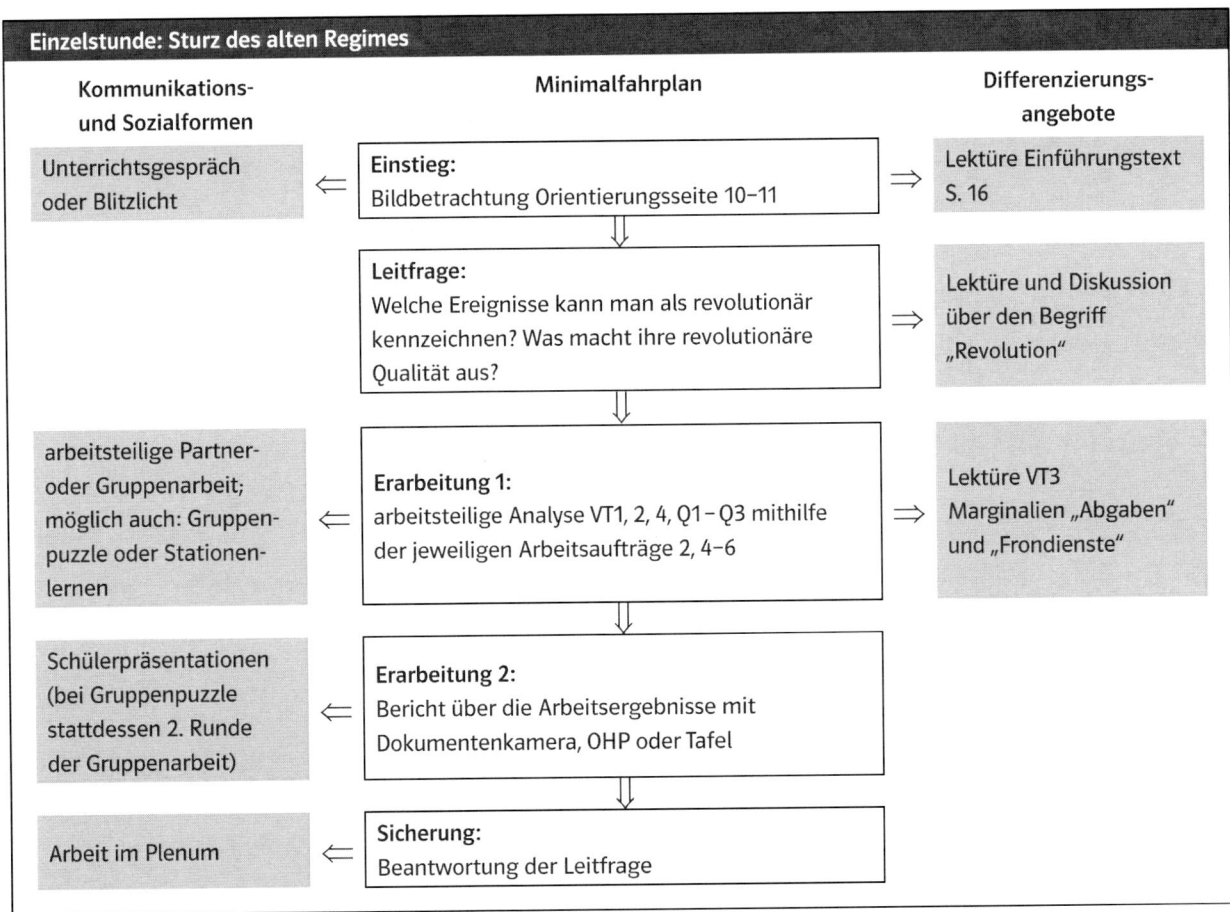

1 Die Französische Revolution und ihre Wirkung in Europa

Tafelbild

Frankreich 1789 – das alte Regime wird gestürzt

Datum	Ereignis	Was ist geschehen?	Was war revolutionär?
17. und 20. Juni 1789	Nationalversammlung und Ballhausschwur	Der Dritte Stand erklärt sich zur Nationalversammlung. Die Abgeordneten schwören, Frankreich eine Verfassung zu geben.	Ausschluss von Adel und Klerus, Revolte gegen die Ständegesellschaft; Ablehnung des Absolutismus
14. Juli 1789	Sturm auf die Bastille	Bürger von Paris bewaffnen sich und erstürmen die Bastille, ein Gefängnis und Pulverlager.	Bewaffnung des Volkes; Zerstörung eines Symbols despotischer Herrschaft
26. August 1789	Erklärung der Menschen- und Bürgerrechte	Die Nationalversammlung beschließt die Menschen- und Bürgerrechtserklärung.	von Natur gegebene Menschenrechte und Volkssouveränität = Bruch mit Ständegesellschaft, Absolutismus und Gottesgnadentum

16–17 Hinweise zum Verfassertext und zu den Materialien

VT Der VT stellt in knapper Form die wichtigsten Ereignisse von Juni bis August 1789 dar und führt in die zentralen Themen, Probleme und Konflikte ein: den Anspruch des Dritten Standes, die gesamte Nation zu repräsentieren, das unsichere Verhalten des Königs, die Erstürmung der Bastille und die Erklärung der Menschen- und Bürgerrechte. In diesem Kontext wird kurz darauf verwiesen, dass die Frauen keine gleichen Rechte erhielten und dass Olympe de Gouges einen Text mit dem Titel „Erklärung der Rechte der Frau und Bürgerin" verfasste.

Q1 Obwohl die Bastille längst keine zentrale Rolle mehr spielte und nur wenige Gefangene beherbergte, war sie in aufklärerischen Schriften mehrfach zum Symbol despotischer Herrschaft stilisiert worden. Hinzu kam, dass dort Pulver gelagert wurde, das die Revolutionäre für ihre bereits erbeuteten Gewehre brauchten. Details zur Analyse s.u. zu den Arbeitsaufträgen 2 und 3.

Literaturhinweis: detaillierte Beschreibung in fast allen Darstellungen der Revolution; mit Bezug zum Unterricht vgl. Günther-Arndt, Hilke: Der Sturm auf die Bastille – Ereignis und Symbol, in: Geschichte lernen 60 (1997) S. 23 ff.

Q2 Auszüge aus der berühmten Erklärung der Menschen- und Bürgerrechte vom 1789; die bildliche Darstellung in Q3 enthält den vollständigen Text im französischen Original; Details zur Analyse s.u. zu den Arbeitsaufträgen 4 und 6; die Aktualität der Menschenrechte wird im Unterkapitel „Menschenrechte heute – selbstverständlich oder immer noch missachtet?" (Schulbuch S. 18 f.) deutlich.

Q3 bildliche Darstellung der Erklärung der Menschen- und Bürgerrechte in einem Gemälde von Le Barbier, 1790; Details zur Analyse s.u. zu Arbeitsauftrag 4.

16–17 Erläuterungen zu den Arbeitsaufträgen

SP 1. Schreibe als Zeitgenosse kurze Zeitungskommentare zu den Ereignissen von Juni bis August 1789. Überlege dir dabei, an welche Leser sich die Zeitung wendet (VT). (AFB II)
- Die SuS sollen hier zwischen Fakten und Urteilen trennen und sich der Perspektivengebundenheit von wertenden Kommentaren bewusst werden.

2. Beschreibe die in Q1 erkennbaren Einzelheiten und die Gesamtwirkung des Bildes. (AFB I) ○ → S. 180
- Die SuS können die Bastille als gewaltiges, übermächtiges und scheinbar uneinnehmbares Bauwerk beschreiben und Einzelheiten über die Menschen, ihre Kleidung, ihre Bewaffnung, die Dynamik ihrer Bewegungen benennen.
- Als Gesamteindruck wird der Sieg der von Menschen getragenen revolutionären Dynamik über ein steinernes, gewaltiges, düsteres Gefängnis zu formulieren sein.

3. **Stelle Vermutungen an, warum der 14. Juli bis heute das Datum des französischen Nationalfeiertags ist. (AFB II)**
- Die SuS sollen über die Kraft und Bedeutung bildhafter Symbole für politische und historische Identität nachdenken. Sie können die Erkenntnis erarbeiten, dass z. B. die Abschaffung der Privilegien vielleicht das de facto bedeutendere Ereignis war, dass es jedoch aufgrund seiner abstrakteren Natur nicht so sehr geeignet war, zentrales Symbol eines Nationalfeiertags zu werden.
- Man kann mit der Klasse zusätzlich vereinbaren, am nächsten 14. Juli Berichte über die Feier des französischen Nationalfeiertages zu sammeln und danach in einem Rückblick noch einmal auf dieses Thema zurückzukommen.

MK 4. Beschreibe und analysiere die Symbole in Q3. Du kannst auch digital arbeiten. Nutze dafür die Abbildung und das Arbeitsblatt mit Symbolerklärungen (D02). (AFB II) → S. 180 (MKR 1.2, 3.2, 5.2)

1. Das Gemälde „Erklärung der Menschen- und Bürgerrechte" enthält zahlreiche Symbole. Ordne mithilfe der folgenden Tabelle die Bedeutung der Symbole den passenden Bildelementen zu. Wenn du mit dem digitalen Bild arbeitest, nutze die Arbeitsschritte der digitalen Bildbeschriftung.

Im Zentrum des Gemäldes „Erklärung der Menschenrechte" steht eine Steintafel, auf ihr stehen die Menschenrechtsartikel. Sie soll an die Gesetzestafeln von Moses erinnern. Über der Tafel schwebt das göttliche Auge im Dreieck mit Strahlenkranz als Symbol der Erleuchtung und Weisheit. Auf der oberen rechten Seite der Steintafel sitzt ein Engel mit Zepter. Der Engel dient zur Verkörperung des Gesetzes und als Verkünder einer frohen Botschaft. Die Frau auf der linken Seite der Steintafel trägt eine Krone und einen Krönungsmantel. Sie ist in Rot und Blau gekleidet, den Farben der Stadt Paris. In ihrer Hand hält sie gesprengte Ketten als Symbol der Freiheit. Um die Steintafel hängt im oberen Drittel ein Lorbeerkranz. Mit ihm soll der Ruhm der Menschenrechtsartikel versinnbildlicht werden. Die Ewigkeit und Unendlichkeit dieser Rechte wird durch eine Schlange, die einen Kreis bildet, symbolisiert. Diese befindet sich in der Mitte des Lorbeerkranzes.

2. Fasse zusammen, auf welche Bereiche sich die Symbole vor allem beziehen.

Die Symbole beziehen sich auf die Erklärung der Menschen- und Bürgerrechte, die am 26. August 1789 in der französischen Nationalversammlung verkündet wurden. Der Maler greift sowohl mit der Religiosität und dem Göttlichen (z. B. die Steintafeln, die an Mose erinnern sollen, oder das göttliche Auge) als auch mit Kampf, Macht und Revolution althergebrachte und zeitgenössische Motive auf. In ihrer Verbindung sollen sie identitätsstiftend für die Franzosen wirken.

3. Erkläre, was der Künstler mit der Verwendung dieser Symbole in seinem Gemälde über die Menschen- und Bürgerrechte zum Ausdruck bringen wollte.

Der Künstler versinnbildlicht mit den gewählten Symbolen die herausragende Bedeutung der Menschen- und Bürgerrechte. Mithilfe der Sinnbilder Ruhm, Freiheit, Ewigkeit, Erleuchtung und Weisheit hebt er diese positive Errungenschaft hervor.

5. **Untersuche, wie erfolgreich die Revolutionäre ihren Wunsch nach Freiheit und Gleichheit verwirklicht haben (VT4). (AFB II)**

Es ist ihnen gelungen, die Privilegien der ersten beiden Stände und die Leibeigenschaft der Bauern abzuschaffen. Sie haben mit der Erklärung der Menschen- und Bürgerrechte gleich im ersten Artikel die Prämisse formuliert, dass die Menschen von Geburt an frei und gleich (an Rechten) sind. Allerdings ist noch nicht geklärt, wie die künftige Regierung aussehen soll und wie die Errungenschaften in der alltäglichen Praxis durchgesetzt werden.

6. **Begründe, inwiefern die Erklärung der Menschen- und Bürgerrechte (Q2, Q3) einen revolutionären Bruch mit der Vergangenheit bedeutete und welche Bedeutung sie noch heute hat. (AFB III) ●**

- Die Erklärung stellt einen revolutionären Bruch mit der Ständegesellschaft des Mittelalters und des Ancien Régimes, mit Absolutismus und Gottesgnadentum dar. Sie formulierte dem Menschen von Natur aus angeborene Menschenrechte und das Prinzip der Volkssouveränität. Diese Ideen wirken bis heute fort, indem sie vor allem im Westen Grundlagen der demokratischen Staaten sind, jedoch nicht weltweit anerkannt und durchgesetzt sind.
- Zur Beantwortung dieser Frage kann das folgende Unterkapitel „Menschenrechte heute – selbstverständlich oder immer noch missachtet?" herangezogen werden.

1 Die Französische Revolution und ihre Wirkung in Europa

↗ 18–19

Geschichte begegnen: Menschenrechte heute – selbstverständlich oder immer noch missachtet?

Kompetenzziele

⚑ Wahrnehmungskompetenz

Die SuS
- können Fragen zur Entstehung der Menschen- und Bürgerrechte stellen;
- können zielgerichtete Fragen zur Einhaltung der Menschenrechte heute stellen.

⚏ Analysekompetenz

- Die SuS können Menschenrechtserklärungen aus unterschiedlichen Epochen und unterschiedlichen Ländern vergleichen und Gemeinsamkeiten und Unterschiede benennen.

⚖ Urteilskompetenz

Die SuS
- können zwischen Normen und ihrer Einhaltung unterscheiden;
- können die Bedeutung der Kinderrechte einschätzen und beurteilen, inwieweit sie verwirklicht sind;
- können verstehen, welche Bedeutung die Menschenrechtserklärung von 1789 hatte und hat.

⊘ Orientierungskompetenz

- Die SuS können ein aktuelles Beispiel für die Arbeit einer Organisation, die sich für die Beachtung der Menschenrechte einsetzt, finden und präsentieren.

↗ 18–19

Sequenzvorschlag

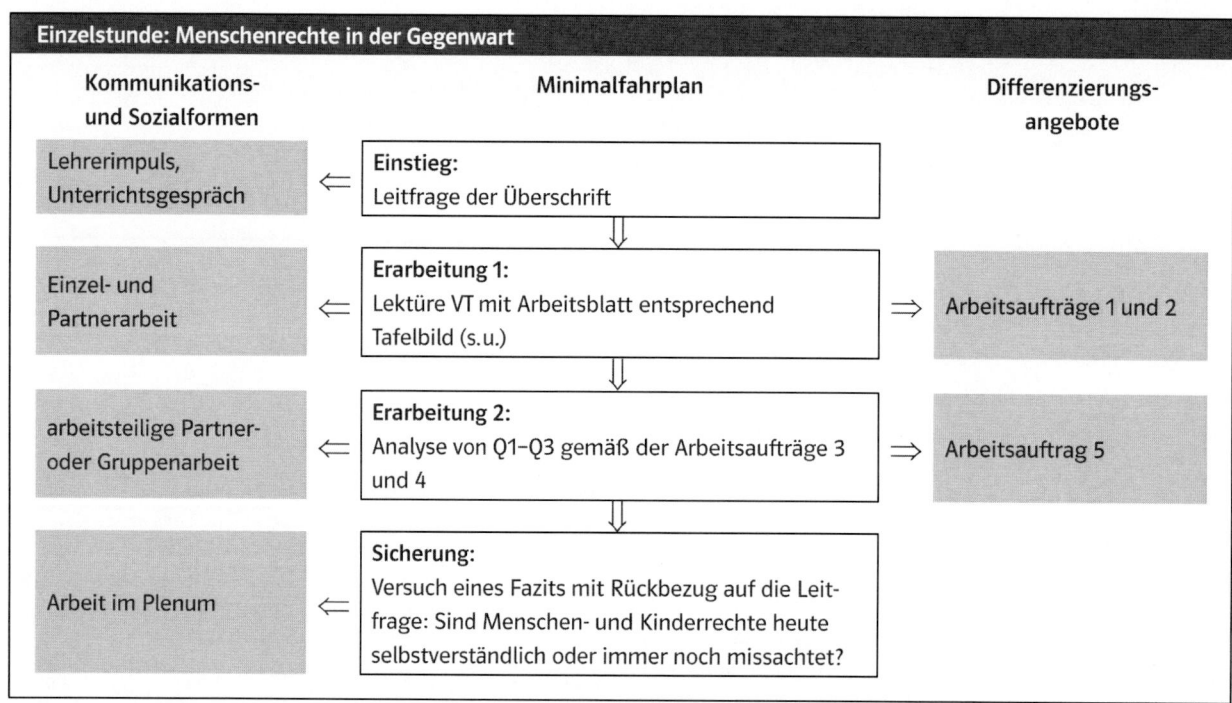

Tafelbild

Menschenrechte – auch für Kinder!

1.

Organisationen	Ziele
Amnesty International	weltweiter Kampf für Menschenrechte und für politische Gefangene
UNICEF	Kinderhilfswerk der Vereinten Nationen, setzt sich weltweit für Kinderrechte ein
terre des hommes	Kampf gegen Kinderarmut und für das Wohlergehen der Kinder

2.

Kinderrechte laut UNO 1959	Kinderrechte laut UNICEF 1989
- unentgeltlicher Unterricht, Bildung, Erziehung - Schutz vor Vernachlässigung, Grausamkeit, Ausbeutung - Mindestalter für Kinderarbeit - keine ungesunde und unsittliche Arbeit	- Gleichheit - Bildung - Freizeit, Spiel, Erholung - Gedankenfreiheit, Meinungsfreiheit - gewaltfreie Erziehung - Schutz im Krieg und auf der Flucht - Familie, Fürsorge, sicheres Zuhause - Betreuung bei Behinderung

Hinweise zum Verfassertext und zu den Materialien

VT Der Verfassertext erläutert sehr knapp, dass die Menschenrechte bereits seit dem 17. Jahrhundert angedacht und die Menschenrechtserklärung von 1789 im 19. und 20. Jahrhundert in vielen Ländern und auch für die UNO zum Vorbild wurde, obwohl es nach wie vor Menschenrechtsverletzungen gibt. Er erwähnt einige wichtige Organisationen, die sich heute weltweit für die Menschenrechte einsetzen, ohne ins Detail gehen zu können. Er weist darauf hin, dass es auch Organisationen, die sich für Kinderrechte einsetzen, sowie schriftlich fixierte Kinderrechte gibt.

Q1 Das Foto von 2014 zeigt ein Beispiel für mit den Kinderrechten nicht vereinbare und gesundheitsschädliche Kinderarbeit aus Myanmar. Der Text dazu informiert über Details, die den ausbeuterischen Charakter dieser Arbeit unterstreichen. Im Internet lassen sich zahlreiche aktuelle Beispiele ähnlichen Charakters finden, u.a. das „UNICEF-Foto des Jahres 2019" von Hartmut Schwarzbach. Es zeigt ein 13-jähriges Mädchen, das am Hafen von Manila, Philippinen, Plastikmüll aus dem Wasser fischt und damit pro Tag etwa 90 Cent verdienen kann.
Die nachfolgenden Fotos waren
2020 Angelos Tzortzinis: Kinder auf der Flucht aus dem brennenden Flüchtlingscamp Lesbos;
2021 Supratim Bhattacharjee: Mädchen in Indien nach Wirbelsturm und Überschwemmung;
2022 Eduardo Soteras: Kinder in Tigray/Äthiopien, in zerstörter Bibliothek in einer Grundschule.

Q2 Eine der bedeutendsten schriftlichen Fixierungen der Kinderrechte ist die „Erklärung der Rechte des Kindes", ein Beschluss der 841. Vollversammlung der UNO vom 20. November 1959.

Q3 Die Auszüge aus dem „Übereinkommen über die Rechte des Kindes" von UNICEF basieren auf der UNO-Erklärung von 1959, sind aber aufgrund ihrer einfacheren Sprache für SuS leichter zugänglich.

1 Die Französische Revolution und ihre Wirkung in Europa

Erläuterungen zu den Arbeitsaufträgen

1. Vergleiche die Menschenrechtserklärung in Frankreich (S. 133, Q2), die Allgemeine Erklärung der Menschenrechte der UNO und die Grundrechte im Grundgesetz der Bundesrepublik Deutschland D1 W01. (AFB III)

- Die französische Erklärung der Menschen- und Bürgerrechte von 1789 betont, dass die Menschen „frei und gleich an Rechten geboren" sind und es bleiben. Sie nennt in Artikel 2 „Freiheit, Eigentum, Sicherheit und Widerstand gegen Unterdrückung" als diese „natürlichen und unverjährbaren" Menschenrechte. Diese Rechte sollen universell, für alle, gelten, nicht z. B. nur für französische Staatsbürger.
- Auch in der UNO-Erklärung von 1948 steht – nach einer Präambel – am Anfang eine ähnlich weitgehende Erklärung: „Alle Menschen sind frei und gleich an Würde und Rechten geboren …". Hier wird gegenüber 1789 der Begriff der Menschenwürde neu eingeführt. Artikel 2 betont ausdrücklich die universelle Geltung der Menschenrechte. Der Einfluss der Menschenrechtserklärung von 1789 ist unverkennbar. Doch ab Artikel 18 geht die Erklärung von 1948 sehr viel stärker ins Detail, z. B. was die Gedanken-, Gewissens- und Religionsfreiheit oder die Versammlungs- und Vereinigungsfreiheit angeht. In Artikel 21 ff. ergänzt sie gegenüber 1789 ausdrücklich das Wahlrecht, das Recht auf soziale Sicherheit, das Recht auf Arbeit, gleichen Lohn, Erholung und Freizeit, Wohlfahrt und Bildung. Insofern ist die UNO-Erklärung präziser und konkreter in der Benennung der Menschenrechte.
- Das Grundgesetz für die Bundesrepublik Deutschland von 1949 beginnt – nach einer Eingangsformel und einer Präambel – mit dem Satz „Die Würde des Menschen ist unantastbar. Sie zu achten und zu schützen ist Verpflichtung aller staatlichen Gewalt." Sie greift den Begriff der Würde auf, der sich auch 1948, nur ein Jahr zuvor, bei der UNO findet. Die ersten 19 Artikel behandeln die Grundrechte, die zum Teil identisch mit den Menschenrechten sind, z. T. aber auch weitere Details klären; zum Beispiel legt Art. 7.1 fest, dass das Schulwesen unter der Aufsicht des Staates steht. Es fällt auf, dass ab Artikel 8 häufig von „allen Deutschen" die Rede ist, also die dort benannten Rechte nicht unbedingt universell gelten.
- Es ist denkbar, ergänzend oder alternativ eine tabellarische Aufstellung der explizit benannten Rechte zu erstellen.

MK 2. Überprüft, wo heute noch Menschenrechte verletzt werden. Recherchiert dazu arbeitsteilig zu den verschiedenen Ländern auf den Websites D2 W02. (AFB III) (MKR 1.2)

Im „Dossier Menschenrechte" der Webpräsenz der Bundeszentrale für politische Bildung werden unter dem Reiter „Regionen" verschiedene Staaten und Regionen aufgelistet: Russland, Naher und Mittlerer Osten, China, Afrika, Lateinamerika und Europa. In den kurzen Porträts wird dargestellt, in welchem Ausmaß Menschenrechte sich jeweils geschichtlich vor Ort entwickelt haben und wie diese bewahrt wurden bzw. werden. Anhand dieser Beispiele wird gezeigt, inwiefern Menschenrechte in den jeweiligen Regionen als selbstverständlich oder eben nicht selbstverständlich angesehen werden können. Mithilfe der Informationen können die SuS Basisdaten der Länder und Regionen ermitteln, die konkreten Menschenrechtsverletzungen vor Ort benennen und diese chronologisch einordnen.

3. Benenne die Rechte des Kindes (Q2, Q3), die du besonders wichtig findest. Beziehe auch Q1 in deine Überlegungen mit ein. (AFB I)

Als wichtig genannt werden können z. B.: der gleiche Anspruch auf Menschenrechte ohne Rücksicht auf Ethnie, Hautfarbe, Geschlecht, Sprache und Religion, das Recht auf Bildung und der Schutz vor Kinderarbeit und Ausbeutung.

4. Beurteile, inwieweit die Rechte des Kindes in Deutschland verwirklicht sind (Q2, Q3). (AFB III)

Obwohl die Kinderrechte in Deutschland überwiegend beachtet werden, kann man Anlässe zur Diskussion darüber finden, inwieweit die Norm und die Realität auseinanderklaffen, z. B. bezüglich der Diskriminierung aufgrund der Hautfarbe oder der Gleichberechtigung von Flüchtlingskindern.

5. Finde und präsentiere ein aktuelles Beispiel für die Arbeit einer Organisation, die sich für die Beachtung der Menschenrechte einsetzt. (AFB II) ●

Im Jahre 2023 könnte man zum Beispiel nennen: Bei UNICEF die Hilfe für hungernde Kinder am Horn von Afrika, bei terre des hommes die Unterstützung von Kindern auf der Flucht in Europa (Ukraine, Griechenland).

Die Spaltung der Revolutionäre und der Streit um die Monarchie

20–23

Kompetenzziele

Wahrnehmungskompetenz
Die SuS
- können zielgerichtete Fragen zum Wandel der Staatsform von der Monarchie zur Republik stellen;
- können Vermutungen dazu anstellen, ob Frauen ihre revolutionären Forderungen durchsetzen konnten.

Analysekompetenz
- Die SuS können Textquellen analysieren, indem sie sie unter vorgegebenen Fragestellungen untersuchen.

Urteilskompetenz
Die SuS
- können erörtern, dass politische Bewegungen sich nach den Zielen, die sie verfolgen, differenzieren lassen;
- können beurteilen, dass die konstitutionelle Monarchie das Gleichheitsversprechen nicht einlöste und daher für viele unakzeptabel war;
- können überprüfen, ob die Kriegshandlungen und die Bedrohung Frankreichs zur Radikalisierung der Revolution führten;
- können die Bedrohung von Paris durch die monarchischen Truppen und ihre Wirkung beurteilen;
- können die Ziele und Methoden der revolutionären Gruppen beurteilen;
- können die Positionen der revolutionären Frauen und ihrer Gegner diskutieren.

Orientierungskompetenz
- Die SuS können sich in handelnde Personen der Zeit hineinversetzen und einen Perspektivenwechsel vornehmen.

Tafelbild

Frankreich 1791–1793: eine neue Verfassung und das Ende der Monarchie

3. September 1791	Verfassung	Einführung der konstitutionellen Monarchie	Auch der König untersteht einer Verfassung.
21. September 1792	Absetzung des Königs	Frankreich wird Republik.	Sturz der Monarchie, Einführung einer neuen Staatsform
17. und 21. Januar 1793	Verurteilung und Hinrichtung des Königs	Ludwig XVI. wird vom Konvent zum Tode verurteilt und hingerichtet.	Tötung des Herrschers, demonstrative Verletzung der bisher als heilig geltenden Monarchie

1 Die Französische Revolution und ihre Wirkung in Europa

Sequenzvorschlag

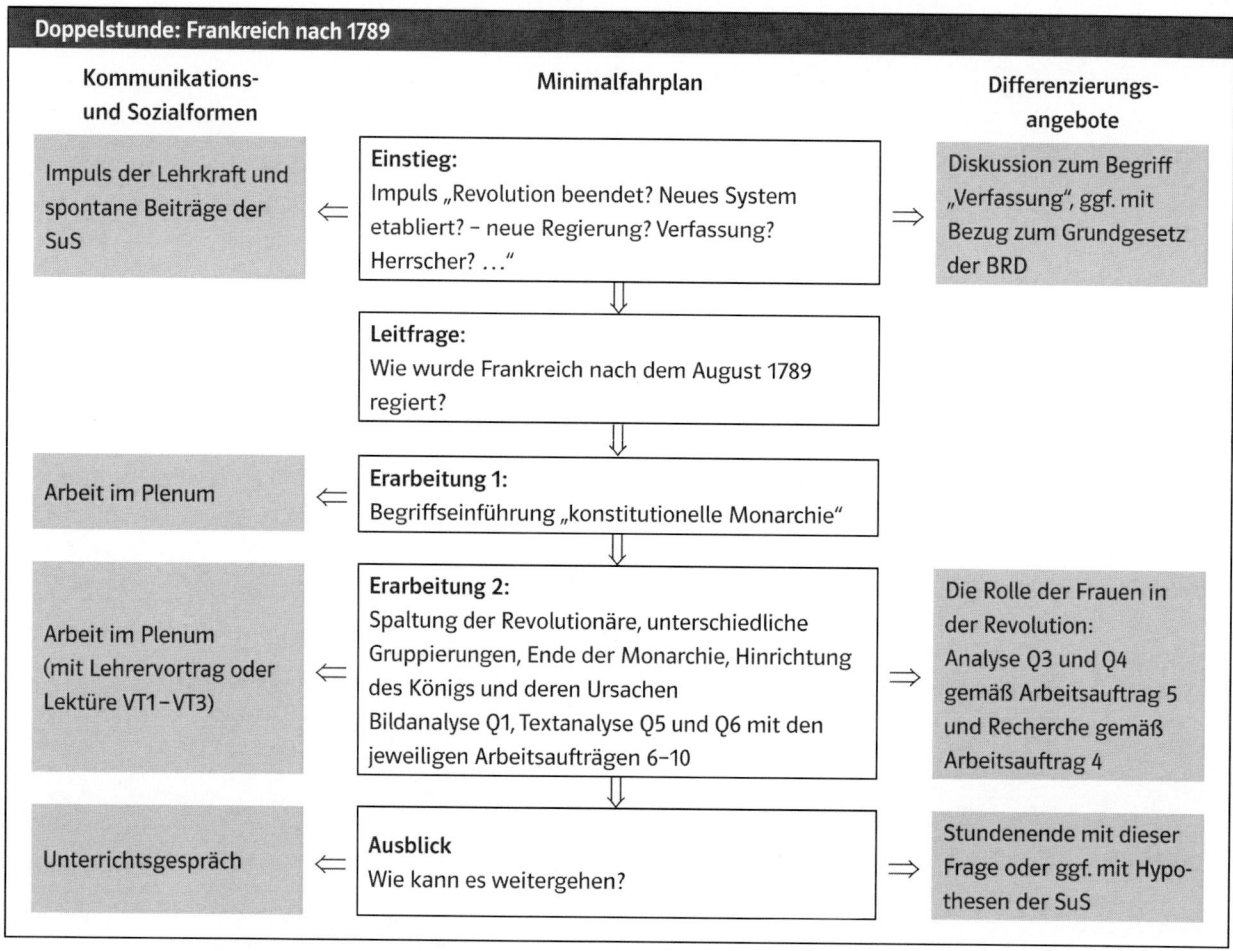

Hinweise zum Verfassertext und zu den Materialien

VT Der VT wirft in der Anmoderation die Frage auf, ob die Revolution mit der Einführung der konstitutionellen Monarchie ihre Ziele erreicht habe und nunmehr beendet sei. Er macht deutlich, dass jedoch die Revolutionäre keine einheitliche Gruppe bildeten und durchaus unterschiedliche Ziele verfolgten. Es wird darauf verzichtet, sehr detailliert Gruppen wie die Girondisten, die Montagnards, die Enragés etc. aufzuführen; vielmehr werden nur die Jakobiner und die Sansculotten vorgestellt.
Auch der Krieg wird in seinem Verlauf nicht detailliert dargestellt; die Ausführungen konzentrieren sich auf die Zusammenhänge zwischen Innen- und Außenpolitik und thematisieren den Aufruf des Herzogs von Braunschweig, die sogenannte Zweite Revolution, den Prozess gegen Ludwig XVI. und die Hinrichtung des Herrscherpaares sowie – in dessen Folge – den Krieg zwischen den Söldnerheeren der monarchistischen Staaten und dem revolutionären Frankreich mit der allgemeinen Wehrpflicht.
Auf S. 21 thematisiert der Verfassertext die wirtschaftliche Entwicklung mit Schwerpunkt auf Armut, Hunger und Inflation. Ferner informiert er über die politischen Clubs und die Rolle der Frauen in der Revolution. Er endet schließlich mit dem Hinweis auf die Machtergreifung der radikalsten Revolutionäre und leitet damit bereits zum folgenden Unterkapitel über die Schreckensherrschaft über.

Q1 Es handelt sich um die berühmteste Darstellung der Hinrichtung des Königs mit der Guillotine in einem anonymen zeitgenössischen Stich.
Die SuS können die Guillotine als Fallbeil und als typisches Hinrichtungsinstrument der Französischen Revolution vor allem in der Zeit der Schreckensherrschaft kennenlernen. Sie können darauf hingewiesen werden, dass die Guillotine aufgrund ihrer Präzision eine schmerzlosere und schnellere Exekution ermöglichte als die vorher praktizierten Enthauptungsmethoden. Sie können jedoch auch erkennen, dass jede Art der Todesstrafe letztlich als unmenschlich gewertet werden kann und deshalb heute auch in Europa verboten ist.

Q2 Die Radierung zeigt zwei Sansculotten, eine Frau und einen Mann in typischer Kleidung und mit Waffen.
Kleidung und Bewaffnung können auch zur sozialen Einordnung der Sansculotten genutzt werden; zu Details s.u. Erläuterung zu Arbeitsauftrag 3.

Q3 Zu dem Bild gehört eine Beischrift: „Sehr patriotische Frauen hatten einen Club gebildet, zu dem niemand anders zugelassen wurde. Sie hatten ihre Vorsitzende und Sekretärinnen. Man versammelte sich zweimal wöchentlich, die Präsidentin verlas die Sitzungsprotokolle des Nationalkonvents, dessen Beschlüssen man Beifall oder Kritik zollte. Aus Wohltätigkeitseifer veranstalteten die Damen unter sich eine Sammlung und verteilten den Erlös an hilfsbedürftige Familien guter Patrioten."

Q4 Der Text spiegelt das klassische Bild der dichotomen Geschlechtscharaktere: dem aktiven, starken, robusten und intelligenten Mann, der für alle Aufgaben außerhalb des Hauses geeignet ist, steht die gemütvolle, gemäßigte, stille und zurückgezogene Frau gegenüber, deren Aufgaben im Heim liegen: Frauen hätten nicht die „moralische und physische Kraft", die die politische Tätigkeit erfordert. Das sei weltweiter Konsens. Die Aufgaben der Frau seien andere, die ihr „die Sitten und die Natur" vorgegeben hätten: Erziehung der Kinder, Haushalt, Familie.

Q5 Der Verfasser dieses Aufrufs war nicht allein der Herzog von Braunschweig; der König Frankreichs selbst hatte solch einen Aufruf gewünscht, und adlige Emigranten aus Frankreich hatten an den Formulierungen mitgearbeitet; zu Details s.u. Erläuterung zu den Arbeitsaufträgen 6, 7 und 8.
Bei der Analyse dieses Textes sind Hypothesen zu einem generellen Problem menschlichen Handelns möglich. Wirkungen sind oft nicht exakt vorauszuberechnen und hängen von der Reaktion anderer Beteiligter ab. In diesem Fall wurden die Pariser falsch eingeschätzt; die unverblümten Drohungen führten eher zu Empörung und Ablehnung – aus psychologischer Sicht durchaus absehbare Reaktionen.

Q6 Der Textauszug aus der berühmten programmatischen Rede Robespierres ermöglicht – ggf. nach Klärung der Begriffe „Despotismus" und „Tyrannei", vielleicht auch „Tugend" – die Diskussion einer zentralen Frage politischer Moral: Welche Mittel sind legitim, um die als richtig vorausgesetzten Ziele zu erreichen? Vor Besprechung der Quelle empfiehlt es sich, den historischen Kontext (Krieg, Wirtschaftskrise, Hunger) in Erinnerung zu rufen.

Erläuterungen zu den Arbeitsaufträgen

1. Beschreibe und beurteile die Art der Hinrichtung des Königs (Q1). (AFB III)
- Die SuS können die Guillotine als Fallbeil und als typisches Hinrichtungsinstrument der Französischen Revolution vor allem in der Zeit der Schreckensherrschaft kennenlernen. Sie können darauf hingewiesen werden, dass die Guillotine aufgrund ihrer Präzision eine schmerzlosere und schnellere Exekution ermögliche als die vorher praktizierten Enthauptungsmethoden.
- Sie können jedoch auch erkennen, dass jede Art der Todesstrafe letztlich als unmenschlich gewertet werden kann und deshalb heute auch in Europa verboten ist.

2. Diskutiert, warum die Hinrichtung öffentlich stattfand (Q1, VT2). (AFB III) ○ → S. 180
Der König war keine Privatperson, sondern Verkörperung des alten Systems und des Absolutismus. Seine Hinrichtung wurde als öffentlicher Akt inszeniert, und sein Kopf wurde dem Volk gezeigt, um allen zu demonstrieren, dass die Macht der Revolution tatsächlich den einst als heilig und allmächtig geltenden Monarchen besiegt hatte.

3. Beschreibe die Kleidung und die Bewaffnung der Sansculotten (Q2). (AFB I)
- Die Sansculotten tragen lange Hosen, die besser für körperliche Arbeit geeignet sind als die Kniehosen der vornehmen Bevölkerung, die Culotten.
- Sie sind bewaffnet, auch die Frauen, und zeigen sich damit als überzeugte Revolutionäre. Schusswaffen können sie sich nicht leisten. Kleidung und Bewaffnung können so auch zur sozialen Einordnung der Sansculotten genutzt werden.

MK 4. Informiert euch über das Leben und Wirken bedeutender Revolutionärinnen (Q3). Recherchiert ihre Forderungen und ihren Einfluss auf die Revolution. Nutzt das Arbeitsblatt D03. (AFB II) (MKR 1.1, 1.2)

1. Erstellt in Kleingruppen jeweils Steckbriefe zu zwei Frauen der Französischen Revolution.
2. Berücksichtigt in euren Steckbriefen folgende Punkte (sofern ihr Informationen dazu recherchieren könnt).
- Name
- Lebensdaten
- Beruf
- Stellung in der Gesellschaft
- politische Forderungen und Wirken während der Revolution
- Nachwirkung

3. Recherchiert eure Informationen auf den Seiten von Wikipedia. Nutzt dazu die euch bekannten Arbeitsschritte zur Auswertung eines Wikipedia-Artikels.
- Name: Charlotte Corday
- Lebensdaten: 27. Juli 1768–17. Juli 1793
- Beruf: Nonne

1 Die Französische Revolution und ihre Wirkung in Europa

- Stellung in der Gesellschaft: französische Adlige
- politische Forderungen und Wirken während der Revolution:
  - Corday war Anhängerin der gemäßigten Republikaner, der Girondisten. Durch den radikalen Einfluss der jakobinischen Bergpartei sowie die von ebenjenen ausgehenden gewalttätigen politischen Kämpfe sah sie die aufklärerischen Ideale verraten.
  - Sie entschloss sich, dem Gewaltregime der Jakobiner Widerstand zu leisten.
  - Corday hat den radikalen Journalisten, Politiker und Naturwissenschaftler Jean Paul Marat ermordet, den sie für das größte Übel der Schreckensherrschaft der Jakobiner sah.
  - Durch das Attentat wollte sie große Aufmerksamkeit erlangen und anderen Patrioten und Patriotinnen als Beispiel dienen.
  - Sie wurde vier Tage nach dem Attentat an Marat hingerichtet.
- Nachwirkung:
  - Corday erhielt durch den politischen Mord an Marat den Status einer Märtyrerin bei den Gegnern der radikalen Revolution.
- Name: Claire Lacombe
- Lebensdaten: 4. August 1765 – Todesdatum unbekannt
- Beruf: Theaterschauspielerin
- Stellung in der Gesellschaft: Tochter eines Kaufmanns
- politische Forderungen und Wirken während der Revolution:
  - Anhängerin der Jakobiner;
  - Anführerin des Brotmarsches am 6. Oktober 1789, ein Protestmarsch von Frauen um Brot und gegen den König;
  - Mitbegründerin der „Brigade der Bäckerinnen", eine Brigade aus bewaffneten Frauen der unterbürgerlichen Schichten;
  - Forderungen nach politischer Partizipation und Wahlrecht für Frauen.
- Nachwirkung:
  - politische Nachwirkung oder Rezeption nicht bekannt

4. Stellt euch eure Steckbriefe gegenseitig vor. Diskutiert anschließend in der Klasse über den Einfluss der Frauen auf die Revolution.

5. Recherchiert auf den Seiten der Wikipedia die von Olympe de Gouges verfasste „Erklärung der Rechte der Frau und Bürgerin". Vergleicht die einzelnen Artikel mit den Artikeln der „Erklärung der Menschen- und Bürgerrechte" von 1789 (Unterkapitel „Freiheit, Gleichheit, Brüderlichkeit!" – Das alte Regime wird gestürzt). Arbeitet die Unterschiede heraus und erklärt diese.

In der von Olympe de Gouges verfassten „Erklärung der Rechte der Frau und Bürgerin" fällt auf, dass die sich aus ihr ableitenden Rechte und Pflichten immer für Männer und Frauen im gleichen Maße gelten. In der „Erklärung der Menschen- und Bürgerrechte" ist nur die Rede von Bürgern und Menschen, jedoch geht die rechtliche Gleichstellung von Mann und Frau aus ihr grundsätzlich nicht hervor. Die Betonung der Gleichheit von Frau und Mann bei Gouges ist der Hauptunterschied der beiden Erklärungen.

5. Untersuche, wie der Autor von Q4 über Freiheit und Gleichheit auch für Frauen denkt. Antworte ihm aus Sicht einer Revolutionärin. Berücksichtige dabei deine Ergebnisse aus Aufgabe 4. (AFB II)

Der Brief könnte so beginnen: „Sehr geehrte Mitglieder der Nationalversammlung, der Abgeordnete Amar nennt sich Revolutionär und Verfechter von Freiheit, Gleichheit und Brüderlichkeit, doch denkt er sehr altmodisch und hat wohl vergessen, dass Gleichheit für alle gelten muss. Wir denken, dass man die Frauen nicht als ungleich, als Bürgerinnen zweiter Klasse behandeln darf ..."

6. Benenne die Absichten, die der Herzog mit seinem Aufruf (Q5) verfolgte. (AFB I)

Die Absicht besteht darin, die Bevölkerung Frankreichs und vor allem die von Paris einzuschüchtern und so den König, seine Familie und die Monarchie zu schützen und zu stärken.

7. Erläutere, welche Wirkung der Aufruf des Herzogs hatte (Q5, VT2). (AFB II)

Der Sturm auf die Tuilerien im August 1792 sowie der Prozess gegen Ludwig XVI. und die Hinrichtung des Königs und der Königin zeigen, dass der Aufruf seine Absicht völlig verfehlte und, wenn er denn wirkte, eher das Gegenteil erreichte.

8. Erkläre den Unterschied zwischen Wirkung und Absicht (Q5, VT). (AFB II)

- Hier sind Hypothesen zu einem generellen Problem menschlichen Handelns möglich. Wirkungen sind oft nicht exakt vorauszuberechnen und hängen von der Reaktion anderer Beteiligter ab.
- In diesem Fall wurden die Pariser falsch eingeschätzt; die unverblümten Drohungen führten eher zu Empörung und Ablehnung – aus psychologischer Sicht durchaus absehbare Reaktionen.

9. Nenne die Begriffe, die Robespierre positiv wertet (Q6). (AFB I) ○ → S. 180

- Zu den positiven Begriffen gehören: gemeinnützig, hochherzig, Ruhm, Vaterland, Gleichheit, Tugend, Republik, Demokratie, Freiheit, Gerechtigkeit; negativ dagegen sind: niedrig, grausam, Tyrannei.
- Es ist auffällig, dass manche dieser Begriffe eher moralische als genuin politische sind: hochherzig bzw. niedrig und vor allem „Tugend". Das wirft die Frage auf, inwiefern man Politik und Moral verbinden oder trennen sollte.

10. Diskutiert, ob Robespierres Rechtfertigung für den „Despotismus der Freiheit im Kampf gegen die Tyrannei" überzeugend ist (Q6). (AFB III) ●

- Die Rechtfertigung besteht in dem Hinweis auf die revolutionäre, stürmische, gefährliche Zeit, in der die „Tugend" ohnmächtig sei und daher den „Schrecken", den „Despotismus" benötige.

- Konkreter Hintergrund sind Aufstände im Innern und der Krieg gegen die Koalition europäischer Monarchien, die tatsächlich das revolutionäre Frankreich gefährdeten. Insofern ist Robespierres Argumentation durchaus nachvollziehbar.
- Es bleibt jedoch ein ungeklärter Widerspruch innerhalb des Begriffes vom „Despotismus der Freiheit": Selbst ein Despotismus im Dienst von Freiheit oder „Tugend" ist ein Despotismus, der Freiheit und Demokratie entgegensteht. Man kann die grundsätzliche Frage aufwerfen, ob es überhaupt Aufgabe der Politik sein darf, „Tugend" durchzusetzen, und auf die unvermeidbare Pluralität von Wertvorstellungen und Lebensentwürfen hinweisen, die durch Despotismus jeder Art gefährdet wird.

SP 11. Verfasse einen Beitrag für eine zeitgenössische Zeitung oder nimm eine Radiosendung zum Thema „Die Spaltung der Revolutionäre" auf (VT6). Für den Artikel kannst du Interviews und Karikaturen nutzen. Den Radiobeitrag kannst du mit Zitaten und Musik gestalten. Präsentiere dein Ergebnis anschließend der Klasse. (AFB II)
Unabhängig von der gewählten Präsentationsform sollte deutlich werden, dass es Gemäßigte und Radikale oder „Linke" und „Rechte" gab; die Jakobiner sollten eher den Radikalen oder Linken zugeordnet werden. Es ist denkbar, auf die Haltung zur Monarchie einzugehen.

1 Die Französische Revolution und ihre Wirkung in Europa

Kompetenztraining Fachmethode: Verfassungsschaubilder analysieren

Kompetenzziele

Analysekompetenz
- Die SuS können ein Verfassungsschaubild analysieren und die darin veranschaulichte Verfassung beurteilen.

Sequenzvorschlag

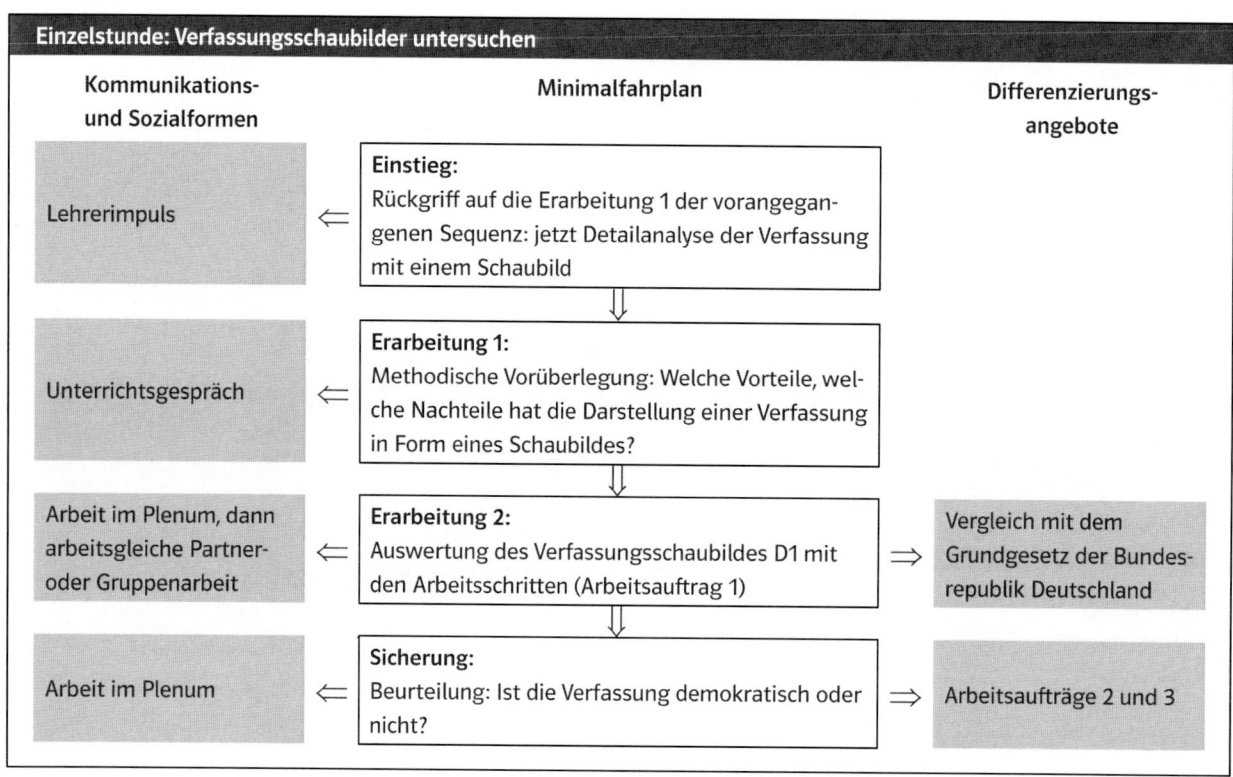

Hinweise zum Verfassertext und zu den Materialien

VT In der Anmoderation erläutert der Verfassertext in knapper Form, was ein Verfassungsschaubild ist und welchem Zweck es dient. Im Folgenden informiert der Verfassertext darüber, dass die hier vorgelegte Verfassung von 1791 nur kurze Zeit in Kraft war. Zudem erinnert er daran, was man unter Gewaltenteilung versteht. VT3 gibt Beispiele für komplexere Sachverhalte, die im Schaubild vereinfacht dargestellt sind.

D1 Es handelt sich um ein vereinfachtes Schaubild der französischen Verfassung von 1791. Es zeigt aber hinreichend deutlich das Wahlrecht, das ein sehr eingeschränktes ist, die wichtigsten Institutionen und die Teilung der drei Gewalten auf. Dagegen wurde zum Beispiel darauf verzichtet, Details über die indirekte Wahl der Nationalversammlung durch Wahlmänner einzufügen; die Aktivbürger wählten 50 000 Wahlmänner, die wiederum ein Mindeststeueraufkommen leisten mussten, und nur diese Wahlmänner wählten die Abgeordneten. Auch wurde das Vetorecht des Königs im Schaubild nicht präzisiert: Er hatte ein suspensives Veto gegen Gesetzesvorlagen der Nationalversammlung, mit dem er Beschlüsse für zwei Legislaturperioden aufschieben konnte.

Erläuterungen zu den Arbeitsaufträgen

1. Untersuche D1 mithilfe der Arbeitsschritte. Du kannst dabei auf die Formulierungshilfen zurückgreifen. (AFB II)

- Beschreiben: *Das Schaubild zeigt die französische Verfassung* von 1791. *Sie wurde von der Nationalversammlung* am 3. September 1791 verabschiedet. Nachdem der König zu Beginn des Jahres 1793 hingerichtet worden war, blieb auch die Verfassung nicht mehr lange gültig und wurde im Juni 1793 von einer neuen abgelöst. *Mithilfe der beschrifteten Kästchen in verschiedenen Farben*, die zum Teil mit Symbolen versehen sind, sowie Pfeilen werden die wichtigsten Aspekte in dem Schaubild veranschaulicht.
- Untersuchen: *Untersucht man das Schaubild von unten nach oben, finden sich* zunächst Hinweise zu den an der Verfassung beteiligten Bürgern und Organen. *Im unteren Teil des Schaubilds, in den blauen und weißen Feldern*, finden sich Informationen zu den wahlberechtigten Bürgern. *Der breitere helle Streifen macht deutlich*, wer zu den Passivbürgern, also den Nichtwählern, gehörte: alle Frauen, Männer unter 25 Jahren und Männer, die nur wenig oder keine Steuern zahlten. *Der schmalere blaue Streifen darüber zeigt die Aktivbürger*: Männer, die eine Mindestsumme an Steuern zahlen konnten, besaßen das Wahlrecht (Zensuswahlrecht). *Die Aktivbürger wählten* die Beamten in den Departements und Gemeinden, alle zwei Jahre indirekt – über Wahlmänner – die Mitglieder der Nationalversammlung sowie die Richter und Geschworenen. Den Beamten, der Nationalversammlung und den Gerichtshöfen sind Farben zugeordnet. Sie geben einen Hinweis auf die entsprechende Gewalt: Exekutive, Legislative und Judikative. *An der Spitze der Exekutive*, also der ausführenden Gewalt, stand der König. Er konnte die Minister, welche die Aufsicht über die Beamten innehatten, ernennen und entlassen. *Die Legislative*, also die gesetzgebende Gewalt, wurde von der Nationalversammlung ausgeübt. Im Feld der Nationalversammlung befindet sich das Symbol eines Paragraphen stellvertretend für die Gesetzgebung. *Zur Judikative*, also der Recht sprechenden Gewalt, *gehörten die Gerichtshöfe*, die sich aus den gewählten Richtern und Geschworenen zusammensetzten. *Die Pfeile* zwischen den Kästchen weisen auf Beziehungen zwischen den einzelnen Institutionen hin: Die Nationalversammlung berief die Gerichtshöfe ein und kontrollierte sie. Der König besaß ein Vetorecht gegen die von der Nationalversammlung beschlossenen Gesetze. Die Nationalversammlung wiederum kontrollierte die Minister. König sowie Nationalversammlung hatten gemeinsam den Oberbefehl über die Streitkräfte.
- Deuten: *Die Verfassung war ein Ergebnis der* Französischen Revolution. *Der zuvor absolut herrschende Monarch* war nunmehr an eine Verfassung gebunden. *Frankreich war jetzt eine* konstitutionelle Monarchie. Darüber hinaus gab es ein Parlament, die Nationalversammlung, das von den Bürgern gewählt wurde. Auch Beamte und Richter wurden gewählt. Trotz des revolutionären Aufbruchs existierte die Monarchie jedoch weiter. *Der König behielt weitreichende Machtbefugnisse:* Er ernannte und entließ die Minister, besaß – gemeinsam mit der Nationalversammlung – den Oberbefehl über das Militär und konnte ein Veto gegen die Beschlüsse des gewählten Parlaments einlegen. *Es verwundert, dass nur ein Teil des Volkes* das Wahlrecht besaß – trotz der revolutionären Ereignisse von 1789 und der Erklärung der Menschenrechte. Das Zensuswahlrecht schloss die jungen und besitzlosen Männer sowie alle Frauen von der politischen Mitsprache aus. *Die Analyse des Verfassungsschemas lässt vermuten, dass* nicht alle Revolutionäre, vor allem nicht die Sansculotten, mit dieser Verfassung zufrieden waren. Aufgrund des königlichen Vetorechts waren zudem Konflikte zwischen dem König und der Nationalversammlung zu erwarten. Es ist daher nicht überraschend, dass die Revolution nach 1791 weiter ging und die Verfassung nur kurze Zeit in Kraft blieb.

2. Der französische Revolutionär Robespierre stellte in einer Rede am 2. Januar 1792 die Frage: „Gleicht denn die Verfassung, von der man sagt, sie sei die Tochter der Menschen- und Bürgerrechte, wirklich noch ihrer Mutter?" Erkläre, was er damit meint (D1). (AFB II)

- Während die Menschen- und Bürgerrechte für alle Menschen Gültigkeit beanspruchten, werden hier politische Rechte vom Besitz und vom Geschlecht abhängig gemacht.
- Artikel 1 der Menschenrechtserklärung verkündet die Rechtsgleichheit, lässt aber gesellschaftliche Unterschiede zu, wenn sie „auf dem allgemeinen Nutzen begründet werden". Die Verfassung dagegen verknüpft gesellschaftliche Unterschiede mit politischen Rechtsungleichheiten.

3. Diskutiert, inwiefern Anspruch und Wirklichkeit übereinstimmen: Was wollten die Revolutionäre erreichen? Wurden ihre Forderungen mit dieser Verfassung erfüllt? (AFB III)

- Die Revolutionäre wollten die Privilegien der ersten beiden Stände abschaffen und Freiheit, Gleichheit und Brüderlichkeit verwirklichen.
- Die Verfassung sah tatsächlich keine Stände mehr vor, bot aber wegen des Zensuswahlrechts keine Rechtsgleichheit.
- Statt der Ungleichheit aufgrund des Standes gab es nun eine Ungleichheit aufgrund des Besitzes. Damit konnte allenfalls ein Teil der revolutionären Führer zufrieden sein; vor allem die Sansculotten und die mit ihnen verbündeten radikalen Jakobiner konnten es nicht.

1 Die Französische Revolution und ihre Wirkung in Europa

Die Schreckensherrschaft – Freiheit mithilfe von Gewalt?

Kompetenzziele

Wahrnehmungskompetenz
- Die SuS können aufgrund ihres erworbenen Wissens die Jakobinerdiktatur reflektieren.

Analysekompetenz
Die SuS
- können Quellen mit Blick auf Absichten und Grundpositionen der Verfasser ideologiekritisch analysieren;
- können Karikaturen beschreiben und die Aussageintention identifizieren.

Urteilskompetenz
Die SuS
- können die immer radikaleren Maßnahmen, die die Jakobiner unter dem Eindruck innen- und außenpolitischer Bedrohungen ergriffen, bewerten;
- können erörtern, wie die Schreckensherrschaft funktionierte und welche Maßnahmen es waren, die zur Charakterisierung als „Schreckensherrschaft" führen;
- können Stellung dazu nehmen, warum die erste französische Republik kein Rechtsstaat war;
- können die Jakobinerdiktatur beurteilen.

Orientierungskompetenz
- Die SuS entwickeln ein Urteil darüber, ob, inwieweit und unter welchen Umständen Gewalt ein Mittel der Politik sein darf.

Sequenzvorschlag

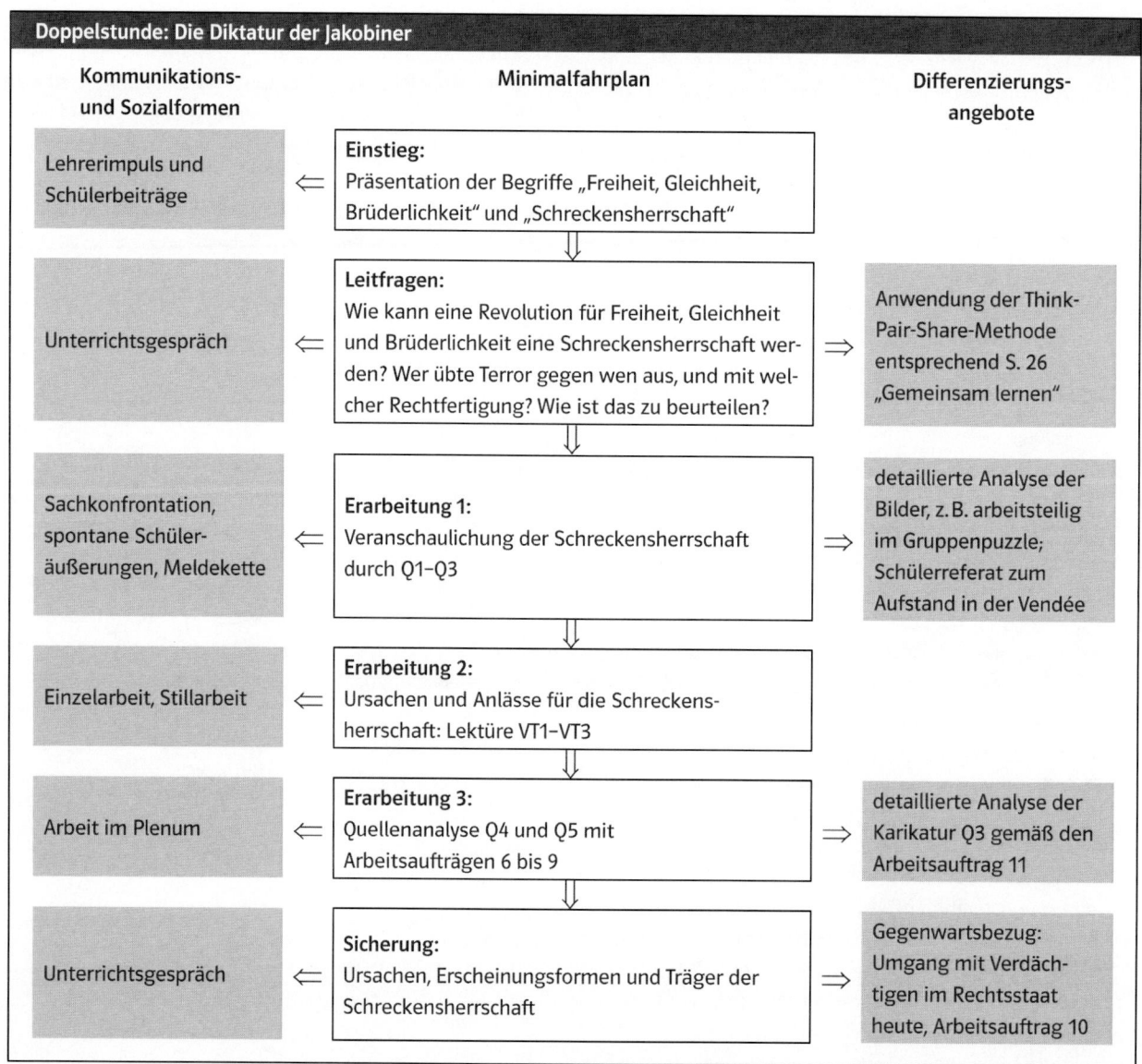

Tafelbild

Frankreich 1793–1794: die Schreckensherrschaft

Leitfragen	Antworten
1. Warum kam es zur Schreckensherrschaft?	Es herrschte Krieg, es gab Aufstände; Frankreich und die Revolution waren in Gefahr. Es gab eine Wirtschaftskrise, die Preise waren sehr hoch, es herrschte eine Hungersnot.
2. Wie muss man sich eine Schreckensherrschaft konkret vorstellen?	Wer verdächtig war, die Revolution nicht zu unterstützen, wurde verfolgt, angeklagt und hingerichtet, oft durch die Guillotine.
3. Wer übte die Schreckensherrschaft aus?	Die Träger der Revolution waren die radikalen Jakobiner unter Führung von Robespierre. Sie wurden von den Sansculotten unterstützt.
4. Wie ging sie zu Ende?	Robespierre und seine Anhänger wurden 1794 verurteilt und hingerichtet.

Hinweise zum Verfassertext und zu den Materialien

VT Der VT skizziert kurz wichtige Charakteristika der Schreckensherrschaft, benennt sie als Jakobinerdiktatur und erläutert den Begriff „Wohlfahrtsausschuss". Er gibt Hinweise auf die Versuche, auch das Alltagsleben revolutionär umzugestalten, und erläutert, wie es zum Ende der Schreckensherrschaft kam.

Q1 Die Radierung von 1816 basiert auf einem Kupferstich Fragonards von 1802 und stellt damit einen Revolutionsausschuss von 1793 im Rückblick dar.

Q2 Unter den Gefangenen befinden sich Männer und Frauen unterschiedlicher Herkunft. Identifizierbar ist der Dichter André Chénier, der in der Mitte auf einem Sessel sitzt. Chénier war ein Befürworter der konstitutionellen Monarchie und Gegner der radikalen Jakobiner. Er schrieb ein Gedicht, in dem er Charlotte Corday, die Marat ermordet hatte, verherrlichte. Anfang 1794 wurde er verhaftet und am 25. Juli 1794 im Alter von 31 Jahren hingerichtet.

Q3 Die Karikatur zeichnet ein extrem negatives Bild Frankreichs nach der Hinrichtung des Königs. Sie enthält zahlreiche für SuS nicht ganz leicht zu entschlüsselnde Anspielungen. Zu Details s.u. Erläuterung zu Arbeitsauftrag 11.

Q4 Die Quelle ist geeignet, ein typisches Merkmal der Schreckensherrschaft zu erarbeiten, und sie ermöglicht die Kontrastierung mit Prinzipien des modernen Rechtsstaates.

Q5 Die Enragés waren radikale sozialrevolutionäre Sansculotten, die 1793 und 1794 in Konflikt mit den Girondisten, dann auch mit Robespierre gerieten. Ihr Führer Jacques Roux, der Verfasser dieses Manifests, wurde zum Tode verurteilt und beging Selbstmord.

Erläuterungen zu den Arbeitsaufträgen

MK 1. Gemeinsam digital schreiben: Verfasst zu zweit einen Eintrag für ein Schülerlexikon zum Stichwort Jakobinerherrschaft (VT). Nutzt den Vorschlag zum multimedialen Arbeiten D05. (AFB II) (MKR 2.1, 2.3, 3.1)
- Zunächst sollten die SuS die Verfassertexte VT1–VT3 aufmerksam erschließen. Beispielsweise indem sie Schlüsselbegriffe als Stichpunkte notieren oder eine Mindmap zur Jakobinerherrschaft skizzieren.
- Auf Grundlage dieser Vorarbeit können jeweils zwei SuS mithilfe eines Etherpads (siehe Arbeitsblatt im Onlinebereich) an einem gemeinsamen Text in Form eines Lexikoneintrags arbeiten. Etherpads ermöglichen ein kollaboratives Zusammenarbeiten unabhängig vom Standort der SuS. Daher ist dies v.a. auch als Hausaufgabe bzw. Wiederholung von zu Hause aus denkbar.

2. Beschreibe die Ausstattung und Atmosphäre des Raumes in Q1. (AFB I)
- In der Mitte gibt es einen großen Konferenztisch, auf dem Schriftstücke liegen; das Mobiliar ist sonst spärlich – viele Personen stehen. Von oben hängt eine Fahne herab, an der Tür ist eine Bekanntmachung angeschlagen. Neben dem Fenster befinden sich Büsten von verehrten Helden oder Vorbildern. Im Raum befinden sich Waffen und Getränke.

1 Die Französische Revolution und ihre Wirkung in Europa

Die Atmosphäre ist nicht die eines bürgerlichen Büros, in dem gearbeitet wird: Es gibt hektische Bewegungen, es wird geraucht und getrunken, ein Hund läuft herum.
- Die Mehrheit der Personen sind Sansculotten, entweder bewaffnete Mitglieder der Garden oder heftig diskutierende und gestikulierende Unbewaffnete. Sie sind die Hausherren: Entweder sitzen oder stehen sie ganz entspannt herum, oder sie dominieren durch entschlossene und heftige Gebärden.

3. Stelle Vermutungen dazu an, wie diese Atmosphäre auf die vorgeladene Familie wirkte (Q1). (AFB I) ○ → S. 181
Die Eintretenden sind reiche Bürger. Sie sind vornehm gekleidet, wirken aber schüchtern oder demütig. Sie überreichen ein Papier; vermutlich müssen sie ihre Ausweispapiere kontrollieren lassen, oder sie zeigen eine Vorladung vor. Als reiche Bürger sind sie potenzielle Opfer der Sansculotten. Entsprechend wird die Atmosphäre auf sie einschüchternd und bedrohlich wirken.

4. Beschreibe das Bild Q2. Gehe darauf ein, welche Personen der Maler ins Blickfeld gerückt hat und wie diese dargestellt sind. (AFB I)
Die Personen sitzen in einem düsteren Raum, dessen Tür vergittert ist. Es handelt sich um Männer, Frauen und Kinder; ihre Kleidung lässt unterschiedliche soziale Herkunft vermuten. Ihre Körperhaltung zeigt die bedrückte oder verzweifelte Situation, in der sie sich befinden.

SP 5. Schreibe einen Brief aus Sicht des Mannes im Mittelpunkt des Bildes (Q2). Was könnte er seiner Familie über die Situation mitteilen? (AFB II) ○ → S. 181
Die Lehrperson könnte den Lernenden mitteilen, dass es sich um einen Dichter handelt, der Gegner der Jakobiner war (s. o. Erläuterungen zu Q2). Dann könnte der Brief z. B. so beginnen: „Meine innigst Geliebten, leider besteht nun keine Hoffnung mehr. In Kürze werde ich, wie viele vor mir und jetzt mit mir, unter der Guillotine sterben. Wir sitzen hier in einem Gefängnis mit vergitterter Tür …"

6. Nenne die Forderungen der Sansculotten (Q5). (AFB I)
Die Sansculotten verlangen die Bestrafung der Spekulanten und Hamsterer sowie – unter Berufung auf die Gleichheit – eine Begrenzung der Lebensmittelpreise.

7. Gib wieder, wen die Sansculotten als Gegner betrachteten (Q5). (AFB I)
- Die soziale Zugehörigkeit der Sansculotten wird vor allem dadurch deutlich, dass sie sich von anderen sozialen Gruppen abgrenzen: von den Reichen, den Spekulanten, den Hamsterern, den Monopolisten, den „Egoisten", denen, die Schlösser, Diener, Wagen und „Millionen" besitzen. Sie selbst sehen sich dagegen als einfache Bauern oder Handwerker, als „arbeitsame Klasse der Gesellschaft".
- Als Gegner sehen die Sansculotten – dabei wenig differenzierend – alle reichen Bevölkerungsschichten; das richtet sich nicht nur gegen den Adel, sondern auch gegen das Bürgertum der Revolutionszeit. Als mögliche Bündnispartner sehen sie die „Bürgervertreter", die Abgeordneten an, von denen sie Aktionen gegen die Reichen erwarten. Vor dem Hintergrund der mittlerweile erarbeiteten Kenntnisse kann vermutet werden, dass sich die Sansculotten um ein Bündnis mit den Jakobinern bzw. den Montagnards bemühen.

8. Fasse zusammen, was nach dem „Gesetz über die Verdächtigen" (Q4) einen Menschen verdächtig machen konnte. (AFB I)
- Verdächtig wurde man u. a. durch sein Verhalten, seine Beziehungen, seine Reden, seine Schriften, durch Emigration oder seine ehemalige Zugehörigkeit zu oder Verwandtschaft mit dem Adel.
- Inhaltlich bleibt die Beschreibung des verbotenen Verhaltens vage: Diejenigen sind verdächtig, die sich „als Feinde der Freiheit zu erkennen gegeben haben" oder die „nicht beständig ihre Verbundenheit mit der Revolution bekundet haben".

9. Überprüfe, ob das Gesetz zwischen „Verdächtigen" und „Schuldigen" unterscheidet (Q4). (AFB III)
- Das Gesetz unterscheidet nicht zwischen Verdächtigen und Schuldigen.
- Ein Verdacht genügt, um verhaftet und eingesperrt zu werden, später sogar zur Hinrichtung.
- Es gibt keine Hinweise darauf, dass der Verdacht vor einem unparteiischen Gericht überprüft werden soll. Ein Verdächtiger hat daher kaum eine Möglichkeit, sich zu verteidigen.

10. Informiere dich über den Begriff „Rechtsstaat" und wende ihn auf den Umgang mit Verdächtigen an (Q4, VT1, VT3). (AFB II) ●
- In einem Rechtsstaat gilt für Verdächtige zunächst die Unschuldsvermutung.
- Sie haben das Recht auf eine Verteidigung und auf einen fairen Prozess.
- Da das Gesetz über die Verdächtigen sie mit Schuldigen gleichstellt, widerspricht es den Grundlagen jeder Rechtsstaatlichkeit.

11. Interpretiere Q3. Welche Position vertritt der Zeichner? (AFB III) ○ → S. 181
- Der Karikaturist ist der Engländer Gillray, Titel der Karikatur „Der Zenit des französischen Ruhms". Zu sehen ist eine Straßenszene in Paris, in der alle erdenklichen Gräueltaten vorkommen, vor allem die Hinrichtungen mit Guillotine oder durch Erhängen. Folgende wichtige Bildelemente sind zu erkennen: der Sansculotte ohne Hose und mit Waffe, die Jakobinermütze, die Kokarde, der Text „Ça ira", ein Galgen, an dem Geistliche aufgehängt sind, eine dreifarbige Fahne mit der Aufschrift „Vive l'Egalité" und die Guillotine mit Henker und Opfer.

Das Thema der Karikatur ist die französische Schreckensherrschaft. Die genannten Bildelemente können so kommentiert werden:

- Sansculotte: Vertreter der ärmeren Stadtbevölkerung von Paris, „Ca ira" auf seiner Kopfbedeckung: Revolutionslied „Ca ira", ohne Hose: = sans culotte;
- Geistlicher am Galgen: gelynchte oder hingerichtete Priester, wie im Lied „Ca ira": „Die Aristokraten an die Laterne!";
- die Jakobinermütze: typische Kopfbedeckung der Revolutionäre;
- Fahne: die revolutionäre Trikolore mit der Aufschrift „Vive l'Egalité" = eine der drei Parolen „Freiheit, Gleichheit, Brüderlichkeit";
- Guillotine: Hinrichtungsinstrument Fallbeil, Opfer vermutlich Ludwig XVI.
- Insgesamt wird deutlich, dass der Zeichner die Grausamkeit und die Brutalität der Revolution darstellt und die Revolution scharf ablehnt; um das zu verdeutlichen, nutzt er das Mittel des Sarkasmus, nicht zuletzt in dem Titel „Zenit des französischen Ruhms". Seine Adressaten waren Engländer, die als Gegner Frankreichs in dieser Zeit diese Kritik sicher verstanden und wohl mehrheitlich geteilt haben werden.

Klaus Fieberg hat in „Praxis Geschichte" 5/2001 S. 28–31 ein Modell zur „hypertextuellen Erschließung" dieser Karikatur gemacht, das als Analogie oder als Alternative zu dem hier vorgeschlagenen Arbeitsauftrag dienen kann; vgl. Klaus Fieberg, „The Zenith of French Glory" – Die hypertextuelle Erschließung einer Karikatur"; in: Praxis Geschichte 5, 2001, S. 28–31.

1 Die Französische Revolution und ihre Wirkung in Europa

Napoleon beendet die Revolution

Kompetenzziele

Wahrnehmungskompetenz
Die SuS
- können sachgerechte Vermutungen anstellen, warum Napoleon trotz seines Staatsstreiches vom Volk akzeptiert wurde;
- können die Neuordnung der französischen Gesellschaft durch Napoleon reflektieren.

Analysekompetenz
Die SuS
- können Fragestellungen entwickeln und Hypothesen überprüfen;
- können aus Bildquellen sachgerechte Erkenntnisse gewinnen.

Urteilskompetenz
Die SuS
- können Napoleons Machtübernahme analysieren und beurteilen;
- können begründete Werturteile über Napoleons innenpolitische Grundsätze formulieren.

Orientierungskompetenz
Die SuS können einen Perspektivwechsel einnehmen und Napoleon aus der Sicht eines Jakobiners antworten.

Sequenzvorschlag

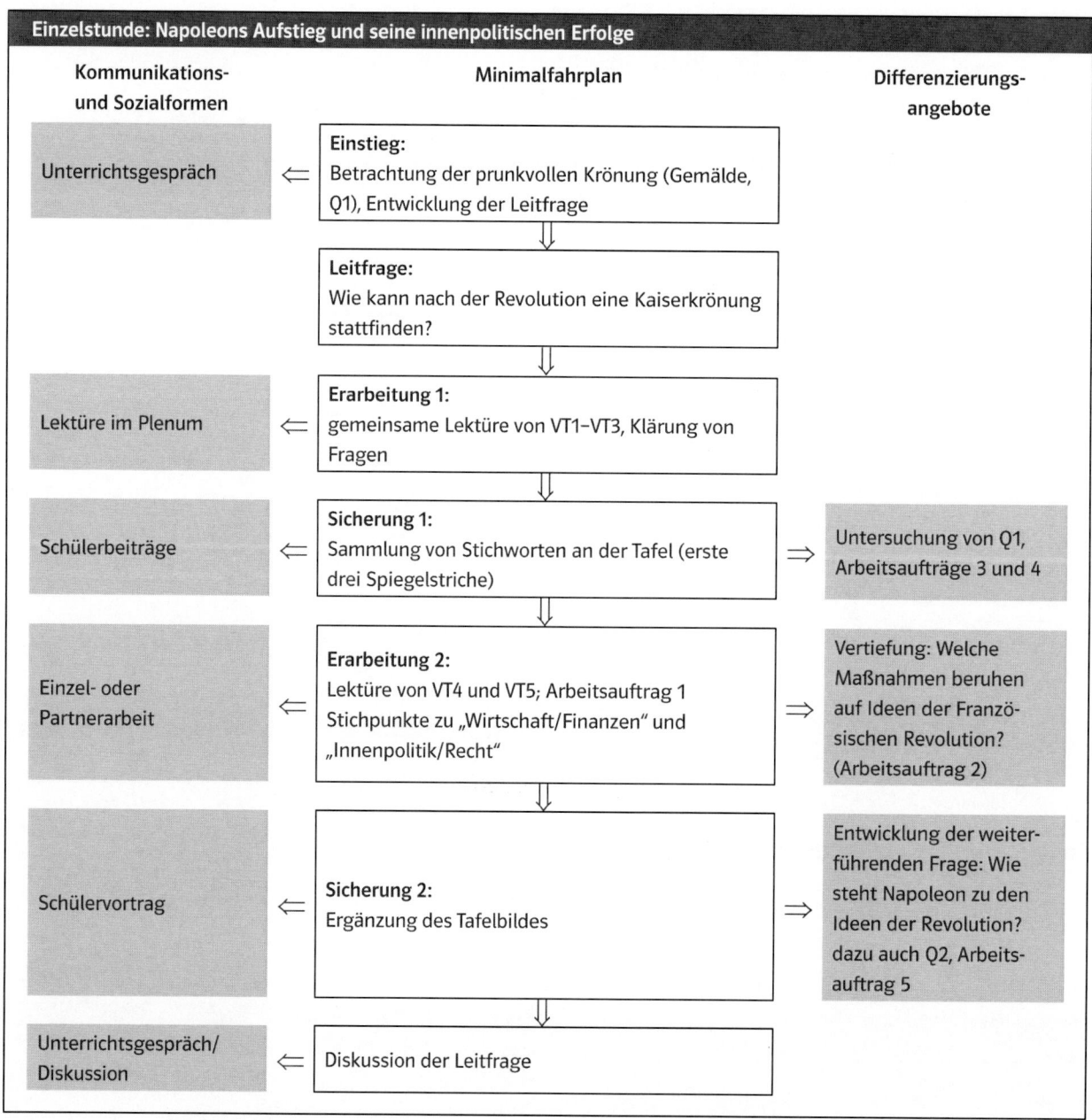

Einzelstunde: Napoleons Aufstieg und seine innenpolitischen Erfolge

Kommunikations- und Sozialformen	Minimalfahrplan	Differenzierungsangebote
Unterrichtsgespräch	**Einstieg:** Betrachtung der prunkvollen Krönung (Gemälde, Q1), Entwicklung der Leitfrage	
	Leitfrage: Wie kann nach der Revolution eine Kaiserkrönung stattfinden?	
Lektüre im Plenum	**Erarbeitung 1:** gemeinsame Lektüre von VT1–VT3, Klärung von Fragen	
Schülerbeiträge	**Sicherung 1:** Sammlung von Stichworten an der Tafel (erste drei Spiegelstriche)	Untersuchung von Q1, Arbeitsaufträge 3 und 4
Einzel- oder Partnerarbeit	**Erarbeitung 2:** Lektüre von VT4 und VT5; Arbeitsauftrag 1 Stichpunkte zu „Wirtschaft/Finanzen" und „Innenpolitik/Recht"	Vertiefung: Welche Maßnahmen beruhen auf Ideen der Französischen Revolution? (Arbeitsauftrag 2)
Schülervortrag	**Sicherung 2:** Ergänzung des Tafelbildes	Entwicklung der weiterführenden Frage: Wie steht Napoleon zu den Ideen der Revolution? dazu auch Q2, Arbeitsauftrag 5
Unterrichtsgespräch/ Diskussion	Diskussion der Leitfrage	

Tafelbild

Wie kann nach der Revolution eine Kaiserkrönung stattfinden?

- Unruhe und politische Unklarheit nach der Schreckensherrschaft
- neue Verfassung (Direktorium) wird von vielen abgelehnt
- Persönlichkeit Napoleons: bürgerliche Herkunft, sehr erfolgreicher General (viele Siege), 1799 Erster Konsul, 1802 Konsul auf Lebenszeit, 1804 Kaiser

innenpolitische Erfolge Napoleons:
- Wirtschaft/Finanzen: Ordnung der Staatsfinanzen, neue Währung, neues Steuersystem: mehr Steuern; Beschäftigungsprogramm: Straßenbau, Abbau der Arbeitslosigkeit
- Innenpolitik/Recht: Ordnung der Verwaltung, Zentralisierung; Vergrößerung der Polizei, strenge Kontrolle,
- Pressezensur; einheitliches, fortschrittliches Recht: Code civil (Gleichheit vor dem Gesetz, gilt nicht für Frauen)

Fazit:
Die Franzosen sehnten sich nach Ruhe und akzeptierten einen „starken Mann", einen Diktator.

Hinweise zum Verfassertext und zu den Materialien

VT Die Zeit des Direktoriums (1794–1799) wird im Schulbuch recht knapp dargestellt. Der Schwerpunkt liegt auf dem Aufstieg Napoleons, den er den Veränderungen und Errungenschaften der Revolution verdankt – und auf den schnellen innenpolitischen Erfolgen. Napoleon ist ein „Produkt", ein Kind der Revolution und manche ihrer Ideen hat er – z.B. im Code civil – konsequent weiterverfolgt, andere vollkommen aufgegeben (Q2). Das ist die zentrale Aussage des VT.

Napoleon kämpfte als aus dem Bürgertum stammender Artillerieoffizier im Revolutionsheer und wurde 1793 der jüngste „Revolutionsgeneral". Nach dem Sturz Robespierres wurde er als Jakobiner verhaftet, konnte aber kurze Zeit später seine Dienste dem Direktorium anbieten. Er wurde vom Direktorium protegiert und konnte glänzende, öffentlichkeitswirksame militärische Erfolge vor allem in Italien erzielen. Schließlich geriet das Direktorium zunehmend in Abhängigkeit von Napoleon. 1799 löste er das Direktorium auf und setzte mit der Konsularverfassung eine demokratisch verbrämte Militärdiktatur durch. Die Verfassung schrieb der ehemalige Priester Sieyès, der „Veteran aus den Kämpfen der Revolutionszeit. Der Mann, der die Revolution eröffnet hat, wird sie auch beschließen: Sieyès." (Furet, Francois/Richet, Denis: Die Französische Revolution. Übers. Ulrich Friedrich Müller, Frankfurt 1987, S. 603).

Q1 Bei der Beschäftigung mit dem Bild sollte auf die monumentale Größe des Gemäldes hingewiesen werden. Der Prunk, der sich auch in den Ausmaßen des Bildes manifestiert, unterstreicht den Machtanspruch Napoleons und erfüllt offensichtlich Bedürfnisse des Volkes. Bemerkenswert ist die Anlehnung an die Antike, die bereits bei den Revolutionären beliebt war; sie liefert für Napoleon die imperialen Symbole und Insignien und stellt die Alternative zum französischen Königtum, das er nicht fortsetzen kann. Napoleon versucht sich symbolisch eine Legitimität zu verschaffen. Antikisierend sind Lorbeerkranz, Kaisermantel im Toga-Stil, Haartracht und Kleidung der Frauen. An dieser Stelle kann darauf hingewiesen werden, dass die Begriffe „Konsul" und „Kaiser" ebenfalls der römischen Antike entlehnt sind.

David ist der bekannteste Maler der Revolutionszeit; er war Anhänger Robespierres und nach dessen Tod inhaftiert. 1795 Begegnung mit Napoleon, 1805 zum Hofmaler ernannt. Nach Napoleons Sturz Exil in Brüssel. Der „Fall David" lässt sich auch sinnvoll als Referat vergeben.

1 Die Französische Revolution und ihre Wirkung in Europa

30–31 Erläuterungen zu den Arbeitsaufträgen

1. Erkläre, warum Napoleon um 1804 so beliebt war (VT). (AFB II) ○ → S. 181

Gründe für Napoleons Beliebtheit:
- Sehnsucht nach Ruhe im Land;
- Hoffnung auf Sicherheit und wirtschaftlichen Aufschwung;
- Napoleons Persönlichkeit;
- glanzvolle Siege, erfolgreicher Feldherr;
- wirtschaftliche Erfolge (neue stabile Währung, weniger Arbeitslosigkeit);
- Gesetzbuch, das Gleichheit verspricht.

2. Fasse zusammen, welche Grundideen der Revolution Napoleon übernommen und welche er abgeschafft hat (VT). (AFB I)

Übernahme folgender Grundideen der Revolution:
- Steuerpflicht für alle gesellschaftlichen Gruppen, für alle geltenden Gesetze (Gesetzbuch), Gleichheit vor dem Gesetz, Recht auf Eigentum, Trennung von Kirche und Staat.

Maßnahmen, die den Grundideen der Revolution widersprechen:
- Entmachtung des Parlaments, Scheindemokratie, Kaiserkrönung (Macht auf Lebenszeit), Machtfülle, Zentralismus, Zensur, staatliche Kontrolle aller Bereiche.

3. Beschreibe das Bild Q1 und benenne anhand der Kleidung die Personengruppen, die anwesend waren. (AFB I)

- Napoleon krönt seine kniende Frau Josephine. Der Papst sitzt an einem Ehrenplatz rechts, ist aber an der Handlung nicht beteiligt (er hat Napoleon vorher gesalbt; gekrönt hat Napoleon sich selbst).
- Napoleon trägt einen Lorbeerkranz (Anklang an Rom!).
- Zu erkennen sind: 1) die kaiserliche Familie (die Frauen mit Diadem, die Brüder links außen), 2) Adlige und hohe Würdenträger (z. B. die Männer mit Federhüten) – auch hohe Militärs, 3) Klerus, um den Papst geschart, 4) ausländische Gesandte (Personen oberhalb des Papstes) – Abgeordnete der Volksversammlung fehlen!

4. Beurteile, was mit dieser Art der Krönung zum Ausdruck gebracht werden sollte. Diskutiert, warum Napoleons Mutter eingefügt wurde und welche Rolle der Papst spielte (Q1). (AFB III) ○ → S. 181

- Die Zeremonie stellt Napoleon in die Reihe „großer" Monarchen. Die Anwesenheit der Mutter vervollständigt den formellen, prunkvollen Charakter der Zeremonie.
- Der Papst dient der Legitimation der Handlung; er verleiht der Krönung den Anschein göttlicher Fügung und gibt ihr kirchlichen Segen.

SP 5. Lies Q2 und antworte Napoleon aus der Sicht eines Jakobiners. So kannst du beginnen: „Napoleon, du verachtest die Freiheitsideen der Revolution und damit auch das französische Volk …". (AFB II)

„Napoleon, du verachtest die Freiheitsideen der Revolution, du hältst sie für Wahn. Damit verachtest du auch das französische Volk – und du scheust dich nicht davor zurück, das Volk bewusst zu täuschen. Für dich ist das Volk nur eine manipulierbare Masse! Aber das ist Verrat am Volk und an allen Ideen der Revolution: Das Volk ist nicht der Spielball einiger Politiker, es muss über sich selbst bestimmen. Erst dann können sich Freiheit, Gleichheit und Brüderlichkeit durchsetzen, erst dann kann es die wahre Republik geben …"

6. Beurteile Napoleons Karriere (Q1, Q2, VT). (AFB III) ●

- Es kommt bei der Beantwortung dieser Frage auf ein abwägendes, die gegebenen Informationen berücksichtigendes Urteil an. Die Antworten der SuS können noch einmal nach der Behandlung der folgenden Unterkapitel, die sich der Außenpolitik widmen, herangezogen werden.
- Musterlösung: Napoleon ist ein Kind der Revolution. Ohne die Revolution hätte er gar nicht aufsteigen und General werden können. Viele Ideen der Französischen Revolution hat er auch übernommen, z. B. mit dem Code civil. Aber die Grundideen der Revolution hat er verraten, als er sich die Macht auf Lebenszeit gesichert hat. Er hält auch nichts von individueller und gesellschaftlicher Freiheit, wie er in einem Gespräch selbst zugegeben hat.

Preußische Reformen als Folge der napoleonischen Siege?

32–37

Kompetenzziele

Wahrnehmungskompetenz
Die SuS
- können begründete Vermutungen zu den napoleonischen Eroberungsfeldzügen und deren Folgen für Europa anstellen;
- können darüber reflektieren, inwiefern die Preußischen Reformen eine Folge der napoleonischen Kriege waren.

Analysekompetenz
Die SuS
- können Geschichtskarten sachgerecht Informationen entnehmen;
- können Informationen aus verschiedenen Quellen vergleichen und Verbindungen zwischen ihnen herstellen.

Urteilskompetenz
Die SuS
- können Napoleons Rolle in Deutschland (Besatzung oder Befreiung?) analysieren und beurteilen;
- können begründete Werturteile über Napoleons Eroberungsfeldzüge formulieren.

Orientierungskompetenz
- Die SuS können einen Perspektivwechsel einnehmen, indem sie sich in die Rolle von Zeitgenossen versetzen.

Sequenzvorschlag

32–37

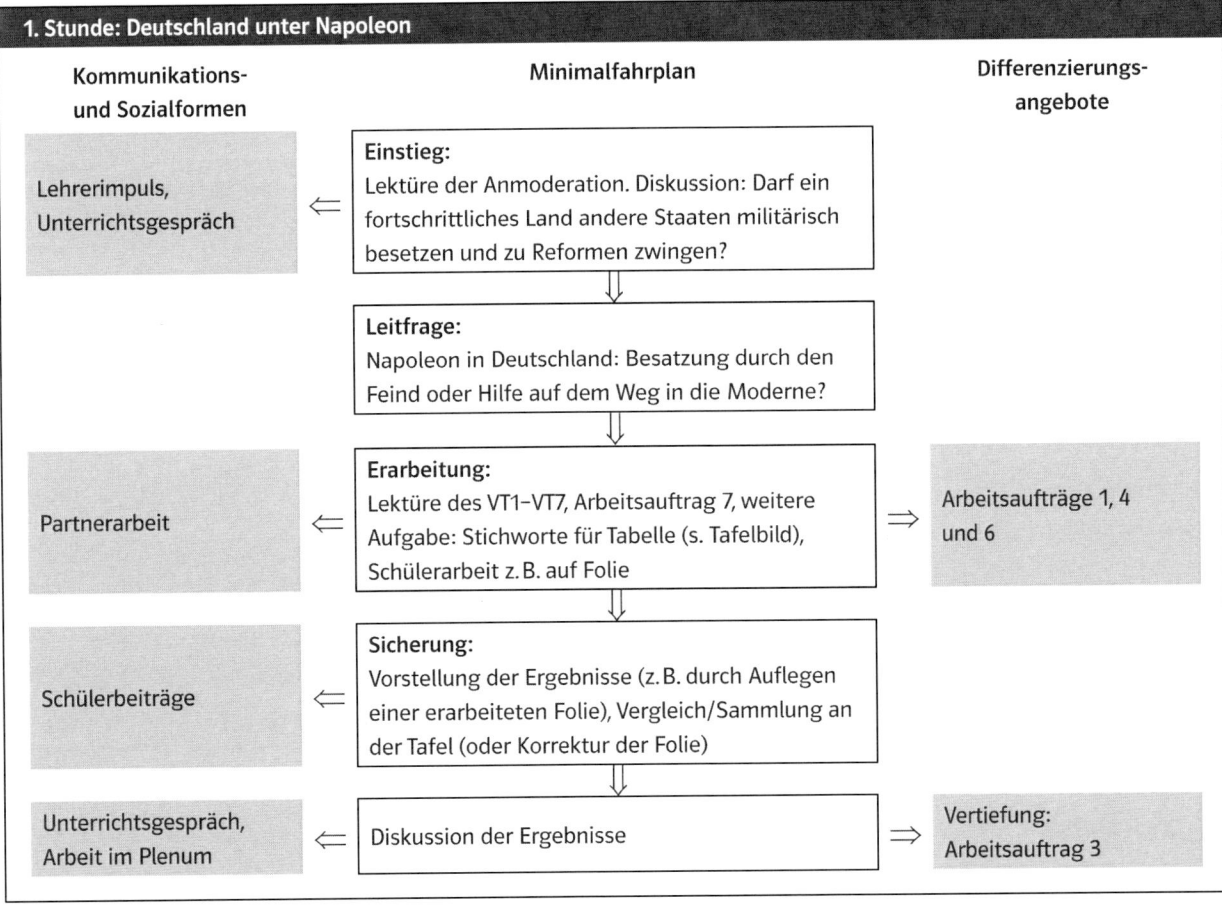

1 Die Französische Revolution und ihre Wirkung in Europa

→ 32–37 Sequenzvorschlag

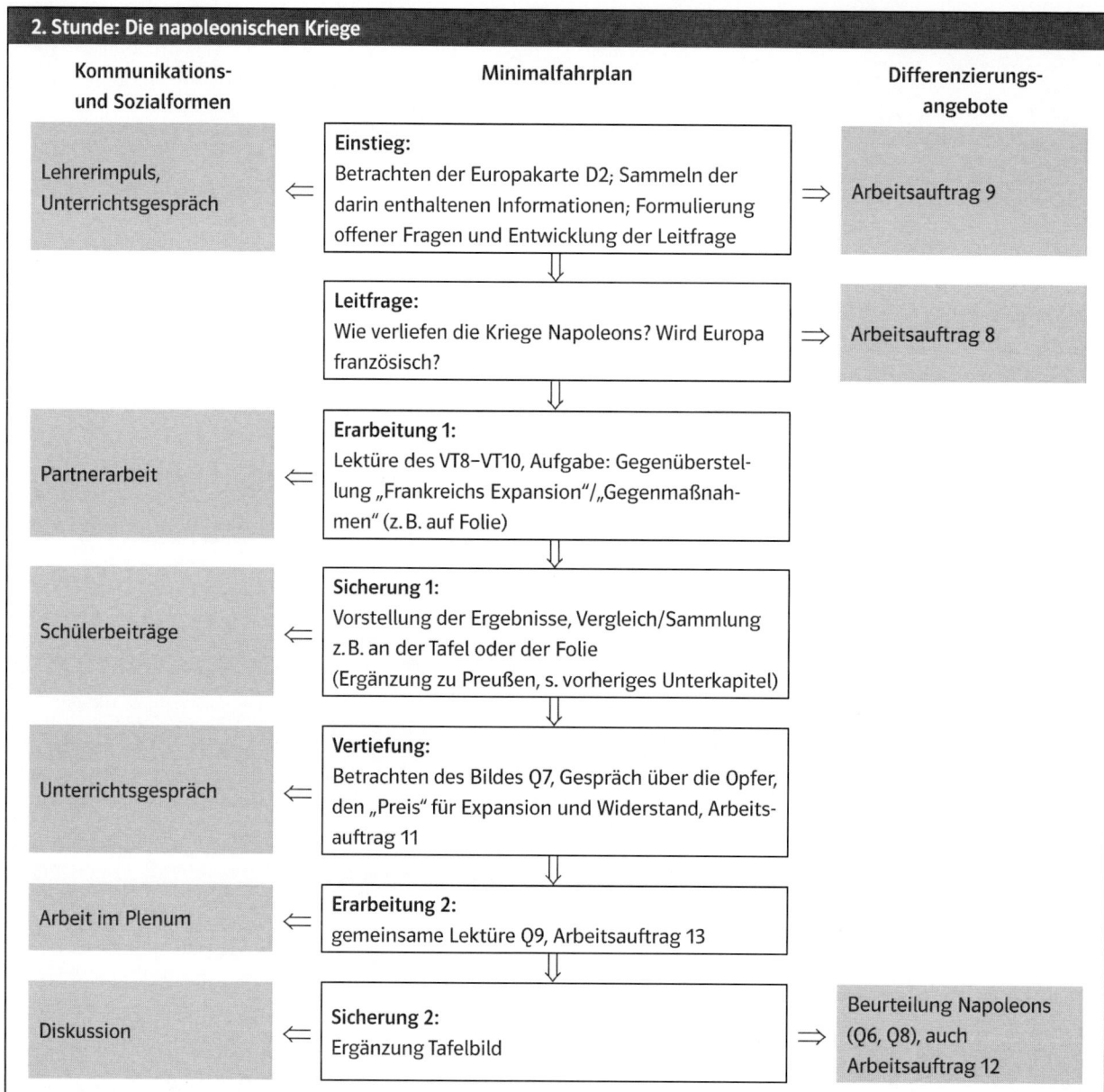

2. Stunde: Die napoleonischen Kriege

Kommunikations- und Sozialformen	Minimalfahrplan	Differenzierungs- angebote
Lehrerimpuls, Unterrichtsgespräch	**Einstieg:** Betrachten der Europakarte D2; Sammeln der darin enthaltenen Informationen; Formulierung offener Fragen und Entwicklung der Leitfrage	Arbeitsauftrag 9
	Leitfrage: Wie verliefen die Kriege Napoleons? Wird Europa französisch?	Arbeitsauftrag 8
Partnerarbeit	**Erarbeitung 1:** Lektüre des VT8–VT10, Aufgabe: Gegenüberstellung „Frankreichs Expansion"/„Gegenmaßnahmen" (z. B. auf Folie)	
Schülerbeiträge	**Sicherung 1:** Vorstellung der Ergebnisse, Vergleich/Sammlung z. B. an der Tafel oder der Folie (Ergänzung zu Preußen, s. vorheriges Unterkapitel)	
Unterrichtsgespräch	**Vertiefung:** Betrachten des Bildes Q7, Gespräch über die Opfer, den „Preis" für Expansion und Widerstand, Arbeitsauftrag 11	
Arbeit im Plenum	**Erarbeitung 2:** gemeinsame Lektüre Q9, Arbeitsauftrag 13	
Diskussion	**Sicherung 2:** Ergänzung Tafelbild	Beurteilung Napoleons (Q6, Q8), auch Arbeitsauftrag 12

Tafelbild 1

Napoleon in Deutschland

Hilfe auf dem Weg in die Moderne	unklar/fraglich	Besatzung durch den Feind
Gebietsneuordnung, Ende der Kleinstaaterei	Ende des „Heiligen Römischen Reiches Deutscher Nation"	Aneignung großer Gebiete, Unterwerfung
Code civil, fortschrittliches Recht		Kriege, militärische Gewalt
Ende der Adelsprivilegien		Einsetzen von Fürsten und Königen
Aufhebung der Erbuntertänigkeit der Bauern		
Westfalen als Musterstaat		Einsetzen seines Bruders als König in Westfalen
Anlass für Preußische Reformen		
Modernisierung		
	Entstehen eines Nationalbewusstseins/eines Nationalismus	

Tafelbild 2

Wie verliefen die Kriege Napoleons? Wird Europa französisch?

Frankreichs Expansion	Gegenmaßnahmen der Völker in Europa
Eroberung der linksrheinischen Gebiete	
Sieg über Preußen und Österreich	
	Großbritannien starker Gegner (Seesieg)
Kontinentalsperre (gegen England)	Russland boykottiert Kontinentalsperre
Russlandfeldzug	Vertreibung des franz. Heeres aus Russland
	Widerstand, Befreiungskriege, Sieg in der „Völkerschlacht", Verbannung Napoleons
Rückkehr Napoleons aus der Verbannung	Sieg bei Waterloo, Sturz und zweite Verbannung Napoleons

Fazit:
Europa wird nicht französisch. Die französischen Kriege und die Befreiungskriege forderten sehr viele Todesopfer.

1 Die Französische Revolution und ihre Wirkung in Europa

Hinweise zum Verfassertext und zu den Materialien

VT VT1 bis VT6 informieren schwerpunktmäßig über die Veränderungen, die sich durch Napoleons Herrschaft in den deutschen Staaten vollzogen – hierbei steht wiederum Preußen im Mittelpunkt. Die Kriegshandlungen und die verschiedenen Schlachten bleiben – fast – unerwähnt. Das erscheint legitim, weil der Krieg und sein Grauen in den folgenden Abschnitten drastisch dargestellt werden. Weitergehende Informationen über die Preußischen Reformen und über die Reformer können die SuS unschwer aus Lexika oder dem Internet bekommen. Eine arbeitsteilige Hausaufgabe bietet sich an. Hier einige Stichworte zu den im Schulbuch genannten Reformen: Bauernbefreiung: Die *Bauernbefreiung*, im 19. Jahrhundert „Regulierung" oder „Ablösung" genannt, war mehr als eine Agrarreform. Sie veränderte die Sozialordnung grundlegend. Die Auflösung der Gutsuntertänigkeit und der damit verbundenen Dienstpflicht hob die ständischen Bindungen auf und bedeutete freien Güterverkehr, freie Wahl des Gewerbes (zuvor war es Bauern nicht gestattet, bürgerliche Gewerbe zu betreiben), freien Kauf und Verkauf von Land, Freizügigkeit. Städteordnung: 1808 brachte die neue *Städteordnung*, die auf Ideen des Freiherrn von Stein zurückgeht, den Städten mehr Selbstbestimmung und den Bürgern mehr Mitbestimmung (Wahl der Stadtverordneten und des Bürgermeisters). Judenemanzipation: Das „*Judenedikt*" des preußischen Staates von 1812 machte die Juden formal zu gleichberechtigten Staatsbürgern, unter der Voraussetzung, dass sie ihren staatsbürgerlichen Pflichten nachkommen (z. B. Militärdienst). In der Praxis wurde allerdings oft versucht, die Gleichberechtigung vom Übertritt zum Christentum abhängig zu machen.
Bildungsreform: Der Staat kümmerte sich intensiver als zuvor um das Bildungswesen. In Berlin entstand 1810 eine neue, konzeptionell moderne Universität. Das Gymnasialwesen wurde ausgebaut und die Ausbildung der Volksschullehrer langsam verbessert.
Heeresreform: Außer der allgemeinen Wehrpflicht und der Abschaffung der Prügelstrafe sah die Heeresreform vor, dass – nach französischem Vorbild – auch Bürgerliche Offiziere werden konnten (Aufstieg nach Leistung).
VT7 bis VT10 beschreiben in komprimierter Form Napoleons Eroberungsfeldzüge und seine späteren Niederlagen. Die Brutalität des Krieges wird bereits im VT betont, aber vor allem durch die Materialien deutlich. Einige Zusatzinformationen: Bereits die französischen Revolutionstruppen drängten, wie später Napoleon, über die Grenze von 1792 heraus und verletzten damit das prekäre Gleichgewicht der europäischen Mächte. Mit jeder neuen Eroberung Napoleons geriet diese „balance of power" mehr aus den Fugen. Gegen diese Störung wehrten sich die europäischen Länder; eine zentrale Rolle spielte dabei Großbritannien, im späteren Verlauf wurde Russland zunehmend wichtig. So zeigten sich die Mächte an der Erhaltung des Gleichgewichts überaus interessiert – keineswegs wollte Europa „französisch" werden. Einige zusätzliche Zahlen zu den Kriegsopfern und -teilnehmern: Die Verluste Napoleons in sämtlichen Kriegen schätzt man auf etwa 1 Million, die Verluste aller Kriegführenden zwischen 1792 und 1815 auf etwa 3 Millionen. Am Russlandfeldzug nahmen insgesamt rund 600 000 Soldaten aufseiten Frankreichs teil, davon waren 240 000 Franzosen. Österreich stellte 34 000, Preußen 20 000 Mann, die übrigen deutschen Länder 129 000. Ein weiteres großes Kontingent von 70 000 Soldaten kam aus Polen.

D1 Es sollte herausgestellt werden, dass die Auflösung der deutschen Kleinstterritorien ein Schritt hin zum modernen Staat war; dieser Schritt wurde nicht wieder rückgängig gemacht, wenn auch mehrfach modifiziert.

Q1 Zu beachten ist, dass das pathetische Gemälde von Brausewetter aus dem Jahr 1888 stammt. Der dargestellte Aufruf zum Befreiungskrieg, zum Kampf gegen den „Erbfeind" Frankreich diente also vermutlich der politischen Propaganda.

D2 Ziel der Karte ist es, die Machtausdehnung, die „Einigung Europas" unter Napoleon, darzustellen. Die Karte zeigt den napoleonischen Machtbereich: Nur noch Großbritannien mit Portugal, Schweden, Dänemark, dazu Russland und das Osmanische Reich waren freie Staaten. Aber auch sie mussten sich (Ausnahme Großbritannien und Portugal) der Kontinentalsperre anschließen. In Portugal wurde unter britischer Führung ein Guerillakrieg gegen Napoleon geführt. Österreich und Preußen, die nicht zum Rheinbund gehörten, wurden von Napoleon besiegt. Zudem hatte Napoleon die Tochter des österreichischen Kaisers geheiratet. So schien Europa in großen Teilen tatsächlich unter französischer Vorherrschaft geeint zu sein. Dabei vergab Napoleon die Herrschaft mehrfach an Familienmitglieder. In Spanien an seinen Bruder Joseph, in Italien an sich selbst (Vizekönig Stiefsohn Eugen), im Königreich Neapel an seinen Schwager Murat, im Königreich Holland an seinen Bruder Ludwig (bis 1810 Holland, Oldenburg, Ostfriesland und die Hansestädte zu Frankreich geschlagen wurden) und im Königreich Westfalen an seinen Bruder Jerome.

Q7 Es gibt zahlreiche Bilder, die das Elend der Großen Armee auf dem Rückzug zeigen; das hier ausgewählte zeichnet sich durch eine drastische Detailgenauigkeit aus.

Q8 Metternich wirbt für den Frieden, er will Napoleon zur Annahme der Bedingungen (d. h. Rückzug in die alten französischen Grenzen, Verlust der Eroberungen) bewegen, er stellt ihm seine – nach den immensen Verlusten des Russlandfeldzugs – schwache, unausgebildete Armee vor Augen. Napoleon argumentiert mit seiner Stellung, seiner Ehre, seinem Ruhm. Politische Erwägungen spielen kaum eine Rolle; für den Erhalt seiner Stellung ist er bereit, grenzenlos Menschenleben aufs Spiel zu setzen.

Erläuterungen zu den Arbeitsaufträgen

1. Beschreibe die Veränderungen durch die Flurbereinigung (VT2). Liste auf, welche Territorien an Fläche zugenommen haben und welche neu entstanden sind (D1). (AFB I)
- Die großen Gewinner waren Baden, Bayern und Württemberg, die bei der Neuordnung geistliche und weltliche Herrschaften und Reichsstädte hinzubekamen.
- Preußen verlor im Frieden von Tilsit 1807 etwa die Hälfte seines Territoriums. Das ist allerdings auf dem im Schulbuch zu sehenden Kartenausschnitt nicht zu erkennen (Brandenburg war das Kernland Preußens, das westlich davor gelegene Magdeburg gehörte 1790 zu Preußen, das sich bis im Osten bis zur Memel erstreckte).
- Bereits 1801 hatte Frankreich als „größter Sieger" die linksrheinischen Gebiete für sich bestimmt. Neu entstanden ist vor allem das Königreich Westfalen, das von einem Bruder Napoleons regiert wurde.

2. Arbeite heraus, welche Stimmung das Bild ausdrücken soll (Q1). Beachte die Entstehungszeit des Bildes. (AFB II) ○ → S. 181
- Auf dem Bild ist ein großer herrschaftlicher Saal zu sehen, in der Mitte steht ein Mann in Uniform. Er hält eine Rede und hat die Hand hochgereckt, sodass er kämpferisch und begeistert wirkt. Alle anderen Männer im Raum hören gespannt zu. Die Stimmung scheint aufgewühlt und entschlossen.
- Das Bild ist lange nach dem Ereignis entstanden. Es soll an große Zeiten und an den Heldenmut der Vorfahren erinnern. Damit soll das Bild patriotische Gefühle wecken: Der Betrachter soll bereit sein, in gleicher Weise voller Begeisterung für sein Vaterland zu kämpfen.

3. Bereitet zu zweit ein Rollenspiel vor: Ein junger Mann will seinen Freund davon überzeugen, als Freiwilliger gegen die napoleonischen Truppen zu kämpfen. Dieser steht dem Krieg jedoch kritisch gegenüber (Q1, Q5, VT1-VT6). (AFB II) ○ → S. 181
A: „Komm mit mir! Wir melden uns freiwillig und werfen die Franzosen endlich aus unserem Land!"
B: „Ich weiß nicht. Uns geht es doch nicht schlecht. Da ist es doch gleichgültig, ob ein französischer oder ein deutscher König da oben sitzt."
A: „Wie kannst du das sagen! Unser Vaterland ..."
Im weiteren Verlauf könnte neben der Abwägung der „Befreiungs- und Besatzungselemente" (s. Tafelbild) über die Frage gesprochen werden, ob Krieg sinnvoll sein kann und ob gewaltsamer Widerstand gerechtfertigt werden kann.

4. Fasse zusammen, was Kußmaul an den Zuständen in Deutschland um 1800 kritisierte und warum er für die napoleonischen Reformen dankbar war (Q2). (AFB I)
- Er kritisiert die Zerstückelung des deutschen Reiches, die kleinen, kaum lebensfähigen Territorien mit ihren unfähigen, eitlen Herren. Es habe keine Loyalität oder Solidarität im Reiche gegeben, wirtschaftlich sei nichts vorangegangen, weil jeder an seinen eigenen Normen, Gewichten und Zöllen festgehalten habe.
- Ein „Augiasstall" (Z. 27) sei das alles gewesen. Erst Napoleon habe frischen Wind hineingebracht und für rechtsstaatliche Verfassungen gesorgt.

5. Erkläre, wie von Hardenberg die Preußischen Reformen begründete (Q3, VT5). (AFB II)
- Hardenberg möchte eine Verbesserung der Verhältnisse, er möchte die „Menschheit veredeln" (vgl. Z. 2/3).
- Das aber soll sanft und maßvoll durch kluge Anordnungen der Regierung geschehen, eben durch die Preußischen Reformen. Sie enthalten einige demokratische Grundsätze, aber die sollen innerhalb einer Monarchie wirken: Die Regierenden gewähren sie freiwillig.

6. Erläutere, warum viele Adlige in Preußen gegen die Reformen waren (Q4, VT1-VT5). (AFB II) ○ → S. 181
- Viele Adlige hatten große Landgüter, die Bauernbefreiung veränderte die Lage dort zunächst zuungunsten der Grundbesitzer. Die Bauern wurden nun zu „freien Leuten", konnten den Hof verlassen oder ihn dem Besitzer abkaufen. Das rüttelte an der alten Ordnung und die Adligen fürchteten um ihre Stellung und auch ihr Ansehen.
- Dazu waren sie meist sehr konservativ: Dass Juden nun rechtlich gleichgestellt wurden und dass im Heer ein humanerer Ton herrschen sollte, gefiel vielen von ihnen auch nicht. Ebenso lehnten sie die neue Städteordnung mit mehr Rechten für die Bürger ab.

7. Diskutiert, ob Napoleons Herrschaft für Deutschland eher eine Besatzung oder eine Befreiung war (VT1-VT7). (AFB III)
- Die Diskussion sollte die Arbeitsergebnisse berücksichtigen, die im vorgeschlagenen Tafelbild 1 dokumentiert sind.
- Die Diskussionsfrage wird vermutlich nicht eindeutig beantwortet werden.

8. Gib die Europapolitik Napoleons in einer Zeitleiste wieder (VT). (AFB I) ○ → S. 182
- 1801 Frankreich besetzt die Länder links vom Rhein; sie werden französisch;
- 1805 England gewinnt eine wichtige Seeschlacht gegen die Franzosen;
- 1806 Ende des „Heiligen Römischen Reiches Deutscher Nation", Napoleon besiegt die preußischen Heere und besetzt Preußen;
- 1806 Napoleon befiehlt die „Kontinentalsperre" gegen Großbritannien;
- 1809 Napoleon besiegt Österreich;
- 1812 Russlandfeldzug Napoleons endet in einer Katastrophe;
- 1813 Völkerschlacht bei Leipzig: Koalitionsheere besiegen Napoleon;
- 1815 Napoleons Heer wird von einer britisch-preußischen Armee geschlagen.

1 Die Französische Revolution und ihre Wirkung in Europa

9. Beschreibe anhand der Karte D2 die Situation in Europa vor dem Russlandfeldzug. (AFB I)

Nach der Karte sieht es so aus, als ob Europa tatsächlich „französisch" geworden sei. Außer einigen Ländern am Rande Europas, wie z.B. Portugal oder vor allem England, ist der größte Teil in der Hand Frankreichs, zum Teil erobert, zum Teil abhängig von Frankreich. Preußen und Österreich sind nicht französisch geworden, aber beide sind von Napoleon besiegt worden.

10. Fasse zusammen, welche Pläne Napoleon für Europa hatte (Q6). (AFB I)

- Napoleon wollte Europa einigen, Hegemonialmacht sollte aber Frankreich sein.
- Ganz Europa sollte ein Volk nach französischem Vorbild werden: Es sollte ein einheitliches Gesetz haben, einen europäischen Gerichtshof, eine einheitliche Währung und einheitliche Maße.
- Es sollte auch nur eine Hauptstadt geben: Paris.

SP 11. Lass einige der Personen auf der Zeichnung (Q7) sprechen. Formuliere dazu Texte für Sprechblasen. (AFB II)

- „Die Pferde gehen bei dieser Eiseskälte ein. Wie sollen wir ohne die Pferde nach Hause kommen?"
- „Egal, jedenfalls ist das Fleisch für zwei Tage!"
- „Mit diesen Krücken habe ich keine Chance! Die Russen verfolgen uns."
- „Wir sind alle verloren. So viele sind schon gestorben."
- „Eine Ratte als Braten! So weit ist es mit uns gekommen."
- „Der Kaiser wird besseres Essen bekommen."
- „Still!"

12. Vergleiche den Brief Q9 mit den Äußerungen Napoleons (Q6, Q8). (AFB III) ○ → S. 182

- Der Augenzeuge beschreibt das Leid von Menschen, um deren Leben Napoleon sich „nicht schert". Er berichtet mit spürbarem Entsetzen von ihrem desolaten Zustand; sie sind zerlumpt und von Hunger und Krankheiten so geschwächt, dass sie kaum zu gehen vermögen. Die Erfahrungen auf dem Rückzug haben sie an den Rand des Wahnsinns gebracht: „schrecklich", „geisterhaft", „starr" (vgl. Z. 10–14) sind ihre Gesichter. Als Antwort auf seine Fragen erhält der Zeuge „blödes Lachen" oder eine „halb irre" Auskunft (vgl. Z. 25–29).
- Probleme des Rückzugs sind nach dieser Quelle: Klima (der Winter), feindliche Angriffe, Hunger, fehlende Versorgung mit Kleidung, mangelnde Hygiene, Erschöpfung, Krankheiten und Ungeziefer, Chaos, Tod zahlreicher Soldaten.
- Von all dem spricht Napoleon nicht, er redet nur von sich, von seinen Plänen, seiner Ehre, seinen Verlusten. Soldaten sind für ihn nur Zahlen, sie sind Kriegsmaterial. Die Perspektive des Soldaten, die hier zum Ausdruck kommt, ist ihm gänzlich fremd. Der Brief kritisiert diese Haltung („Ist es möglich...", Z. 22).

13. Beurteile, warum Napoleon mit seinem Ziel, Europa unter französischer Vorherrschaft zu einigen, gescheitert ist. (AFB III) ●

- Napoleon hatte die Vision eines zwangsvereinigten Europas, mit Gewalt und ungefragt wollte er die Völker zusammenbringen. Dabei spielten seine persönlichen Machtansprüche eine sehr große Rolle: Europa sollte nicht nur französisch, sondern auch napoleonisch werden.
- Das alles aber musste den Widerstand der anderen Völker hervorrufen. Ein Zusammenschluss verschiedener Völker kann über längere Zeit nur auf freiwilliger Basis funktionieren, nicht aber durch Zwang. Das hat Napoleon falsch eingeschätzt, so wie er auch die Stärke seiner Armee, die er für unbesiegbar hielt, falsch eingeschätzt hat.

Wirkungen des Rheinbundes auf Hessen

Kompetenzziele

Wahrnehmungskompetenz
- Die SuS erkennen Elemente des hessischen Staatswappens in dem Wappen des Großherzogs von Darmstadt wieder.

Analysekompetenz
- Die SuS können anhand einer Karte die Auswirkungen des Rheinbunds auf Hessen beschreiben.

Urteilskompetenz
- Die SuS beurteilen die verschiedenen Entwürfe für ein Denkmal Ludewig I. in Darmstadt.

Orientierungskompetenz
- Die SuS verstehen Hessen als eine politisch-historische Landschaft, die auch durch die Zeit Napoleons und des Rheinbundes geprägt wurde.

Sequenzvorschlag

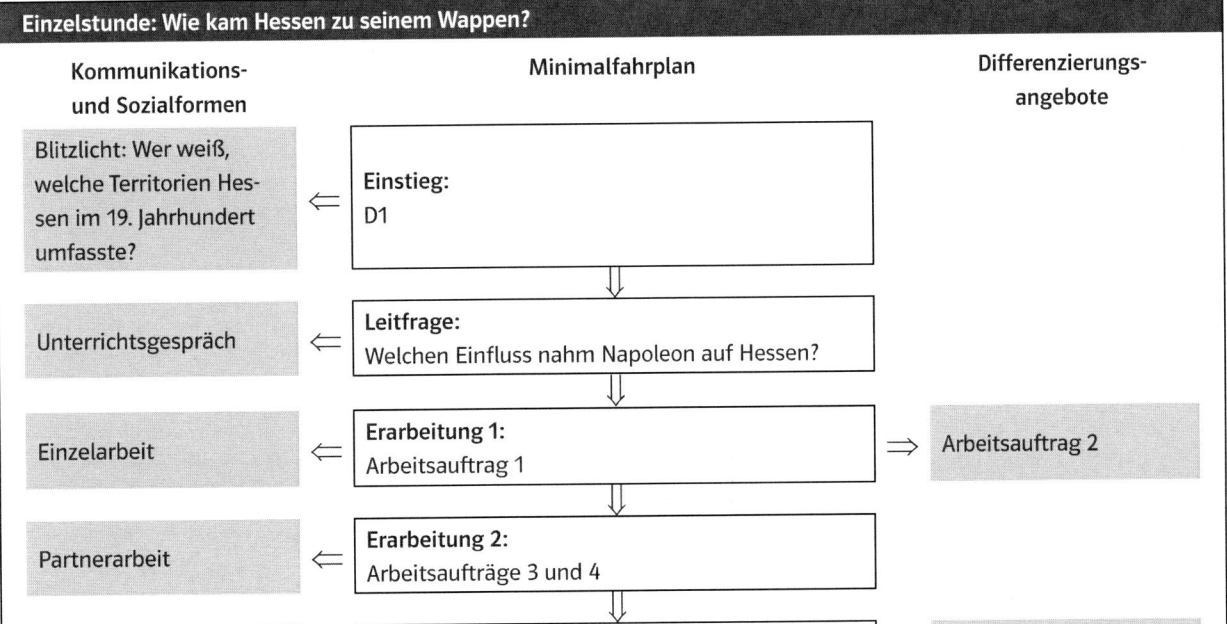

Tafelbild

Wappen Thüringens	Wappen des Großherzogtums Hessen	Land Hessen
Ludowinger, rot-silbern gestreifter Löwe mit Schwert auf blauem Grund	ergänzt um monarchische Hoheitssymbole	im blauen Schild ein neunmal silbern und rot geteilter steigender Löwe mit goldenen Krallen; auf dem Schilde ruht ein Gewinde aus goldenem Laubwerk mit von blauen Perlen gebildeten Früchten; Löwe ohne Schwert und ohne monarchische Hoheitssymbole

1 Die Französische Revolution und ihre Wirkung in Europa

38–39 Hinweise zum Verfassertext und zu den Materialien

VT Der Verfassertext stellt die verschiedenen Rheinbundstaaten auf hessischem Gebiet vor. Während einige von ihnen über die Zeit Napoleons hinaus Bestand hatten, war dem Königreich Westfalen nur kurze Dauer beschieden. Bewusst wird auf die beiden Residenzstädte Kassel und Darmstadt hingewiesen, in denen noch heute Rechts- und Verwaltungsaufgaben in Hessen versammelt sind.

Q1 Das Wappen zeigt u.a. das heutige hessische Staatswappen. Entsprechend der Verwendung durch einen Fürsten zeigt es monarchische Elemente wie die Krone und die Löwen. Es gibt mehrere Wappen, die das Großherzogtum Hessen im 19. Jahrhundert verwendete. Zu Beginn, 1806–1808, ähnelte das Wappen noch mehr dem des Vorgängerstaates, der Landgrafschaft Hessen-Darmstadt.

38–39 Erläuterungen zu den Arbeitsaufträgen

1. Beschreibe die Auswirkungen des Rheinbundes auf Hessen (VT, D1 S. 33). (AFB I)
- Der Rheinbund führte zu einer Neuformation hessischer Territorien, u.a. Großherzogtum Frankfurt, Herzogtum Nassau, Königreich Westfalen.
- Ein Großherzogtum trug erstmals den Namen „Hessen".
- Insgesamt wurden kleinere Territorien größeren zugeschlagen (Mediatisierung und Säkularisierung, vgl. vorangehendes Unterkapitel).
- Politische Zentren wie Kassel und Darmstadt bildeten sich heraus.
- Auch bürgerliche Freiheiten und Rechte wurden erlangt und in Verfassungen durchgesetzt.

2. Recherchiere, zu welchem Staat deine Heimatgemeinde damals gehörte (D1). (AFB I)
Ggf. muss bei der Herkunft aus kleineren Gemeinden mit einer weiteren Karte, auch digital, gearbeitet werden.

3. Benenne Elemente und Merkmale des großherzoglichen Wappens von Hessen (Q1). (AFB I)
- Das kleine Staatswappen des Großherzogtums Hessen ist ein in Silber und Rot quergestreifter Löwe, mit goldener Krone und Schwert. Der Hintergrund ist blau.
- Auf dem Schild ruht eine Königskrone, weitere Löwen stehen zur Seite.

4. Vergleiche das Wappen mit dem des heutigen Bundeslandes Hessen. (AFB III)
- Das heutige Staatswappen Hessens hat den rot-silber gestreiften Löwen beibehalten (jetzt: rot-weiß), jedoch auf das Schwert verzichtet.
- Die Krone wird nicht mehr vom Löwen getragen, sondern ist am oberen Wappenrand angedeutet.
- Die Ähnlichkeit mit dem Wappen Thüringens ist historisch begründet.

5. Beschreibe das Denkmal (Q2) und seine Wirkung. (AFB II)
- Der Großherzog thront gleichsam auf einer hohen Säule.
- Es wirkt, als ob er auf seine Untertanen herabblickt.
- Die in der Hand gerollte Verfassungsurkunde ist aus der Ferne nur schwer zu erkennen.

6. Bei der Gestaltung des Denkmals (Q2) und über seinen Standort gab es Streit zwischen Darmstädter Bürgern und Ludwig II., dem Nachfolger Ludewigs I. Recherchiere im Internet, welche unterschiedlichen Entwürfe es gab, und beurteile, was mit ihnen ausgedrückt werden sollte. (AFB III)
○ → S. 182
Insgesamt gab es drei Entwürfe:
- Entwurf Johann Baptist Scholls, kolossales Standbild aus Marmor, Untersatz aus festem Sandstein, begrenzt von vier auf Ecken liegenden Löwen;
- „Verfassungsbrunnen" von Hofbaumeister Georg Lerch, der auf eine figürliche Darstellung Ludwigs I. vollständig verzichten wollte;
- ausgeführte Variante auf der Säule.
- Die schließlich bewilligte Variante sowie der Ausstellungsort auf dem zentralen Residenzplatz rückten den Fürsten und seinen absoluten Machtanspruch in den Vordergrund. Die Verfassung und die Rechte der Bürger kamen damit weniger zum Ausdruck.
- Das Denkmal von 1844 ist somit Ausdruck des Vormärz, der weiteren politischen Auseinandersetzung zwischen dem Bürgertum und seinem Freiheitsstreben sowie der restaurierten Fürstenherrschaft.

Wiederholen und Anwenden

1. Überblickswissen Französische Revolution I
Wichtige Ereignisse zeitlich einordnen
Orientierungskompetenz

Bringe die Ereignisse in die richtige Reihenfolge.
E, I, D, A, C, G, B, F, H

2. Überblickswissen Französische Revolution II
Fachbegriffe erklären
Orientierungskompetenz

Schreibe die Begriffe in dein Heft und erkläre, was sie bedeuten. Beginne z.B. so: Unter Verfassung versteht man ...
- Verfassung: In einer Verfassung ist die Grundordnung eines Staates – meist schriftlich – niedergelegt. Sie legt fest, welche Institutionen es in der politischen Organisation gibt und welche Rechte sie haben, sie regelt das Wahlrecht und enthält häufig die Grundrechte der Bürger und Bürgerinnen;
- Menschenrechte: naturgegebene Rechte, die nicht vom Staat gewährt werden müssen, sondern unabhängig von der Staatsform beansprucht werden können;
- konstitutionelle Monarchie: Regierungsform, in der die Macht des Monarchen durch eine Verfassung eingeschränkt ist;
- Jakobiner: der wichtigste politische Club der Französischen Revolution, in dem sich die radikalen Gegner der Monarchie sammelten und mit dem Robespierre die Schreckensherrschaft errichtete;
- Code civil: von Napoleon erlassenes Zivilgesetzbuch von 1804, das u.a. die Trennung von Kirche und Staat einführte;
- Preußische Reformen: gesetzliche Veränderungen, die Preußen modernisieren sollten, z.B. Bauernbefreiung, Selbstverwaltung der Städte, Judenemanzipation, Bildungs- und Heeresreform.

3. Der Dritte Stand
Eine Karikatur analysieren
Analysekompetenz, Urteilskompetenz

Interpretiere die Karikatur. Welche Position vertritt der Zeichner? Welche Missstände prangert er an?
Man sieht drei Männer, einer von ihnen geht gebückt und trägt die anderen beiden auf seinem Rücken. Sie tragen unterschiedliche Kleidung: Der Gebückte ist einfach gekleidet und trägt Holzschuhe. Der erste „Reiter" hat eine edel aussehende Jacke und Hose an, dazu trägt er ein Kreuz und eine schwarze Binde um den Hals. Die dritte Figur ist sehr farbenfroh und fein gekleidet, mit einem großen bunten Federhut und zierlichen Schuhen. Der gebückte Mann stützt sich auf eine Hacke, er trägt schwer: Seine Stirn ist zerfurcht und er sieht erschöpft aus. Die beiden anderen wirken dagegen fröhlich. Auf dem Boden sieht man rechts Hasen, die an einem Kohlkopf fressen, und links Vögel, die Körner aufpicken. Es gibt mehrere französische Beschriftungen. Die Bildunterschrift heißt: „Man muss hoffen, dass dies Spiel bald ein Ende hat. Ein Bauer trägt einen Prälaten und einen Adligen." Auf dem Säbel des Federhut-Mannes steht: „gerötet vom Blut", auf der Hacke des Bauern „mit Tränen getränkt". Die Beschriftungen zeigen, dass einer schwer arbeiten muss, die anderen aber viele Vergünstigungen haben. Der bunt Gekleidete ist derjenige, der Gewalt ausüben kann.

Das Thema der Karikatur ist die Verteilung der Lasten auf die drei Gruppen oder Stände in Frankreich. Jede Figur stellt einen Stand dar: Der gebückte Bauer, der Dritte Stand, trägt einen Geistlichen, den man an dem Kreuz erkennt – das ist der Erste Stand. Der Adlige, der Zweite Stand, lässt sich ebenfalls vom Bauern tragen. Obwohl es drei Stände gibt, ruht nur auf dem Dritten Stand die ganze Last. Die Tiere am Boden zeigen weitere Probleme: Sie dürfen seine Ernte auffressen. Jagen dürfen nämlich nur die Vertreter der beiden anderen Stände.

Die Karikatur kritisiert die Lage in Frankreich, das zeigt auch die Bildunterschrift. Der Zeichner findet es ungerecht, dass ein Stand, nämlich der Dritte Stand, die beiden anderen ernähren muss, obwohl sie kräftig und gesund sind. Der Dritte Stand geht dabei fast zugrunde. Die Franzosen damals konnten leicht erkennen, dass die drei Männer Repräsentanten der drei Stände waren. Damit war auch die Aussage klar. Die Karikatur bringt in zugespitzter Form eine deutliche Kritik der französischen Ständegesellschaft um 1789 zum Ausdruck. Diese Kritik war berechtigt.

1 Die Französische Revolution und ihre Wirkung in Europa

SP 4. Frankreich: Krise und Revolution
Ursachen und Anlässe benennen
Wahrnehmungskompetenz, Analysekompetenz

a) Übertrage die Tabelle in dein Heft und nenne mehrere Ursachen der Französischen Revolution. Denke dabei an die wirtschaftliche Situation, die gesellschaftliche Struktur und an das politische System.

Wirtschaftliche Situation	Gesellschaftliche Struktur	Politisches System
– hohe Staatsverschuldung, – fehlende Steuereinnahmen, – niedrige Löhne, – Konkurrenz durch Manufakturen, – elende wirtschaftliche Situation der Unterschichten und der Bauern (Missernten, Brotpreis)	– Ständesystem mit ungerechten Privilegien für den Ersten und Zweiten Stand, – Ausschluss des Dritten Standes von politischer Mitsprache, – Feudalordnung, die der Zeit und den jeweiligen wirtschaftlichen Leistungen nicht entsprach, – gegen die Ideen der Zeit	– Absolutismus, – politische Entmachtung des Adels, – kein Mitspracherecht des Dritten Standes, – Schwäche des Königs – Vorbild anderer Staaten

b) Übertrage die Tabelle in dein Heft und nenne mehrere Anlässe, die die Französische Revolution auslösten.

Ernährungssituation 1788/89	Verhalten der Abgeordneten bei den Generalständen	Verhalten des Königs
Missernten	Kompromisslosigkeit in der Abstimmungsfrage	Unfähigkeit, den Konflikt beizulegen
steigender Brotpreis	Egoismus des Ersten und Zweiten Standes	unklare Positionierung, Schwäche
Hunger	Verkennen der Situation	Verkennen der Situation

c) Erarbeite eine Concept Map zum Thema „Ursachen und Anlässe der Französischen Revolution". Nutze dazu die Begriffe aus 4a) und 4b).

Ursachen		
Wirtschaft Staatsverschuldung, fehlende Steuereinnahmen, niedrige Löhne, elende wirtschaftliche Situation der Unterschichten und der Bauern	**Gesellschaft** Ständesystem mit ungerechten Privilegien, Steuerlast allein beim Dritten Stand, veraltete Feudalordnung	**Politik** Absolutismus, politische Entmachtung des Adels, keine Mitsprache des Dritten Standes
bereiten vor ↓	bereiten vor ↓	bereiten vor ↓

Französische Revolution

↑ bewirken unmittelbar	↑ bewirken unmittelbar	↑ bewirken unmittelbar
Ernährungssituation 1788/1789: Missernten, steigender Brotpreis, Hunger	**Verhalten der Abgeordneten bei den Generalständen:** Kompromisslosigkeit in der Abstimmungsfrage, Egoismus des Ersten und Zweiten Standes, Verkennen der Situation	**Verhalten des Königs:** Unfähigkeit, den Konflikt beizulegen, unklare Positionierung, Schwäche, Verkennen der Situation
Anlässe		

Name _____ Klasse _____ Datum _____

Die Französische Revolution und ihre Wirkung in Europa

5. Das alte Regime wird gestürzt
Einen Kurzvortrag halten
Wahrnehmungskompetenz, Orientierungskompetenz

Halte einen Kurzvortrag über die Situation in Frankreich kurz vor der Revolution. Verwende dazu deine Notizen aus Aufgabe 4.
- In Frankreich herrschte um 1789 König Ludwig XVI. und zwar in einer Regierungsform, die man Absolutismus nennt.
- Das bedeutet, dass der König allein die Macht hat, nicht einmal der Adel durfte – anders als früher einmal – politisch mitbestimmen. Die Gesellschaft war in drei Stände aufgeteilt: Der Erste Stand umfasste den Klerus, also alle Kirchenleute, und war zahlenmäßig sehr klein. Der Zweite Stand umfasste die Adligen und der Dritte Stand bestand aus der überwältigenden Mehrheit der Franzosen, etwa 95 % gehörten dazu.
- Die ersten beiden Stände hatten zwar politisch nicht viel zu sagen, aber sie hatten viele Privilegien, vor allem mussten sie keine Steuern zahlen, sondern konnten sogar viele Dienste der Bauern einfordern. Das waren Reste aus der Feudalordnung, wie sie im Mittelalter bestanden hatte – und sie passten nicht mehr in die Zeit. …

6. Napoleon: Feldherr und Politiker
Eine historische Person bewerten
Urteilskompetenz

Beurteile, ob Napoleon ein „genialer Politiker und Feldherr" war – oder ein „größenwahnsinniger Diktator". Notiere dir dazu zunächst Argumente für beide Sichtweisen, wäge sie ab und nimm dann Stellung.

Argumente für eine positive Beurteilung Napoleons	Argumente für eine negative Beurteilung Napoleons
– Sehr erfolgreicher Feldherr, viele Siege; – fortschrittliche Rechtsauffassung (Code civil); – Ordnung in die chaotischen Zustände in Frankreich gebracht: Währung stabilisiert, Arbeitslosigkeit verringert; – unermüdlicher Arbeiter; – bei Heereszügen selbst anwesend; – große Ideen von einem vereinten Europa; – hat gute Ideen der Revolution umgesetzt.	– Durch einen ungesetzlichen Staatsstreich an die Macht gekommen; – machtgierig; – permanent in Kriege verwickelt; – Unterdrückung anderer Länder; – Anzetteln grausamer Kriege; – rücksichtslos gegen seine eigenen Soldaten, autoritär gegen besiegte Staaten; – größenwahnsinnige Idee von einem unter ihm vereinten Europa; – Gleichgültigkeit gegen fremdes Leid; – Diktator.

Bei der Abwägung der Argumente sind die negativen Punkte wohl stärker, aber es bleibt eine Ambivalenz.

7. Ergebnisse der Französischen Revolution
Gegenwartsbezüge herstellen
Orientierungskompetenz, Urteilskompetenz

Erläutere, welche Maßnahmen und Errungenschaften der Französischen Revolution bis heute fortwirken und welche man als überholt betrachten muss. Begründe deine Einschätzung.
- Fortwirkende Errungenschaften: Idee der Freiheit, Gleichheit, Brüderlichkeit (letztere ausgedehnt auf die Frauen), Menschenrechte, Gewaltenteilung.
- Überholt sollten sein: Todesstrafe, Terror als Mittel der Politik, Verfolgung Andersdenkender oder „Verdächtiger", Ausschluss der Frauen von gleichberechtigter Partizipation.

2 Europa zwischen Restauration und Revolution

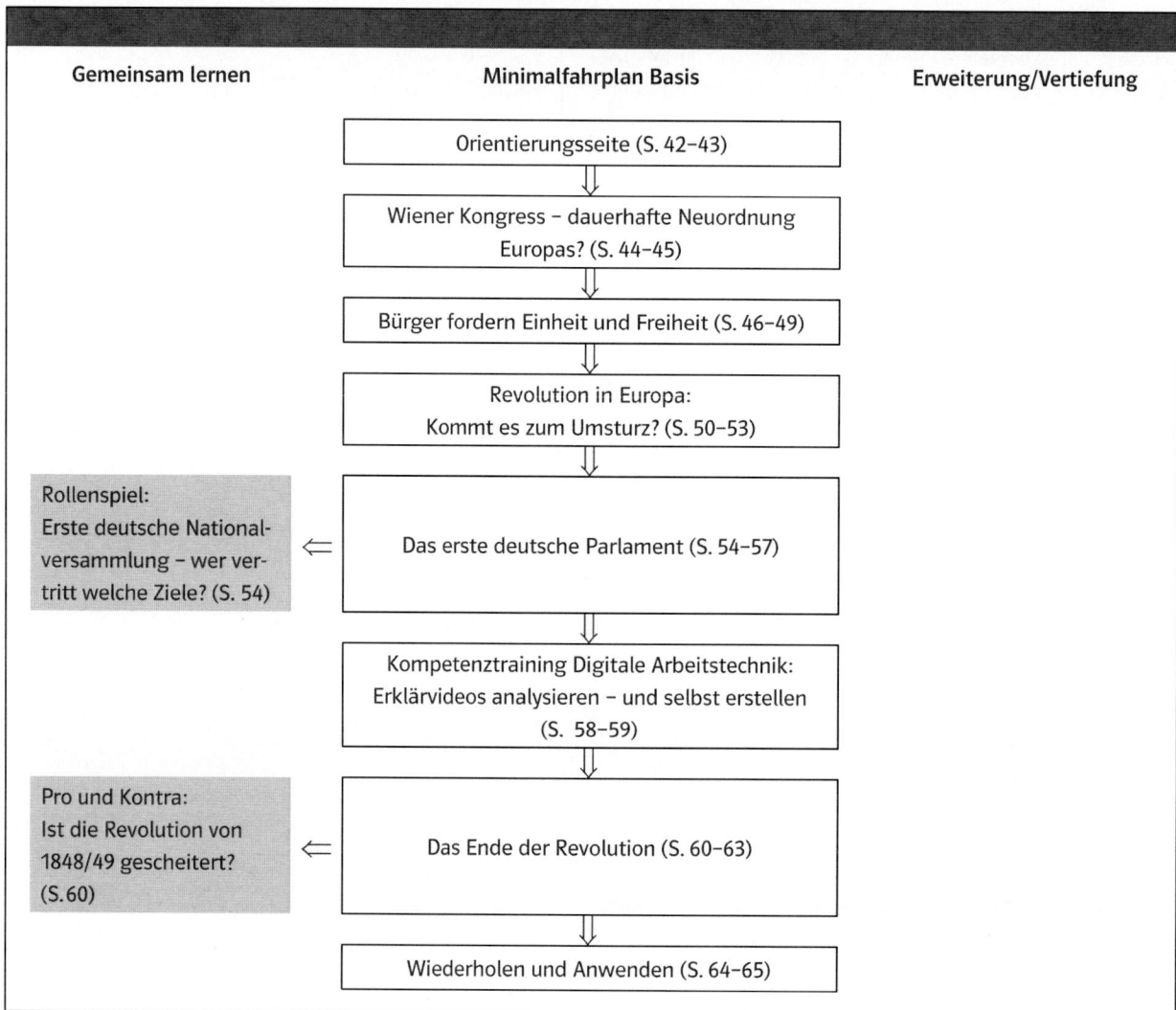

Kompetenzziele des Kapitels

Wahrnehmungskompetenz
- Die SuS können Informationen über einen Abgeordneten der Frankfurter Nationalversammlung recherchieren, um einen Steckbrief zu schreiben.

Analysekompetenz
Die SuS
- können die Aussagen von Befürwortern und Gegnern der Revolution mit eigenen Worten wiedergeben;
- können die politischen Zielsetzungen in Karikaturen herausarbeiten.

Urteilskompetenz
Die SuS
- können erkennen, dass die 1849 formulierten Grundrechte die Basis für unser heutiges Grundgesetz bilden;
- können den Deutschen Bund mit der Europäischen Union vergleichen.

Orientierungskompetenz
Die SuS
- können eine Geschichtserzählung über das Ende der Revolution aus der Sicht eines Befürworters oder eines Gegners der Revolution erstellen;
- können die Entstehung und Arbeit der Frankfurter Nationalversammlung beispielhaft in einem Video erklären und die darin aufgeführten Aspekte bewerten.

Hinweise zur Orientierungsseite

Das Foto zeigt eine Nachstellung von Barrikadenkämpfen auf dem Berliner Alexanderplatz. Es bietet einen Gesprächsanlass über die in diesem Kapitel behandelte Epoche der deutschen Geschichte: Zum einen lassen sich bestimmte zentrale Elemente aus dem Foto „herauslesen", wie die „Funktion" von Barrikadenkämpfen und auch die Konfrontation von Soldaten und Bürgern (die Soldaten mit preußischer Pickelhaube!). Zum anderen zeigt die Nachstellung, wie lebendig die damaligen Ereignisse in der heutigen Geschichtskultur noch sind – zumindest in Berlin 2008.

Die Zeitleiste ermöglicht einen weiteren Zugang zum Kapitel. Die Karte informiert über die politische Gestalt des neuen Kaiserreiches, in dem die alten Länder als politische Einheiten erhalten blieben. Deutlich erkennbar sind die unterschiedliche Größe der Länder und die Dominanz Preußens.

Weiterführende Medienhinweise

Bücher
- Hardtwig, Wolfgang/Hinze, Helmut: Deutsche Geschichte in Quellen und Darstellung. Vom Deutschen Bund zum Kaiserreich 1815–1871. Stuttgart 1997.
  Der Band ist eine überblicksorientierte Quellensammlung mit hilfreichen Einführungen.
- Lenger, Friedrich: Industrielle Revolution und Nationalstaatsgründung (1849–1870er-Jahre). Handbuch der deutschen Geschichte. Gebhardt, 10., völlig neu bearb. Aufl. Band 15. Stuttgart 2005.
  Mit der völligen Neubearbeitung des „Gebhardts" gibt es eine umfassende, verständliche und auf Grundlage neuer Forschungsergebnisse verfasste Gesamtdarstellung, die aufgrund ihrer klaren Gliederung und der leichten Lesbarkeit auch für SuS zur Vertiefung geeignet ist.
- Wehler, Hans-Ulrich: Deutsche Gesellschaftsgeschichte, Bd. 3: Von der „deutschen Doppelrevolution" bis zum Beginn des Ersten Weltkrieges 1849–1914. München 2. Aufl. 2006.
  Vorwiegend kritische Darstellung des Kaiserreichs ausgehend von einem analytischen Raster gesellschaftlicher Strukturbedingungen.

2 Europa zwischen Restauration und Revolution

Wiener Kongress – dauerhafte Neuordnung Europas?

Kompetenzziele

Wahrnehmungskompetenz
- Die SuS können die wichtigsten Ergebnisse des Wiener Kongresses reflektieren.

Analysekompetenz
- Die SuS können ein Verfassungsschaubild analysieren.

Urteilskompetenz
- Die SuS können das Spannungsverhältnis zwischen einer europäischen Friedensordnung und der staatlichen Ordnung Deutschlands beurteilen.

Orientierungskompetenz
- Die SuS können diskutieren, ob sich der Deutsche Bund mit der heutigen Europäischen Union vergleichen lässt.

Sequenzvorschlag

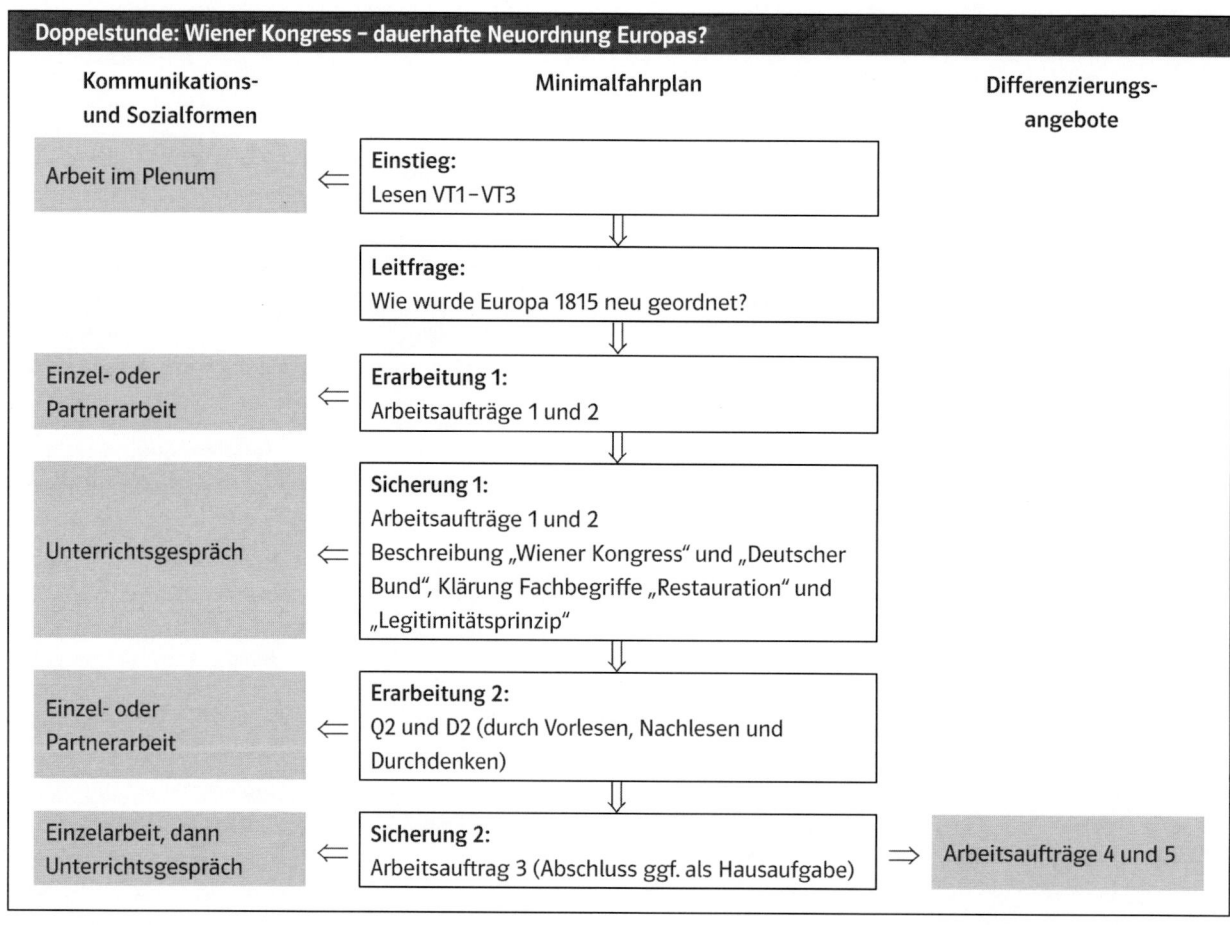

Doppelstunde: Wiener Kongress – dauerhafte Neuordnung Europas?

Kommunikations- und Sozialformen	Minimalfahrplan	Differenzierungsangebote
Arbeit im Plenum	Einstieg: Lesen VT1–VT3	
	Leitfrage: Wie wurde Europa 1815 neu geordnet?	
Einzel- oder Partnerarbeit	Erarbeitung 1: Arbeitsaufträge 1 und 2	
Unterrichtsgespräch	Sicherung 1: Arbeitsaufträge 1 und 2, Beschreibung „Wiener Kongress" und „Deutscher Bund", Klärung Fachbegriffe „Restauration" und „Legitimitätsprinzip"	
Einzel- oder Partnerarbeit	Erarbeitung 2: Q2 und D2 (durch Vorlesen, Nachlesen und Durchdenken)	
Einzelarbeit, dann Unterrichtsgespräch	Sicherung 2: Arbeitsauftrag 3 (Abschluss ggf. als Hausaufgabe)	Arbeitsaufträge 4 und 5

Tafelbild

Der Deutsche Bund

Mitglieder des Deutschen Bundes
- schicken Gesandte an Bundesversammlung
- führen Beschlüsse der Bundesversammlung aus
- stellen Truppen für das Bundesheer
- ansonsten selbstständig

⇌

Bundesversammlung
- Tagungsort der Versammlung: Frankfurt am Main
- schließt Verträge und Bündnisse
- ernennt Oberbefehlshaber des Heeres
- erklärt Bundeskrieg zur Verteidigung

Ziele des Deutschen Bundes:
→ innere und äußere Sicherheit der Mitglieder gewähren
→ Souveränität der Einzelstaaten beibehalten
→ Frieden in Europa sichern

Hinweise zum Verfassertext und zu den Materialien

VT1 problematisiert die Lage in Europa nach dem Sieg über Napoleon. Im Mittelpunkt steht der Wiener Kongress 1814/15, auf dem Abgesandte der Großmächte Großbritannien, Russland, Frankreich, Österreich und Preußen ein Mächtegleichgewicht aushandelten. Diese sogenannte Pentarchie sollte den Frieden in Europa sichern.

In **VT2** wird der Deutsche Bund gegründet. Aufgrund der geografischen Lage war Deutschland sehr wichtig für die Stabilität Europas. Der Deutsche Bund wurde aus 37 Fürstentümern und vier freien Reichsstädten zusammengesetzt. Es gab weder ein gemeinsames Staatsoberhaupt noch eine einheitliche Verfassung. Die Mitglieder sollten zwar in Frankfurt am Main auf einer Bundesversammlung über gemeinsame Beschlüsse beraten, waren jedoch ansonsten weitgehend unabhängig. Einen Nationalstaat lehnten die Regierungen ab.

VT3 thematisiert die Restaurationsphase. Die fürstlichen Herrscher versuchten, ihre göttlich legitimierte Macht zu sichern und die Etablierung von Volkssouveränität und Parlamenten zu verhindern. Dennoch wird in der Forschung mittlerweile deutlich gemacht, dass die Regierungen in den jeweiligen Staaten nicht radikal zu den vorrevolutionären Verhältnissen zurückkehrten, sondern einige liberale Ideen übernahmen.

D1 Der Deutsche Bund wurde am 8. Juni 1815 während des Wiener Kongresses durch einen Rahmenvertrag zwischen den deutschen Staaten gegründet (39 Regierungen nahmen ihn am 8. Juni 1815 an; Württemberg, Baden und Hessen-Homburg vollzogen erst nachträglich den Beitritt). Die Bundesakte wurde am 9. Juli 1815 in die Schlussakte des Wiener Kongresses integriert. Damit erkannten die unterzeichnenden europäischen Mächte die Existenz und Verfassung des Deutschen Bundes sowie den territorialen Besitzstand der Einzelstaaten völkerrechtlich an. Bereits 1815 war die weitere Ausgestaltung der Bundesakte beschlossen worden, die am 15. Mai 1820 mit der „Wiener Schlussakte" vollzogen wurde. Diese wurde am 8. Juli 1820 von der Bundesversammlung in Frankfurt a. M. als gleichwertiges zweites Bundesgrundgesetz neben der Bundesakte von 1815 verabschiedet. Der Deutsche Bund hatte damit seine endgültige verfassungsrechtliche Gestalt erhalten. Im Zuge der Restaurationspolitik nach 1815 brachte die Wiener Schlussakte (praktisch fünf Jahre später) die politisch und sozial konservativen Absichten des Bundes verstärkt zum Ausdruck: So wurde in Art. 57 die alleinige Verantwortung des Monarchen unterstrichen.

Das Schaubild ist stark vereinfacht und bewusst nicht vollständig, um es den SuS zu ermöglichen, eigenständig zentrale Prinzipien der Bundesverfassung zu erfassen. Ein Vergleich mit der französischen Verfassung von 1792 bzw. ein späterer Vergleich mit dem Verfassungsentwurf von 1848 ist damit möglich. Bitte beachten Sie auch das Methodentraining „Verfassungsschaubilder analysieren" auf S. 24–25.

Q1 Der Textauszug stammt aus dem Werk „Der Deutsche Bund in seinen Verhältnissen zu dem europäischen Staatensystem" von dem Göttinger Historiker Arnold Hermann Ludwig Heeren (1760–1842) und ist als Stellungnahme eines historisch-denkenden Zeitgenossen einzuordnen.

Q2 Der ehemalige preußische leitende Minister vom und zum Stein nahm am Wiener Kongress als Berater der russischen Delegation teil. In einer Denkschrift schlug er eine nationale Einigung Deutschlands unter einem konstitutionellen habsburgischen Kaisertum vor. Über den Deutschen Bund zeigte er sich enttäuscht. Vom Stein bringt die allgemeine Einschätzung des Deutschen Bundes bei den Vertretern der liberalen und nationalen Bewegung zum Ausdruck.

Erläuterungen zu den Arbeitsaufträgen

SP 1. Gib wieder, wie 1815 der Frieden gesichert und wie mit den Forderungen von 1789 umgegangen werden sollte. Nutze folgende Begriffe: Menschenrechte, Mitbestimmung des Volkes, Restauration, Legitimitätsprinzip, Neuordnung der Staatenwelt, Vorherrschaft, Mächtegleichgewicht (Q1, VT). (AFB I)

Zur Friedenssicherung:
- Die Schlüsselmächte einigten sich auf dem Wiener Kongress auf eine Neuordnung der Staatenwelt.
- Frankreich wird durch größere Staaten an seinen Landgrenzen kontrolliert: die Vereinigten Niederlande, Preußen mit der Rheinprovinz, Bayern mit seinem Teil der Pfalz und im Süden das vergrößerte Königreich Sardinien sowie die Gebietserwerbung Österreichs in Norditalien.
- Die Schlüsselmächte des Wiener Systems bleiben Großbritannien und Russland: Russland aufgrund seiner Erfolge beim Sieg über Frankreich und durch seine territorialen Erwerbungen; Großbritannien aufgrund seiner Erfolge gegen Napoleon und seiner konsequenten Gleichgewichtspolitik.
- Deutschland liegt geografisch in der Mitte Europas. Es berührt die Hauptstaaten des Westens und des Ostens. Damit ist es von allen Veränderungen betroffen, umgekehrt sind alle anderen europäischen Staaten von Veränderungen in Deutschland betroffen.
- Die innere Ordnung Deutschlands hat damit eine große Bedeutung für die äußere Rolle Deutschlands: Ein starker Staat wäre eine große Bedrohung des europäischen Mächtegleichgewichts, denn Deutschland könnte nach der Vorherrschaft über Europa greifen.
- Der Deutsche Bund war kein starker Gesamtstaat (vgl. Q1): Er ist stark in der „Verteidigung" (Z. 19) und stabilisiert so das europäische Gleichgewicht, aber schwach im „Angriff" (Z. 20). Die Mitte Europas wird durch den Deutschen Bund „eingefroren"; sie ist nicht nur zu Angriffen ungeeignet, sondern stabilisiert durch ihre Bewegungsunfähigkeit auch das europäische Staatensystem.

Zum Umgang mit den Forderungen der Französischen Revolution:
- Die Ausbreitung der Ideen der Französischen Revolution, wie ein Verständnis der allgemein gültigen Menschenrechte, soll gestoppt bzw. „zurückgeholt" werden (Idee der Restauration).
- Das Prinzip der Legitimität soll wieder betont und durchgesetzt werden (im Gegensatz zum Prinzip der Volkssouveränität).
- Daher lehnt die Mehrheit der Herrscher in Wien es ab, ihre Macht durch gewählte Parlamente und die Mitbestimmung des Volkes einschränken zu lassen.
- Die große Ausnahme ist Großbritannien: Hier gilt durch die Parlamentsherrschaft das Prinzip der Volkssouveränität mit einer monarchischen Ordnung (bereits seit 1688 endgültig).

2. Fasse zusammen, wie der Deutsche Bund organisiert war (D1, VT2). (AFB I) ○ → S. 182
- Gründung während des Wiener Kongresses 1815;
- Zusammenschluss aus 37 Fürstentümern und vier freien Reichsstädten;
- Bündnis ohne gemeinsames Staatsoberhaupt und Parlament;
- Gemeinschaft zur Erhaltung der inneren und v. a. äußeren Sicherheit → Verteidigung durch gemeinsames Bundesheer;
- Bundesversammlung in Frankfurt am Main, wo gemeinsame Beschlüsse gefasst werden → Gesandte der Mitgliedstaaten;
- Bundesversammlung kann Verträge und Bündnisse schließen sowie den Bundeskrieg erklären;
- weitgehende Unabhängigkeit der Mitgliedstaaten.

3. Vergleiche die Positionen und Argumente in Q1 und Q2. Verfasse ein Streitgespräch zwischen Heeren (Q1) und vom und zum Stein (Q2) über die Rolle des Deutschen Bundes. (AFB III)
- Ludwig Heeren und Freiherr vom und zum Stein haben einen völlig unterschiedlichen Blick auf die Dinge: Während Ludwig Heeren die Rolle des Deutschen Bundes im europäischen Staatensystem betrachtet und aus dieser die Bundesverfassung „erklärt", schaut vom und zum Stein überwiegend nach innen: Er will einen reformierten Staat. Diese Haltung zeigte er schon durch die Einführung weitgreifender Reformen in Preußen.
- Für den Freiherrn vom und zum Stein ist die innere Reform Deutschlands eine Notwendigkeit. Man merkt seinem Gutachten an, dass er einen Nationalstaat favorisiert.
- Bei dem Streitgespräch treffen somit eine innere und eine äußere Sichtweise auf die deutschen Angelegenheiten aufeinander; beide können sich gut ergänzen, können aber auch klare Differenzen aufzeigen: Was hat Vorrang? Muss Deutschland in seiner inneren Entwicklung Rücksicht auf Frieden und Stabilität in Europa nehmen? Haben die euro-

päischen Mächte das Recht, die innere Entwicklung Deutschlands zu blockieren oder zu verzögern?

4. Erläutere, wie sich heutige Staaten Gruner zufolge verhalten sollten (D2). (AFB II)
- Staaten sollten willens sein, ihre nationalen Interessen einem internationalen System zum Interessenausgleich anzupassen und gegebenenfalls unterzuordnen.
- Durch einen Interessenausgleich werde Stabilität gewährleistet.
- Diese Stabilität sichere den Frieden zwischen den Staaten, der das höchste Ziel sein sollte.

5. Diskutiert, ob sich der Deutsche Bund mit der heutigen Europäischen Union vergleichen lässt (D1, Q1, VT). (AFB III) ●
Mögliche Argumente Pro:
- Auch die EU ist ein Staatenbund aus souveränen Staaten.
- Auch sie hat genau begrenzte Rechte, die anderen Rechte liegen bei den Mitgliedstaaten.
- Auch in der EU sind die Regierungen die wichtigsten Entscheider.
- Auch die EU unterliegt wie der Deutsche Bund dem Gebot der Weiterentwicklung.

Mögliche Argumente Kontra:
- Die EU ist nicht – wie der Deutsche Bund – als Verteidigungsgemeinschaft gegründet worden (diesen Arbeitsauftrag übernimmt die NATO). Es gibt keine gemeinsame Armee.
- Aus der EU ist ein Austritt möglich – beim Deutschen Bund war das nicht vorgesehen.
- Während beim Deutschen Bund die Regierungen der Mitgliedstaaten alles entschieden, hat die EU mittlerweile ein gewähltes Parlament und eine aktiv handelnde Verwaltungsspitze (Kommission).
- Die Mitglieder der EU sind Demokratien. Beim Deutschen Bund waren es überwiegend Monarchien.
- Die EU ist übernational angelegt, der Deutsche Bund – wie der Name schon ausdrückt – war nicht gesamteuropäisch angelegt und umfasste u.a. Gebiete (etwa Herzogtümer, Grafschaften, Königreiche) des heutigen Deutschland, Polens, Tschechiens, Österreichs, Italiens, Litauens.

2 Europa zwischen Restauration und Revolution

Bürger fordern Einheit und Freiheit

→ 46–49

Kompetenzziele

Wahrnehmungskompetenz
Die SuS
- wissen, dass die restaurative Politik der Regierungen des Deutschen Bundes zu Auseinandersetzungen führte, die in der Revolution von 1848 ihren Höhepunkt fanden;
- können die Entwicklung des wachsenden Konflikts zwischen den Fürsten und den liberal und national gesinnten Gruppen reflektieren;
- können Fragen zu den Forderungen liberaler und nationaler Gruppen stellen.

Analysekompetenz
- Die SuS können zeitgenössische Abbildungen auf der Grundlage heutiger Erkenntnisse auswerten.

Urteilskompetenz
- Die SuS können beurteilen, inwiefern die Reaktionen der Regierungen auf die nationale und liberale Bewegung begründet waren.

Sequenzvorschlag

→ 46–49

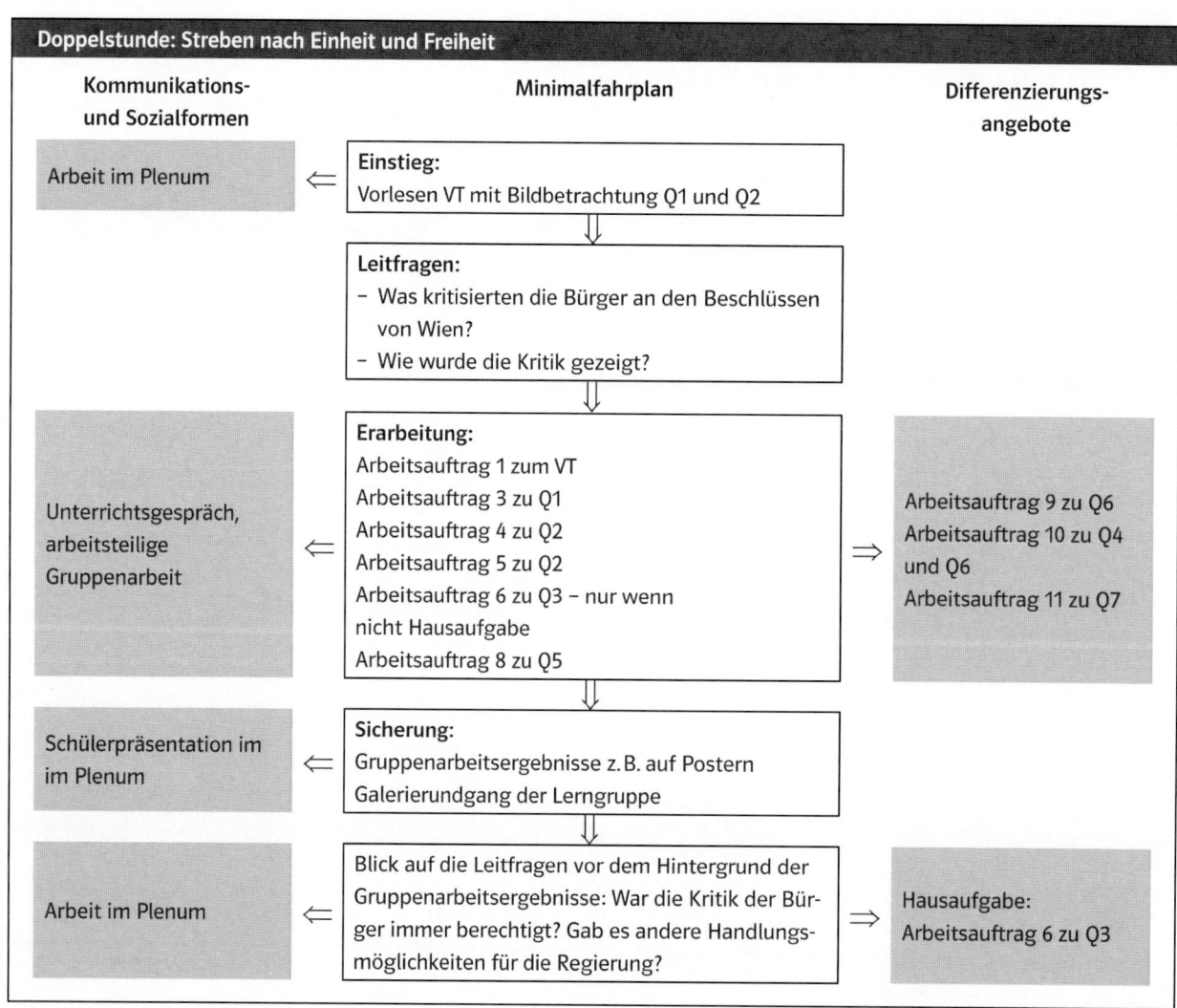

60

Tafelbild

Zeit nach dem Wiener Kongress

Unzufriedenheit vieler Bürger über Beschlüsse des Wiener Kongresses

↓

aufkommendes Nationalgefühl: Wartburgfest 1817
→ hauptsächlich Studenten aus Burschenschaften; akademisch geprägt

↓

Radikalisierung einiger Nationalanhänger: Mord an Kotzebue 1819

↓

Karlsbader Beschlüsse 1819: Zensuren, Vereinsverbote, Kontrolle der Universitäten

↓

dennoch Verbreitung nationaler Ideen: Hambacher Fest 1832, 20 000–30 000 Teilnehmer
→ Mobilisierung verschiedener Gesellschaftsschichten

⚡ Abwehr der Regierungen, Fürsten verteidigten Privilegien
Folge: Rückzug der Bürger ins Private (Zeit des Biedermeier) ⚡

Hinweise zum Verfassertext und zu den Materialien

VT1/VT2 thematisieren die aufkommende Nationalbewegung in den deutschen Staaten. Viele Menschen wünschten sich nach dem Sieg über Frankreich einen einheitlichen Staat und eine Verfassung, die die Rechte der Bürger berücksichtigt.

VT3 stellt die Bedeutung der Burschenschaften heraus. Gerade junge Männer, die in den Befreiungskriegen gekämpft hatten, waren enttäuscht darüber, dass nach dem Sieg über Napoleon kein Nationalstaat geschaffen wurde. Deshalb schlossen sie sich in Burschenschaften zusammen, um auf dem Wartburgfest 1817 gegen den Deutschen Bund und für eine Nationsbildung zu demonstrieren. Gleichzeitig erinnerten sie an den 300. Jahrestag der Reformation sowie an die vier Jahre zurückliegende Leipziger Völkerschlacht, bei der Napoleon besiegt worden war. Die Burschenschaftler versuchten somit, die nationalen Bestrebungen historisch zu legitimieren.

VT4 behandelt die Karlsbader Beschlüsse, die 1819 von den Regierungen erlassen wurden. Ein Student hatte den Schriftsteller August von Kotzebue ermordet, weil dieser sich über die Nationalbewegung lustig gemacht hatte. Die Regierungen verboten daraufhin Burschenschaften und Turnvereine. Außerdem überwachten sie die Universitäten und zensierten die Presse. Sie wollten eine Revolution verhindern und die Öffentlichkeit kontrollieren.

VT5 macht am Hambacher Fest von 1832 deutlich, dass sich die Verbreitung liberaler und nationaler Ideen dennoch nicht aufhalten ließ. Die Bewegung wurde immer größer und vereinte Menschen unterschiedlicher Schichten und Berufsgruppen. Dazu trugen auch immer mehr die vielen Vereine bei, die sich zu dieser Zeit gründeten, wie Sänger- oder Turnvereine. Teilweise kristallisierte sich aus den nationalen Forderungen jedoch auch ein übersteigerter Nationalismus heraus, der sich in erster Linie über das Volk und weniger über einen gemeinsamen Staat definierte. Das sollte im Unterricht problematisiert werden.

VT6 Im kulturgeschichtlichen Kontext (Kunst, Literatur, Mode …) wird die Zeit des privaten Rückzugs in Deutschland als Biedermeier bezeichnet.

Q1 Mit dem Wartburgfest vom 18. Oktober 1817 manifestierte sich der Stimmungsumschwung der nationalen Bewegung in Richtung des Aufbegehrens gegenüber der bestehenden staatlichen Ordnung. Überwiegend hatten sich Vertreter der deutschen Burschenschaften aus fast allen Teilen Deutschlands unter der schwarz-rot-goldenen Fahne versammelt. Das Fest wurde wie ein Gottesdienst gefeiert. Seine Symbolik drückte die Forderungen nach einer Reform Deutschlands durch eine kühne Tat, durch eine (nach Napoleon zweite) Befreiung von den vielen einheimischen Tyrannen aus. Die Festreden selbst waren moderat; in ihnen wurden die Fürsten kritisiert, die ihr in der Not gegebenes Verfassungs- und Einheitsversprechen nicht erfüllt hätten. Nur eine Minderheit der Teilnehmer ging einen Schritt weiter und verbrannte eine Reihe von Büchern, deren Titel ausgerufen wurden und die unter Rufen wie „Ins Feuer! Zum Teufel mit demselben!" der Flamme überantwortet wurden. Neben Werken des als russischen Agenten verschrienen Dramatikers August von Kotzebue wurde Ludwig von Hallers „Restauration der Staatswissenschaft" und auch der napoleonische „Code civil" verbrannt. Zusätzlich wanderte ein hessischer Zopf, ein preußischer Ulanenschnürleib und ein österreichischer Korporalstock als Symbole der Reaktion ins Feuer. Mit dem Wartburgfest hatten sich die „Deutschen Burschenschaften" und die mit ihnen sympathisierenden Professoren in der Öffentlichkeit vorgestellt: als wirksame Propagandisten der Nationalbewegung, in der Nationalismus und Liberalismus ineinandergriffen.

Q2 Zentrale Elemente dieser Abbildung sind die in den Vordergrund gestellte Schwarz-Rot-Gold-Fahne, die bürgerliche Kleidung der Teilnehmer, die Menge der Teilnehmer, der Ort der Veranstaltung (Burg als Symbol für die mittelalterliche deutsche Geschichte, auf die sich die Nationalbewegung beruft) sowie (als übergeordnete Ebene) die bewusste Selbststilisierung der Nationalbewegung auf der zeitgenössischen Darstellung.

Q3 Die Karikatur „Der Denker-Club", eine zeitgenössische Lithografie, kritisiert die Karlsbader Beschlüsse, die fast im ganzen Deutschen Bund eingeführt wurden. Die Beschlüsse bezweckten die Unterdrückung der (nationalen/liberalen) Burschenschaften, legten der Presse eine strenge Zensur auf und beschränkten die freie Meinungsäußerung. Die Interpretation der Karikatur findet sich unter dem Arbeitsauftrag 6 auf Seite 63/64.

Q4 Die Burschenschaften waren für die Außendarstellung der liberalen und nationalen Bewegung und für die Reaktion der Regierungen von entscheidender Bedeutung. Die studentische Jugend war aus den Befreiungskriegen in die Hörsäle zurückgekehrt und sah sich durch die politischen Entwicklungen enttäuscht. Auch auf Anregung führender nationaler Publizisten (so bereits 1811 Jahn) entstand im Juni 1815 die Jenaer Burschenschaft: Sie vertrat die Idee von der Gemeinsamkeit des Vaterlandes, die es erfordere, dass nur eine Verbindung bestehe und dass alle Studenten Mitglieder einer Burschenschaft werden. Die Farben der Jenaer Burschenschaft, Schwarz-Rot-Gold, gehen auf die Uniformfarben der Lützower zurück, die in romantischer Ausdeutung als die Farben des alten deutschen Reiches aufgefasst wurden (schwarzer Adler mit roten Fängen auf goldenem Grund). Die Burschenschaften breiteten sich von Jena ausgehend in Mittel- und Süddeutschland aus, weniger im Norden. Als im Oktober 1818 in Jena die „Allgemeinen deutschen Burschenschaften" begründet wurden, waren 14 Universitäten vertreten. Ergänzend zu einem allgemeinen nationalen Idealismus verstanden sie den „deutschen Studentenstaat" (Arndt) der Burschenschaften als eine Art Vorform des Nationalstaates.

Q5 Das „Deutschlandlied" (Melodie nach der 1797 von Joseph Haydns komponierten Kaiserhymne) entstand am 26. August 1841 auf der seit 1807 in britischem Besitz befindlichen Insel Helgoland. Der Verfasser Heinrich Hoffmann war Professor für deutsche Sprache und Literatur an der Universität Breslau, bis er 1842 auf Betreiben des preußischen Kultusministers als staatsgefährdend aus dem Lehramt entlassen wurde. Ursache waren später publizierte Lieder, nicht das „Lied der Deutschen". Dieses erhielt erst im Ersten Weltkrieg, als es zu einem nationalen Bekenntnislied wurde, politische Brisanz. Die erste Strophe war keineswegs chauvinistisch gemeint; in der ersten Zeile wird die Einheit Deutschlands über die Vielstaaterei des Deutschen Bundes gestellt, dessen Grenzen (bzw. der deutschsprachiger Staaten) Maas, Memel, Etsch und Belt genannt werden.
Aus Sicht der deutschen Regierungen war der Inhalt des Deutschlandliedes nicht akzeptabel. Sie lehnten die nationalen Inhalte der ersten beiden Strophen ab, insbesondere die der ersten Strophe, da sie diese als Bedrohung ihrer legitimen Landesherrschaften betrachteten. Hinzu kam die dritte Strophe: „Einigkeit und Recht und Freiheit" in einem „deutschen Vaterland". Diese enthält neben den bereits in den ersten beiden Strophen enthaltenen nationalen Gedanken entsprechendes liberales Gedankengut, das der absolutistischen Fürstenherrschaft widerspricht.

Q6 Christian Günther Graf von Bernstorff stammte aus einem Adelsgeschlecht und war während der Zeit des Wiener Kongresses ein Abgesandter Dänemarks. Danach wurde er preußischer Außenminister. Graf von Bernstorff vertrat eine strenge Politik der Restauration, was die Quelle deutlich zeigt.

Q7 Die Radikalisierung des Vormärz erstreckte sich auch auf die soziale Frage: Wie hier am Beispiel des „Hessischen Landboten" deutlich wird, entwickelte Büchner die liberalen Forderungen in Richtung eines Aufrufs zur – insbesondere sozialen – Revolution weiter. Damit rückte die soziale Frage stärker in den Vordergrund, angetrieben durch die Folgen von Bevölkerungswachstum und beginnender Industrialisierung.
Bereits als Student im französischen Straßburg hatte Carl Georg Büchner (1813–1837) Ende 1832 geplant, eine „politische Abhandlung" zu schreiben, und wurde nur durch angeblichen Zeitmangel davon abgehalten. Anfang 1834 lernte Büchner den Butzbacher Rektor Friedrich Ludwig Weidig (1791–1837) kennen, eine zentrale Gestalt der oberhessischen Oppositionsbewegung. Die erste Ausgabe des Hessischen Landbotens (in einer Auflage von geschätzten 700–1000 Exemplaren) wurde am 31. Juli 1834 gedruckt und im August und September 1834 verbreitet – vor allem in den Dörfern um Butzbach und Gießen. Eine zweite (November-)Ausgabe wurde vom Dezember 1834 bis März 1835 in Oberhessen verbreitet. Nach Verhören vor Untersuchungsrichtern in Offenbach und Friedberg floh Büchner Anfang März 1835 nach Straßburg und widmete sich neben seiner literarischen Arbeit seinem Medizinstudium.

Erläuterungen zu den Arbeitsaufträgen

1. Beschreibe die Entwicklung des wachsenden Konflikts zwischen den Fürsten und den liberal und national gesinnten Gruppen (VT3–VT6). (AFB I)
- Mit den Ergebnissen des Wiener Kongresses war das Bürgertum nicht zufrieden.
- Insbesondere persönliche Grundrechte, Gleichberechtigung mit dem Adel und politische Mitbestimmung wurden gewünscht; alles in einer Verfassung festgeschrieben.
- Auch ein Nationalstaat wie England oder Frankreich war ein Ziel.
- Besonders unzufrieden war zunächst die studentische Jugend, die in den Befreiungskriegen gekämpft hatte. Einige trafen sich 1817 auf dem Wartburgfest und gründeten auch Burschenschaften.
- Der Mord an Kotzebue 1819 zeigte eine neue Stufe der Eskalation, gefolgt von den Karlsbader Beschlüssen. Hier begann die Unterdrückung durch die Regierungen.
- Auf dem Wartburgfest 1832 zeigte sich mit 20 000–30 000 Teilnehmern, dass die liberale und nationale Bewegung trotz der Unterdrückung gewachsen und selbstbewusster geworden war. Erstmals wurde sogar die Monarchie infrage gestellt.
- Die Rheinkrise von 1840 wurde zum Auslöser einer Welle nationaler Begeisterung – im Widerspruch zur abwartenden Haltung der Regierungen und des Deutschen Bundes.
- Aber: Die Regierungen des Deutschen Bundes waren weiterhin nicht bereit, den Forderungen nachzugeben. Die Spannungen wuchsen weiter an.

2. Erkläre die Forderungen liberaler und nationaler Gruppen anhand konkreter Beispiele (Q4, VT1, VT3–VT4). (AFB II)
- „Deutschland als ein Land" (Q4, Z. 1): Es soll keine Einzelstaaten mit entsprechenden Grenzen mehr geben, sondern ein gemeinsames Deutschland mit einer gemeinsamen Regierung und z. B. auch einer gemeinsamen Währung und einer gemeinsamen Polizei, einem gemeinsamen Schulsystem.
- „Wir wünschen eine Verfassung" (Q4, Z. 9): Die Herrschaft der Fürsten soll nicht mehr von Gott hergeleitet, sondern durch eine Verfassung als Band zwischen Bevölkerung und Fürsten neu bestimmt werden – mit klaren Mitbestimmungsrechten der Bürger. Auf diese soll es zukünftig ankommen.
- „deutsche Bundesverfassung" (Q4, Z. 20 f.): Zu einem geeinten Deutschland (siehe erstes Argument) gehört dann auch eine gemeinsame Verfassung für Deutschland, sodass die nationalen und liberalen Ziele zusammenfallen.

3. Diskutiert, was das Verbrennen der Symbole ausdrücken sollte (Q1, VT3). (AFB III)
- Die Symbole stehen für den politischen Gegner: die Fürsten und deren Herrschaftsbegründung. Diese zu verbrennen heißt, den politischen Dialog zu verweigern und stattdessen eine radikale Ablehnung auszudrücken. Besonders problematisch ist dabei das Verbrennen der Bücher, denn somit wird die Meinungsfreiheit für die Andersdenkenden abgelehnt.
- Aber: Dieser Deutung kann entgegengestellt werden, dass es hier gar nicht um die physische Vernichtung des Gegners geht; mit dem Verbrennen von Symbolen wird lediglich eine klare Ablehnung deutlich und sehr eindrucksvoll ausgedrückt.

MK 4. Formuliere die Forderungen der Teilnehmer des Hambacher Festes (Q2, VT5). Füge dem digitalisierten Bild von Q2 entsprechende Sprechblasen hinzu. Nutze dafür das Arbeitsblatt D04. (AFB II) MKR 1.2, 3.2, 5.2
- Die aus VT5 zu erarbeitenden Forderungen (gemeinsamer Nationalstaat, demokratische Verfassung, teilweise Absetzung des Königs) sind durch die SuS als Parolen und Ausrufe der Teilnehmer des Hambacher Festes zu formulieren.
- Der Online-Code führt zu einem Arbeitsblatt mit Hinweisen zur digitalen Gestaltung bzw. zum Einfügen von Sprechblasen. Dazu kann entweder Q2 fotografiert oder im Internet als sehr ähnliche (gemeinfreie) Variante recherchiert werden.

5. Überprüfe die Abbildung Q2 daraufhin, ob der Zeichner Sympathien für die Demonstranten hatte. (AFB III) ○ → S. 182
- Das ganze Bild „atmet" Sympathien mit dem Hambacher Fest: Die Szene ist feierlich gezeichnet, die Demonstranten werden positiv, freundlich, feiernd dargestellt, sie bewegen sich entspannt und freundlich und die hellen Hosen verstärken diesen Eindruck.
- Auch das Hervorheben der Schwarz-Rot-Goldenen-Fahne, die ja 1832 verboten und das Symbol einer Oppositionsbewegung war, zeigt die deutlichen Sympathien des Zeichners auf.
- Wahrscheinlich wurde das Bild für entsprechende Anhänger der Oppositionsbewegung gezeichnet, die es sich z. B. an die Wand hängen konnten.

6. Interpretiere die Karikatur Q3. Wie charakterisiert der Zeichner den Denker-Club? (AFB III)
- Beschreiben: Acht Personen sitzen um einen Tisch. Sie sind gut gekleidet und scheinen intensiv nachzudenken (so auch die Überschrift). Alle tragen einen „Maulkorb", können also nicht sprechen. An der Wand hängen Regeln für den Denkerclub. Auch die Frage der aktuellen Sitzung des Clubs hängt an der Wand, sie lautet: „Wie lange möge uns das Denken noch erlaubt sein?".
- Untersuchen: Die Karikatur beschäftigt sich mit den Folgen der Karlsbader Beschlüsse von 1819, die zur Einführung einer weitgehenden Zensur auf dem Gebiet des Deutschen Bundes geführt hat. Die Regierungen unterbanden die freie Meinungsäußerung und kontrollierten durch ihre Zensoren insbesondere alle Zeitungen und andere aktuelle Publikationen.
- Deuten: Der Zeichner der Karikatur zeigt, wie widersinnig es ist, durch eine Zensur Diskussionen und Meinungen zu

unterdrücken. Die staatstreuen Bürger, die einen „Denker-Club" gegründet haben, dürfen das noch – diskutieren können sie nicht mehr. In der Karikatur wird auch deutlich, dass der Staat eine Grenze hat: Das Diskutieren kann er verbieten, das Denken jedoch nicht. Gleichzeitig zeigt die Lähmung des Denker-Clubs (insbesondere durch die absurden Regeln verdeutlicht), dass hier etwas getan werden muss: Die Bürger müssen die Maulkörbe abreißen und sich gegen die Regierung auflehnen, statt brav und sinnlos die Beschlüsse auszuführen.

SP 7. Schreibe die Regeln des Denker-Clubs so neu, dass sich eine freie und offene Diskussion ergeben kann. Bausteine könnten sein: „seine Meinung frei sagen", „Fehler der Regierung nennen", „alle Bürger sollen mitbestimmen" (Q3). (AFB II)
- Reden ist das erste Gesetz dieser gelehrten Gesellschaft. Alle können ihre Meinung frei sagen.
- Auf dass kein Mitglied in Versuchung gerate, seinen Mund zu halten, wird durchgehend gesprochen. Man kann auch die Fehler der Regierung nennen!
- Die Gegenstände und Themen, über die in den Sitzungen gesprochen wird, sind frei zu wählen. Alle Bürger sollen mitbestimmen!

8. Untersuche mithilfe des VT den Liedtext (Q5) auf Schlüsselwörter: Was könnte 1841 bei den Regierungen Anstoß erregt haben? ○ → S. 182 (AFB II)
- Vgl. Z. 1–2: Mit „Deutschland" wird ein Nationalstaat erwünscht, damit wird die Existenz der Mitgliedstaaten des Deutschen Bundes abgelehnt.
- Vgl. Z. 5–6: Die Grenzen hier sind die mittelalterlichen Grenzen des Heiligen Römischen Reiches Deutscher Nation, keines damalig bestehenden Nationalstaates.
- Vgl. Z. 10/14: Auch die Forderung nach „Recht" und „Freiheit" widerspricht der Politik der meisten Regierungen, die Verfassungen und Bürgerrechte ablehnen und stattdessen an der Herrschaft der Fürsten festhalten.

9. Arbeite aus Q6 die Kritikpunkte an den Zielen der nationalen und liberalen Bewegung heraus. (AFB II)
- Vgl. Z. 1–6: Das Ziel der Einigung Deutschlands wird kritisiert, weil es die Einzelstaaten Deutschlands auflöse.
- Vgl. Z. 1, Z. 6–8: Die liberale Bewegung strebt eine Revolution, einen Umsturz an – wie in Frankreich 1789.
- Vgl. Z. 8–13: Die liberale Bewegung vermittelt ihre Lehre in den Schulen und Universitäten der Jugend und instrumentalisiert diese daher.
- Vgl. Z. 14–15: Die liberale Bewegung greift zu jedem – noch so brutalen – Mittel, um ihre Ziele zu erreichen (wie in Frankreich 1793).
- Vgl. Z. 17–20: Die liberale Bewegung ordnet alles dem nationalen und liberalen Ziel unter und akzeptiert dafür auch gefährliche Ideen.

10. Stelle in einem Streitgespräch zwischen von Gagern (Q4) und von Bernstorff (Q6) die Positionen gegenüber. (AFB III) ●

- Von Gagern könnte in dem Streitgespräch auf die positiven Ziele der Burschenschaften verweisen: Sie wollten Deutschland einen und zwar nicht als Klassengesellschaft, sondern mit einem Blick auf das Ganze, gemeinsame deutsche Volk. Dafür ständen die Burschenschaften, die diese gewünschte Einigung Deutschlands in ihrer Organisation leben und vorwegnehmen. Das Ziel dabei müsse eine Verfassung für ganz Deutschland sein, an die auch die Fürsten gebunden seien, die nicht mehr eigenmächtig handeln könnten und an den Volkswillen gebunden seien.
- Von Bernstorff könnte entgegnen, dass die Einigung Deutschlands zur Folge hätte, dass alle politischen Unterschiede zwischen den Völkern Deutschlands brutal zerstört werden würden. Die bestehende, gut funktionierende und friedfertige Ordnung würde zerstört und umgestürzt werden – ob dabei die Ziele erfüllt würden, sei höchst unsicher. So würden die schlimmsten Handlungen durch die Ziele einer Einigung Deutschlands und eines gemeinsamen Volkswillens gerechtfertigt, auch wenn die Handlungen noch so grausam wären. Besonders schlimm sei es, dass diese Ideen in den Schulen und Universitäten den jungen Menschen eingetrichtert würden.

11. Das Erscheinen der Flugschrift (Q7) löste eine Verfolgungswelle aus. Erläutere, warum die Herrschenden mit solchen harten Maßnahmen reagierten. (AFB II) ○ → S. 182
- Für eine Beurteilung des „Hessischen Landboten" ist zum einen die genuin liberale Kritik an der absoluten Fürstenherrschaft, zum anderen die scharfe Sozialkritik hervorzuheben. Büchner ruft nicht nur zur politischen, sondern auch zur sozialen Revolution auf und ist in seinen Äußerungen so radikal, dass eine gewaltsame Veränderung der Verhältnisse erwünscht erscheint.
- Kritisch wäre zu fragen, welche Belege es für die Allgemeingültigkeit der Anschuldigungen Büchners gibt – gelten die kritisierten Verhältnisse auch in den anderen deutschen Staaten? Zuletzt könnte auf das Alter des Studenten Büchner verwiesen werden, das einen Teil der Radikalität erklären mag.

Revolution in Europa: Kommt es zum Umsturz?

↗ 50–53

Kompetenzziele

👥 Wahrnehmungskompetenz
Die SuS
- können die Entwicklung an den unterschiedlichen europäischen Schauplätzen im Frühjahr 1848 reflektieren;
- können Fragen zu den Zielen und Forderungen der Revolutionäre stellen.

🧩 Analysekompetenz
Die SuS
- können zeitgenössische Karikaturen sachgerecht auswerten und in den historischen Kontext einordnen;
- können Textquellen auf ihre Aussagen überprüfen und erläutern.

⚖ Urteilskompetenz
- Die SuS können die Frage beurteilen, wie es zu der Welle an revolutionären Bewegungen in Europa kam.

Sequenzvorschlag

↗ 50–53

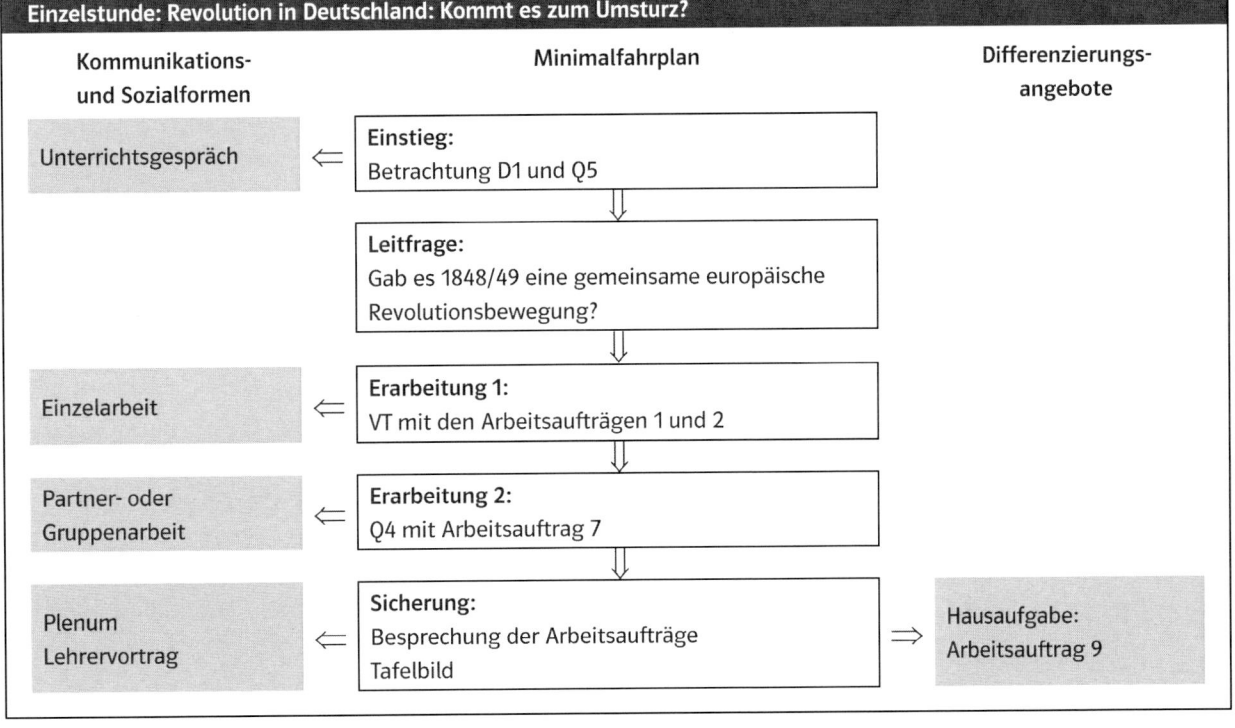

2 Europa zwischen Restauration und Revolution

Tafelbild

Gab es 1848/49 eine gemeinsame Revolutionsbewegung?

Pro	Kontra
Die politischen Forderungen der Revolutionäre waren in ganz Europa vergleichbar: politische Mitbestimmung, Freiheit für die Bürger, rechtliche Gleichheit und vieles mehr.	Im Bereich der nationalen Forderungen (Nationsbildung) war jede Revolutionsgruppe nur an der eigenen Volksgruppe interessiert, auch im Gegensatz zu anderen Bewegungen.
Die Ideen der Aufklärung und der Französischen/Amerikanischen Revolution erwiesen sich als europäisch/übernational.	Jeder übernahm von den Ideen nur das, was passte, und ordnete die übergreifenden Ideen den Zielen der eigenen Nationalbewegung unter.
Die Revolutionsführer waren untereinander, gleichsam europäisch vernetzt und tauschten sich auch aus.	Trotz aller Vernetzung kam es zu keiner übergreifenden Unterstützung, insbesondere militärisch.

50–53 Hinweise zum Verfassertext und zu den Materialien

VT Im VT wird eine europäische Perspektive auf die Revolutionswelle von 1848 eingenommen, die erst im letzten Drittel in einer Nahaufnahme auf Berlin konzentriert wird. Die SuS erfahren, dass Liberalismus und Nationalismus, auch die soziale Frage, gesamteuropäische Bewegungen waren, die sich aber auf nationaler Ebene konkretisierten, ein Grundwiderspruch, der bis heute besteht. Das Heranziehen einer Europakarte kann bei der Verortung der verschiedenen Beispiele im Text helfen. Inhaltliche Schwerpunkte bilden dann Wien (kurz) und Berlin (ausführlicher, mit kurzer Geschichtserzählung).

In der Materialienauswahl wurde versucht, die gesamteuropäische Perspektive aufzugreifen, ohne die SuS zu überfordern. Daher finden sich mit Q2 und Q3 die „typischen" Berliner Beispiele, mit Q1, Q4 und Q5 aber auch Nahaufnahmen aus anderen Regionen, die jedoch alle zentrale Elemente enthalten.

Q2 Der König steht in gespreizter, abwehrender Haltung vor einer Reihe schussbereiter Soldaten. Vor ihm steht eine Kanone, die er mit den Worten „An meine lieben Berliner" auslöst. Die Kugel ist unterwegs und beginnt, eine Reihe von Zivilisten (bürgerlich angekleidet) unter sich zu begraben. Bemerkenswert ist, dass der König den preußisch-blauen Uniformrock mit Pickelhaube trägt und dass zwar die Zivilbevölkerung individualisiert gezeichnet ist, die Phalanx der Soldaten jedoch anonym/gesichtslos bleibt.

Q3 Die berühmte Erklärung des Königs vom 21. März 1848 korrespondiert mit der Verneigung gegenüber den Märzgefallenen (siehe Geschichtserzählung). Friedrich Wilhelm IV. vollzieht eine 180 Grad-Wendung und stellt sich an die Spitze der Bewegung, die er so erbittert unterdrückt hatte: Nun soll Preußen in einem parlamentarisch-konstitutionellen Deutschland „aufgehen".

Q4 Die „12-Punkte-Erklärung" wurde als exemplarische Quelle ausgewählt, um die europäische Dimension der Forderungen von 1848 zu unterstreichen, so decken sich die Punkte mit entsprechenden Forderungen in anderen Teilen Europas bzw. im Deutschen Bund.

Erläuterungen zu den Arbeitsaufträgen

1. Beschreibe die Entwicklungen an den unterschiedlichen europäischen Schauplätzen im Frühjahr 1848 (VT, D1). (AFB I) ○ → S. 183

Mögliche Lösung:

> Vor dem 1. März 1848: Bürger, Studenten und Arbeiter gehen in Paris auf die Straße, der König setzt Soldaten ein.
> ↓
> Flucht des französischen Königs, Frankreich ist wieder Republik
> ↓
> Proteste auch in Deutschland, liberale Forderungen, aber auch Handwerker und Arbeiter demonstrieren für höhere Löhne
> ↓
> Fürsten in Deutschland erfüllen viele der „Märzforderungen".
> ↓
> Auch Wien wird von der Revolution erfasst, die Regierung muss die Stadt verlassen.
> ↓
> Der Vielvölkerstaat Österreich droht zu zerbrechen, Aufstände in Tschechien, Italien, Ungarn und anderen Teilen Europas …
> ↓
> In Polen gibt es Hoffnungen der Menschen auf eine Wiedererrichtung eines eigenen Staates, auch viele Ungarn träumen von der Selbstständigkeit als Staat.
> ↓
> Ausbruch von Unruhen am 18. März 1848 auch in Berlin, Straßenkämpfe bis der König den Rückzug der Soldaten befiehlt, Kontrolle der Stadt durch die Revolutionäre, der König verneigt sich vor den „Märzgefallenen"
> ↓
> Der preußische König stellt sich an die Spitze der Revolution und sagt die Erfüllung zentraler Forderungen zu, insbesondere zur Einigung Deutschlands und zur Wahl eines Parlamentes für ganz Deutschland.

3. Analysiere das Bild Q1 im Hinblick auf die Botschaft, die es vermitteln soll. (AFB II) ○ → S. 183

- Auf dem Bild ist zunächst ein langer Zug von Menschen zu erkennen, die fahnentragend (u.a. schwarz-rot-gold), festlich angezogen und feiernd zu einer Anhöhe pilgern, auf der eine Statue steht. Diese trägt in der linken Hand die Fackel der Aufklärung und stützt sich mit der rechten Hand auf die Menschenrechtserklärung. Sie steht damit für die Ideale der Französischen Revolution.
- Mit der Statue verknüpft sind die Fahnen der jubelnden Menschenmenge, deren Farben für die nationalen und liberalen Bewegungen stehen.
- Auffällig ist, dass offensichtlich auch die Heiligen im Himmel diesen (politischen) Aufbruch unterstützen: Für alle Anhänger der europaweiten Bewegung deutet das Bild somit einen zukünftigen Erfolg ihrer Bewegung an, denn auch von göttlicher Seite werden sie unterstützt.

MK 4. Entwickle ein „Gegenbild" eines Revolutionsgegners, indem du beschreibst, wie zentrale Teile des Bildes verändert werden sollten. Setze deine Überlegungen anschließend mit einem Bildbearbeitungsprogramm digital um. (AFB II) MKR 1.2, 3.2, 5.2

- Der Himmel könnte verdunkelt werden, statt der göttlichen Unterstützung könnte die Unterstützung des Teufels und die Abwendung der Heiligen des Himmels deutlich werden.
- Alternativ könnten im Himmel die Folgen der Französischen Revolution erkennbar sein: Hunderttausende von Kriegstoten, Tausende von getöteten politischen Gegnern, z.B. durch eine Guillotine erkennbar.
- Die Volksmenge könnte bewaffnet und abgerissen gezeichnet werden und bedrohlich wirken.
- Die Statue könnte zerstört und verdreckt gezeichnet werden, um die Missachtung der bestehenden Ordnung durch die Revolutionäre zu verdeutlichen.

2. Vergleiche die Ziele und Forderungen sowie das Vorgehen der Revolutionäre 1848/49 in Europa. Stelle sie dazu in einer Tabelle gegenüber (VT, Q1, D1, Q4). ○ → S. 183

	Frankreich	Österreich	Deutschland	weitere Nationalitäten
Ziele/ Forderungen	allgemeines Wahlrecht, Presse-, Vereinigungs- und Versammlungsfreiheit	wie in Frankreich, nur auch nationale Selbstständigkeit für die Völker des Vielvölkerstaates	nicht so radikal wie in Frankreich, aber ähnlich	wie in Frankreich, dazu jeweils nationale Unabhängigkeit
Vorgehen	Sturz des Königs, Straßenkämpfe	wie Frankreich, nur erfolglos	erst Straßenkämpfe, dann jedoch Verhandlungen mit dem König, der nicht gestürzt wurde	wie in Frankreich: Kämpfe

2 Europa zwischen Restauration und Revolution

5. Analysiere die Karikatur Q2. Nutze dazu auch den Verfassertext. (AFB II)
- In Q2 wird das doppelzüngige Verhalten des preußischen Königs kritisiert: Dieser schreibt „An meine lieben Berliner", gleichzeitig lässt er seine Soldaten aufmarschieren und schießt sogar direkt auf die Bürger, die hilflos gezeichnet werden.
- So war auch das Verhalten des Königs im März 1848, wie es im VT beschrieben wird: Zunächst gibt es Zugeständnisse, dann lässt der König auf die Bürger schießen, im nächsten Schritt werden die Soldaten zurückgezogen und die Revolutionsgefallenen auch vom König geehrt. Ein Hin und Her!
- Fazit der Karikatur: Der König ist nicht glaubwürdig, wahrscheinlich steht er doch für Unterdrückung und Gewalt.

6. Vergleiche die Rede des Königs Q3 mit der Darstellung in der Karikatur Q2. (AFB II)
- In Q3 greift der König praktisch alle Forderungen der Nationalbewegung auf (Einigung Deutschlands, Einführung einer Verfassung, Kontrolle der Verwaltung durch die Bürger, Gleichberechtigung aller Bürger und aller Religionen).
- Das steht im Widerspruch zu seinem Verhalten vor der Märzrevolution bzw. während der Straßenkämpfe, als er seine Soldaten auf die Bürger hat schießen lassen und diese erst nach verlustreichen Kämpfen zurückzog: Schon nach dem Militäreinsatz vom 18./19. März hatte sich der König gegenüber den Berlinern gerechtfertigt (siehe Q2). Ist vor diesem Hintergrund die Erklärung Q3 glaubwürdig oder auch nur ein Zeichen von Wankelmütigkeit oder Verlogenheit?

7. Erläutere die Forderungen der ungarischen Revolutionäre (Q4). (AFB II)
Leitlinie einer möglichen Bearbeitung:
- Presse- und Meinungsfreiheit, um politische Meinungen veröffentlichen und diskutieren zu lassen, auch gegen den Willen der Regierenden (1.);
- Verantwortung der Regierung gegenüber der Bevölkerung bzw. gegenüber entsprechenden Volksvertretungen (2./3.);
- rechtliche Gleichheit aller Bürger (4.), auch bezüglich der Religion (also z.B. keine Bevorzugung von Katholiken);
- eine Armee, die von den Bürgern gebildet wird (5.);
- ein Steuersystem, das alle Bürger gleichermaßen heranzieht und keine Ausnahmen für Privilegierte mehr ermöglicht (6.);
- Ende der Leibeigenschaft, d.h. die persönliche Freiheit aller Landbewohner (7.);
- Bürger sollen über Bürger zu Gericht sitzen, also Geschworenengerichte, entsprechend auch die Vertreter in den Parlamenten als Bürger (8.);
- eine eigene Nationalbank, d.h. eine eigene Verwendung der Finanzkraft Ungarns für Ungarn und nicht dessen Nutzung für andere Teile des Vielvölkerstaates Österreich (9.);
- anknüpfend an Forderung (5.) wird unterstrichen, dass das Militär auf die Verfassung und nicht auf den Monarchen vereidigt wird, außerdem sollen ungarische Soldaten nur in Ungarn eingesetzt werden (10.), siehe auch die Erläuterung zu 9.;
- Gleichberechtigung Ungarns mit dem deutschsprachigen Österreich, Erweiterung Ungarns durch Siebenbürger, also klassisch nationale Ziele (12).

8. Analysiere Q5 und erkläre, wofür „Seeschlange" und „Boot" in der Karikatur stehen. (AFB II)
- Die „Seeschlange" steht für die Gedanken der Französischen Revolution (erkennbar an der Mütze der Seeschlange und dem Schriftzug „Freiheit"), die seit 1789 in der Welt sind und aus den Untiefen des Meeres auftauchen und dann eine Bedrohung für die hergebrachte Ordnung darstellen: Die Seeschlange war immer da, nur in den Tiefen des Meeres verborgen, die Ruhe nach 1815 entsprechend trügerisch. Die Seeschlange hat eine entsprechend beeindruckende Länge.
- Demgegenüber steht das Boot für die bestehende monarchische Ordnung, die 1815 wieder stabilisiert wurde, aber eben nicht dauerhaft. Das Boot ist klein und überfüllt, die Monarchen wirken wir Kinder und starren hilflos auf die Seeschlange: Ihr Alptraum wird wahr und im nächsten Moment sieht man als Betrachter das Boot durch die Schlange umgestürzt, die Monarchen untergehend ...
- Die Karikatur zeigt die europäische Dimension der revolutionären Bewegungen, auch die Monarchen sitzen alle in einem Boot.

9. Verfasse die Geschichtserzählung VT5 neu – entweder aus der Sicht eines entschiedenen Revolutionärs oder eines königstreuen Gegners jeglicher Veränderung. (AFB III) ●
Die zentralen Änderungen könnten beispielsweise hier erfolgen:
- Ein Anhänger des Königs müsste ängstlich und Schutz bei seinem König suchend vor das Schloss ziehen, ein Gegner müsste demonstrierend und eine Abdankung des Königs fordernd vor das Schloss ziehen.
- In der „Aufbahrungsszene" müsste für einen königstreuen Bürger ergänzt werden, dass er darauf hoffe, dass der König richtig gehandelt und die Soldaten möglichst bald wieder da sein würden, für einen Königsgegner müsste die Enttäuschung ausgedrückt werden, dass die Revolution nicht weitergehe und z.B. das Schloss gestürmt und der König gefangengenommen würde.

Das erste deutsche Parlament

Kompetenzziele

🕮 Wahrnehmungskompetenz
- Die SuS können Fragen zu den Grundlagen der Zusammensetzung, Zielvorstellungen und Diskussionen (innerhalb) der Nationalversammlung in der Paulskirche 1848/49 stellen.

🧩 Analysekompetenz
Die SuS
- können ein Verfassungsschaubild unter der Fragestellung, wie die Macht im deutschen Nationalstaat verteilt werden sollte, auswerten;
- können Informationen zu einem Abgeordneten der Nationalversammlung aus dem Heimatort im Internet recherchieren und die Rechercheergebnisse in einem Steckbrief präsentieren.

⚖ Urteilskompetenz
- Die SuS können die 1849 formulierten Grundrechte als Basis für unser heutiges Grundgesetz bewerten.

⊘ Orientierungskompetenz
- Die SuS können die Grundrechte von 1849 mit den seit 1949 geltenden Artikeln 1–19 des Grundgesetzes vergleichen.

Sequenzvorschlag

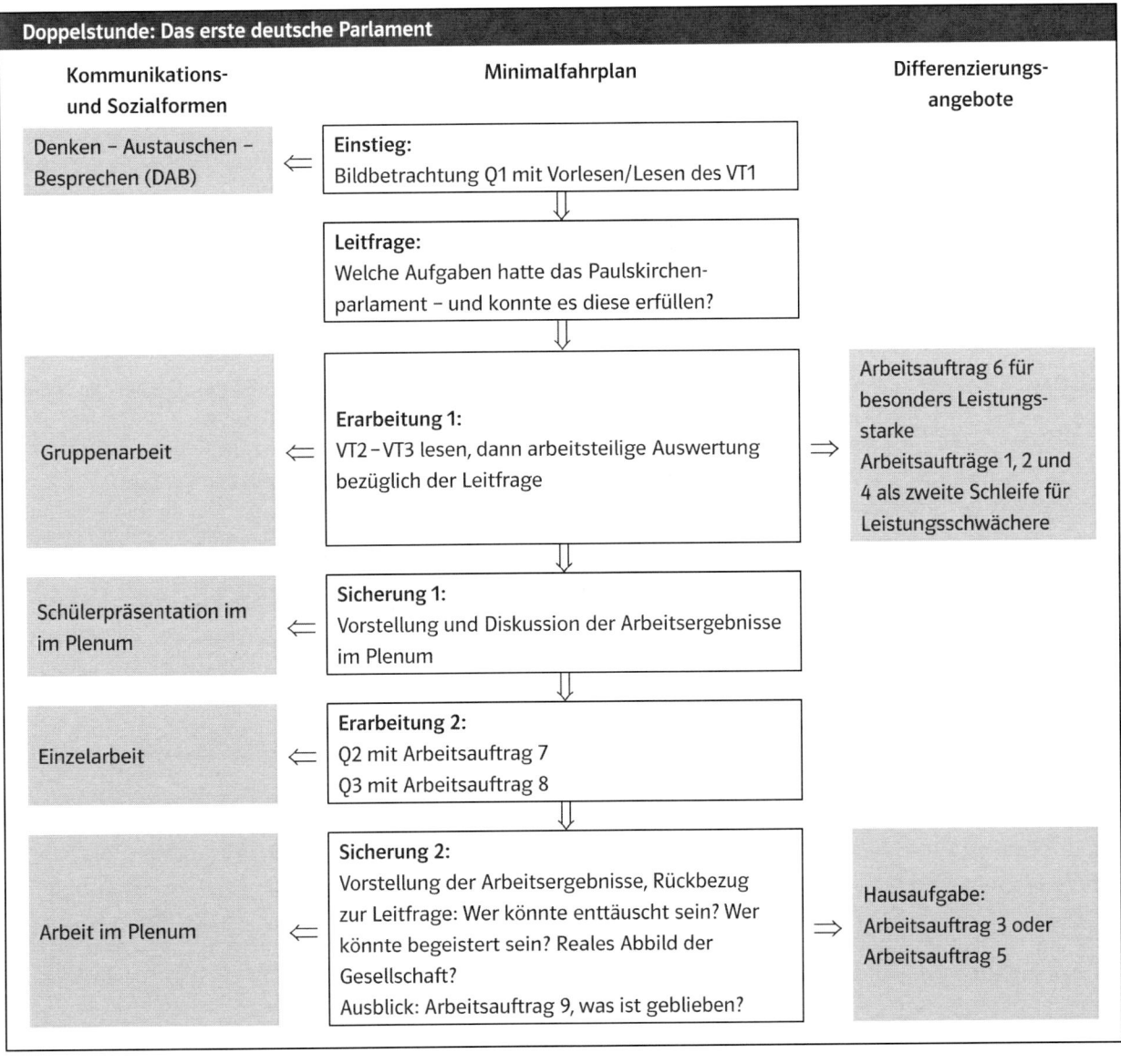

2 Europa zwischen Restauration und Revolution

Tafelbild

Hinweise zum Verfassertext und zu den Materialien

→ 54–57

VT1 liefert Informationen zur ersten Nationalversammlung vom 18. Mai 1848, die aus 585 Abgeordneten bestand. Es wird erläutert, was es für Regelungen gab und wie viele Menschen von der Nationalversammlung ausgeschlossen waren. Frauen waren vom Wahlrecht und der politischen Teilhabe ausgeschlossen. Auch einfache Arbeiter durften weder wählen noch gewählt werden. Die Trennung der Geschlechter sollte im Unterricht ebenfalls hervorgehoben werden: Männer standen für Öffentlichkeit und Staatsgeschäfte – Frauen für das Private, also die Familie und das Heim.

VT2/VT3 thematisieren die Entwicklung von Parteien und die Ausrichtung der verschiedenen Abgeordneten. Es wurde über unterschiedliche Staatsformen diskutiert – die meisten bevorzugten eine konstitutionelle Monarchie, in der die Macht zwischen einem Kaiser und einem gewählten Parlament aufgeteilt werden sollte. Außerdem wurden Grundrechte für alle deutschen Bürger verfasst, wobei weiterhin Unterschiede bestanden, beispielsweise beim Wahlrecht. Das Frauenwahlrecht wurde in Deutschland erst 1919 eingeführt.

VT4 problematisiert die Frage nach den Gebieten des deutschen Nationalstaats. Zentral hierbei ist die Gegenüberstellung von kleindeutscher (ohne Österreich) und großdeutscher Lösung (mit Teilen Österreichs). Österreichische Abgeordnete lehnten eine großdeutsche Lösung ab, da der Vielvölkerstaat zusammengebrochen wäre. Deshalb wurde die Kaiserkrone dem preußischen König angeboten. Auch die Frage, wer zur Nation gehören sollte und wer nicht, wurde diskutiert. Schon in der Mitte des 19. Jahrhunderts gab es zum Teil rassistische Vorurteile gegenüber anderen Völkern. Dies sollte im Unterricht problematisiert werden.

D1 Die Wikipedia-Liste der Abgeordneten der Mitglieder der Nationalversammlung führt die Abgeordneten alphabetisch geordnet mit biografischen Angaben, Zeit der Abgeordnetentätigkeit, Fraktionszugehörigkeit sowie teilweise Bildern und einem Vermerk zum Wahlkreis auf.

Q1 Dieser Druck von 1848 idealisiert die Arbeit der Nationalversammlung. Insbesondere durch die Nutzung der Paulskirche entsteht eine gleichsam sakrale Überhöhung des Parlamentes. In der Wirklichkeit mussten die Abgeordneten das parlamentarische Arbeiten erst lernen, nicht einmal Parteien gab es zu Beginn. Die Paulskirche erwies sich auch als schwierig, denn es gab praktisch nur den großen Versammlungsraum, keine vernünftige Lobby (die Abgeordneten trafen sich unter freiem Himmel vor der Kirche) und vor allen Dingen auch gar keine Besprechungs- oder Ausschussräume.

Q2 Diese Karikatur zeigt eine Bewertung der Arbeit des Parlamentes bzw. des Revolutionsverlaufs. Sie steht aber nicht für ein repräsentatives Meinungsbild in der Bevölkerung, dieser Aspekt kann beim Unterrichtseinsatz bewusst herausgearbeitet und als Überleitung zur Frage des Scheiterns der Revolution genutzt werden.

D2 verdeutlicht nochmal als Schaubild, wie die Macht und Machtbefugnisse zwischen dem Kaiser und den Institutionen verteilt werden sollten und wer wahlberechtigt war.

Q5 Ein Hauptgrund für die praktisch nicht vorhandene politische Bedeutung der städtischen Arbeiterklasse bzw. der damit im Zusammenhang stehenden sozialen Frage im Revolutionsverlauf ist die verzögerte Industrialisierung Deutschlands. Die Arbeiter bildeten in der Regel noch eine zu vernachlässigende Minderheit, ganz im Unterschied z. B. zu den Landarbeitern. Entsprechend kann die Wirkung der Bittschrift bewertet werden.

Q6 Dem idealistischen Beschluss der Nationalversammlung war eine kontroverse Debatte vorausgegangen, in der auch sehr kritische Stimmen zum zukünftigen Zusammenleben unterschiedlicher Nationalitäten geäußert wurden. Trotzdem ist der hier zitierte Beschluss ein wichtiges Zeichen für den auch 1848 noch vorhandenen Idealismus der Nationalversammlung, einen Idealismus, der in den folgenden Jahrzehnten durch zunehmende Konfrontation abgelöst wurde.

Erläuterungen zu den Arbeitsaufträgen

54–57

1. Zähle auf, welche Bevölkerungsgruppen in der Nationalversammlung vertreten waren und welche nicht (VT1). Welche Vor- und Nachteile ergaben sich daraus? (AFB I)

- Es waren nur Männer vertreten, die selbstständig waren und über genügend Einkommen verfügten.
- Diese Männer waren überwiegend gebildete Bürger wie Ärzte oder Geistliche. Es gab nur vier Handwerker und einen Bauern.
- Landarbeiter, Industriearbeiter und Frauen waren von vornherein von der Nationalversammlung ausgeschlossen.

Die SuS sollten herausarbeiten, ob der Ausschluss ärmerer und weniger gebildeter Menschen sowie von Frauen aus der Nationalversammlung ein reales Abbild der Gesellschaft war. Mögliche Schülerlösung: Vor- und Nachteile könnten als gemeinsame Diskussion in der Klasse herausgearbeitet werden.

Mögliche Vorteile:
- Repräsentanz aller deutschen Staaten und der wahlberechtigten Bevölkerung;
- gebildete Bürger haben liberale Ideen und Vorstellungen, die in der Nationalversammlung umgesetzt werden können;
- Arbeitern und Frauen fehlen politische Erfahrungen und die nötige Expertise.

Mögliche Nachteile:
- Ein Großteil der Bevölkerung war nicht wahlberechtigt und hatte deshalb auch keine Interessenvertretung;
- fehlende praktische Impulse durch Arbeiter und Frauen;
- Vernachlässigung sozialer Missstände (Pauperismus);
- Entwicklung einer Zweiklassengesellschaft: politische Elite/wahlberechtigte Männer vs. ärmere/ungebildete Bevölkerungsschichten und Frauen.

2. Fasse in Form eines Schaubildes zusammen, für welche Staatsform sich die verschiedenen Abgeordneten einsetzten (VT3). (AFB II) ○ → S. 183

Abgeordnete	Staatsform
links sitzende Abgeordnete	parlamentarische Republik: gewähltes Staatsoberhaupt, Regierung durch Parlament gewählt
Liberale in der Mitte	parlamentarische Monarchie: Monarchie wird von gewähltem Parlament kontrolliert; Parlament wählt Regierung; Monarch hat repräsentative Rechte und begrenzten Einfluss
rechts sitzende Abgeordnete	Reform des Deutschen Bundes mit Stärkung bürgerlicher Rechte und Freiheiten, d.h. kein gewähltes Staatsoberhaupt, Regierung in der Regel durch Staatsoberhaupt ernannt mit Kontrolle durch das Parlament
Mehrheit der Abgeordneten	Auflösung des Deutschen Bundes und Einführung einer konstitutionellen Monarchie: Aufteilung der Macht zwischen einem nichtgewählten Kaiser und einem gewählten Parlament

MK 3. Informiere dich über einen Abgeordneten der Paulskirche aus der Nähe deines Heimatortes. Erstelle einen Steckbrief. Berücksichtige dabei seine politischen Forderungen (D1 W03 ⊕). (AFB I) MKR 1.1, 1.2, 3.1

- Über die Spalte „Wahlkreis" (s. unter D1) können SuS einen Abgeordneten aus der Nähe ihres Heimatortes wählen. Für eine Schnellsuche nach Orten und Namen im Browser kann die Tastenkombination Strg + F genutzt werden. Es ist möglich und sinnvoll, dass die SuS verschiedene Abgeordnete recherchieren.
- Der Steckbrief kann sowohl durch die Informationen auf der Seite als auch durch weitere Verlinkung der Angaben erstellt werden. Zu fast jedem Abgeordneten sind eigene Wikipedia-Artikel verlinkt und historische Abbildungen abrufbar.
- Die jeweiligen politischen Forderungen können einerseits über die Angabe zur Fraktionszugehörigkeit sowie durch

2 Europa zwischen Restauration und Revolution

die verlinkten Informationen zu den einzelnen Abgeordneten recherchiert werden.

SP 4. Beschreibe, wie die Nationalversammlung die Macht im deutschen Nationalstaat verteilen wollte (D2). Gehe dabei von sechs Institutionen aus und formuliere jeweils: „Der Kaiser darf ... Er darf nicht ...", „Der Reichstag darf ... Er darf nicht ...". (AFB I)
- Der Kaiser darf die Reichsregierung ernennen und entlassen. Er hat den Oberbefehl über das Heer und kann den Reichstag einberufen sowie schließen. Zudem hat er ein aufschiebendes Veto, das er im Reichstag einbringen kann. Der Kaiser darf nicht den Reichstag ernennen: Er kann weder über die Zusammensetzung des Staatenhauses noch über die des Volkshauses bestimmen.
- Der Reichstag darf die Reichsregierung und die zugehörigen Minister kontrollieren. Er darf zudem Gesetze geben. Der Reichstag darf die Reichsregierung weder ernennen noch entlassen.
- Die Reichsregierung darf zusammen mit dem Kaiser ein aufschiebendes Veto im Reichstag einlegen. Sie darf nicht den Reichstag ernennen oder auflösen. Sie darf ebenfalls nicht den Kaiser wählen.
- Die 38 Länderregierungen der Einzelstaaten dürfen zur Hälfte Abgeordnete ins Staatenhaus schicken. Sie dürfen keine Abgeordneten ins Volkshaus schicken.
- Die 38 Landtage dürfen zur Hälfte Abgeordnete ins Staatenhaus schicken. Sie dürfen keine Abgeordneten ins Volkshaus schicken.
- Wahlberechtigte Bürger dürfen die Abgeordneten für das Volkshaus wählen. Sie dürfen weder die Mitglieder des Staatenhauses noch den Kaiser wählen.

5. Ein links sitzender Abgeordneter will in der Paulskirche eine Rede für die Rechte der Arbeiter halten. Verfasse diese Rede (Q5, VT3). ○ → S. 184 (AFB III)
Mögliche Argumente für die Rede:
- Auch die Arbeiter gehören zur deutschen Nation, auch wenn sie (noch) nicht im Parlament vertreten sind.
- Ihre Zahl wächst, zusammen mit den Landarbeitern gibt es eine große Bevölkerungsgruppe, die Hilfe benötigt.
- Viele Arbeiter kämpfen um ihre tägliche Existenz, sie können nur täglich ihre Arbeitskraft neu verkaufen, daher ist die Sicherung einer menschenwürdigen Existenz für diese zunächst das wichtigste und das für die Nationalversammlung gebotene.
- Wer sichert ausreichende Löhne? Wer hilft bei Arbeitsunfällen und Krankheiten? Wer hilft im Alter? Sollte hier nicht der Staat mit klaren Vorgaben tätig werden?
- Auch sehr wichtig: Nicht in allen Teilen Deutschlands gibt es eine allgemeine Schulpflicht und der Besuch der Volksschule kostet Geld. Wir brauchen aber Schulpflicht und Schulgeldfreiheit damit die Kinder der Arbeiter auch lesen und schreiben lernen können – wir brauchen auch Förderprogramme für den Besuch höherer Schulen für begabte Arbeiterkinder.

6. Schreibe als Zeitgenosse einen Zeitungskommentar über den Beschluss Q6. (AFB II) ●
Mögliche Argumente für den Kommentar:
- Das Gebiet des ehemaligen Deutschen Bundes wird nicht nur von Deutschen bewohnt, sondern auch z.B. von Dänen, Polen, Tschechen und anderen nationalen Minderheiten.
- Wenn wir ein großes, geeintes Deutschland haben wollen, müssen wir diesen Minderheiten auch einen gleichberechtigten Platz im neuen Deutschland anbieten. Dieses Angebot hat die Nationalversammlung mit ihrem Beschluss Q5 gemacht.
- In der Praxis werden sich noch genügend Probleme ergeben: Soll es auch Schulunterricht in Polnisch oder Dänisch geben? Es muss diesen geben, denn wir wollen die Minderheiten nicht zwingen, Deutsche zu werden! Das große Deutschland wird genau das auch aushalten können. Aber: Wir können nicht zulassen, dass in Teilen Deutschlands dann gar kein Deutsch mehr gesprochen wird, d.h., konkret können bestimmte Gebiete durch zwei Amtssprachen (z.B. Deutsch oder Polnisch) ausgezeichnet werden.
- Offen bleibt: Was passiert, wenn die Minderheiten sich einem anderen Staat (Dänemark?) anschließen wollen oder wie die Polen wieder einen eigenen Staat begründen möchten? Können wir ihnen das verwehren? Welche Folgen hätte das für Deutschland?

7. Erläutere, welche Entwicklung der Haltung zur Revolution sich aus Q2 herauslesen lässt. (AFB II) ○ → S. 184
- Es ist ein bärtiger Mann zu sehen. Dessen Gesichtsausdruck ist zunächst zornig, revolutionär, Augen und Mund sind weit geöffnet. Der Mann trägt eine französische Revolutionsmütze. Nun verändert sich der Gesichtsausdruck im Laufe des Jahres hin zu Resignation/Missmut. Die Kopfbedeckung wandelt sich zur Schlafmütze. Der Bart verschwindet, er ist ab! Die Augen werden kleiner, zum Schluss sind sie geschlossen. Der Mund wird zugekniffen, zum Schluss zeigt er äußersten Missmut.
- Damit zeigt sich eine klare Entwicklung: Der „deutsche Michel" (also der normale deutsche Bürger) ist zunächst zornig und will die bestehenden Verhältnisse ändern, unterstützt damit die Revolution. Im Sommer merkt er dann, dass alles Zeit braucht und geordnet sein muss, er wird ruhig und gesetzt. Im Herbst ist er dann – als immer noch z.B. im Parlament debattiert wurde – enttäuscht und müde, er trägt bereits eine Schlafmütze, er erwartet nichts mehr.

8. Arbeitet zu dritt: Untersucht, inwieweit folgende Personen von den geplanten Grundrechten (Q3) profitiert hätten: eine gebildete Jüdin, die ihren Glauben frei ausüben möchte; ein regierungskritischer Journalist; ein Adliger, der seine Vorrechte behalten will. Verfasst je einen Brief der Personen an einen Abgeordneten, in dem sie sich zu den Grundrechten äußern. Tauscht eure Ergebnisse untereinander aus. (AFB III)
- Die gebildete Jüdin, die ihren Glauben frei ausleben möchte, kann sich auf §144 berufen und damit die volle Gleichberechtigung und den freien Zugang zu allen Berufen verlangen (siehe auch §137). Erstmals kann sie auch in den

Staatsdienst gehen – ein Vorrecht, das vorher nur den Christen offenstand. (Bei der Lösung ist zu beachten, dass die Diskriminierung nicht in allen deutschen Staaten gleich war.)
- Der regierungskritische Journalist kann sich auf §143 berufen und damit die Zensur ablehnen, außerdem helfen ihm §140 und §143 durch ihren Schutzcharakter, zudem kann er frei durch ganz Deutschland reisen und dort arbeiten (§133).
- Für den Adligen sieht es dagegen nicht so gut aus: Nach §137 ist er allen Bürgern gleichgestellt und genießt keine Vorteile wie z. B. eine eigene Gerichtsbarkeit oder einen vorrangigen Zugang zum Offiziersberuf mehr. Er gehört nicht einmal mehr einem eigenen, besonderen Stand an.

9. Vergleiche die Grundrechte von 1849 mit den seit 1949 geltenden Artikeln 1–19 des Grundgesetzes (Q3, Q4 W04 🌐). (AFB III)

Konkret übereinstimmend sind:
- §133 mit Art. 11 (Freizügigkeit)
- §137 mit Art. 3 (Gleichheit)
- §138 mit Art. 2 (Freiheit)
- §139 mit Art. 102 (Todesstrafe)
- §140 mit Art. 13 (Unverletzlichkeit der Wohnung)
- §142 mit Art. 10 (Brief- und Postgeheimnis)
- §143 mit Art. 5 (Meinungsfreiheit)
- §144 mit Art. 4 (Glaubensfreiheit)
- §152 mit Art. 5 (Freiheit von Kunst und Wissenschaft)
- §153 mit Art. 7 (Schulwesen)
- §158 mit Art. 12 (Berufsfreiheit)
- §161 mit Art. 8 (Versammlungsfreiheit)
- §162 mit Art. 9 (Vereinigungsfreiheit)

Damit stimmen alle zitierten Artikel überein, die Verfasser des Grundgesetzes haben also wichtige Elemente aus der 1849er-Verfassung übernommen: Die weitgehende, oftmals sogar wörtliche Übereinstimmung der Grundrechte ist kennzeichnend für die Bedeutung dieser Grundrechte und den Willen der Verfassungsväter von 1949, an die Ideen und Ziele von 1849 anzuknüpfen.

2 Europa zwischen Restauration und Revolution

Kompetenztraining Digitale Arbeitstechnik: Erklärvideos analysieren – und selbst erstellen

Kompetenzziele

Analysekompetenz
Die SuS
- können Erklärvideos mit historischen Inhalten analysieren;
- können die Qualität eines Erklärvideos beurteilen;
- können Vor- und Nachteile von Erklärvideos als Teil digitaler Geschichtskultur beurteilen;
- können eigene historische Narrationen in Form eines Erklärvideos erstellen.

Hinweise zum Verfassertext und zu den Materialien

Auf Videoportalen im Internet erfreuen sich Erklärvideos (auch zu Geschichtsthemen) großer Beliebtheit. SuS erledigen mit deren Hilfe Hausaufgaben, wiederholen Unterrichtsthemen oder bereiten sich auf Prüfungen vor. Diese Formate sind gleichzeitig aber auch Teil einer digitalen Geschichtskultur und bedürfen daher sowohl einer reflektierten Auseinandersetzung als auch der Einübung methodischer Kompetenzen zur Analyse und Beurteilung. Erklärvideos als neue Art der Geschichtsvermittlung zeichnen sich besonders durch eine gestalterische und thematische Vielfalt, einen informellen Kommunikationsstil sowie eine vielfältige Autorenschaft aus, da im Sinne des Web 2.0 prinzipiell jeder auf einschlägigen Videoportalen veröffentlichen und kommentieren kann. Methodisch bietet sich für die Thematisierung im Unterricht das Anknüpfen an Vorerfahrungen der SuS an. Eine Problematisierung des geschichtskulturellen Formats Erklärvideo kann über kontroverse Nutzerkommentare (D1) angeregt werden.

SuS sollten bei der Auseinandersetzung mit Erklärvideos zunächst sowohl inhaltliche Kriterien (z. B. Thema, Struktur des Videos, fachliche Richtigkeit, Einbeziehung verschiedener Perspektiven) als auch gestalterische Aspekte (Verwendung von z. B. Grafiken und Bildern) sowie formale Merkmale (z. B. Struktur, verwendete Sprache) erfassen und beschreiben. Darüber hinaus gehören zur Auseinandersetzung selbstverständlich Fragen nach den Autoren und Rezipienten einzelner Videos. Für einen medienkompetenten Umgang sind daher die Produzenten (Kanalbetreiber, andere Videos), die Sprecherinstanz sowie die Nutzer des Videos (Kommentare, Bewertungen) in den Blick zu nehmen. Eine Beurteilung einzelner Angebote kann durch den Vergleich zweier Videos oder handlungsorientiert durch das Verfassen eines Nutzerkommentars erfolgen.
Für die Gestaltung eigener Erklärvideos durch die SuS bietet der YouTuber MrWissen2go Tipps und Anregungen (D2/D3).

Erläuterungen zu den Arbeitsaufträgen

1. Führt eine Umfrage in der Klasse zur Nutzung von Erklärvideos durch. Fragt dabei nach beliebten Inhalten, Nutzungsgewohnheiten und Anbietern. Stellt eure Ergebnisse in einer Statistik dar. (AFB II)
- Die Aufgabe dient der Vorwissensaktivierung sowie dem Lebensweltbezug im Sinne der Gewohnheiten und Vorerfahrungen der SuS hinsichtlich Erklärvideos.
- Zur Aufgabe gehört die Formulierung entsprechender Fragen durch die SuS.
- Die Ergebnisse der Umfrage können der weiteren Thematisierung im Unterricht dienen.
- Sowohl die Umfrage als auch die Darstellung kann digital erfolgen: Für die Umfrage ist die Nutzung eines Etherpads denkbar, zur Darstellung der Ergebnisse die Anwendung draw.io.

2. Diskutiert, inwiefern die Vielfalt an Geschichtsdeutungen im Internet auch problematisch sein kann (VT1). (AFB III)
- Erklärvideos auf Internetportalen gehören zu Angeboten des sogenannten Web 2.0. Wesentliches Merkmal des Web 2.0 ist, dass prinzipiell jeder Nutzer selbst auch zum Produzenten von Inhalten wie Erklärvideos, Blogbeiträgen, Kommentaren u. a. werden kann.
- Für die Darstellung und Deutung von Geschichte bedeutet dies eine Erhöhung der Teilhabe an historischen Inhalten und Diskursen sowie eine Vielzahl kontroverser Perspekti-

ven auf Vergangenheit und das Aufbrechen von möglichen Deutungsmonopolen.
- Gleichzeitig gehen damit Probleme der Qualitätssicherung einher. Auch bietet das Web 2.0 Veröffentlichungsmöglichkeiten für historisch falsche, einseitige oder gar rassistische und diskriminierende Geschichtsdeutungen.
- Die SuS sollten daher für die Bedeutung eines medienkritischen und kompetenten Umgangs mit derartigen Formaten sensibilisiert werden.

3. Erstelle eine Übersicht über Merkmale, auf die du bei der Beurteilung von Erklärvideos achten solltest (VT2). (AFB I)
- Sprecherinstanz: Wer präsentiert eine Deutung von Geschichte?
- Perspektivität: Macht das Video verschiedene Sichtweisen deutlich? (Multiperspektivität)
- Verwendung/Kennzeichnung von Quellen: Werden Quellen verwendet und gekennzeichnet, um Aussagen zu belegen?
- Struktur des Videos: Bietet das Video eine nachvollziehbare Struktur und macht den historischen Sachverhalt so verständlich?
- Gestaltung: Bietet das Video durch z. B. die Verwendung von Grafiken, Zeitleisten und Schaubildern eine ansprechende visuelle Gestaltung?
- Sprache: Ist die sprachliche Gestaltung angemessen und wird Fachsprache verwendet?
- Fachliche Richtigkeit: Entsprechen die Inhalte und Aussagen im Erklärvideo fachwissenschaftlichen Erkenntnissen und sind sie anschlussfähig an andere Darstellungen z. B. im Schulbuch oder in der Fachliteratur?

4. Wähle mit deinem Lernpartner zwei gegensätzliche Meinungen aus den Nutzerkommentaren aus (D1). Erarbeitet mögliche Argumente für die jeweilige Position. Präsentiert euer Ergebnis als Streitgespräch vor der Klasse. (AFB II)
Ausgangspunkt für ein kontroverses Streitgespräch kann beispielsweise das Gegenüberstellen folgender Aspekte bzw. Nutzerkommentare sein:

positive Nutzerkommentare	kritische Nutzerkommentare
- schnelle Informationsvermittlung (Linus)	- inhaltliche Unsicherheit (Benny)
- Vorzüge gegenüber dem Schulunterricht (Linus)	- analytisches Denken durch Bücher besser zu schulen (Oskar)
- Inhalte orientiert an Nutzerinteressen (Julia)	- mangelnde Quellenangaben (Jurahero)

5. Führe die Schritte zur Analyse von Erklärvideos an einem selbst gewählten Beispiel zum Scheitern der Revolution 1848/49 durch. Vergleicht eure Ergebnisse und diskutiert, welches Video ihr empfehlen würdet. (AFB III)
- Im Internet bzw. auf der Videoplattform YouTube existieren einige Videos zu diesem Thema. Man sollte bei der Auswahl darauf achten, dass nicht zu viele Videos ausgewählt werden. Eine Begrenzung auf 3–4 Videos in der Klasse ermöglicht einen exemplarischen und nachvollziehbaren Vergleich.
- Die Empfehlung für ein oder gegen ein konkretes Video kann in Form eines kurzen Nutzerkommentars erfolgen und sollte sich inhaltlich an den Kriterien aus VT2 bzw. Aufgabe 3 orientieren und diese in den Kommentar einbeziehen.

6. Jetzt seid ihr dran: Erstellt mithilfe der Tipps von MrWissen2go ein eigenes Erklärvideo zur Nationalversammlung in der Paulskirche (D3 V01 ▶). (AFB III)
Die Aufgabe dient der handlungs- und produktionsorientierten Anwendung der bisherigen Analyse von Erklärvideos. Gleichzeitig fordert die Aufgabe dazu auf, eine eigene Geschichtsdarstellung zur Frankfurter Nationalversammlung zu gestalten und zu präsentieren (Narrationskompetenz).

2 Europa zwischen Restauration und Revolution

📖 60–63

Das Ende der Revolution

Kompetenzziele

👥 Wahrnehmungskompetenz
- Die SuS können reflektieren, dass die Revolutionäre von 1848/49 ihre zentralen Ziele nicht erreichten, dass aber die Grundlagen für einen späteren deutschen Nationalstaat gefestigt wurden.

🧩 Analysekompetenz
Die SuS
- können drei unterschiedliche zeitgenössische Karikaturen interpretieren;
- können zum Verlauf der Revolution von 1848/49 einen Pecha-Kucha-Vortrag erarbeiten und hierfür im Internet recherchieren.

⚖️ Urteilskompetenz
Die SuS
- können das Scheitern der Revolution von 1848/49 anhand verschiedener Darstellungen diskutieren;
- können die Bedeutung der Revolution von 1848/49 für die weitere deutsche Geschichte beurteilen.

⊘ Orientierungskompetenz
- Die SuS können die Aussagen eines Historikers zum Scheitern der Revolution in eigenen Worten zusammenfassen.

📖 60–63

Sequenzvorschlag

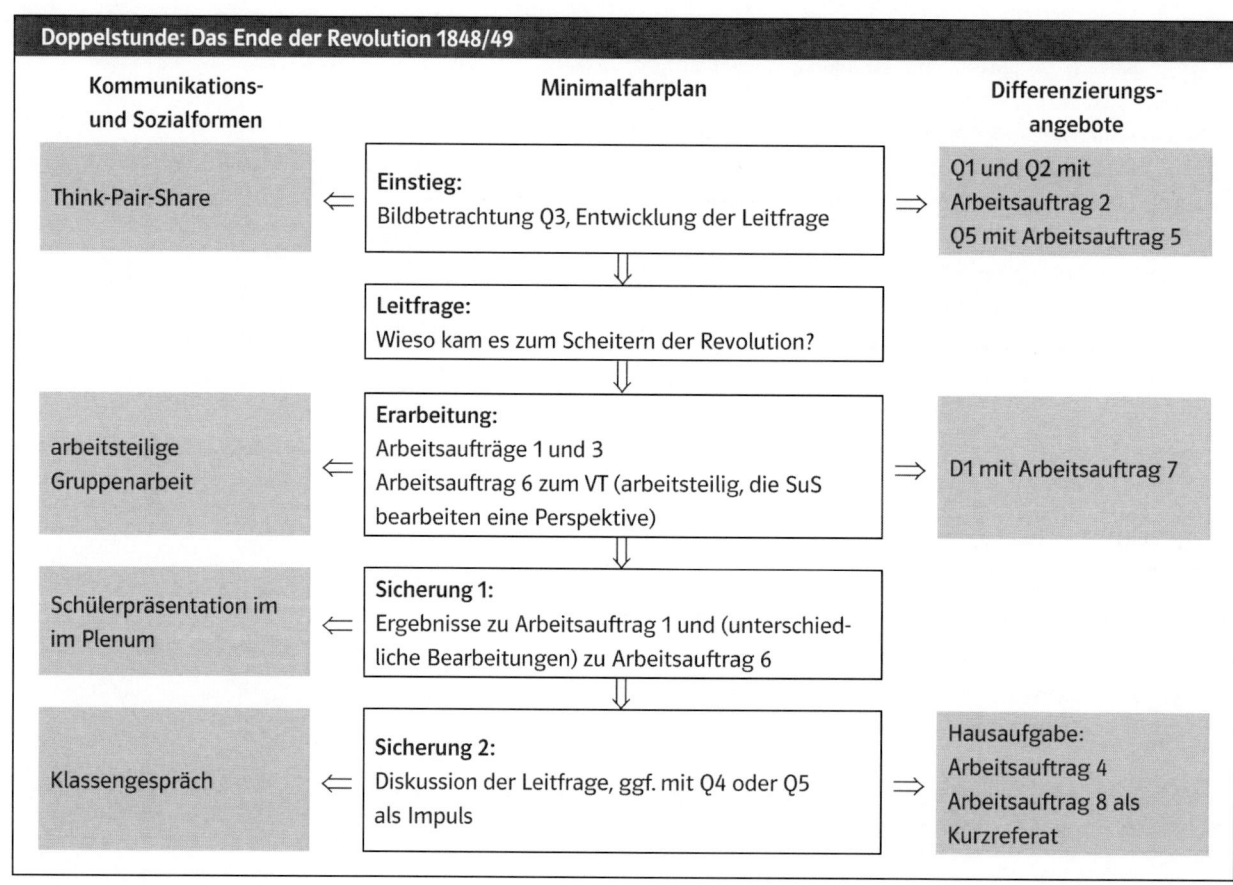

Tafelbild

Ende der Revolution von 1848/1849

Gescheitert	Erfolgreich

- kein einheitlicher Nationalstaat
- Reichsverfassung wurde abgelehnt
- keine Gleichberechtigung mit dem Adel
- viele Grundrechte wurden nach der Revolution aufgehoben
	- liberale Ideen wurden zum Teil durchgesetzt
	- Herrscher hatten keine uneingeschränkte Macht mehr
	  → Verfassungen in den meisten Staaten
	- teilweise Mitbestimmung des Volkes
	- Bürgertum, das liberale Erfahrungen gemacht hatte
	  → politisch interessierte Individuen
	- Nationswunsch wuchs in der Bevölkerung; Fragen: wann und wie?
	- Paulskirchenparlament begründete Parlamentarismus in Deutschland

Ergebnis:
Revolution brachte viele Verbesserungen und beinhaltete
Elemente für spätere Nationsgründung

Hinweise zum Verfassertext und zu den Materialien

VT1/VT2 stellen das Scheitern der Revolution in den Mittelpunkt. Der Wunsch nach einer kleindeutschen Nation unter Führung Preußens wurde nicht erfüllt, da der preußische König die Kaiserkrone ablehnte. Auch wenn 28 deutsche Staaten sich für die Verfassung aussprachen, war der Kampf der Gegner der Verfassung letztendlich erfolgreich: Das Nationalparlament löste sich auf. Mithilfe militärischer Gewalt durch die preußischen Truppen wurden jegliche Bemühungen, die Revolution noch zu retten, verhindert. Radikale Revolutionäre wurden hart bestraft und es gab Hunderte Tote.

VT3 thematisiert die kurzfristigen Folgen der gescheiterten Revolution. Die liberalen Errungenschaften wurden von manchen Regierungen zum Teil beibehalten, um revolutionäre Aufstände zu vermeiden. Insgesamt erlangten die fürstlichen Herrscher jedoch ihre Macht zurück, auch wenn sie sich mittlerweile an Verfassungen halten mussten. Grundlegende zukunftsverändernde Reformen, die das eigentliche Ziel der Revolution waren, blieben insgesamt jedoch aus.

VT4/VT5 geben einen knappen Überblick über die Zeit nach der gescheiterten Revolution und die langfristigen Folgen. Die Staaten kehrten zum System des Deutschen Bundes zurück. Einzelstaatliche Interessen der Mitglieder wurden jedoch zu einem zunehmenden Problem, was sich vor allem bei den Mitgliedstaaten Preußen und Österreich zeigte. Wieder ging es um die kleindeutsche oder großdeutsche Lösung und die damit verbundene Vormachtstellung über die deutschen Staaten.

Der Deutsche Bund wurde zunehmend instabil und beeinflusste auch das Mächtegleichgewicht, das auf dem Wiener Kongress beschlossen worden war (Krim-Krieg 1853–1856 und dessen Folgen für vertiefende Informationen). Trotz der Rückkehr zum vorrevolutionären Bundsystem hatten sich die Bürger während der Zeit der Revolution zunehmend von den Fürsten emanzipiert und Freiheiten genossen. Diese Erfahrungen ließen sich nicht rückgängig machen und die Fürsten verloren an Einfluss. Viele Bürger betätigten sich auch öffentlich und wünschten sich weiterhin den Nationalstaat. Die Frage war nur, wie dieser erreicht werden sollte, nachdem die Revolution „von unten" gescheitert war.

Der VT verdeutlicht den SuS somit, dass zwar die Ziele der Revolution von 1848/1849 gescheitert waren, aber dass sich die liberalen Ideen und der Wunsch der Bürger nach einer Nation nicht rückgängig machen ließen durch die repressive Politik der Staaten des Deutschen Bundes.

Q1 Die Karikatur stellt die Ereignisse in Berlin im Revolutionsjahr 1848 dar. Nachdem der preußische König im Zuge des Aufstandes vom 18. März in Berlin und der anschließenden Barrikadenkämpfe Reformen zugesagt hatte (siehe Q2 im Unterkapitel „Revolution in Europa"), machte er seinen reformwilligen Kurs Ende Juni 1848 rückgängig. Daraufhin kam es in Berlin erneut zu Kämpfen zwischen Militär und Bürgertum (Berliner Zeughaussturm). Für ca. fünf Monate konnten die Revolutionäre Berlin halten, bis das preußische Militär unter dem Oberbefehl von Friedrich von Wrangel am 10. November nach Berlin zog und die Revolution beendete.

2 Europa zwischen Restauration und Revolution

Q2 Die Karikatur zeigt die veränderte Hierarchie zwischen Militär und Bürgertum nach der Revolution. Der Urheber wundert sich, „wie sich die Zeiten ändern" können. Hier wird deutlich, wie das Bürgertum auf die militärische Niederschlagung der Aufstände reagierte. Die Karikatur lässt sich somit im Unterricht sehr gut mit den in VT1/2 dargestellten Ereignissen verknüpfen. Die Rolle des preußischen Militärs sollte hierbei problematisiert werden.

Q3 Die ausgewählte Abbildung ist ein Teil der im 19. Jahrhundert sehr populären „Neuruppiner Bilderbögen", die in kleinen Druckereien hergestellt und in ihrer Mischung von (Bild-)Informationen und künstlerisch-angehauchter Bewertung (auch: Stilisierung) insbesondere das Bürgertum ansprachen und dessen geschichtliches Verständnis mitprägten.
Unter preußischer Leitung lösten Truppen des Deutschen Bundes die revolutionären Aufstände im Großherzogtum Baden gewaltsam auf und eroberten die Festung Rastatt am 23. Juli 1849. In Rastatt hatten sich etwa 6000 bewaffnete radikale Demokraten verschanzt. Mit ihrer Kapitulation vor der preußischen Armee endete die Revolution in Deutschland.

Q4 Die Erklärung zeigt das Herrschaftsverständnis König Friedrich Wilhelms IV. (Herrschaft durch Gottesgnadentum), das ein anderes ist als das der Abgeordneten der Nationalversammlung. Er lehnt die Kaiserkrone deshalb ab.

Q5 Hier wird klarer als in Q4 zum Ausdruck gebracht, wie sehr der preußische König es verurteilte, dass die Vertreter der Nationalversammlung ihm die Kaiserkrone angeboten hatten. Der Akt wird von Friedrich Wilhelm IV. als „Treubruch" und „Hochverrat" bewertet.

Q6 Die Karikatur zeigt, dass auch den Zeitgenossen die Wechselhaftigkeit und Unschlüssigkeit des Königs bekannt war und dass daher Q5 nicht unbedingt erklärt, was der König in Q4 nicht sagt, sondern eine Facette der vom König vertretenen (und auch wieder verworfenen) Positionen darstellt.

D1 Mit einem Abstand von fast 150 Jahren rückt Hagen Schulze die insgesamt eher negative Aussage dieses Unterkapitels und seiner Materialien wieder zurecht und betont einerseits die Erfolge, andererseits den klärenden Effekt der Revolution von 1848, insofern bildet D1 einen Kontrapunkt zu Q3.

Erläuterungen zu den Arbeitsaufträgen

1. Liste Ziele, Ergebnisse und Errungenschaften der Revolution von 1848/49 auf (VT2–VT5). (AFB I)
Zentrale Lösungsaspekte:
- Ziele: Einigung Deutschlands, Erarbeitung einer Verfassung, Sicherung von Grundrechten und Mitbestimmung (Parlamentarismus).
- Ergebnisse: keine Einigung Deutschlands, Verfassung wurde erarbeitet, trat aber nicht in Kraft, auch die Grundrechte und die Mitbestimmung wurden nicht realisiert.
- Errungenschaften: Die Verfassung blieb ein Vorbild, die Einigung Deutschlands blieb zentrale Aufgabe, die Grundrechte „leuchten" in die deutsche Geschichte und das Paulskirchenparlament hat den Parlamentarismus in Deutschland begründet!

2. Beschreibe Q1 und Q2. Vergleiche anschließend, wie das Wiedererstarken der Staatsgewalt und der konservativen Kräfte jeweils dargestellt wird. (AFB III) ○ → S. 184
(s. Tabelle unten)

3. Du bist Redakteur des „Neuruppiner Bilderbogens". Verfasse mithilfe von VT2 einen kurzen Text zu Q3. (AFB II) ○ → S. 184
Zentrale Aspekte für die Erläuterung/Kommentierung des Redakteurs könnten sein:
- Es stehen sich „ehrbare" Gegner gegenüber, beide Seiten sind tadellos gekleidet und benehmen sich korrekt.
- Von Kampfhandlungen ist auf dem Bild nichts zu sehen, auch die Festung Rastatt ist im Hintergrund praktisch nicht zu erkennen, eher meint man eine offene Residenzanlage

Darstellung im Vergleich	Q1	Q2
– Wiedererstarken der Staatsgewalt	– aufmarschierende und machtvoll wirkende Soldaten – Bürger fliehen vor der Staatsgewalt	– Soldaten statt revolutionäre Bürger im Hintergrund des zweiten Bildes – Soldaten schauen grimmig, es sind viele Waffen zu sehen
– Wiedererstarken der konservativen Kräfte	– Übermacht der Soldaten – „Reinigungsbewegung" der grimmig schauenden Soldaten	– Der Bürger mit Zylinder legt vom rechten zum linken Bild die Zeichen der Revolution ab (Kokarde am Zylinder) und die konservativen Zeichen wieder an (Orden). – Im linken Bild lehnt er eine formelle, auf seinen Titel bezogene Anrede ab, im rechten Bild besteht er stattdessen wieder auf die Distanz, die sein Hoftitel bedeutet.

mit Garten zu sehen (die vergitterten Fenster weisen vielleicht auf die drohende Haft für die Kapitulierenden hin).
- Dem kommandierenden Offizier in Preußisch-Blau werden die Waffen zu Füßen geworfen, dieses Motiv weist auf die Antike (Unterwerfung Galliens) hin und zeigt wiederum den ungebrochenen Stolz bzw. die ungebrochene Selbstachtung der Besiegten.
- Trotz seiner martialischen Botschaft wirkt das Bild insgesamt friedlich, in Teilen (Gärten) geradezu idyllisch: Der tatsächliche, harte und erniedrigende Hintergrund der Kapitulation und der militärischen Unterdrückung des Aufstandes bleibt ausgespart, um die Würde der kapitulierenden Revolutionäre und die ehrenhafte Sache für die sie sich einsetzten, zu betonen.

4. Vergleiche die Karikatur Q6 mit den beiden Texten Q4 und Q5 und erkläre das Verhalten des Königs. (AFB III) ○ → S. 184
Zentrale Inhalte einer möglichen Schülerlösung:
- In Q4 lehnt der König sehr höflich, aber auch sehr klar das Angebot der Kaiserkrone Deutschlands ab. Er verweist dabei insbesondere auf die anderen Herrscherhäuser Deutschlands, ohne deren Zustimmung er keine so weitreichende Entscheidung fällen könne.
- Daher hätten nun, so der König in Q4 weiter, die Regierungen der anderen deutschen Staaten zu prüfen, ob die Kaiserkrone an den preußischen König gehen solle – und ob die Verfassung von 1849 als deutsche Verfassung akzeptiert werden könne.
- Im Vergleich mit seinen Äußerungen zu Beginn der Revolution (siehe Q5) widerspricht sich nun der König, das tut er aber geschickt, indem er nicht die konkreten Forderungen zurückweist, sondern auf die Mitbestimmung der anderen Regierungen verweist. Der König möchte das politische System in Deutschland nicht revolutionieren; er möchte die Vorrechte der adligen Herrscherhäuser gewahrt sehen und lehnt daher in beiden Quellen seine Erhebung zum Kaiser durch eine Delegation des Parlamentes ab.
- Die Karikatur Q6 zeigt nun, dass in der Öffentlichkeit die schwankende Haltung des Königs durchaus bekannt war und damit der Widerspruch zwischen Q4 und Q5 auch ein Zeichen der schwankenden Haltung des Königs ist und nicht unbedingt eine bewusste Täuschung der Abgeordneten über die wahren Absichten des Königs darstellt. Andererseits zeigt Q5 in Verbindung mit Q4 sehr deutlich, dass der König sich seine monarchische Grundhaltung nicht von den Abgeordneten (oder deren Wählern!) diktieren lassen möchte.

SP 5. Schreibe zu Q5 einen Zeitungskommentar aus der Sicht eines liberalen Journalisten. Notiere dir dafür zunächst in Stichworten deine Argumente. Überlege dir dann Formulierungen, die deine liberale Leserschaft ansprechen. (AFB III)
Mögliche Aspekte für einen Kommentar:
- Der König hat die Bürger nie ernst genommen und ist immer in seinem Standesdenken verhaftet geblieben. Er sieht sich in erster Linie als Adliger und damit Vertreter seines Standes, nicht als König aller Preußen.
- Der König zeigt seinen tiefen Konservativismus: Er hängt immer noch den alten Reichsideen an und möchte eine neue Krone daher durch Österreich und Preußen vergeben sehen (Warum eigentlich Preußen? Im Alten Reich kam der Kaiser, ein Habsburger, doch aus Österreich.); jede Beteiligung der Bürger oder von Parlamenten lehnt er ab.
- Der König spricht aber auch ein ernst zu nehmendes Problem für alle Bürger an: Eine kleindeutsche Lösung schließt alle Deutschen in Österreich von dem gemeinsamen Nationalstaat aus. Hier hat er recht: Diese Lösung ist problematisch.

6. Verfasse zu der Frage, ob die Revolution gescheitert ist, eine Antwort aus der Sicht eines Bauern, eines linken Abgeordneten der Paulskirche und eines vermögenden Bürgers (VT). (AFB III)
Stichworte für die möglichen Schülerlösungen, die auch weitere Argumente auswählen können:

Bauer	Was geht mich die ganze Revolution an – es wurde ja nur über nationale Fragen und über Verfassungsfragen diskutiert? Wo bleiben meine wirtschaftlichen Interessen – kann das nicht besser mein König/Fürst für mich behandeln?
linker Abgeordneter	Die ganzen Zugeständnisse waren ein Fehler: Man hätte gleich zu den Waffen greifen und alle Fürsten verjagen müssen! Am schlimmsten: das Angebot der Kaiserkrone an den Revolutionsgegner Friedrich Wilhelm IV.!
vermögender Bürger	Warum hat Friedrich Wilhelm IV. die Kaiserkrone nur abgelehnt? Alles wäre so gut gewesen! Der Aufstand der „linken Abgeordneten" in Baden musste niedergeschlagen werden, sonst hätten Zustände wie im Terror der Französischen Revolution gedroht!

7. Fasse die Aussagen des Historikers zum Scheitern der Revolution in eigenen Worten zusammen (D1). Diskutiert, was ihr dieser Bilanz hinzufügen würdet. (AFB III) ●
Zentrale Aussagen Hagen Schulzes:
- Die Revolution ist nur oberflächlich gescheitert, in der Wirklichkeit hat sie zu einem Kompromiss geführt (vgl. Z. 1–5).
- Dazu gehört die Einführung geschriebener Verfassungen „überall in Deutschland" und die Teilung der gesetzgebenden Gewalt der Fürsten mit den Parlamenten (vgl. Z. 5–8).
- Gescheitert ist der „Traum der Märzbewegung", einen gesamtdeutschen Nationalstaat auf der Grundlage von Volkssouveränität und Menschenrechten zu begründen (vgl. Z. 8–12).
- Dieses Scheitern wurde durch den Widerstand der europäischen Mächte, aber auch durch die Uneinigkeit der revolutionären Kräfte in Deutschland selbst verursacht (vgl. Z. 13–14).

2 Europa zwischen Restauration und Revolution

- Nach der Revolution war jedoch auch klar, welche Wege („Alternativen") es zu einer Lösung der deutschen Frage geben könnte: großdeutsch oder kleindeutsch (vgl. Z. 15–19).

Mögliche Ergänzungen der Bilanz durch die SuS:
- Nicht überall in Deutschland wurden Verfassungen eingeführt, Österreich blieb hier ein konservatives Bollwerk ohne einen Kompromiss. Hier war die Revolution klar gescheitert.
- Zudem sind die in der Regel von den Fürsten verordneten Verfassungen nicht so demokratisch, wie von den Bürgern gewünscht, die konservativen Kräfte konnten so ihre Herrschaft eher stabilisieren.
- Schulze hat aber sicherlich in der Aussage recht, dass nach 1848 die Alternativen klar und auch der Blick auf das europäische Umfeld ungetrübter war, die Nationalbewegung daher entsprechend kompromissbereiter war – bis hin zur Akzeptanz der Führung durch ein konservativ geleitetes Preußen.

MK 8. **Fasse den Verlauf der Revolution von 1848/49 in einem Pecha-Kucha-Vortrag zusammen. Recherchiere hierfür zehn Bilder auf Wikipedia und gib die korrekten Quellenangaben, Autoreninformationen und Nutzungsrechte an. Nutze das Arbeitsblatt D08.** (AFB II) MKR 1.1, 1.2, 3.1, 3.2 1

- Das Arbeitsblatt D08 erklärt die Methode Pecha-Kucha sowie den Umgang mit Bildmaterial aus dem Internet.
- Im Vorfeld sollten mit den SuS die inhaltlichen Auswahlkriterien für die Bilder besprochen werden. Dazu gehören z. B. die Auswahl relevanter Ereignisse und Personen oder die Strukturierung des Verlaufs, um ein schlüssiges Narrativ zu erzählen.
- Zudem sollten mit den SuS formale Aspekte wie die jeweilige Angabe der Bildtitel, des abgebildeten Sachverhalts, des Urhebers und des Entstehungszeitpunktes besprochen werden. Der urheberrechtlich korrekte Umgang mit dem Bildmaterial wäre außerdem im Sinne entsprechender Hinweise zu thematisieren. Die SuS sollten für die Verwendung von frei verwendbaren Bildern unter Creative-Commons-Lizenz sensibilisiert werden. Derartiges Bildmaterial können die SuS über Wikimedia-Commons recherchieren.

2 Europa zwischen Restauration und Revolution

Wiederholen und Anwenden

SP 1. Die Revolution 1848/1849
Eine Concept Map erstellen
Wahrnehmungskompetenz, Urteilskompetenz

a) Stelle die Forderungen des liberalen Bürgertums im Zuge der Revolution von 1848/49 in einer Concept Map dar. Übertrage dafür D1 auf ein Blatt und fülle die Leerstellen mithilfe der folgenden Begriffe: Meinungsfreiheit – deutscher Nationalstaat – persönliche Grundrechte – Wahlen – Gleichberechtigung – Pressefreiheit – einheitliche Verfassung – parlamentarische Monarchie – politische Mitbestimmung

b) Vergleicht eure Lösungen in der Klasse.

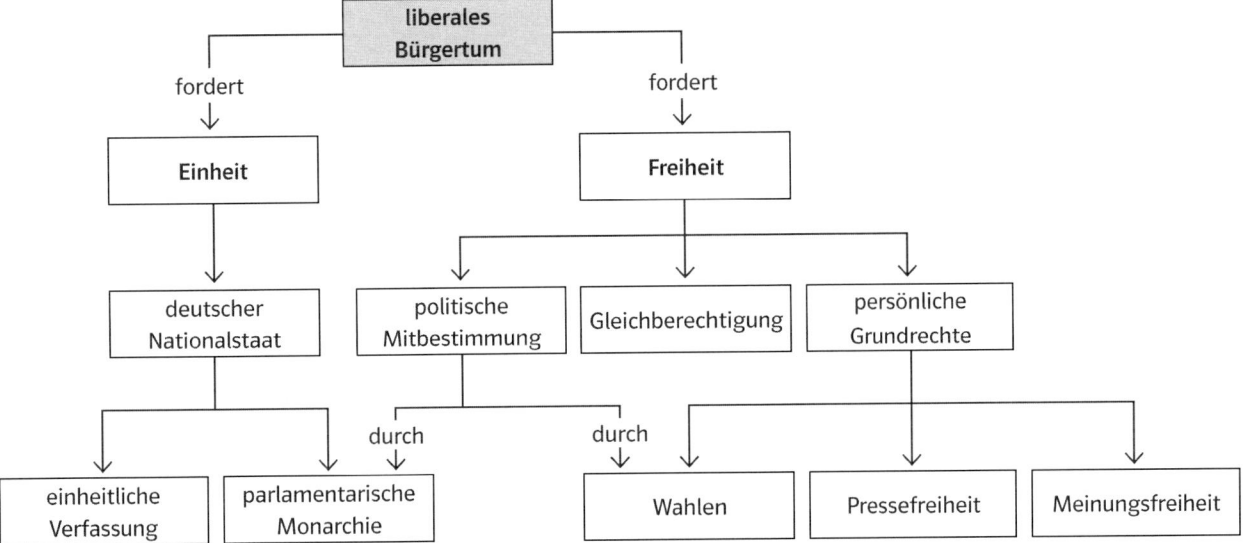

MK 2. Politische Ideen der Revolution von 1848/49
Ein Hörspiel auswerten
Analysekompetenz, Orientierungskompetenz

Beschreibe die Sicht der Wirtin auf die Nationalversammlung im Hörspiel D2 A02. Unter welchen Bedingungen würde sie von einem „großen Tag für die Demokratie" sprechen? Bewerte ihre Einstellung aus heutiger Sicht.

Beschreibung:
- Die Wirtin ist sehr skeptisch, weil das Parlament nur aus „reichen und gescheiten" Menschen besteht.
- Sie bezeichnet es deshalb auch als „Professorenparlament".
- Im Parlament sind keine direkten Vertreter des Volkes anwesend, sondern nur gebildete und reiche männliche Bürger.
- Erst wenn der Wille des Volkes berücksichtigt wird, wäre es ein großer Tag für die Demokratie.
- Sie hält sich aus dem Geschehen heraus, weil sie keinen Einfluss hat und ihre Stimme nicht zählt.

Bewertung:
- Aus heutiger Sicht lässt sich ihre Einstellung nachvollziehen. Frauen hatten keinerlei Zugang zu demokratischen Prozessen, wie zur Wahl der Abgeordneten. Auch andere Gruppen wurden ausgeschlossen, z. B. Landarbeiter und Industriearbeiter.
- Generell wurde der Zugang nur Männern über 25 Jahren mit genügend Einkommen und Bildung gewährt. Ärmere und weniger gebildete Menschen wurden von vornherein ausgeschlossen. Das Parlament stellte somit kein reales Abbild der Gesellschaft dar, was auch in der Einstellung der Wirtin deutlich wird.
- In der heutigen Demokratie haben wir das allgemeine und gleiche Wahlrecht. Alle Menschen, die volljährig sind, dürfen wählen gehen. Bildung, Geschlecht oder Einkommen spielen keine Rolle.

3. Auf dem Weg zu Freiheit und Einheit
Bedeutende Ereignisse zeitlich einordnen
Wahrnehmungskompetenz, Urteilskompetenz

Wähle zu jedem Satz ein Datum aus und schreibe den Buchstaben, der in Klammern steht, in dein Heft. Wenn du alles richtig hast, ergeben die Buchstaben in der Reihenfolge 1–8 ein dir bekanntes Wort.
1 1814/15 fand der Wiener Kongress statt.
2 1832 versammelten sich zwischen 20 000 und 30 000 Demonstranten aus ganz Deutschland auf dem Hambacher Schloss.
3 1819 wurden die Karlsbader Beschlüsse zur Unterdrückung der Studentenbewegung erlassen.
4 1848 trat in der Frankfurter Paulskirche das erste frei gewählte Parlament für ganz Deutschland zusammen.
5 1849 beschloss die Nationalversammlung in Frankfurt erstmals Grundrechte für alle Deutschen.
6 1870/71 führten Preußen und die verbündeten deutschen Staaten einen Krieg gegen Frankreich, in dessen Verlauf das Deutsche Reich gegründet wurde.
Das Lösungswort lautet: NATION

4. Die Revolution 1848/49 und ihre Folgen
Eine Karikatur analysieren
Analysekompetenz, Urteilskompetenz, Orientierungskompetenz

a) Beschreibe die Karikatur Q1. Achte besonders auf das jeweilige Verhalten des preußischen Königs und der Bürger.
Unter der Überschrift „Andere Zeiten – andere Sitten" wird der preußische König zweimal dargestellt. Die Karikatur zeigt dabei die Veränderung im Verhalten des preußischen Königs während der Revolution von 1848/49. Auf dem ersten Bild verneigt er sich, auf einem Balkon stehend, vor den versammelten Bürgern. Dazu nimmt er sogar seine Pickelhaube ab. Auf dem zweiten Bild dagegen steht er selbstbewusst vor den Bürgern, die sich nunmehr verneigen müssen. Er steht auch nicht mehr auf einem Balkon, sondern auf einem Thron.

b) Erkläre den Satz „Andere Zeiten, andere Sitten".
Der Satz zeigt, dass das Verhalten von Menschen und die Regeln, denen diese unterworfen sind, von den Zeitumständen abhängen. Konkret: Der König passt sich den Zeitumständen jeweils an.

c) Beurteile, für welche Phase der Revolution die beiden Bilder jeweils stehen.
Das linke Bild steht für die erste Phase der Revolution: Als die Revolutionäre stark waren, gab der König nach und unterwarf sich deren Forderungen. Das rechte Bild steht für die letzte Phase, als nun der monarchische Staat und die konservativen Kräfte wieder erstarkt waren: Der König nimmt wieder seine alte Haltung ein und beendete sein – so muss man es wohl nennen – Täuschungsmanöver.

d) Überlege, ob die Karikatur auch auf Personen und Entwicklungen in der Gegenwart übertragen werden könnte.
In der Gegenwart gibt es den Begriff „Wendehals" für das Verhalten des Königs. Man kann es bei vielen Menschen erkennen, die im öffentlichen Leben stehen: Je nachdem, in welche Richtung sich die öffentliche Meinung bewegt, dann vertreten auch diese Menschen eine andere Meinung. So kann man auch überleben, wie man am Beispiel des Königs sieht.

MK 5. Erinnerung an die Revolution von 1848/49
Einen virtuellen Museumsbesuch vorbereiten
Wahrnehmungskompetenz, Orientierungskompetenz

a) Stelle anhand des Flyers D3 Vermutungen darüber an, was dich in der Ausstellung im Hambacher Schloss erwartet.
einerseits Darstellung des Hambacher Schlosses als „Wiege der deutschen Demokratie" → regionale Verwurzelung des Festes sowie nationale und europäische Dimension; andererseits Gegenwartsbezug (s. Aufgabe b)

b) Informiere dich im Internet über das Konzept der Ausstellung im Hambacher Schloss (Inhalte, Form der Präsentation, z. B. Quellen, Darstellungen, Aktivitäten).
Exponate, Mitmachstationen und Vertiefungsmöglichkeiten → unter dem Motto „Farbe bekennen!" Vielzahl interaktiver Stationen zum mitmachen, abstimmen, kommentieren („Hambacher Themen" wie Meinungsfreiheit, Pressefreiheit, Schwarz-Rot-Gold und Europa)

c) Beurteile, inwieweit die Ausstellung einen Bezug zur Demokratie heute herstellt und Menschen für die Demokratie begeistern kann.
Gegenwartsbezug wird facettenreich hergestellt, um Interesse und Begeisterung für Demokratie zu wecken

3 Industrielle Revolution und soziale Frage

66–95

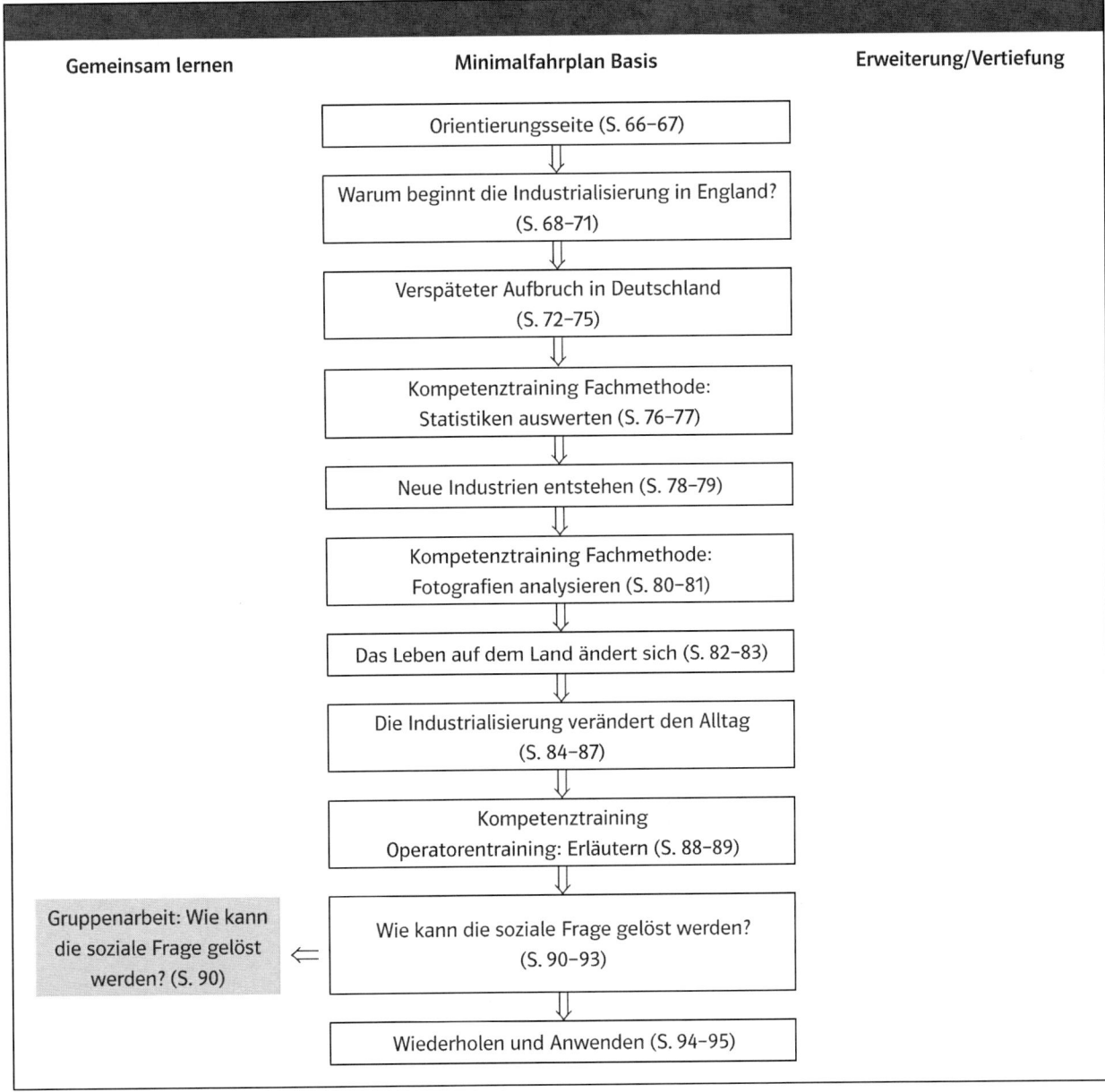

3 Industrielle Revolution und soziale Frage

Kompetenzziele des Kapitels

Wahrnehmungskompetenz
Die SuS
- können selbst problemorientierte Fragen zur Industrialisierung entwickeln;
- können Zeugnisse aus der Industriellen Revolution in ihrer Umgebung entdecken und Informationen über sie beschaffen;
- können vermuten, welche neuen Probleme Frauen und Kinder in der Industrialisierung zu bewältigen hatten.

Analysekompetenz
Die SuS
- können Statistiken interpretieren;
- können Fotografien untersuchen und sie von anderen Darstellungsarten abgrenzen;
- können anhand von historischen Zeugnissen Selbstverständnis und Absichten der Akteure der Industriellen Revolution ermitteln.

Urteilskompetenz
Die SuS
- können die Industrialisierung in ihre verschiedenen Entwicklungsetappen gliedern und deren Abfolge erklären;
- können beurteilen, inwieweit die Industrialisierung das Leben der Menschen verbesserte oder verschlechterte;
- können beurteilen, welche beabsichtigten und unbeabsichtigten Folgen die Industrialisierung mit sich brachte.

Orientierungskompetenz
Die SuS
- können erkennen, dass die Industrialisierung keine abgeschlossene Epoche ist, sondern bis heute andauert;
- können die Übertragbarkeit historischer Problemlösungsmodelle aus der Zeit der Industrialisierung auf mögliche Handlungsoptionen für die Zukunft plausibel erörtern.

Hinweise zur Orientierungsseite

Den Elementen dieser Doppelseite können die SuS folgende wichtige Informationen entnehmen, die Fragen provozieren können:
Das Bild zeigt die neuen Arbeitsverhältnisse, denen sich der Mensch ausgesetzt sieht. Durch die Größenverhältnisse wird die Übermacht der Maschinen augenfällig und die Gefahr besteht, dass der Mensch im wahrsten Sinne des Wortes „unter die Räder" gerät.
Die Karte zeigt die Industrialisierungsgebiete Europas um die Mitte des 19. Jahrhunderts. Dabei beschränkt sie sich auf die ersten beiden Sektoren der Industrialisierung, die Textilwirtschaft sowie die Eisen- und Stahlwirtschaft. Zu unterscheiden sind Regionen der Textilindustrie und der Eisen- und Stahlproduktion, während weite Teile Europas noch agrarisch und handwerklich geprägt sind. Die Industrialisierung konzentriert sich vor allem in Großbritannien und in Mitteleuropa (Eisenindustrie vorrangig in Nordfrankreich, Belgien und dem westlichen sowie dem sächsischen und schlesischen Teil des Deutschen Bundes).
Die Zeitleiste erweitert die Informationen der Karte durch Nennung politischer Ereignisse sowie durch Daten aus der zweiten Hälfte des 19. Jahrhunderts. Die Elektro- und Chemieindustrie werden ebenso genannt wie die Auseinandersetzung um die soziale Frage.

Weiterführende Medienhinweise

Bücher/Zeitschriften
- Bremm, Klaus-Jürgen: Das Zeitalter der Industrialisierung. Darmstadt 2014.
Gut lesbar und eindrucksvoll bebildert wird die Geschichte der Industrialisierung in der westlichen Welt dargeboten.
- Dickens, Charles: Oliver Twist. Zürich 2005 (Erstausgabe 1838).
Mit Spannung und nicht zuletzt mit der schonungslos realistischen Schilderung der Armut in England in der ersten Hälfte des 19. Jahrhunderts zieht die Geschichte des Waisenjungen Oliver Twist den Leser in seinen Bann.
- Die industrielle Revolution. Wie Dampf, Stahl und Strom die Welt veränderten. Geo Epoche, Nr. 30, 2008.
Vielseitiger Überblick über die Industrielle Revolution mit vergessenen oder wenig bekannten Aspekten. Geeignet als Grundlage für Schülerreferate.
- Gall, Lothar: Krupp. Der Aufstieg eines Industrieimperiums. Berlin 2000.
Beschreibt die Geschichte des Krupp-Unternehmens von der Gründung bis zum Ersten Weltkrieg als Geschichte der Industrialisierung. Geeignet als Hintergrundinformation zu den Unterkapiteln „Verspäteter Aufbruch in Deutschland" oder ein Schülerreferat zum Thema: „Krupp – der Weg zum Industrieimperium".
- Galor, Oded: The Journey of Humanity. Die Reise der Menschheit durch die Jahrtausende. Über die Entstehung von Wohlstand und Ungleichheit. München 2022. (zur Industrialisierung: S. 81–114, „Volldampf")

Der israelische Ökonom Oded Galor erzählt die Geschichte der Menschheit vom Beginn bis heute. Dabei liefert der Autor mit seinem multidisziplinären Ansatz einen optimistischen Blick auf die Geschichte der Menschheit. Seit Ende des 19. Jahrhunderts hat es die Menschheit geschafft, technischen Fortschritt und Bevölkerungswachstum zu entkoppeln. Seit der Industriellen Revolution investierten die Unternehmer vermehrt in die Bildung potenzieller Arbeitskräfte und die Familien beschränkten sich auf weniger Kinder, denen sie aber eine bessere Ausbildung zukommen ließen, jeweils um den eigenen Wohlstand bzw. den Gewinn zu steigern. Eine höchst spannend zu lesende Geschichte der Wirtschaft.

- Henkel, Gerhard: Das Dorf. Landleben in Deutschland – gestern und heute. Stuttgart 2020.

Wie hat sich die dörfliche Wirtschaft seit den Zeiten von Müller, Schmied und Dorflehrer entwickelt? Wie lebten die Dorfbewohner vom Mittelalter bis zur Neuzeit? Wo stecken heute die Chancen, wo die Perspektiven? In über 60 kurzen, vielfältigen Kapiteln zeigt Henkel die Tragweite des Strukturwandels auf – historisch, soziologisch, ökonomisch, politisch und kulturell.

- König, Wolfgang: Kleine Geschichte der Konsumgesellschaft. Stuttgart 2013.

Der Band gibt Hintergrundinformationen zu dem Unterkapitel „Der Alltag verändert sich". Er untersucht den Konsum als Lebensform der Moderne in allen Lebensbereichen von der Ernährung und Bekleidung über Mobilität und Massentourismus bis hin zu Unterhaltung und Vergnügen.

- Landes, David S.: Der entfesselte Prometheus. Technologischer Wandel und industrielle Entwicklung in Westeuropa von 1750 bis zur Gegenwart. München 1983.

Obwohl das Buch aus dem Jahr 1968 stammt, ist es immer noch eine der besten Überblicksdarstellungen über die Industrialisierung in Westeuropa.

- Liedtke, Rainer: Die Industrielle Revolution. Wien u.a. 2012.

Übersichtliche, klar gegliederte Darstellung der Entwicklung der Industriellen Revolution in der westlichen Welt. Ausgehend von der Agrarrevolution des 18. Jahrhunderts und der Vorreiterrolle Großbritanniens werden in dieser Einführung die Industrialisierungsprozesse in den europäischen Nationen und Regionen sowie in Nordamerika und Japan im 19. und 20. Jahrhundert beschrieben.

- Mohr, Joachim/Schnurr, Eva-Maria (Hrsg.): Die Gründerzeit: Wie die Industrialisierung Deutschland veränderte – Ein SPIEGEL-Buch – Mit zahlreichen Abbildungen. München 2019.

Verschiedene Autorinnen und Autoren zeichnen ein anschauliches Bild der Epoche, in der sich Deutschland grundlegend wandelte und zu einer der erfolgreichsten Wirtschaftsnationen wurde. Guter und geeigneter Einstieg als Basis für Schülerreferate.

- Nonn, Christoph: Das 19. und 20. Jahrhundert. Paderborn 3. Aufl. 2014 (Orientierung Geschichte, Bd. 2942), S. 35–66.

Eine gut lesbare Übersichtsdarstellung zu den wichtigsten Entwicklungen und Fakten der Industriellen Revolution.

- Poschlod, Peter: Geschichte der Kulturlandschaft. Entstehungsursachen und Steuerungsfaktoren der Entwicklung der Kulturlandschaft, Lebensraum- und Artenvielfalt in Mitteleuropa. Stuttgart 2. Aufl. 2017, bes. S. 115–184.

Der Autor fasst in diesem Buch die neuesten Erkenntnisse zu Entstehung und Aussehen unserer Kulturlandschaft zusammen. Das gegenwärtige Aussehen unserer Kulturlandschaft ist das Ergebnis historischer Prozesse. Für alle, die verstehen wollen, warum unsere Landschaft so aussieht, wie sie aussieht, ein inhaltlich wie visuell sehr schönes und informatives Buch, in dem man viele neue faszinierende Informationen liest.

- Thunich, Martin/Vollmer-Schöneberg, Marietta: Mineraldüngung. In: Geschichte lernen 167, 2015, S. 29–39.

Ein fächerverbindender Unterrichtsvorschlag für Geschichte und Biologie. Die Mineraldüngung ist ein Beitrag zur Lösung des Ernährungsproblems im 19. Jahrhundert. Der Aufsatz gibt Hintergrundinformationen zu dem Unterkapitel „Neue Industrien entstehen".

Internet/Film

- Auf der Internetseite der ARD unter dem Stichwort „Stählerne Zeit" findet sich eine dreiteilige Reihe, die die Epoche der Industriellen Revolution in den Mittelpunkt stellt. Sie erzählt das Schicksal von sechs Menschen und lässt ihre Sorgen und Nöte, Ängste und Hoffnungen angesichts des tiefgreifenden Wandels aufleben. Ergänzend zu allen Unterkapiteln einzusetzen.

- Auf der Internetseite des ZDF finden sich unter dem Stichwort „TERRA-X" gut gemachte Filme zu Einzelaspekten der Industrialisierung. Ergänzend zu allen Unterkapiteln einzusetzen.

- LeMO ist ein Kooperationsprojekt der Stiftung Deutsches Historisches Museum, der Stiftung Haus der Geschichte der Bundesrepublik Deutschland und des Bundesarchivs. Das Internetangebot auf der Seite des Deutschen Historischen Museums enthält ergänzende didaktische Materialien zu den Unterkapiteln, die sich mit der Industrialisierung und der Lösung der sozialen Frage im Deutschen Kaiserreich befassen.

3 Industrielle Revolution und soziale Frage

Warum beginnt die Industrialisierung in England?

Kompetenzziele

Wahrnehmungskompetenz
Die SuS
- wissen, dass die „Industrielle Revolution" in der Mitte des 18. Jahrhunderts in bestimmten Regionen Englands begann und dass es sich um einen Prozess langer Dauer handelte;
- können sachgerechte Vermutungen zu den Gründen für den Produktivitätszuwachs der englischen Landwirtschaft seit 1700 anstellen;
- können zielgerichtet Fragen nach den Gründen stellen, die die Industrialisierung in England begünstigten;
- können reflektieren, dass die Baumwoll- und Stahlindustrie Leitsektoren der englischen Industrialisierung waren.

Analysekompetenz
Die SuS
- können historische Gemälde beschreiben und interpretieren;
- können thematische Karten interpretieren;
- können eine technische Modellzeichnung beschreiben.

Urteilskompetenz
Die SuS
- können die gesellschaftlichen Rahmenbedingungen und die Traditionen einer Gesellschaft als wichtige Faktoren für den Erfolg eines Innovationsprozesses bewerten;
- können die englische Gesellschaft des 18. Jahrhunderts im Vergleich zu den kontinentaleuropäischen Gesellschaften als moderner und offener darstellen.

Orientierungskompetenz
- Die SuS können damalige und gegenwärtige Zusammenhänge zwischen gesellschaftlichen, ökonomischen und ökologischen Gegebenheiten und Wertvorstellungen erläutern.

Sequenzvorschlag

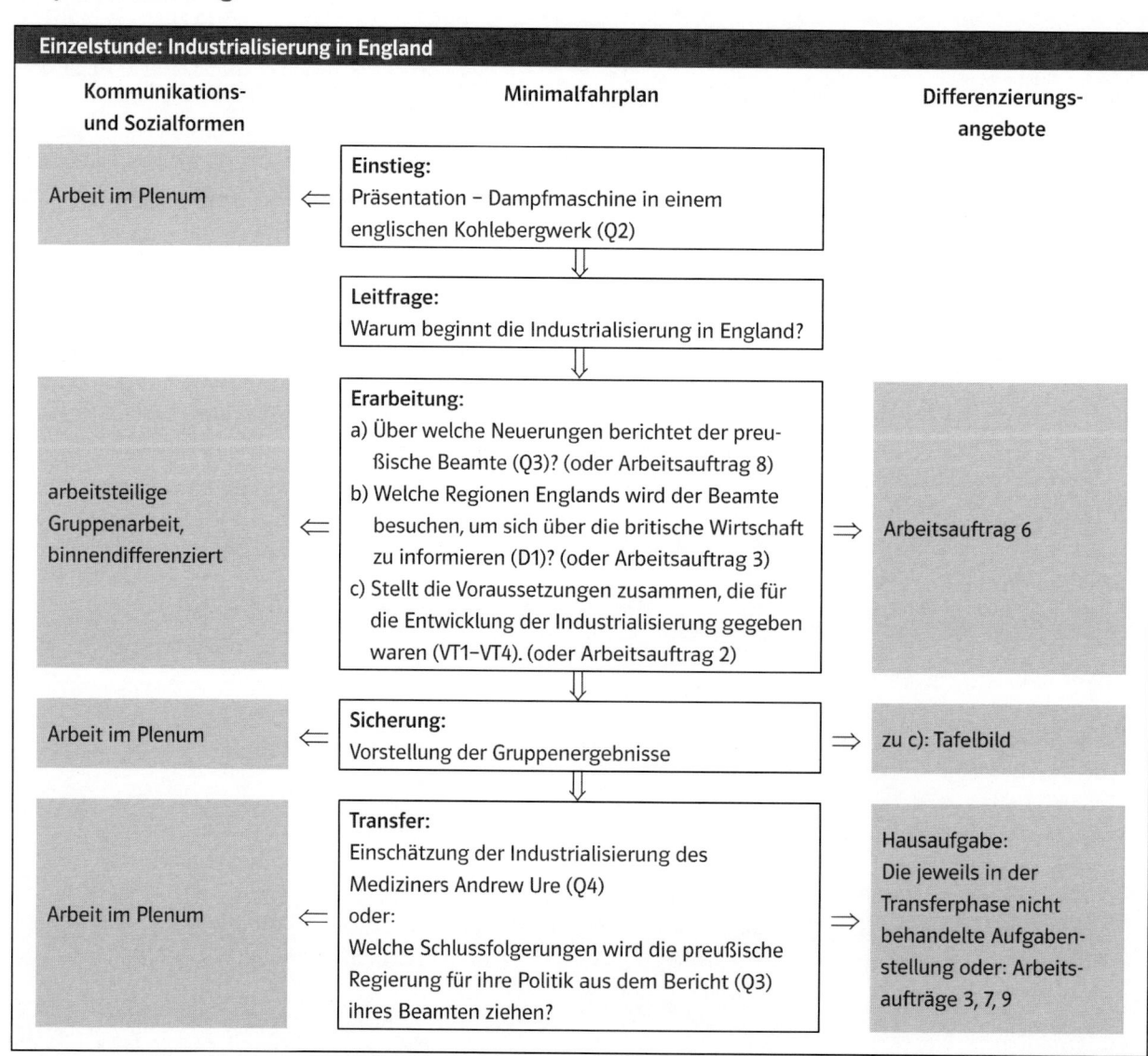

Einzelstunde: Industrialisierung in England

Kommunikations- und Sozialformen	Minimalfahrplan	Differenzierungs- angebote
Arbeit im Plenum	**Einstieg:** Präsentation – Dampfmaschine in einem englischen Kohlebergwerk (Q2)	
	Leitfrage: Warum beginnt die Industrialisierung in England?	
arbeitsteilige Gruppenarbeit, binnendifferenziert	**Erarbeitung:** a) Über welche Neuerungen berichtet der preußische Beamte (Q3)? (oder Arbeitsauftrag 8) b) Welche Regionen Englands wird der Beamte besuchen, um sich über die britische Wirtschaft zu informieren (D1)? (oder Arbeitsauftrag 3) c) Stellt die Voraussetzungen zusammen, die für die Entwicklung der Industrialisierung gegeben waren (VT1–VT4). (oder Arbeitsauftrag 2)	Arbeitsauftrag 6
Arbeit im Plenum	**Sicherung:** Vorstellung der Gruppenergebnisse	zu c): Tafelbild
Arbeit im Plenum	**Transfer:** Einschätzung der Industrialisierung des Mediziners Andrew Ure (Q4) oder: Welche Schlussfolgerungen wird die preußische Regierung für ihre Politik aus dem Bericht (Q3) ihres Beamten ziehen?	Hausaufgabe: Die jeweils in der Transferphase nicht behandelte Aufgabenstellung oder: Arbeitsaufträge 3, 7, 9

Tafelbild

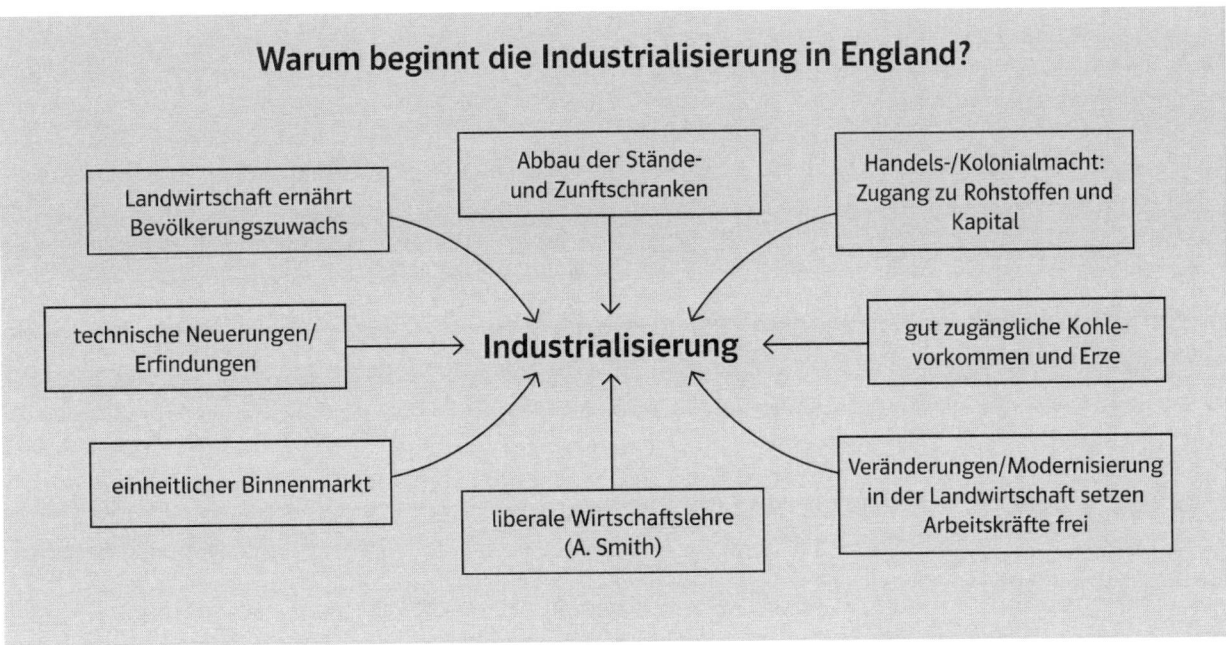

Hinweise zum Verfassertext und zu den Materialien

VT1 thematisiert die agrarische Revolution in England als eine der wesentlichsten Voraussetzungen für die beginnende Industrielle Revolution. Ohne die Agrarreformen und die Ertragsverbesserung der landwirtschaftlichen Produktion wäre die wachsende Bevölkerung Englands nicht zu ernähren gewesen, die das Land verließ, um in den Städten Arbeit in den Fabriken zu finden.

VT2/VT3 In keinem Land Europas wurden in der zweiten Hälfte des 18. Jahrhunderts so viele Erfindungen gemacht wie in England. In der Textil- und Eisenindustrie sowie bei der Energieerzeugung und -umwandlung erwarben sich die Briten einen Technologievorsprung, den andere Länder erst Jahrzehnte später aufholten. Der VT geht auf die beiden Leitsektoren ein, die die erste Phase der Industriellen Revolution charakterisieren.

VT4 Um hinreichend zu erklären, warum die Industrialisierung in England begann, ist es notwendig, noch weitere Faktoren in den Blick zu nehmen. Die gesellschaftliche Liberalisierung war einer dieser zentralen Faktoren, der andere Faktor war die Wirtschaftslehre des Liberalismus, die den Einfluss des Staates auf die Wirtschaft begrenzt, Gewerbefreiheit ermöglicht und den Handel intensiviert.
Die im VT aufgenommene Aufzählung ist nicht als abgeschlossen anzusehen, denn Handelsgewinne aus dem Kolonialhandel könnten ebenso noch angeführt werden wie die mentalitätsgeschichtliche Bedeutung des Calvinismus oder naturräumliche Gegebenheiten (s. D1).

Q2 Gemälde eines unbekannten englischen Malers mit dem Titel „A Pithead" (dt. „Ein Grubeneingang"), 1792. Das Gemälde befindet sich im Bestand der Walker Art Gallery in Liverpool. Es zeigt die Frühphase der Industrialisierung, in der noch lange Zeit Altes neben Neuem bestand. Im Zentrum steht die Dampfmaschine mit Kessel, Schornstein und Mechanik. Der Künstler zeigt die Gleichzeitigkeit des Ungleichzeitigen, denn nebeneinander sind die endliche Muskelkraft von Mensch und Tier sowie bereits die neue Technik der nicht ermüdenden Kraft zu erkennen. Darüber hinaus zeigt das Bild die beträchtlichen Umweltbelastungen nicht nur durch den qualmenden Schornstein, sondern bis auf wenige Bäume wurde der nahe Wald für den Ausbau der unterirdischen Stollen abgeholzt und nicht wiederaufgeforstet.

Q3/Q4 Großbritannien galt den Zeitgenossen seit den 1770er-Jahren als Ort zukunftsweisender politischer, sozialer und wirtschaftlicher Fortschritte. Der Triumph über Frankreich und die technischen Innovationen steigerten Großbritanniens Attraktivität noch weiter. Die auf Reisen oder längerer Anwesenheit im Lande beruhenden Monografien waren eine der wichtigsten Informationsquellen für die deutschen Nachahmer.

3 Industrielle Revolution und soziale Frage

Erläuterungen zu den Arbeitsaufträgen

1. Fasse die in England herrschenden günstigen Voraussetzungen zusammen, die den Prozess der Industrialisierung in Gang brachten (VT2–VT4). (AFB I)

Ein Teil der im Tafelbild genannten Aspekte ist hier anzuführen:
- Es gab genügend Arbeitskräfte, die von der Landwirtschaft auch ernährt werden konnten.
- England war ein einheitlicher Binnenmarkt.
- Es gab keine Zunftschranken.
- Der (niedere) Adel war nicht nur auf die Agrarwirtschaft fokussiert.
- Aus anderen Wirtschaftsbetätigungen war genügend Kapital vorhanden (Handel, Kolonien).
- Es gab gute und ausreichend vorhandene Kohle und Erzvorkommen in England.

2. Liste auf, welche Veränderungen die Industrialisierung in England mit sich brachte (VT). (AFB I)
- Ertragssteigerung der Landwirtschaft sichert die Ernährung einer wachsenden Bevölkerung;
- neue Arbeits- und Erwerbsmöglichkeiten für die Landbevölkerung;
- Reiche können Überschüsse auch außerhalb der Landwirtschaft investieren;
- Öffnung der Wirtschaft als Betätigungsfeld für alle (Adel und Bürgertum);
- volkswirtschaftliche Gewinnsteigerung und Hebung des Wohlstandes;
- Produktivitätssteigerung;
- Exportüberschuss.

3. Erkläre anhand von D1 den Zusammenhang zwischen Rohstoffvorkommen, Bevölkerungsdichte und Industriestandorten. (AFB II) ○ → S. 184

Zentrum der Textilherstellung: Konzentration auf den Norden Englands und auf den Süden der Grafschaft Lancashire und die Städte auf beiden Seiten des Gebirgszuges der Pennines. Manchester und Leeds gehören dort zu den größten Städten. Viele der hier verarbeiteten Baumwollimporte landeten im Hafen von Liverpool an.
- Ein weiteres Zentrum der Textilindustrie findet sich im Südwesten Englands rund um die Mündung des Severn. Beides sind Gebiete mit einer hohen Bevölkerungsdichte.
- Zentren der Kohlevorkommen: die Midlands mit Newcastle, Sheffield, Nottingham und Birmingham sowie südlicher die Gegend um Cardiff.
- Eisenerzvorkommen: in der Region nördlich von Birmingham und nahe Cardiff.

Es ist herauszustellen, dass nicht ganz England von der Industrialisierung erfasst wurde, sondern dass sich die Industrialisierung auf einzelne Regionen konzentrierte.
In Bezug auf den Bevölkerungsreichtum nahm London als Hauptstadt des Vereinigten Königreichs eine Sonderstellung ein.

Ansonsten ist anhand von D1 überwiegend eine Korrelation zwischen Bevölkerungsdichte, Rohstoffvorkommen und Industriestandorten festzustellen.

4. Stell dir vor, ein Textilfabrikant kommt in deine Weberei. Du zeigst ihm deine Fabrik mit den neuesten Maschinen und willst ihn überzeugen, dass er dich mit der Herstellung des benötigten Stoffes beauftragt. Schreibe auf, was du ihm sagen würdest (Q1, Q3, VT2). (AFB II)

Folgende Argumente sind anzuführen: keine Wege mehr zu den Heimarbeitern; Maschinen produzieren in gleichbleibender Qualität, viele Maschinen können auf engem Raum untergebracht werden; der Antrieb des Webstuhls über Dampfmaschine und Transmissionsriemen ist zuverlässig und ermüdet nicht; Produktivitätssteigerung, weil die Maschine schneller webt als ein Weber; keine Auseinandersetzungen mit Webern über Entlohnung und Qualitätsstandards.

5. Die Industrialisierung war ein Prozess, bei dem lange Zeit Altes neben Neuem bestand und der große Auswirkungen auf die Umwelt hatte. Erläutere mithilfe von VT3, durch welche Bildelemente dies in Q2 deutlich wird. (AFB II)
- Das Bild: „A Pithead" von 1792 zeigt die Gleichzeitigkeit des Ungleichzeitigen, das für den Beginn der Industrialisierung typisch ist.
- Das Neue steht im leicht nach links versetzten Zentrum: die Dampfmaschine mit der Antriebstechnik, links davon der Förderturm. Die Dampfmaschine treibt auch ein zweites Antriebsrad an, dessen Antriebskette/-seil nach rechts weggeht. Auf der rechten Bildseite findet sich eine Anlage zum Beladen der Pferdekarren, die offensichtlich bereits aus Metall konstruiert ist.
- Daneben gibt es aber noch viel alte Hand- und Muskelarbeit, sei es beim Beladen der Schubkarren oder beim Zerkleinern der Kohle, auch arbeiten Männer und Frauen auf dem Gelände des Kohlebergwerks. Pferde und Esel werden von Menschen geführt, um die Kohle zu transportieren.
- Die Aufteilung der Arbeit, die die neue Zeit mit sich bringt, ist auf dem Bild ebenfalls erkennbar: Links neben dem Antriebsrad der Dampfmaschine ist ein „Techniker" zu erkennen, der die Maschine bedient, während die Mehrzahl der Arbeiter ungelernte Tätigkeiten verrichtet.
- Die Umweltbelastungen sind deutlich am Qualm des Schornsteins und auch an dem abgeholzten Wald zu erkennen, von dem nur noch einige Bäume übrig sind.

MK 6. Verfasse eine Gebrauchsanleitung für eine Dampfmaschine (D2, D3 IO3, VT3). Beschreibe dabei Schritt für Schritt die Funktionsweise der Maschine. Beachte auch die Nummerierung der Einzelteile. (AFB I) MKR 1.2, 3.2

Die Gebrauchsanweisung kann auf unterschiedliche Weise formuliert werden, entweder als direkte Ansprache, was der Betreiber zu tun hat, oder als Beschreibung der Funktionsweise. Wichtig ist auch auf die Gefahrenpunkte hinzuweisen, je nachdem, wofür sich die SuS entscheiden, die wichtigsten Punkte sind:

1. Der Kessel (1) wird mit Wasser gefüllt, das durch das angefachte Feuer erhitzt wird, bis es kocht.
2. Der heiße Dampf strömt durch die Dampfzuleitung (3) in den Zylinder, der vier Öffnungen hat: je zwei Zu- und Ableitungen.
3. Es gibt einen Schieber oder ein Dampfventil (5), das abwechselnd die eine oder die andere Öffnung verschließt oder öffnet.
4. Der Dampf drückt den Kolben (6) nach oben, der abgekühlte Dampf entweicht durch die obere Öffnung (4).
5. Ist der Kolben oben angekommen, drückt der Schieber/das Ventil die Öffnung für den zuströmenden heißen Dampf und den ausströmenden abgekühlten Dampf zu und öffnet gleichzeitig die jeweils anderen Eingänge, sodass der Kolben nun durch den einströmenden Dampf nach unten gedrückt wird.
6. Der Unterdruck entsteht, weil Wasser in den aus dem Zylinder kommenden Dampf gesprüht wird, der sich dadurch abkühlt und zu einem kleinen Volumen zusammenzieht (Kondensator = Verdichter) (7).
7. Das Rad (9) hat eine doppelte Funktion, es hilft dem Kolben, den Totpunkt (Punkt, an dem der Kolben stehenbleiben würde) zu überwinden und treibt über den Antriebsriemen (8) eine Maschine an.

Gefahrenpunkte:
1. Es muss darauf geachtet werden, dass in dem Kessel kein Überdruck entsteht, weil der Dampf wegen eines schadhaften Ventils nicht ausströmen kann.
2. Es muss genügend Wasser im Kessel sein, weil er sonst durchbrennt.
3. Der Kolben muss gängig sein, weil sonst der Zylinder explodiert.

7. Du bist Aufseher in einer Fabrik und dort für Webstühle verantwortlich, die bisher mit Wasserkraft angetrieben wurden. Nun plant der Besitzer, eine Dampfmaschine als Antrieb anzuschaffen. Stelle jeweils Vor- und Nachteile zusammen (Q1, D2, D3 I03, VT3). (AFB II) ○ → S. 184

Für die Anschaffung	Gegen die Anschaffung
– konstante Energiezufuhr, die nicht mehr vom Wasserstand des Baches abhängig ist; – die Maschine kann mehrere Webstühle antreiben; – Kohle als Energielieferant ist vorhanden.	– hohe Anschaffungskosten; – Einstellung von neuem (Fach-)Personal (Mechaniker); – neue Technik ist noch nicht ausgereift und reparaturanfällig; – Umwelt wird belastet (der Aspekt wird mit großer Wahrscheinlichkeit von den SuS genannt, damals spielte er keine Rolle); – Wasser ist unbegrenzter und billiger Energielieferant.

8. Arbeite aus dem Bericht des preußischen Beamten heraus, ob er die dortigen Zustände als vorbildlich oder abschreckend einschätzt (Q3). (AFB II) ○ → S. 184

– Zwar sieht der Beamte die Belastungen der Umwelt durch die Dampfmaschinen und die Abwässer der Textilfärbereien und benennt sie auch. Dies scheint aber nicht so gravierend angesichts der gut genährten, fröhlichen und geschäftigen Menschen. Offensichtlich ist dies anders, als er es aus seiner Heimat kennt, denn sonst würde er dies nicht extra erwähnen. Auch beeindrucken ihn die Produktionsstätten. Es gelang, die Arbeitskosten durch den Einsatz von Maschinen zu senken (nur ein Erwachsener und zwei Kinder für 600 Spindeln).
– Alles in allem ist er ein Bewunderer der neuen Entwicklungen, der zwar die Nachteile sieht, sie aber angesichts der Vorteile eines gestiegenen Lebensstandards und der Einsparung bei den Produktions- und Arbeitskosten für vertretbar hält.

9. Nimm aus heutiger Sicht Stellung zu den Ausführungen von Andrew Ure (Q4). (AFB III)

– Zunächst sollen die SuS den Text von Ure zusammenfassen, bevor sie eine Stellungnahme verfassen.
– Für Ure bedeutet das Fabriksystem mit den Dampfmaschinen gegenüber der vorindustriellen Arbeitswelt einen Zivilisationsfortschritt, denn die Bestrebung ist, den Menschen von stupider, geistloser Arbeit und von gesundheitsschädlicher Anstrengung zu befreien. Die Arbeitswelt verlangt den aufmerksamen und gewandten, nicht mehr den kräftigen und geistig trägen Arbeiter.
– Allerdings ist vom heutigen Standpunkt aus einzuwenden, dass in der Industrialisierung die Arbeit gefährlich bleibt und für die Mehrzahl der Arbeiter die Tätigkeit vielleicht weniger körperliche Kraft verlangt, aber durch die ständige Wiederholung der Handgriffe eintönig bleibt. Ferner gibt jetzt die Maschine den Takt vor und der Mensch muss sich nach der Maschine richten.

**MK 10. Welche Fragen zur Industrialisierung möchtet ihr im Laufe des Kapitels untersuchen? Notiert jeweils fünf Fragen und besprecht diese. Ihr könnt auch digital arbeiten: Sammelt eure Ideen in einem gemeinsamen Dokument und gewichtet sie. Nutzt das Arbeitsblatt D10 auf S. 69. (AFB I) ●
MKR 2.1, 2.3**

– In den Medien zum Schulbuch ist ein Arbeitsblatt zur Arbeit mit Etherpads abrufbar. Diese Form der Onlinedokumente ermöglicht das kollaborative Sammeln von Fragen der SuS und die Weiterbearbeitung zu einem Fragenkatalog.
– In der gemeinsamen Auswertung sollten die Fragen der SuS priorisiert und Strategien zur Beantwortung besprochen werden.
– Die erarbeiteten Fragen können für die zusammenfassende Wiederholung am Ende der Lerneinheit zur Industrialisierung genutzt werden.

3 Industrielle Revolution und soziale Frage

Verspäteter Aufbruch in Deutschland

Kompetenzziele

Wahrnehmungskompetenz
Die SuS
- können die politischen Voraussetzungen für den Beginn und Verlauf der Industrialisierung Deutschlands reflektieren;
- können die Gleichzeitigkeit des Ungleichzeitigen historischer Phänomene während der Phase der Industriellen Revolution erklären und sachgerechte Fragen nach den regionale Unterschieden stellen;
- können Vermutungen zur Bedeutung der Eisenbahn als Leitsektor zu Beginn der Industrialisierung in Deutschland anstellen;
- können Auswirkungen, die die Eisenbahn für die Menschen im Alltag und Beruf mit sich brachte, einordnen;
- können die Beziehung zwischen dem Zollverein und der Eisenbahnentwicklung erläutern;
- können erklären, warum sich das Ruhrgebiet zur größten Industrieregion Deutschlands entwickelte.

Analysekompetenz
Die SuS
- können historisch-thematische Karten nutzen, um die Zusammenhänge zwischen wirtschaftlicher und politischer Entwicklung Deutschlands aufzuzeigen;
- können weitergehende Informationen zu einer Bildquelle im Internet recherchieren.

Urteilskompetenz
Die SuS
- können das Aufkommen der Eisenbahn als neues Transportmittel bewerten;
- können den Einfluss der politischen Veränderungen in Deutschland auf die wirtschaftliche Entwicklung des Landes beurteilen.

Orientierungskompetenz
- Die SuS können ein informierendes Lernplakat zum Beginn der Industrialisierung in Deutschland erstellen und die darin aufgeführten Aspekte bewerten.

Tafelbild

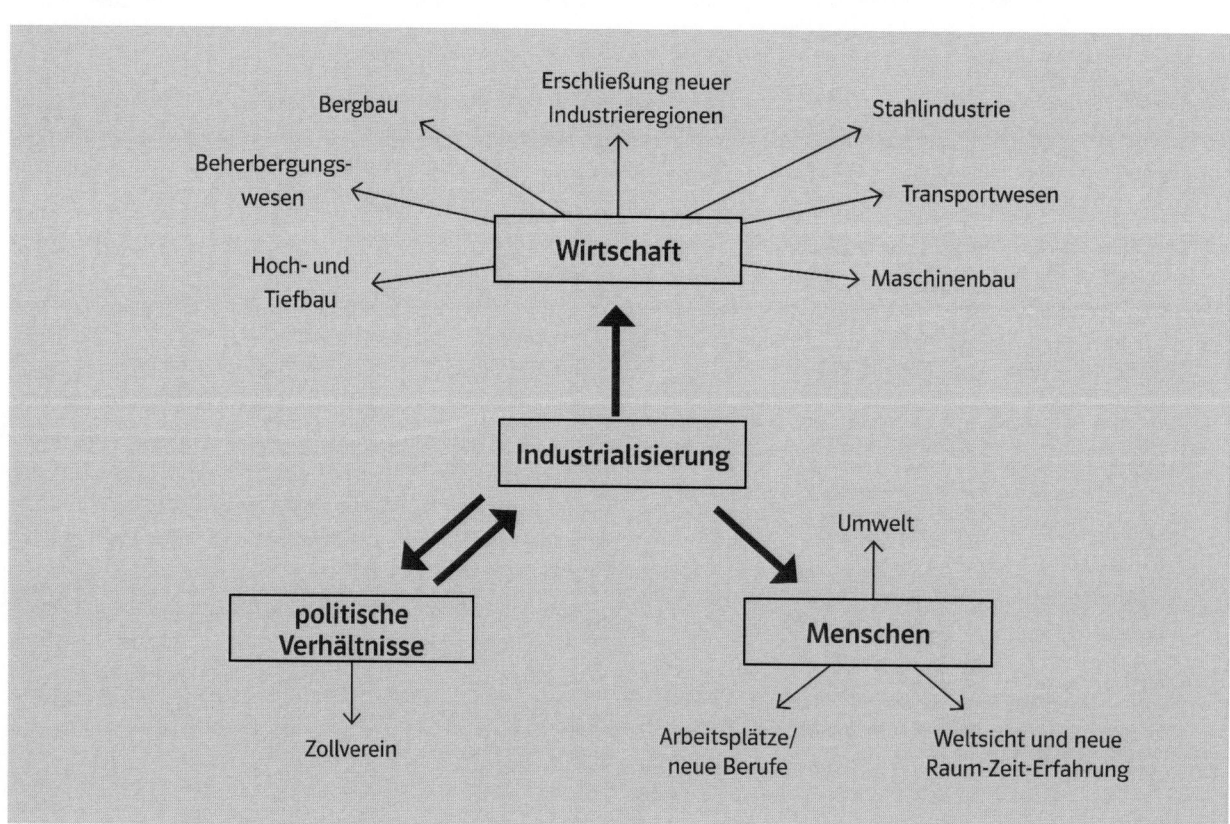

Sequenzvorschlag

→ 72–75

Einzelstunde: Veränderungen durch die Eisenbahn

Kommunikations- und Sozialformen	Minimalfahrplan	Differenzierungs- angebote
Arbeit im Plenum	**Einstieg:** Q1: Eisenbahnbrücke über den Rhein → traditionelle und „moderne" Fortbewegungsarten – traditionell: zu Fuß und Postkutsche auf unbefestigter Straße, abgetakeltes Segelschiff; die Frau auf der Postkutsche wendet sich aber bereits einem modernen Schiff (Dampfer) zu – „modern": Dampfschiff auf dem Rhein und oberhalb die über eine Stahlbrücke fahrende Eisenbahn	Arbeitsaufträge 3 und 4
	Leitfrage: Welche Veränderungen brachte die Eisenbahn mit sich?	
Gruppenarbeit	**Erarbeitung 1:** Q4: Vorteile und Nutzen der Eisenbahn (Arbeitsauftrag 5) Q5: Modernisierungsverlierer (Arbeitsauftrag 7) D3: Mentalitätswandel: Das Jahrhunderte geltende Raum-Zeit-Verhältnis gilt nicht mehr. (Arbeitsauftrag 6) D4: Eisenbahn als Industrialisierungsmotor (Arbeitsauftrag 8)	
Arbeit im Plenum, Unterrichtsgespräch	**Sicherung 1:** Vorstellung der Ergebnisse und Sicherung an der Tafel/OHP/Smartboard	
Einzel- und Partnerarbeit	**Erarbeitung 2:** D1, VT2, Q3: Welcher Zusammenhang besteht zwischen der Gründung und Ausdehnung des Zollvereins und der Entwicklung der Eisenbahn?	Hausaufgabe: Arbeitsauftrag 1 oder Arbeitsauftrag 2
Arbeit im Plenum, Unterrichtsgespräch	**Sicherung 2:** Ergebnis: Sie beflügelten sich gegenseitig. Die Eisenbahn wäre auch ohne den Zollverein gekommen, aber vielleicht nicht so schnell und so effektiv.	

3 Industrielle Revolution und soziale Frage

Hinweise zum Verfassertext und zu den Materialien

VT1 befasst sich mit einer knappen Aufzählung zahlreicher Hemmnisse, die einer Ingangsetzung der Industrialisierung in Deutschland im Wege standen.

VT2–VT4 greifen zusammenfassend auf die nach der Niederlage gegen Napoleon in Preußen durchgeführten Reformen zurück, die im Schülerbuch bereits auf den Seiten 148 f. (VT4–VT5) erwähnt wurden. Kurze Erwähnung findet der Zollverein, der bei der Industrialisierung Deutschlands eine wesentliche Rolle spielt. Erst im Zuge der napoleonischen Besetzung begann sich das wirtschaftsliberale Denken durchzusetzen, dass ein größerer zusammenhängender Markt Handel und Gewerbe im Interesse aller fördern könnte. Als erster deutscher Staat hob Bayern 1807 die Binnenzölle auf, das wichtige Preußen folgte 1818. Danach bildeten sich drei große Zollvereine: der Preußisch-Hessische, der Süddeutsche und der Mitteldeutsche. 1833 schlossen sich der Preußische und der Süddeutsche zusammen, dem folgten 1834 weitere Mitglieder des Mitteldeutschen Vereins, sodass 1834 der Deutsche Zollverein einen Binnenmarkt mit einer Bevölkerung von 26 Millionen umfasste. Der Zollverein erleichterte den Staaten übergreifenden Eisenbahnbau, der die als „Take-off" (Walt Rostow) bezeichnete Phase zwischen den 1830er-Jahren und 1873 einleitete.

VT5/VT6 wenden sich dem Ruhrgebiet als dem größten zusammenhängenden Schwerindustriegebiet in Europa zu. Hier entstanden auch neue Berufe, die das traditionelle Handwerk verdrängten.

D1
- 1834: Gründung des Zollvereins;
- 1835: erste Eisenbahn in Deutschland;
- bis 1850: Hauptlinien angelegt, aber streckenweise noch größere Lücken: z. B. Hannover-Kassel, Rheinland-Pfalz noch nicht erschlossen, München ist Endpunkt;
- bis 1866: werden die Lücken weitestgehend geschlossen und die Eisenbahnlinien greifen über das Gebiet des Deutschen Bundes hinaus. Die Nord-Süd-Verbindung ist in Mitteldeutschland immer noch umständlich und läuft über Hannover oder Berlin.

D2 Das Leibniz-Institut für Europäische Geschichte stellt auf dem Server IEG-MAPS digitale historische Karten zur Verfügung. Dort ist eine digitale dynamische Karte zum Ausbau des Eisenbahnnetzes zwischen 1835–1885 einsehbar.

Q1 Das Bild Q1 ist Teil des Gemäldezyklus „Lebensgeschichte einer Lokomotive" des Malers Paul Meyerheim, den er von 1873 bis 1876 im Auftrag des Fabrikanten Albert Borsig, Inhaber der Borsigwerke und Hersteller von Dampflokomotiven, schuf. Die Bilder zeigen die „Metamorphose der Bodenschätze zum Industrieprodukt" am Beispiel einer Borsig'schen Lokomotive.

Q2 Johann Peter Beer (1782–1851) malte diese Idylle des Eisenwerkes Friedrichshütte mit einer bäuerlichen Szene im Vordergrund. Das Eisenhüttenwerk stand in Ruppertsburg, einem Ortsteil von Laubach im Landkreis Gießen am Rande des Vogelsberges. Bauherr und Namensgeber war 1707 Graf Friedrich Ernst zu Solms-Laubach (1671–1723). Am 14. März 1731 übernahm Johann Wilhelm Bruderus die Hütte. Dieses Datum gilt allgemein als das Gründungsdatum der Firma Buderus. 1870 wurde der Betrieb an Julius Römheld verpachtet. Die Roemheld Gruppe betreibt bis heute die Friedrichshütte als Eisengießerei. Roemheld zählt weltweit zu den Marktführern in der stationären Werkstück-Spanntechnik, der Spanntechnik für Umformwerkzeuge und der Montage- und Handhabungstechnik.

Erläuterungen zu den Arbeitsaufträgen

1. Nenne Unterschiede und Gemeinsamkeiten der Industrialisierung in England und Deutschland (VT). (AFB I) ○ → S. 184

England	Deutschland
– Beginn um 1750	– Beginn um 1840
– Bevölkerungswachstum	– Bevölkerungswachstum
– keine Zunft- und Standesschranken	– nach 1807 – Abbau der Zunft- und Standesschranken
– liberale Wirtschaftslehre	
– lange Friedenszeit in Großbritannien	– napoleonische Kriege bis 1814
	– Einigungskriege ab 1864
	– 1871 Reichsgründung
– einheitlicher Binnenmarkt	– Zersplitterung in Einzelstaaten
	– 1834: Deutscher Zollverein
– leichter Zugang zu Rohstoffen (Kohle und Eisenerz beieinander) und Kapital (Kolonial- und Handelsmacht)	– größere Kohlevorkommen im Ruhrgebiet und in Oberschlesien
– mechanische Spinnmaschine und Webstuhl, Dampfmaschine, erste Eisenbahn (1825)	– erste Eisenbahn (1835)
– Leitsektor Baumwollindustrie	– Leitsektor: Eisen- und Stahlindustrie

2. Die Gruppe am linken Bildrand (Q2) blickt während der Pause auf das Hüttenwerk und diskutiert, ob die Arbeit in der Landwirtschaft gegen eine Arbeit im Eisenwerk eingetauscht werden sollte. Formuliere einen Dialog. (AFB II)

Es ist darauf zu achten, dass die SuS die damaligen Arbeits- und Lebensverhältnisse im Blick behalten und nicht einer romantischen Vorstellung von landwirtschaftlicher Tätigkeit anhängen, die durch eine einseitig moderne und ökologische Sichtweise auf die Landwirtschaft geprägt ist.

Für die Arbeit in dem Eisenwerk sprechen u.a.:
- regelmäßiger Lohn;
- besser bezahlt als die Arbeit in der Landwirtschaft;
- das ganze Jahr über Arbeit;
- Aufstiegsmöglichkeiten im Werk bei guter Leistung.

Für die Arbeit in der Landwirtschaft sprechen u.a.:
- gewohnte Tätigkeiten;
- im Jahresverlauf wechselnde Tätigkeiten;
- bei schönem Wetter ist es auf den Äckern und Wiesen angenehmer als im Hüttenwerk;
- Unfallgefahr nicht so hoch wie im Hüttenwerk;
- keiner strengen Betriebsordnung unterworfen, in gewissem Rahmen kann man seine Arbeit selbst einteilen.

SP 3. Q1 zeigt verschiedene Transportmöglichkeiten: Zug, Kutsche, Schiff, zu Fuß. Lege dafür eine Tabelle an und nenne die jeweiligen Vor- und Nachteile (VT3–VT4). (AFB I)

	Vorteile	Nachteile
zu Fuß		mühsam, langsam, wenig Transportlast
Kutsche	schneller und bequemer als zu Fuß	unbequem, eng, schlechte Wege
Segelschiff	großer Transportraum	abhängig von Wasserstand und Wind
Dampfschiff	großer Transportraum, unabhängig vom Wind	abhängig vom Wasserstand, Maschinen noch nicht ausgereift, müssen Brennstoff selbst mitführen
Zug	schnellstes Transportmittel, preisgünstiger Warentransport	Eisenbahnnetz noch nicht vollständig ausgebaut zusätzliche hohe Anfangsinvestitionen in Gleise

MK 4. Das Bild Q1 ist Teil eines Bilderzyklus mit dem Titel „Lebensgeschichte einer Lokomotive". Recherchiere im betreffenden Wikipedia-Artikel: Welche Brücke ist in Q1 dargestellt? Diskutiere mit deinem Lernpartner, ob es sich bei den Gemälden um eine idealisierte Darstellung handelt. (AFB II)
MKR 1.1, 1.2, 6.1
- Das Gemälde zeigt die Pfaffendorfer Brücke, die über den Rhein von Koblenz nach Ehrenbreitstein führt.
- Der Wikipedia-Artikel zum Gemäldezyklus „Lebensgeschichte einer Lokomotive" des Malers Paul Meyerheim spricht von einer deutlichen Idealisierung und einem verherrlichenden Charakter: Dem ist beispielsweise mit Blick auf die Darstellung des Erzabbaus (fast gesellige Arbeit zweier Frauen an der Förderwinde) oder der Endmontage (eine Katze in der Montagehalle), aber auch dem idealisierten Nebeneinander von Pferdekutsche und Lokomotive sowie dem einmütigen Miteinander einzelner Arbeiter/ Konstrukteure zuzustimmen.
- Gleichzeitig zeigen aber gerade die beiden Gemälde zum Hochofenabstich und in der Räderschmiede durchaus die körperlich sehr fordernde Arbeit.
- Mit den SuS sollte die Medienspezifik eines Auftragswerks (positive Darstellung des Fabrikanten bzw. seiner Unternehmung) besprochen werden.
- Der Bilderzyklus eignet sich zudem für eine zusammenfassende Darstellung des industriellen Prozesses von der Erzgewinnung bis hin zum Welthandel durch die SuS.

5. Die Eisenbahn und der Zollverein sind als „siamesische Zwillinge" bezeichnet worden. Erläutere diesen Vergleich (D1, Q3, Q4). (AFB II) ○ → S. 185
- Dass Zollverein und Eisenbahn „siamesische Zwillinge" sein sollen, ist zwar ein eingängiges Bild, für dessen Angemessenheit es auch einige Gründe gibt, denn beide entwickeln sich etwa zur gleichen Zeit.
- Der Effekt der Eisenbahn wäre sicher durch zahlreiche Zollgrenzen beeinträchtigt worden. Aber man muss kein Prophet sein, um zu erkennen, dass sich die Eisenbahn auch ohne den Zollverein durchgesetzt hätte, vielleicht etwas weniger schnell.
- Aufgrund der zeitlichen Parallelität zwischen Eisenbahn und Zollverein kann aber schon von einer engen Verbindung gesprochen werden, diese ist aber nicht notwendig, natürlich oder zwangsläufig.

6. Notiere die Eindrücke eines Reisenden, der erstmals mit der Eisenbahn fährt, in einem Tagebucheintrag (Q1, D3, VT4). (AFB II)
Die Tagebuchform ist freigestellt. Zu erwarten ist, dass folgende Punkte angesprochen werden:
- die Schnelligkeit, mit der Distanzen überwunden werden;
- die „Zerschneidung" der Landschaft durch die Bahntrasse (möglichst ebenerdige und gradlinige Streckenführung, Brücken, um Täler zu überqueren);
- die ungewohnten Geräusche der Lokomotive und der Waggons (Fahrtgeräusche);
- Faszination der neuen Technik;
- die Vielzahl der Mitreisenden;
- die Aufmerksamkeit, die das neue Verkehrsmittel auf sich zieht.

7. Die Eisenbahn wurde überwiegend begrüßt. Es gab jedoch auch Verlierer dieser Entwicklung. Erkläre, um welche Berufsgruppen es sich handeln könnte (Q5). (AFB II) ○ → S. 185
Es könnte sich um folgende Berufsgruppen gehandelt haben:
- Fuhrleute;
- Postkutscher;

- Wirtsleute, die eine Poststation unterhielten;
- Stellmacher (Rad- und Wagenbauer);
- Geschirrmacher;
- Pferdehändler.

8. **Erläutere die Skizze D4 und nenne die Waren und Dienstleistungen, die jeweils nachgefragt wurden.** (AFB II)

	Abtransport	Anlieferung
Bergbau	Kohle	Holz für Stollen, Maschinen (z. B. Pumpen, Schmiedewaren)
Stahlindustrie	Eisenbahnschienen, Bleche für Lokomotiven und Waggons, Wassertanks	Kohle, Erze (kaum in ausreichender Qualität und Menge in Deutschland vorhanden)
Maschinenbau	Lokomotiven	Bleche für Lokomotiven, Maschinenteile und Waggons
Hoch- und Tiefbau	Streckennetz, Bahnhofsgebäude, Lokschuppen, Signalanlagen	Holz für Bohlen, Eisenbahnschienen, Baumaterialien

9. **Übertrage D4 auf ein Lernplakat zum Thema „Beginn der Industrialisierung in Deutschland". Ergänze weitere Bereiche mit einem Bezug zur Eisenbahn.** (AFB III) ●
- Ein Lernplakat dient dazu, sich den erarbeiteten Lernstoff besser einzuprägen und ihn abrufbar zu halten. Das Lernplakat kann in Einzel-, Partner- oder Gruppenarbeit erstellt werden;
- mögliche Themenpunkte, die inhaltlich differenziert werden müssen (ausdifferenzierte Begriffe vom Tafelbild sind einzusetzen, sollen konzentrische Kreise sein):

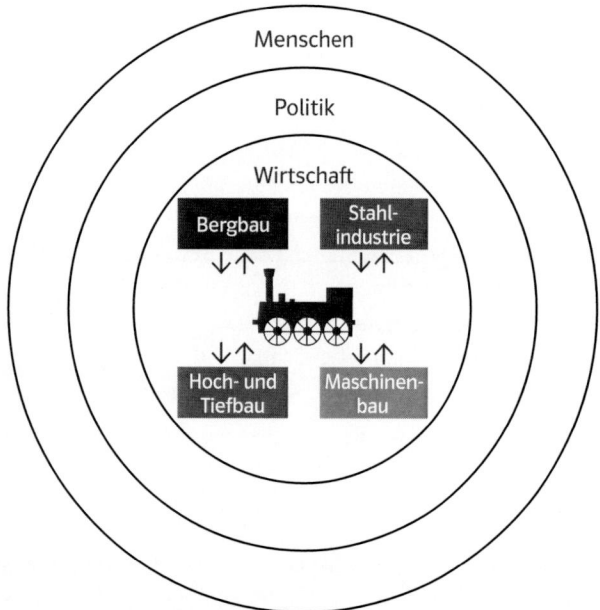

MK 10. Vergleiche die Chancen und Grenzen von Geschichtskarten (D1) gegenüber animierten Karten zur Entwicklung des Eisenbahnnetzes (D2 W05 ⊕). (AFB II) MKR 1.2, 6.1
- Geschichtskarten, die beispielsweise im Buch abgedruckt sind, versuchen die Dynamik von historischen Prozessen im Laufe der Zeit beispielsweise durch Legenden abzubilden. Die Geschichtskarte enthält weitere Informationen wie Städtenamen, Landesgrenzen oder auch Angaben zum Maßstab.
- Die digitale bzw. animierte Geschichtskarte D2 beinhaltet zwar weniger Informationen. Aber die Dynamik bzw. die Entwicklung des Eisenbahnnetzes zwischen 1835 und 1885 ist aufgrund der Animation besser nachvollziehbar.

Kompetenztraining Fachmethode: Statistiken auswerten

📖 76–77

Kompetenzziele

🧩 Analysekompetenz
Die SuS
- können methodische Arbeitsschritte zur Auswertung von Statistiken anwenden;
- können die Informationen einer Statistik mit den Informationen des Darstellungsteils verknüpfen.

Sequenzvorschlag

📖 76–77

Einzelstunde: Statistiken auswerten

Kommunikations- und Sozialformen	Minimalfahrplan	Differenzierungs- angebote
	Anmerkung: Der didaktische Ort, an dem diese Doppelseite eingefügt werden kann, ist nach den beiden Unterkapiteln zum Verlauf der Industrialisierung in Großbritannien und Deutschland. Inhaltlich kann die Perspektive auf den Verlauf der Industriellen Revolution in Europa geweitet werden. Eine weitere Möglichkeit bietet sich, wenn man dieses Unterkapitel als vertiefende Hausaufgabe zu einem der beiden genannten Unterkapitel verwendet.	
Arbeit im Plenum ⇐	**Einstieg:** Karte der Orientierungsseite, S. 67 „Industriegebiete in Mitteleuropa um 1850"	
	Leitfrage: Wie verläuft die Industrialisierung in den einzelnen Staaten Europas?	
arbeitsteilige Gruppenarbeit ⇐	**Erarbeitung:** Bedeutung der Roheisenproduktion für den Industrialisierungsgrad eines Landes klären (Arbeitsaufträge 3 und 5) Arbeitsgruppen bearbeiten jeweils ein Land (Großbritannien, Frankreich, Deutschland) gemäß dem Dreischritt: Beschreiben – Untersuchen – Deuten	
	Sicherung/Ergebnis: Vorstellen und Zusammentragen der Ergebnisse; D2, Arbeitsauftrag 2 ⇒	**Hausaufgabe:** Arbeitsauftrag 1 oder 4

3 Industrielle Revolution und soziale Frage

Hinweise zum Verfassertext und zu den Materialien

VT Obwohl Statistiken den SuS in den Medien nahezu tagtäglich begegnen, fällt es ihnen oft schwer, auf der Grundlage einer Statistik zu tragfähigen und zielführenden Aussagen zu kommen. Erklären lässt sich dies dadurch, dass Statistiken eine Vielzahl von Informationen bündeln und übersichtlich unter einer bestimmten Fragestellung zusammenfassen. Die Kompetenz, eine Statistik interpretieren und umsetzen zu können, verlangt, dass SuS die in der Statistik abgebildete und reduzierte Wirklichkeit mit ihrem Wissen über historische Sachverhalte abgleichen und einordnen müssen, ohne sich in Detailbetrachtungen zu verlieren. Die auf dieser Doppelseite dargebotenen Statistiken zeigen die drei gängigen Darbietungsformen statistischen Materials. Die Bearbeitung der Statistiken eignet sich für arbeitsteilige Gruppenarbeit, da so die jeweils in den Fokus genommene Beantwortung der Fragestellung übersichtlich bleibt. Im Plenum werden dann die Einzelergebnisse zu einem Gesamtbild zusammengetragen.

Erläuterungen zu den Arbeitsaufträgen

1. Erläutere die Zusammenhänge zwischen der Bevölkerungsentwicklung und der Industrialisierung (D1). (AFB II)
- Während des 19. Jahrhunderts steigt die Bevölkerungszahl in den drei ausgewählten Ländern Großbritannien, Frankreich und Deutschland ungewöhnlich stark, allerdings mit deutlichen Unterschieden während des dargestellten Zeitraums. In unterschiedlichen Zeiträumen werden in den einzelnen Ländern die Familien größer, es sterben weniger Kinder und die allgemeine Lebenserwartung steigt.
- Großbritannien ist 1800 der „demografische Nachzügler" (Ergänzung: Noch 1750 gab es ohne Schottland in England 5,9 Mio. Einwohner). In dem Jahrhundert wächst die Bevölkerung um das Vierfache und hat am Ende des Jahrhunderts mit Frankreich fast gleichgezogen.
- Frankreich ist zu Beginn des Untersuchungszeitraums das bevölkerungsreichste Land, steigert seine Einwohnerzahl bis zur Mitte des Jahrhunderts um gut 30%, um in den folgenden 50 Jahren nur noch um gut 7% zu wachsen.
- Deutschland ist von 24,5 Mio. im Jahr 1800 auf 35,1 Mio. im Jahr 1850 gewachsen, hat sich demnach um 43% vergrößert, um in den folgenden 50 Jahren auf 56,4 Mio. anzuwachsen, also noch einmal um 60%. Am Ende des Jahrhunderts ist Deutschland mit Abstand das bevölkerungsreichste Land der hier untersuchten Staaten.
- In allen drei Ländern findet die Industrialisierung statt. Es ist deutlich zu erkennen, dass dieser Prozess in Deutschland in der ersten Hälfte des Jahrhunderts noch verhalten beginnt, um in der zweiten Jahrhunderthälfte an Dynamik zu gewinnen (vgl. dazu auch D3).
- Mit dem Bevölkerungswachstum steht ein gewaltiges Reservoir an Arbeitskräften zur Verfügung, die in der Industrie Arbeit finden. Andererseits steigt auch die Nachfrage nach gewerblichen und Konsumgütern.

2. Weise nach, inwiefern sich die Struktur der Gesellschaft durch die Industrialisierung veränderte (D2). (AFB II)
- Der Anteil der in der Landwirtschaft Beschäftigten geht im 19. Jahrhundert von 62% auf 38% zurück. Damit ist Deutschland kein reines Agrarland mehr. Entsprechend steigt der Anteil der in Industrie und Handel Beschäftigten von 21% auf 37%.
- Agrarsektor und Landwirtschaft liegen am Ende des Jahrhunderts gleichauf. Auch der Dienstleistungssektor legt zu. Die zu Beginn des Jahrhunderts in der Landwirtschaft Tätigen finden in Industrie und Dienstleistung neue Arbeitsplätze.

3. Erkläre den Verlauf der Industrialisierung in den drei ausgewählten Ländern (D3). (AFB II)
- Roheisen ist der wichtigste Grundstoff der Schwerindustrie. Es wird zu Stahl weiterverarbeitet, der für die Herstellung von Maschinen, Lokomotiven, Eisenbahnschienen und Werkzeugen benötigt wird. Daher gilt die Roheisenproduktion als ein wichtiger Indikator für den Stand der Industrialisierung eines Landes.
- Großbritannien ist bis gegen Ende des 19. Jahrhunderts der mit Abstand größte Roheisenproduzent. Erst zu Beginn des 20. Jahrhunderts übernimmt Deutschland die Spitzenposition. Es zeigt sich, dass die Roheisenproduktion in Großbritannien um 1800 am weitesten fortgeschritten ist, was auf einen frühen Beginn der Industrialisierung schließen lässt, während Deutschland erst in der 2. Hälfte des 19. Jahrhunderts aufschließt. Zwischen 1880 und 1913 verfünffacht sich in Deutschland der Wert.
- In Frankreich steigt die Roheisenproduktion kontinuierlich, ohne jedoch die hohen Zahlen Großbritanniens und Deutschlands zu erreichen. Die Gründe hierfür sind in den innenpolitischen Wirren und den Nachwehen der napoleonischen Kriege und auch im Deutsch-Französischen Krieg zu suchen. So verläuft Frankreichs Industrialisierung langsamer und eine echte Industrielle Revolution vergleichbar mit der Entwicklung in Großbritannien und Deutschland bleibt aus. Eine Industriegesellschaft im vollen Sinn mit der Industrie als größtem Beschäftigungssektor ist Frankreich nicht, der Agrarsektor bleibt wesentlich gewichtiger als in den beiden anderen Ländern. Auch sind große Industriestädte und Industrieunternehmen in Frankreich weit seltener.

	Großbritannien		Frankreich		Deutschland	
	in 1000 t	Steigerung in %	in 1000 t	Steigerung in %	in 1000 t	Steigerung in %
1800–1814	248	–	200	–	–	–
1820–1824	418	68,5	150	–25,0	75	–
1840–1844	1465	250,5	395	163,3	160	113,3
1860–1864	4219	188,0	1065	169,6	613	283,1
1880–1884	8295	96,6	1918	80,1	2893	371,9
1900–1904	8778	5,8	2665	38,9	7925	173,9
1910–1913	9792	11,6	4664	75,0	14836	87,2

(verändert nach: Brian R. Mitchell: Statistischer Anhang. In: Carlo M. Cipolla/ Knud Borchardt: Die Entwicklung der industriellen Gesellschaften. Bd. 4. Fischer, Stuttgart/New York 1985, S. 504)

4. Erläutere die Vor- und Nachteile der jeweiligen Darstellungsart (D1–D3). (AFB II)

	Vorteile	Nachteile
D1, D2: grafische Darstellungen (Säulen-, Kreisdiagramm)	– wecken Aufmerksamkeit und Interesse – übersichtlicher – lassen sich leichter beschreiben – einprägsamer – Trends leichter erkennbar – lockern den Text, die Seite auf	– weniger genau – keine konkreten Daten – lenken von genauer Analyse ab – können suggestiv wirken
D3: tabellarische Darstellungen	– hohe Genauigkeit – Grundlage jeder grafischen Darstellung – Zwischenschritte sind erkennbar	– unübersichtlich – Vielzahl der Daten ist verwirrend – langweilig – abschreckend – Analyse ist zeitintensiv

Mögliche Differenzierung bei tabellarischen Darstellungen: Es ist zu unterscheiden, ob absolute Zahlen dargeboten oder relative Häufigkeiten (Prozentzahlen, Indexzahlen) angegeben werden. Relative Häufigkeiten werden gewählt, wenn die Daten bezüglich des gesamten Datensatzes bewertet werden sollen.

5. Der Anstieg der Roheisenproduktion ist in D3 in absoluten Zahlen angegeben. Errechne die prozentuale Steigerung zwischen den ausgewählten Intervallen und fertige eine neue Tabelle an. (AFB I)
(s. Tabelle oben)

6. Wandle die Tabelle D3 in ein Balkendiagramm um. (AFB I)
Die Umwandlung ist über Microsoft Excel schnell zu vollziehen:
– Excel aufrufen → Tabellendaten eintragen → Reiter „Einfügen" anklicken → „Säule" anklicken

Ggf. Legenden- und Achsenbeschriftung anpassen:
– Vertikale (Wert-)Achse anpassen: in die linke Zahlenreihe mit der linken Maustaste doppelt klicken: Achse formatieren – „Zahl"
– Legende rechts anpassen: 1 x rechte Maustaste klicken → „Daten auswählen" – „Legendeneinträge (Reihen)" → Bearbeiten → Reihenname anpassen

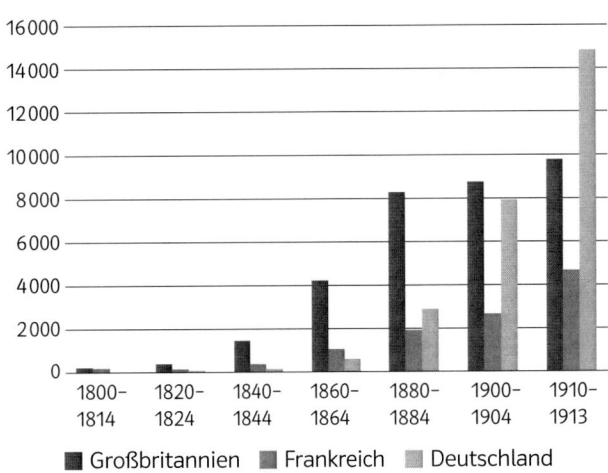

Roheisenproduktion in 1000 Tonnen im Jahresdurchschnitt

(verändert nach: Brian R. Mitchell: Statistischer Anhang. In: Carlo M. Cipolla/Knud Borchardt: Die Entwicklung der industriellen Gesellschaften. Bd. 4. Fischer, Stuttgart/New York 1985, S. 504)

7. Werte D3 aus. Nutze die Arbeitsschritte und Formulierungshilfen. (AFB III)
Die Auswertung einer Statistik ist immer abhängig von persönlichen Untersuchungsinteressen, daher ist der folgende Text nur ein Orientierung gebendes Beispiel.
– Beschreiben: *Die Statistik „Roheisenproduktion ausgewählter Länder" zeigt in absoluten Zahlen die durchschnittlich produzierte* Jahresroheisenmenge in 1000 t an. *Ausgewählt wurden* drei europäische Länder: Großbritannien, Frankreich und Deutschland. Die erste Spalte gibt beginnend 1800 den Zeitraum an, in dem der Jahresdurchschnitt ermittelt wurde, wobei das erste Tabellenfeld 14 Jahre umfasst, die folgenden fünf Felder 4 Jahre und das letzte Feld 3 Jahre. Zwischen 1820 und 1900 wurde die Produktion im Abstand von 20 Jahren ermittelt, zwischen der letzten und vorletzten Datenerhebung liegen allerdings nur 10 Jahre

Abstand. *Die Statistik endet 1913, ein Jahr später beginnt* der Erste Weltkrieg.
- Untersuchen: *Der Vergleich der drei Länder zeigt, dass Großbritannien* ein ganzes Jahrhundert lang die höchste Roheisenmenge produzierte. Im letzten Drittel des 19. Jahrhunderts hat sich Deutschland auf den zweiten Platz nach Frankreich geschoben. Deutschlands Steigerungsrate liegt zwischen 1860–1864 und 1880–1884 mit ca. 370% am höchsten. *Zu Beginn des 20. Jahrhunderts nimmt jedoch Deutschland* schon fast den gleichen Rang wie Großbritannien ein. Während Deutschland bis 1900 seine Produktion noch einmal um ca. 170% steigert, stagniert Großbritanniens Steigerungsrate nahezu. *1910–1913 produziert Deutschland etwa so viel Roheisen wie* Großbritannien und Frankreich, Deutschlands Kriegsgegner im Weltkrieg, zusammen.
- Deuten: Roheisen ist der wichtigste Grundstoff der Schwerindustrie. Es wird zu Stahl weiterverarbeitet, der für die Herstellung von Maschinen, Lokomotiven, Eisenbahnschienen und Werkzeugen benötigt wird. Daher gilt die Roheisenproduktion als ein wichtiger Indikator für den Stand der Industrialisierung eines Landes. *Alle drei Staaten entwickeln sich bis 1913* zu Industriestaaten, wenn auch Frankreich am weitesten zurückbleibt. Großbritannien ist bis gegen Ende des 19. Jahrhunderts der mit Abstand größte Roheisenproduzent. Erst zu Beginn des 20. Jahrhunderts übernimmt Deutschland die Spitzenposition. Es zeigt sich, dass die Roheisenproduktion in Großbritannien um 1800 am weitesten fortgeschritten war, was auf einen frühen Beginn der Industrialisierung schließen lässt, während Deutschland erst in der 2. Hälfte des 19. Jahrhunderts aufschließt. Der industrielle Spätstarter Deutschland verfünffacht zwischen 1880 und 1913 die Werte. *Da die Produktion von Rüstungsgütern große Mengen an Roheisen erfordert, kann für die Zeit vermutet werden,* dass der Rüstungswettlauf eine nicht unerhebliche Rolle spielte. In Frankreich steigt die Roheisenproduktion kontinuierlich, ohne jedoch die hohen Zahlen Großbritanniens und Deutschlands zu erreichen. Die Gründe hierfür sind in den innenpolitischen Wirren und den Nachwehen der napoleonischen Kriege und auch im Deutsch-Französischen Krieg zu suchen. So verläuft Frankreichs Industrialisierung langsamer und eine echte industrielle Revolution vergleichbar mit der Entwicklung in Großbritannien und Deutschland bleibt aus.

Neue Industrien entstehen

Kompetenzziele

Wahrnehmungskompetenz
Die SuS
- können die verschiedenen Etappen der Industriellen Revolution (leichtindustriell, schwerindustriell und forschungsbasiert [= neue Industrien]) reflektieren;
- können Fragen zur Bedeutung der Elektrizität für den weiteren Fortgang des Industrialisierungsprozesses als Licht- und Energiequelle (Ersatz für Dampfkraft) stellen;
- können die Ende des 19. Jahrhunderts begründete globale Vormachtstellung Deutschlands bei der chemischen und optischen Industrie erklären;
- können die Merkmale des neuen Berufsbildes zusammenfassen und ihn vom alten Handwerksmeister abgrenzen.

Analysekompetenz
- Die SuS können ein historisches Plakat analysieren und deuten und es in den historischen Kontext stellen.

Urteilskompetenz
Die SuS
- können die unterschiedlichen Etappen der Industriellen Revolution bewerten;
- können die Kategorisierung der Etappen der Industriellen Revolution als idealtypisch, aber klärend beurteilen.

Sequenzvorschlag

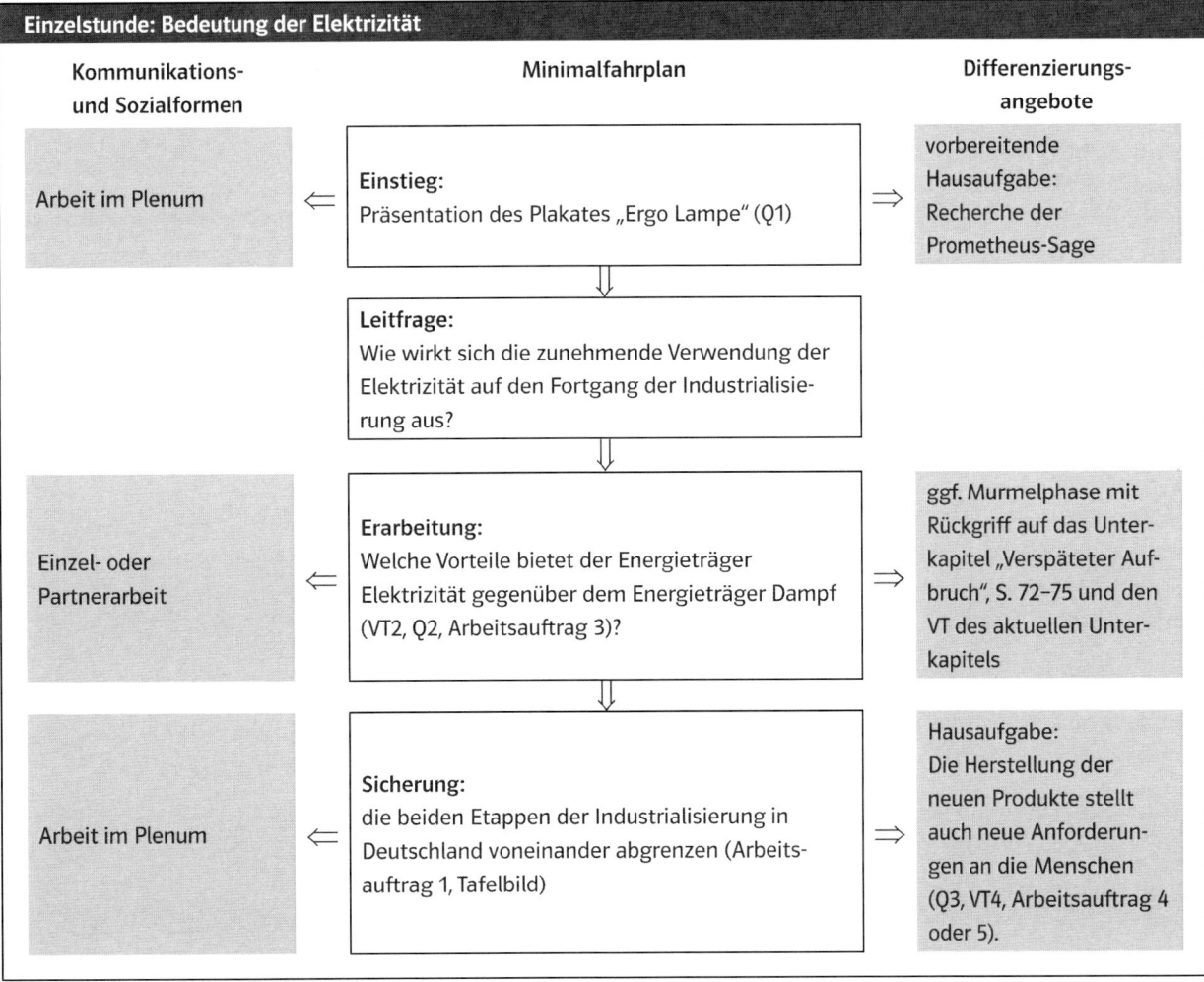

3 Industrielle Revolution und soziale Frage

Tafelbild

Etappen der Industrialisierung in Deutschland

1840er- bis 1870er-Jahre	ab 1880er-Jahre
Eisen- und Stahlindustrie	Elektroindustrie chemische Industrie
Dampfmaschine	Elektromotor
Eisenbahn	Glühlampen, Straßenbahnen, elektrische Haushaltsgeräte Farben und Bleichstoffe für Textilindustrie, dann Arzneimittel und Kunstdünger

(Hausaufgabe ergänzt: Zusammenwirken von Unternehmertum, Wissenschaft und betrieblicher Forschung)

Hinweise zum Verfassertext und zu den Materialien
→ 78-79

VT1–VT4 Auf die erste Etappe der Industrialisierung in Deutschland mit Kohlebergbau, Eisenverhüttung und Eisenbahnbau folgte im letzten Drittel des 19. Jahrhunderts vor allem in Deutschland eine zweite mit dem Aufstieg von Maschinenbau, Elektrotechnik und chemischer und optischer Industrie zu neuen Führungssektoren. Mit der aufstrebenden Industrie entstanden auch Banken und Aktiengesellschaften, die Geld für neue Investitionen bereitstellten. Die Erfolge basierten auf dem engen Zusammenspiel zwischen wissenschaftlicher Forschung, Unternehmertum und einem kapitalkräftigen Bankwesen. In Europa überholte Deutschland England, das Mutterland der Industrialisierung.

Entgegen der landläufigen Meinung spielt in dieser Etappe der Industrialisierung die Automobilindustrie noch keine bedeutende Rolle. Die erste öffentliche Vorstellung eines Automobils erfolgte durch die Herren Daimler und Benz im Jahre 1885/1886. Die Autoproduktion verlief anfangs sehr schleppend, da es sich zum Beginn der Automobilindustrie nur um Unikate handelte. Erst nach dem Ersten Weltkrieg steigerte sich die Bedeutung der Automobilindustrie in Deutschland. Anders als die deutsche und französische Geschichtsforschung betont die angloamerikanische als Einschnitt den Übergang zur Massenproduktion sowie zu neuen industriellen Organisationsformen (Fordismus, Taylorismus) insbesondere seit den 1920er-Jahren.

Q1 Prometheus (griechische Mythologie) gehört dem ältesten Göttergeschlecht der Titanen an, die von den Olympiern entmachtet wurden. Er gilt als Schöpfer der Menschen und Tiere und als Freund und Kulturbringer der Menschheit. Da Zeus den Menschen das Feuer vorenthält, stiehlt es Prometheus vom Sonnenwagen des Helios und bringt die Feuerfackel zu den Menschen.

Q2 Emil Moritz Rathenau (geb. 11. Dezember 1838 in Berlin; gest. 20. Juni 1915 ebenda) war ein deutsch-jüdischer Maschinenbauingenieur und Unternehmer. Er gilt als Gründer der AEG. Seit 1912 zog sich Emil Rathenau aus gesundheitlichen Gründen mehr und mehr aus dem aktiven Geschäft zurück und überließ seinem Sohn Walther, der 1903 in das AEG-Direktorium eingetreten war, die Leitung. Nach dem Tod Rathenaus 1915 übernahm sein Sohn Walther das Präsidium der AEG.

Q3 Walther Rathenau (geb. 29. September 1867 in Berlin; gest. 24. Juni 1922 in Berlin-Grunewald), Sohn von Emil Rathenau (Q2). Er war ein deutscher Industrieller, Schriftsteller und liberaler Politiker (DDP). Am 31. Januar 1922 wurde er Reichsaußenminister. Er wurde am 24. Juni 1922 Opfer eines politisch motivierten Attentats rechtsradikaler Kräfte.

Erläuterungen zu den Arbeitsaufträgen
→ 78-79

1. Gib wieder, was die zweite Etappe der Industrialisierung kennzeichnet (VT). (AFB I)

Folgende Punkte sind zu erwähnen:
- Zeitraum: ab 1880er-Jahre;
- neue Industrien: Elektro-, chemische Industrie;
- Elektromotor ersetzt die Dampfmaschine;
- Chemie: zunächst Farben und Bleichstoffe für Textilindustrie, dann Erweiterung der Produktpalette: Kunstdünger, Arzneimittel;
- Zusammenwirken von Unternehmertum, Wissenschaft und betrieblicher Forschung.

100

2. Erkläre mithilfe des Plakates Q1, welche Bedeutung der Glühlampe und der Elektrizität überhaupt im 19. Jahrhundert zugeschrieben wurde (VT2). (AFB II) ○ → S. 185
- So wie Prometheus den Menschen durch das Feuer den Kulturfortschritt gebracht hat, so bringt der „moderne Prometheus", der Elektroingenieur (Q3), den Menschen mittels der Glühbirne Licht in die sie umgebende Dunkelheit.
- Eine Gleichstellung der Elektroingenieure mit dem Göttergeschlecht der Titanen ist nahegelegt und unterstreicht das Selbstverständnis der Ingenieure.

3. Fasse die Vorteile der Elektrizität gegenüber dem Dampf zusammen (Q2, VT2). (AFB I) ○ → S. 185
Mögliche Lösung als Tabelle oder als Skizze. Folgende Aspekte sind zu nennen:
- Elektromotoren sind eine kostengünstige Alternative zur Dampfmaschine für kleine Handwerksbetriebe und Haushalte;
- Krafterzeugung für Elektromotoren ist an beliebiger Stelle möglich, Transport der Kraft (Elektrizität) kann über große Strecken erfolgen;
- geringer Platzbedarf der Elektromotoren;
- große Sicherheit der Motoren gegenüber den Dampfmaschinen (Reduzierung der Unfallgefahr);
- ökonomischer Einsatz: Elektromotor muss nur nach Bedarf eingeschaltet werden, die Kraft ist sofort verfügbar;
- darüber hinaus: allgemeine Verfügbarkeit der Beleuchtung dehnt die Produktionszeiten aus.

SP 4. Schreibe als Fabrikbesitzer eine Stellenanzeige, mit der du einen wissenschaftlich ausgebildeten Ingenieur aus dem Bereich Elektrotechnik oder Chemie suchst. Nutze folgende Bausteine: „Wir sind ...", „Wir suchen ...", „Wir erwarten ...", „Wir bieten ..." (Q3, VT4). (AFB II)
Wichtig sind folgende Ausschreibungspunkte:
- Wir suchen: Absolventen einer Technischen Hochschule (dort wurden Ingenieure ausgebildet); möglichst mit Praxiserfahrungen, am liebsten in England;
- Wir erwarten: Kenntnisse im Konstruktionszeichnen; Blick für die Kostenseite der Produkte; gewandt im Umgang mit ausgebildeten Meistern;
- Wir bieten: gutes Gehalt und firmeneigene Pensionskasse; sicheren Arbeitsplatz; 6-Tage-Woche; Haus in der Nähe der Fabrik.

5. Ein traditionell ausgebildeter Meister berichtet seiner Frau von dem neu eingestellten Ingenieur, der ab jetzt sein Vorgesetzter ist (Q3, VT4). (AFB II) ●
- Je nach Schwerpunkt kann diese Aufgabe auch als szenische Darstellung aufgegeben werden. Auch möglich ist, den Auftrag zu modifizieren und das Zusammentreffen als Spielszene in einer Werkstatt stattfinden zu lassen.
- Auf jeden Fall wird die individuelle Schülerlösung folgende Aspekte aufgreifen: Anzunehmen ist, dass eine Konfliktsituation beschrieben wird. Auf der einen Seite der traditionell ausgebildete Meister, der in jahrelanger Tätigkeit in der Firma seine „Erfahrungen" gesammelt und viele Erfolge vorzuweisen hat. Er vertraut auf seine Erfahrungen, hat sie aber nie aufgeschrieben, er hält sich nicht an Konstruktionszeichnungen, wenn ihm Maße und andere Angaben nicht plausibel erscheinen. Der junge Ingenieur, der nun plötzlich sein Vorgesetzter ist, pocht auf die Einhaltung der im Konstruktionsplan festgeschriebenen Angaben und Maße. Er will nicht Altes weiterentwickeln, sondern Neues umsetzen. Vielleicht ist er auch anders gekleidet, arbeitet in seinem Büro und kommt nur in die Werkstatt, um die Ausführung seiner Anweisungen zu überwachen. Der Ingenieur verkörpert eine neue Berufselite, die sich von den Arbeitern in der Produktion und den etablierten Handwerkern absetzt.

3 Industrielle Revolution und soziale Frage

Kompetenztraining Fachmethode: Fotografien analysieren

80–81

Kompetenzziele

Analysekompetenz
– Die SuS können methodische Arbeitsschritte zur Auswertung historischer Fotografien anwenden.

80–81

Sequenzvorschlag

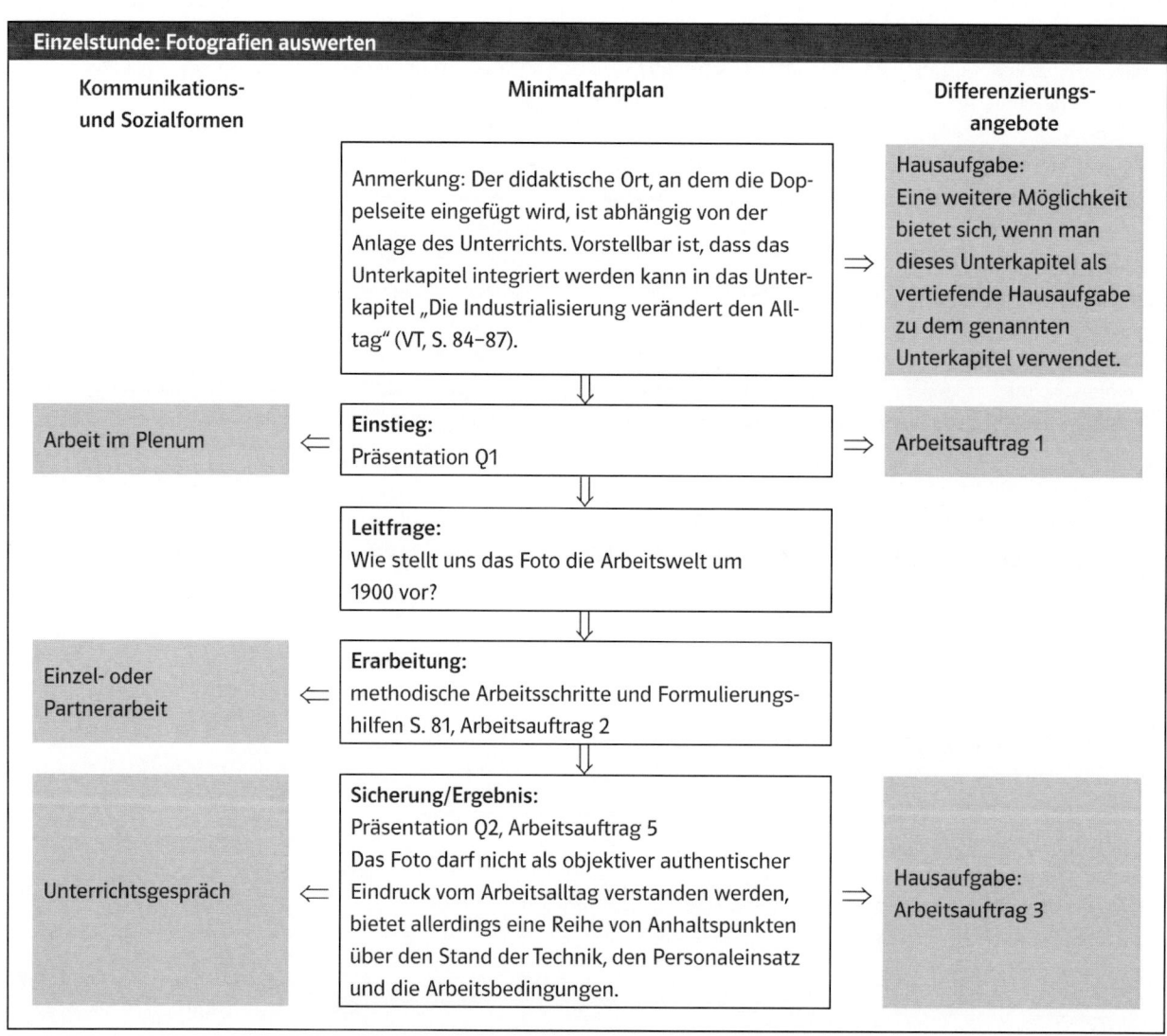

80–81

Hinweise zum Verfassertext und zu den Materialien

VT1–VT3 Das Unterkapitel informiert über Manipulationen und schärft das gesunde Misstrauen gegenüber den scheinbar objektiven Bildquellen.

Q1 Die Sächsische Maschinenfabrik – vormals Richard Hartmann – in Chemnitz war in der zweiten Hälfte des 19. Jahrhunderts und den ersten beiden Jahrzehnten des 20. Jahrhunderts eines der bedeutendsten Maschinenbauunternehmen in Sachsen. 1870 beschäftigte die Fabrik 2700 Mitarbeiter, zur Jahrhundertwende arbeiteten etwa 5700 Mitarbeiter im Unternehmen. Neben Lokomotiven produzierte es Kanonen, Granaten und weitere Militärartikel. Nach dem Ersten Weltkrieg stellte es neben Lokomotiven auch Spinnereimaschinen her. Das Unternehmen verfügte über sehr gute Geschäftsbeziehungen nach Russland. Nach der Weltwirtschaftskrise musste es aber 1930 liquidiert werden, allerdings existierten einzelne Geschäftszweige in anderen Unternehmen weiter. Im Zweiten Weltkrieg wurden die verbliebenen Unternehmensanlagen zu 60 % zerstört, die verbleibenden Anlagen wurden nach dem Krieg zu 90 % demontiert und nach Russland geschafft. 1946 enteignete die SED die Besitzer und gründete den Volkseigenen Betrieb (VEB) Spinnereimaschinenbau. Der VEB existierte bis zum Ende der DDR und hörte 1990 auf zu bestehen.

Q2 Alfred Krupp erkannte den Wert von Fotos für das Image einer Firma. Aus Anlass der Pariser Weltausstellung 1867 und als Geschenke für „hochstehende Personen" wollte Krupp Fotografien seiner Fabriken anfertigen lassen. Die qualmenden Schornsteine sollten als ein Zeichen des Wohlstands und guter Unternehmensleitung betrachtet werden.

Erläuterungen zu den Arbeitsaufträgen

80–81

1. Verfasse zwei Überschriften zu Q1: aus der Perspektive eines Zeitgenossen und aus der Perspektive eines heutigen Betrachters. (AFB II)
- Zeitgenosse (angenommene Perspektive: Firmenleitung): Moderne Maschinen und gut ausgebildete Facharbeiter garantieren höchste Qualität der Produkte aus der Hartmann'schen Maschinenfabrik.
- Zeitgenosse (angenommene Perspektive: Arbeiter): Die Fertigung von Qualitätsmaschinen erfordert höchste Konzentration bei der Arbeit.
- Heutiger Betrachter: Vorsicht Werbung! Die anstrengende und gefährliche Arbeit in der Schmiede wird romantisiert und als Idylle dargestellt.

2. Analysiere das Foto Q1 mithilfe der Arbeitsschritte. (AFB III)
Es ist klärend, wenn die SuS vor Beginn die Informationen aus VT2 zur Kenntnis nehmen.
Für die Lösung können die SuS sich an den Formulierungshilfen auf S. 81 orientieren. Die aufgelisteten Fortsetzungen der Sätze sind als plausible Möglichkeiten anzusehen, ohne dass sie als verbindlich gelten sollen.

Beschreiben
Bei der ersten Betrachtung des Fotos fällt auf, dass ...
- es ein Schwarz-Weiß-Foto ist,
- nur Männer abgebildet sind,
- die Werkstatt recht sauber ist,
- der Schmiedehammer eigentlich in Bewegung sein müsste.

Die beiden Männer in der rechten Bildhälfte ...
- tragen keine bzw. ungenügende Schutzkleidung,
- stehen starr.

Der Arbeiter am linken Bildrand ...
- wirkt unbeteiligt,
- steht unnatürlich steif am Arbeitsplatz.

Im Zentrum/Im Vordergrund sieht man ...
- das Feuer,
- den stehenden Arbeiter.

Untersuchen
Das Foto dokumentiert ...
- die Arbeit in der Schmiede, die geordnet und durch Maschinen leichter von statten geht.

Beim ersten Blick auf das Foto fällt auf ...
- (Rückgriff auf „Beschreiben", aber mit Erklärungsansätzen)
- dass ein bewegungsreicher Arbeitsprozess statisch erscheint.

Die gewählte Perspektive verdeutlicht ...
- dass die Maschinen überwiegen und den Menschen die Arbeit erleichtern,
- die Vielzahl der Menschen, die in der Schmiede tätig sind.

Der dargestellte Arbeitsprozess wirkt ...
- sauber,
- ungefährlich,
- einfach.

Deuten
Zu Beginn des 20. Jahrhunderts soll das Foto ...
- die Modernität der Maschinenfabrik zeigen,
- für die Industrialisierung werben.

Wesentliche Bildelemente sind ...
- die Menschen, die von Maschinen unterstützt werden.

Das Bild vermittelt vom Arbeitsprozess den Eindruck ...
- dass es in einer modernen Schmiede geordnet, ruhig, überlegt, ungefährlich und sauber zugeht.

Die Industrialisierung wird dargestellt als ...
- Fortschritt,
- Erleichterung für die Menschen,
- arbeitsplatzsichernd für Menschen.

3. Versetze dich in die Lage eines Arbeiters, der zu Hause über den Fototermin berichtet. Schreibe dazu vier bis fünf Sätze. (AFB III)
- Deutlich werden soll bei den Schülerleistungen, dass es kein reales Abbild des Alltags in der Schmiede ist.
- Der Fotograf arrangierte die Arbeiter für sein Bild, sie posieren und wirken statisch. Der übliche Arbeitsablauf ist nicht dargestellt. Die Schmiede ist gefegt und gereinigt, die Arbeiter tragen saubere Arbeitskleidung, sie geben den Blick auf die Maschinen und das Feuer frei.

3 Industrielle Revolution und soziale Frage

4. Wähle ein Foto aus diesem Kapitel aus und untersuche es mithilfe der methodischen Arbeitsschritte und der Formulierungshilfen. (AFB III)

Zur Untersuchung eignen sich in dem Kapitel die Fotos:
- S. 84: Arbeiterquartier (Beispiel eines inszenierten Bildes);
- S. 85: elektrische Straßenbahn in Frankfurt (Beispiel einer historischen Momentaufnahme mit geringerer Einflussnahme auf das Arrangement);
- S. 82: Unterbäuerliches Leben und Wohnen (inszeniertes Bild).

5. Diskutiert anhand des Textes Q2, ob Fotografien die historische Wirklichkeit abbilden. (AFB III)

- Es ist eine grundsätzliche Frage, die verschieden beantwortet werden kann. Die Rolle des Fotografen, der Wunsch des Auftraggebers und die Frage, wie weit die abgebildeten Akteure auf Anweisungen des Fotografen reagieren, beeinflussen das Dargestellte. Aufgrund der heute sehr kurzen Verschlusszeiten sind Schnappschüsse möglich, die es im 19. Jahrhundert noch nicht gab. Jede Aufnahme bildet immer nur einen winzigen Ausschnitt einer komplexen Situation ab.
- Andererseits zeigt ein Foto mehr, als es lange schriftliche Beschreibungen von Vorgängen können.

Das Leben auf dem Land ändert sich

Kompetenzziele

Wahrnehmungskompetenz
Die SuS
- können die Neuerungen im Bereich der Landwirtschaft im 19. Jahrhundert reflektieren;
- können Vermutungen zu den Veränderungen im Alltag der Landbevölkerung im 19. Jahrhundert anstellen;
- können den Wandel des Bauernhofes von einem autonomen Wirtschaftssubjekt zur Selbstversorgung zu einem für den Markt produzierenden Wirtschaftsbetrieb erklären;
- können das Bild der Städter vom Landleben der historischen Realität gegenüberstellen.

Analysekompetenz
- Die SuS können aus einem historischen Foto Informationen über die Lebensverhältnisse und den Alltag in einem Dorf entnehmen.

Urteilskompetenz
- Die SuS können die Veränderungen in der Landwirtschaft und im Alltag der Landbevölkerung vor dem Hintergrund der Modernisierungsschübe im Zuge der Industrialisierung bewerten.

Orientierungskompetenz
Die SuS
- können Informationen aus verschiedenen Unterkapiteln des Schulbuchs zusammentragen (Agrarreformen und Modernisierungsfaktoren) und auswerten;
- können die Veränderungen in der Landwirtschaft aus verschiedenen Perspektiven betrachten und eigene Deutungsmuster einbringen.

Sequenzvorschlag

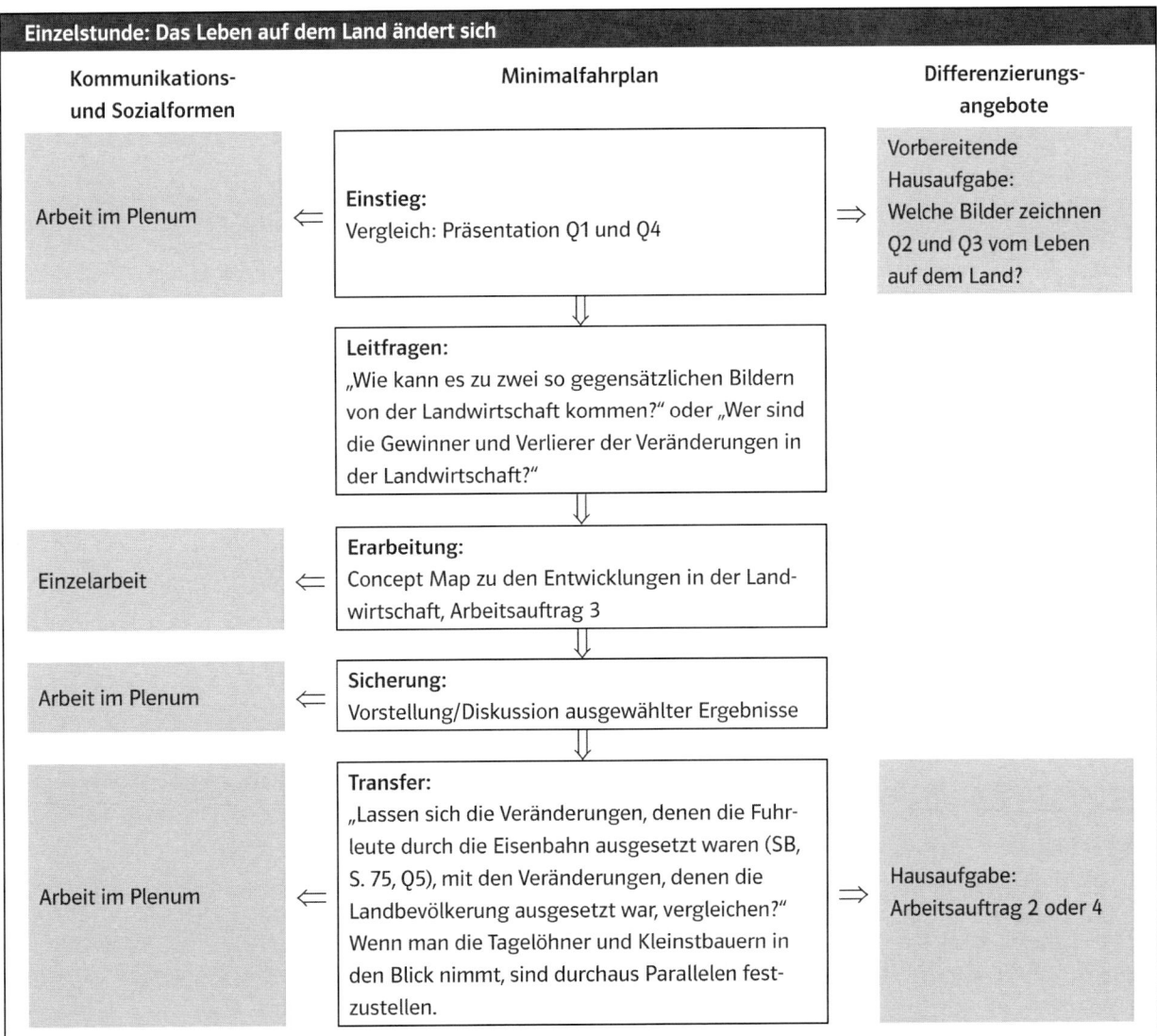

3 Industrielle Revolution und soziale Frage

Tafelbild

Veränderungen in der Landwirtschaft

- Aufhebung der Leibeigenschaft ⟶ persönliche und wirtschaftliche Freiheit
- Flurbereinigung ⟶ größere, rentabler zu bewirtschaftende Felder
- verbesserte Anbaumethoden ⟶ Fruchtwechselwirtschaft
- wissenschaftliche Fortschritte ⟶ z. B. Mineraldünger
- Mechanisierung ⟶ Einsatz von Maschinen spart Arbeitskräfte ein

Der Bauernhof wird zu einem von einem Landwirt geführten Wirtschaftsbetrieb, der für den Markt produziert.

Hinweise zum Verfassertext und zu den Materialien

VT1/VT2 Noch im 19. Jahrhundert war das Dorf eine festgefügte Gesellschaft, an deren Spitze ein mehr oder weniger wohlhabender adliger Gutsherr stand. Ihm folgten die großen landbesitzenden Vollbauern, die mittleren Bauern und Kleinbauern, der Dorfpfarrer, der Küster, der oft auch Organist und Schulmeister war, sowie die Handwerker. Letztere betrieben zur Existenzsicherung oft zusätzlich noch eine kleine Landwirtschaft. Es folgten die unterbäuerlichen Schichten. Neben Knechten und Mägden zählen hierzu vor allem die „Häusler" oder „Eigenkäthner", die neben einer eigenen kümmerlichen Hütte allenfalls noch ein kleines Stück Land von geringer Bodenqualität besaßen und auf Heimarbeit, handwerkliche Tätigkeiten oder saisonale Hilfsarbeiten angewiesen waren. Das Bevölkerungswachstum in der ersten Hälfte des 19. Jahrhunderts vergrößerte diese Schicht, weil es noch nicht ausreichend städtisch-gewerbliche Arbeitsplätze gab. Die staatliche Obrigkeit erkannte zwar früh die soziale Sprengkraft dieser Entwicklung, aber erst nachdem die napoleonische Herrschaft überwunden war, wurden Agrarreformen mit Entschiedenheit durchgeführt: Die persönlichen Bindungen der Bauern an den Grundherren wurden gelöst, an die Stelle der gemeinsamen Nutzung von Wiesen und Wäldern trat die individuelle Nutzung dieser Flächen (Gemeinheitsteilung), das zersplitterte Ackerland wurde zu großen Feldern zusammengelegt (Verkoppelungen) und unter den Bauern neu verteilt, der Flurzwang wurde aufgehoben. Die Bauern waren nun Eigentümer ihres Landes und Hofes.

VT3 Die Städter hatten damals wie heute oft keine Ahnung von der Landwirtschaft. Sie hingen einem idealisierten und romantisierten Bild des Dorfes an, das es niemals gab.

Q1 Das Saterland liegt im Bundesland Niedersachsen und ist 85 km (Luftlinie) weit von Bremen entfernt, bis nach Dortmund sind es auf dem Luftweg 168 km. Durch die natürliche Abgeschiedenheit der früher beinahe undurchdringlichen Moore, die einst das gesamte Saterland umschlossen, hat sich das Saterfriesische im Mittelalter entwickelt und wurde bis heute bewahrt. Hier lebt heute die kleinste anerkannte Sprachminderheit Deutschlands, die Saterfriesen.

Q2 Die soziale Struktur des Dorfes nahm im 19. Jahrhundert nach den Agrarreformen, den ersten Flurbereinigungen, den Verkoppelungen und Gemeinheitsteilungen – der zuvor allen zugänglichen Weideflächen – schärfere Konturen an und verfestigte krasse soziale Unterschiede: Großbäuerliche Betriebe und Mittelbauern standen auf der einen Seite, Kleinbauern, Gesinde und Tagelöhner ohne Grundbesitz fanden sich auf der anderen Seite.

Q3/Q4 Mitte des 19. Jahrhunderts begann zunächst auf den großen Gütern die Mechanisierung der Landwirtschaft. Mithilfe der Dampfmaschinentechnik wurden Dampfpflüge entwickelt, mit denen die Äcker viel tiefer gepflügt werden konnten als mit Pferde- oder Ochsenkraft. Dampfmaschinen kamen zunächst auch als Antrieb von Dreschmaschinen zum Einsatz, bis sie schließlich zu Beginn des 20. Jahrhunderts von Elektro- und Verbrennungsmotoren abgelöst wurden.
Theodor Flöther (Q4) gründete 1854 in Gassen (heute Jasien, Polen) eine Schmiede für die Reparatur von Landtechnik. 1870 wurde der Handwerksbetrieb zu einer Landmaschinenfabrik mit Serienfertigung erweitert. 1889 erfolgte die Umwandlung in eine Aktiengesellschaft mit dem Firmennamen „Maschinenbauanstalt & Eisengießerei vorm. Flöther AG". In der Folgezeit entwickelte sich das Unternehmen auf der Grundlage eines breiten und anspruchsvollen Produktsortimentes zu einem der größten Landmaschinenhersteller seiner Zeit. Um 1920 gehörte die Firma Flöther in Deutschland zu den fünf größten Unternehmen der Branche. In Verbindung mit der Weltwirtschaftskrise geriet das Unternehmen Ende der 1920er-Jahre in Schwierigkeiten. 1945 endet die Geschichte der Firma Flöther.

Erläuterungen zu den Arbeitsaufträgen

1. Arbeite aus Q2 die Merkmale heraus, die das Leben der Kleinstbauern um 1849 bestimmten. (AFB II)

Der Kleinstbauer (regional auch: Käthner, Köthner, Häusler, Brinksitzer u.a.)
- ist abhängig vom Ausfall der Ernte (Wetterbedingungen, Schädlingsbefall),
- ist auf einen Nebenerwerb angewiesen,
- muss seine Kinder zum Unterhalt der Familie hinzuziehen,
- kann seinen Acker nur oberflächlich für die Aussaat vorbereiten,
- hat keine Düngemittel (natürliche und schon gar keine mineralischen) zur Verfügung.

SP 2. Der Junge und das Mädchen auf Q1 sind mittlerweile erwachsen und haben Familie. Sie blicken gemeinsam mit ihren Kindern auf das Foto und berichten ihnen von ihrem früheren Alltag. Schreibe ihren Bericht auf. Verwende dabei Formulierungen wie „Damals wollte ich …", „Heute dagegen …" (Q1). (AFB III)

- Das Bild aus dem Jahr 1920 zeigt die Situation der unterbäuerlichen Schichten in einer abgeschiedenen, sehr ländlich geprägten und armen Region Deutschlands.
- Die Aufgabenstellung verlangt, sich in die mittlerweile erwachsenen Kinder hineinzuversetzen. Das bedeutet, dass eine Zeit um 1950 in den Blick zu nehmen ist, wenn der Teil des Berichtes formuliert wird, der unter „heute dagegen" steht. Die Informationen über das Jahr 1950 erhalten die SuS durch Zeitzeugenbefragung (Großeltern, Verwandte).
- Keine Vorgaben macht die Aufgabenstellung darüber, ob die nun erwachsenen Kinder das Dorf verlassen haben und in der Stadt wohnen oder in dem Dorf geblieben sind. Der Teil des Berichtes, der unter der Zwischenüberschrift „Damals wollte ich …" steht, orientiert sich an einer genauen Bildbetrachtung (unbefestigte Straße, dunkle, wenig repräsentative Häuser, fehlende Elektrizität etc.) und der Quelle Q4.

3. Gestalte eine Concept Map zu den Entwicklungen in der Landwirtschaft, die das Leben der Bauern im 19. Jahrhundert nachhaltig verändert haben (Q3, VT). (AFB II) ○ → S. 185

- Die hier vorgestellte Concept Map (S. 108) ist eine sehr einfache mögliche Gestaltung, die ergänzt werden kann. Wesentlich ist allerdings, dass die Concept Map von der Mindmap unterschieden wird.
- Eine Concept Map zu erstellen, benötigt deutlich mehr Zeit im Vergleich zur Mindmap. Es sind in der Regel mehrere Überarbeitungsstufen, Neukreationen, Umstrukturierungen etc. nötig. Gerade in diesem Teil des Entstehungsprozesses liegt die kognitive Weiterverarbeitung und Neugreifung des behandelten Themas.

4. Du bist ein Tagelöhner und auf den Zuverdienst während der Ernte angewiesen. Jetzt will sich der wohlhabende Bauer, der dich im Sommer beschäftigte, eine dieser neuen Dreschmaschinen anschaffen (Q4). Notiere deine Gedanken. (AFB III)

- Der Tagelöhner steht den Plänen des wohlhabenden Bauern, eine Dreschmaschine anzuschaffen, machtlos und wohl auch verzweifelt gegenüber. Er verliert einen notwendigen Zuverdienst, die vage Hoffnung, eine andere Tätigkeit auf dem Hof übernehmen zu können, ist unrealistisch.
- Es ist als positive, weiterführende Leistung der Schülerin oder des Schülers zu werten, wenn nicht bei der Kritik am Vorgehen des Bauern verharrt wird, sondern wenn historisch plausible Auswege aufgezeigt werden. Diese können wie folgt aussehen: Abwanderung in die Stadt, Suche nach einer handwerklichen oder gewerblichen Tätigkeit auf dem Dorf oder sogar die Auswanderung z. B. nach Amerika.
- Hinweis: Auf Parallelen zur Situation der Kutscher und Fuhrleute durch die Konkurrenz der Eisenbahn kann hingewiesen werden, s. Schulbuch, S. 75, Q5.

5. Wem nutzten und wem schadeten die Veränderungen? Beurteile aus der Perspektive eines Kleinbauern, eines Großbauern und eines Tagelöhners (VT). (AFB III)

Es geht um idealtypische Charakterisierung. In der Realität gab es viele Zwischenstufen.

Großbauer	Kleinbauer	Tagelöhner
Profitierte von den Veränderungen, denn nach der Flurbereinigung und den Agrarreformen verfügte er über große zusammenhängende Feldstücke, die er bewirtschaften konnte. In der Regel stand ihm ausreichend Kapital zur Verfügung, sodass er Dünger und auch Maschinen anschaffen konnte.	Die Kleinbauern profitierten in der Regel nicht von den Veränderungen. Sie wurden zwar persönlich frei, aber die ihnen zur Verfügung stehenden Flächen reichten nicht aus, um die Familie zu ernähren, so wichen sie auf Nebenerwerbstätigkeiten aus.	Waren die Verlierer, denn die Zusammenlegung von Feldern und die Mechanisierung verringerten den Bedarf an Arbeitern.

3 Industrielle Revolution und soziale Frage

Concept Map zu Arbeitsauftrag 3

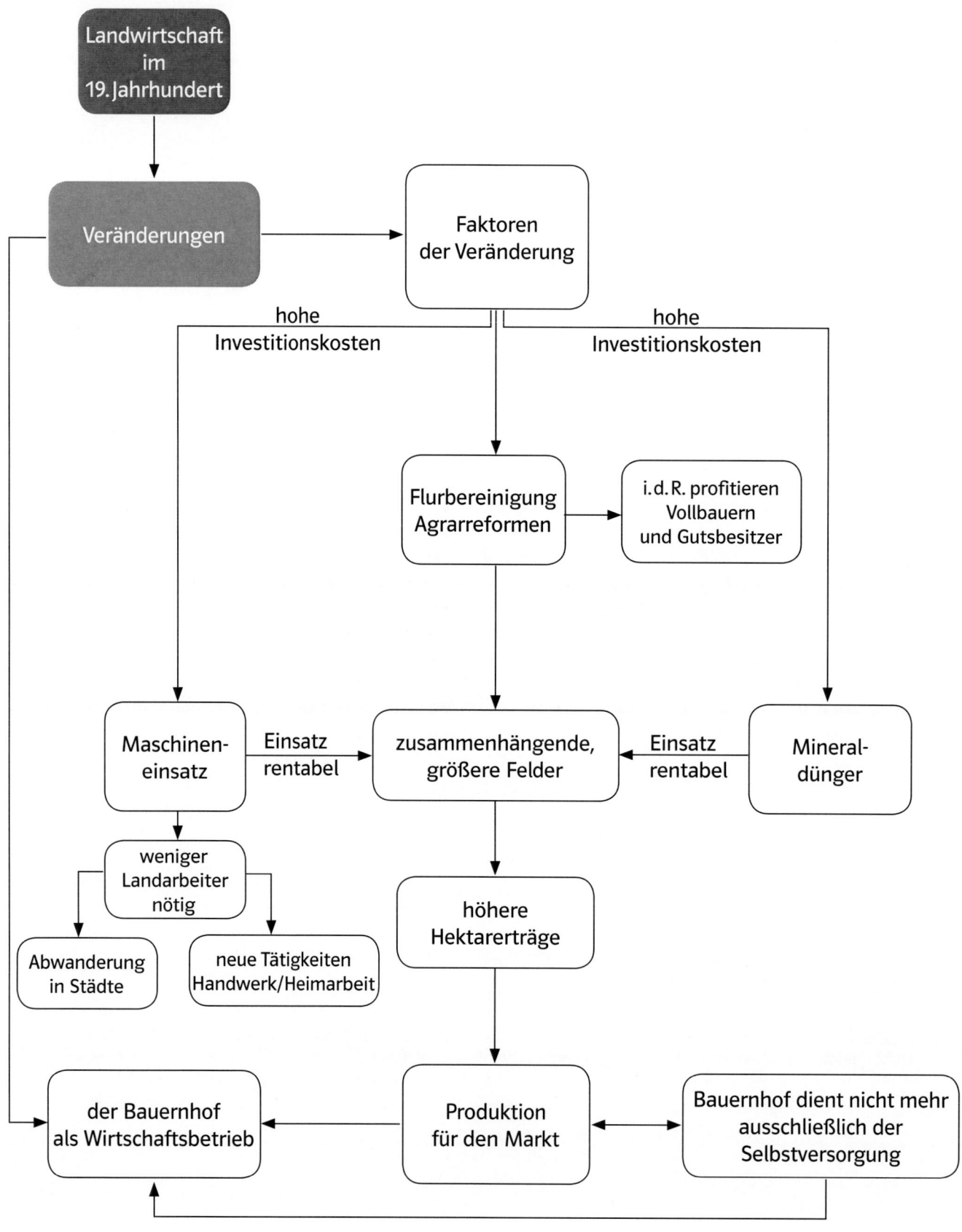

Die Industrialisierung verändert den Alltag

84–87

Kompetenzziele

Wahrnehmungskompetenz
Die SuS
- können begründete Vermutungen dazu anstellen, dass die Industrialisierung in allen Lebensbereichen den Alltag der Menschen veränderte;
- wissen, dass die Urbanisierung eine Folge der fortschreitenden Industrialisierung war, und können die Folgen für die Kommunen und Einwohner erläutern;
- können die Entstehung der neuen Industriearbeiterklasse und deren Untergliederung in hierarchisch geordnete Untergliederungen reflektieren;
- können sachgerechte Vermutungen zur Entstehung neuer Berufsfelder anstellen;
- wissen, dass Kinderarbeit in den verschiedenen Ausprägungen und Frauenarbeit zur Sicherung des Lebensunterhalts vor allem bei den ungelernten Arbeitern notwendig waren.

Analysekompetenz
Die SuS
- können sich selbstständig über Neuerungen, die den Alltag auf der Schwelle zum 20. Jahrhundert veränderten, informieren;
- können ihr Wissen über die Veränderungen des Alltags in einem Lernplakat dokumentieren;
- können in einem Onlineangebot zu historischen Karten recherchieren und dabei durch einen Kartenvergleich Veränderungsprozesse während der Industrialisierung nachvollziehen.

Urteilskompetenz
Die SuS
- können die Veränderungen im Alltag der Menschen aus unterschiedlichen Perspektiven bewerten;
- können die Folgen der Urbanisierung auf das Lebensumfeld der Menschen beurteilen.

Orientierungskompetenz
- Die SuS können aus damaliger Perspektive die Veränderungen des Alltags, eine zusammenfassende eigene Erzählung vornehmen und die darin aufgeführten Aspekte bewerten.

Sequenzvorschlag

84–87

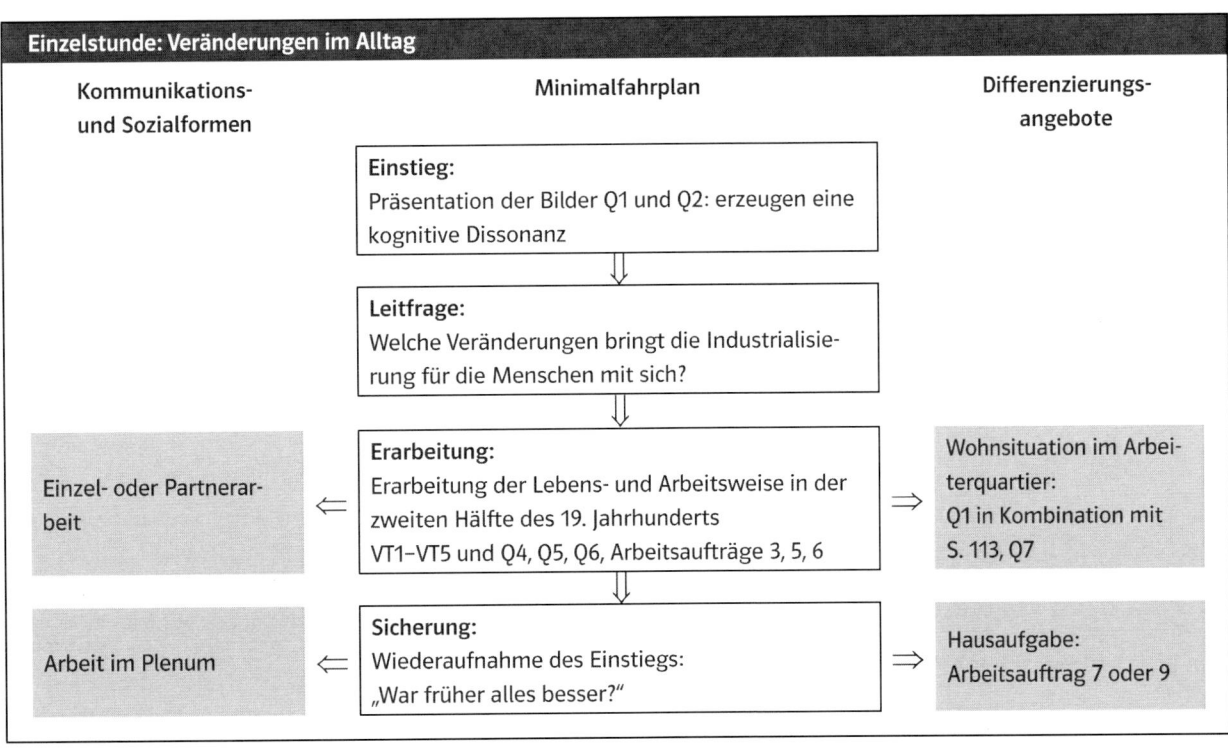

3 Industrielle Revolution und soziale Frage

Tafelbild

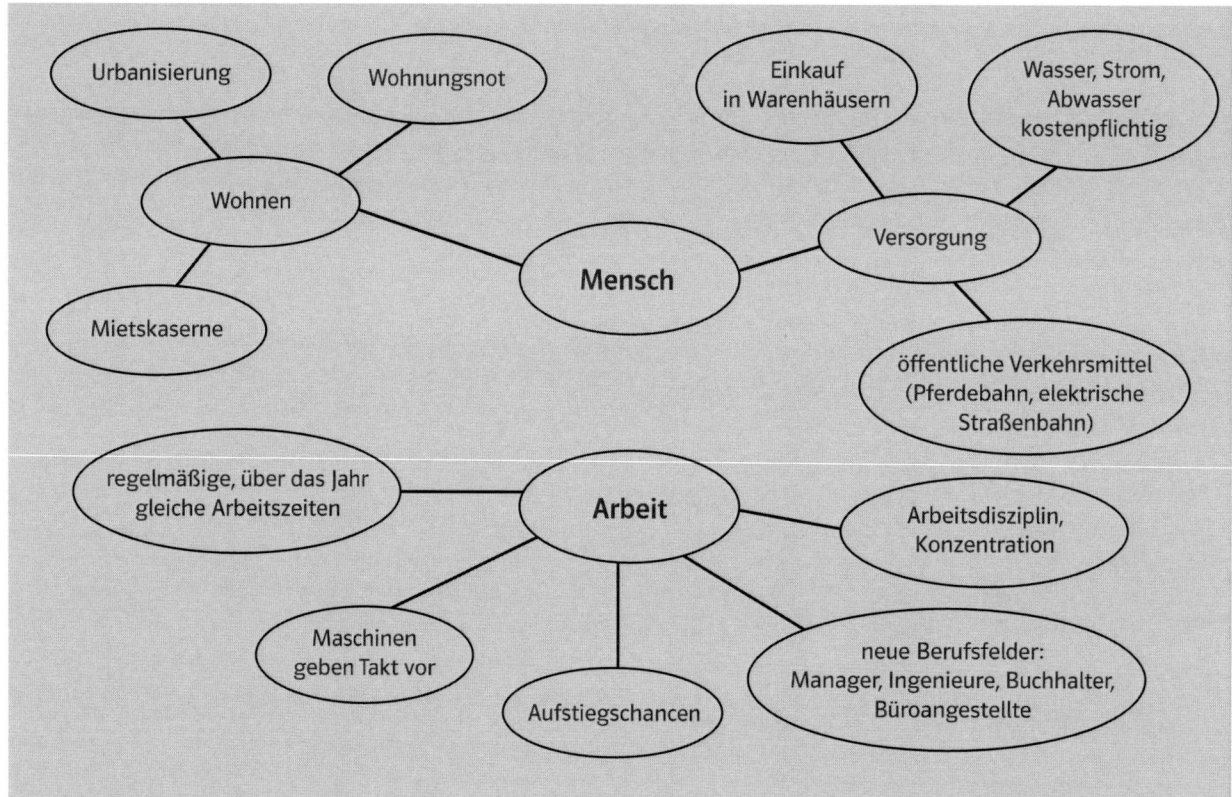

Hinweise zum Verfassertext und zu den Materialien

VT1/VT2 Bis zum 19. Jahrhundert blieb der Anteil der in Städten lebenden Menschen an der Weltbevölkerung relativ begrenzt. Die Industrialisierung verlangte eine Konzentration von Arbeit und Kapital und trieb damit ein rasantes Wachstum der Städte voran. Im Durchschnitt verzehnfachte sich in den neu industrialisierten Regionen zwischen 1800 und 1914 die Zahl der in Städten lebenden Menschen. Damit wuchs die Stadtbevölkerung dreimal so schnell wie die Bevölkerung insgesamt.

VT3 Die Trennung von Wohn- und Arbeitsplatz, die im Zuge der Industrialisierung stattfand, hatte weitreichende Folgen nicht nur für die Bereitstellung von – wie wir heute sagen würden – öffentlichem Personennahverkehr, sondern auch für die Struktur und Organisation des Familienlebens. Wenn heute Homeoffice als zukunftsweisende Arbeitsorganisation gepriesen wird, ist das wieder ein Rückgriff auf vorindustrielle Produktions- und Arbeitsweisen.

VT4 Die Wasserverschmutzung in den Städten und in deren Umland wurde zu einem Hauptproblem. Abfälle aus Haushaltungen und Schlachtungen sowie industrielle Abwässer wurden ungefiltert in Bäche und Flüsse geleitet oder versickerten im Boden. Bereits im 19. Jahrhundert begannen die Kommunen die Straßenverschmutzung einzudämmen und eine Kanalisation anzulegen. Eine weitsichtige Stadtplanung führte zum Abriss zahlreicher Barackenvorstädte. Die Luftverschmutzung stieg durch die gestiegene Wohnungszahl und das zunehmende Heizen mit Kohleöfen sowie die Fabriken. Meistens wurden hohe Schornsteine als Lösung gesehen, um Rauch und Schadstoffe weiträumig zu verteilen.
Eine eindrucksvolle Quelle zum Thema der öffentlichen Hygiene findet sich auf S. 94, Q1.

D1 Das Virtuelle Kartenarchiv der Sächsischen Landes- und Universitätsbibliothek erlaubt die Suche nach historischen Karten und bietet die Möglichkeit, diese vergleichend übereinanderzulegen und somit Veränderungsprozesse beispielsweise im Zuge der Industrialisierung nachzuvollziehen.

D2 Die Auswahl der Städte bemüht sich um eine geografisch angemessene Auswahl. Angaben zur Bevölkerungsentwicklung weiterer Städte finden sich in dem im Schülerbuch angegebenen Buch von Jürgen Reulecke und sind auch über die gängigen Suchmaschinen im Internet zu finden.

Q2 Die Geschichte der Frankfurter Straßenbahn hat viele Wurzeln. Eine der wichtigsten ist die Frankfurt-Offenbacher Trambahn-Gesellschaft (FOTG). 1882 beantragte das Offenbacher Konsortium die Genehmigung für den Bau einer elektrischen Straßenbahn von Sachsenhausen nach Offenbach. Erst ein Jahr zuvor, am 16. Mai 1881, hatte die weltweit erste elektrisch betriebene Teststrecke in Berlin-Lichterfelde den Verkehr aufgenommen. Am 18. Februar 1884 konnte ein erstes Teilstück und am 10. April desselben Jahres die restliche Strecke der Frankfurt-Offenbacher Trambahn-Gesellschaft von insgesamt 6,7 km Länge eröffnet werden. Als vierte elektrische Straßenbahnanlage der Welt besaß das Projekt noch stark experimentellen Charakter. Es war aber die erste regelmäßig in Deutschland betriebene elektrische Straßenbahn mit Oberleitung. Sie fuhr zwischen der Alten Brücke in Frankfurt-Sachsenhausen und dem Mathildenplatz in Offenbach. Der Erfolg der privatwirtschaftlichen Unternehmen veranlasste die Stadt Frankfurt ebenfalls eine Konzession für den Betrieb von elektrischen Straßenbahnen zu beantragen, die sie auch am 20. Januar 1898 erhielt. Kurzerhand übernahm die Stadt das Pferdebahnnetz und die Tramlinien der privaten Frankfurter Trambahn-Gesellschaft (FTG). Bereits ein Jahr später konnte die Stadt ihre erste Linie auf elektrischen Betrieb umstellen. Von da an verlief der Fortschritt rasant und die Straßenbahn hielt als kostengünstiges Massentransportmittel Einzug.

Q3 Das moderne Warenhaus breitete sich in der Mitte des 19. Jahrhunderts von Paris ausgehend aus. Die Zeitgenossen waren vor allem von der Warenfülle überrascht, denn im Warenhaus gab es nahezu alles. Am Leipziger Platz in Berlin entstand von 1896 bis 1906 das größte Warenhaus in Europa: 240 Meter Straßenfront an der Leipziger Straße und 90 Meter am Leipziger Platz, kunstvolle Fliesen, Mosaike und ein Sommergarten. Eigentümerin war die jüdische Familie Wertheim, die weitgehend assimiliert war. Viele Familienmitglieder waren getauft, einige hatten – wie Georg Wertheim – nichtjüdische Ehepartner. Das Kaufhaus Wertheim an der Leipziger Straße, das Alfred Messel Ende des 19. Jahrhunderts erbaut hatte, wurde im Zweiten Weltkrieg zerstört.

Q4 Der am 27. Februar 1869 in Hamburg geborene Karl Scheffler war ein deutscher Kunstkritiker und Publizist. Er starb am 25. Oktober 1951 in Überlingen. Neben seinen kunstkritischen Schriften gilt er als scharfsinniger und kritischer Beobachter der modernen Großstadtentwicklung. Neben seinen 1927 unter dem Titel „Der junge Tobias – Eine Jugend und ihre Umwelt" erschienenen Lebenserinnerungen ist seine Polemik „Berlin – ein Stadtschicksal" aus dem Jahr 1910 bekannt, die in dem Bonmot gipfelt, Berlin sei dazu verdammt, immerfort zu werden und niemals zu sein.

Q5 Adelheid Popp stammte aus schwierigen sozialen Verhältnissen. Ihr Vater Adalbert war alkoholkranker Weber, ihre Mutter Anna nach der Geburt von 15 Kindern früh gealtert. Zehn Geschwister starben bereits im Kindesalter. Adelheid musste schon mit zehn Jahren die Schule verlassen, um als Dienstmädchen und später als Heim- und Fabrikarbeiterin zum Familienunterhalt beizutragen. Durch die Arbeit in einer Fabrik für Bronzeerzeugnisse erkrankte die 13-Jährige schwer und kam ins Spital. Schon früh kam sie mit sozialdemokratischen Ideen in Berührung und wurde in der Arbeiterbewegung aktiv. Adelheid Popp war die erste Berufspolitikerin Österreichs. 1909 veröffentlichte sie anonym unter dem Titel „Die Jugendgeschichte einer Arbeiterin" ihre Kindheitserinnerungen, die in zehn Sprachen übersetzt wurden.

Q6 Anfang des 19. Jahrhunderts stieg die Zahl der in den Fabriken Beschäftigten. Viele dieser Neueingestellten waren die Arbeitsweise in den Fabriken nicht gewohnt. Während heutige Betriebsordnungen Arbeiter über ihre Rechte und Pflichten informieren, lassen die Fabrikordnungen des 19. Jahrhunderts eher an Strafkataloge denken. Jeder Fabrikant erstellte seine eigene Fabrikordnung, dennoch wiesen alle diese individuellen Fabrikordnungen erstaunliche Übereinstimmungen auf. Aus sozialistischer Perspektive erscheint der Fabrikant als Despot, der willkürlich Gesetze erlässt. Fabrikordnungen dokumentieren auch, dass die Arbeiter den Anforderungen der Fabrik nicht von selbst entsprachen. Es ist sicher nicht zutreffend, diese Fabrikordnungen als ein ausschließliches Unterdrückungs- und Ausbeutungsinstrument zu deuten. Erst durch das Arbeitsschutzgesetz von 1891 wurde den Arbeitern auch von staatlicher Seite Schutz am Arbeitsplatz gewährt: Sonntagsarbeit wird generell verboten, Kinder unter 13 Jahren dürfen nicht mehr in Fabriken beschäftigt werden, Jugendliche unter 16 Jahren dürfen täglich nicht länger als zehn Stunden, Frauen nicht länger als elf Stunden pro Tag arbeiten. Unfall- und Gesundheitsgefahren werden nicht mehr als unvermeidlicher Preis des Fortschritts oder individuelles Verschulden gesehen. Stattdessen wird der Unternehmer in die Pflicht genommen, die Arbeitsbedingungen zu verbessern. Für die Einhaltung der Schutzmaßnahmen sorgt eine staatliche Gewerbeaufsicht.

Erläuterungen zu den Arbeitsaufträgen

84–87

1. Untersuche, welche Städte am deutlichsten wuchsen (D2). Nutze die Arbeitsschritte auf S. 203. (AFB II) ○ → S. 185
- Beschreiben: Die Tabelle (s. unten) nennt die Einwohnerzahl von acht ausgewählten Großstädten Deutschlands zu drei Jahren: um 1816/19, 1871, 1910. Das Jahr 1816/19 ist mit „um" nur grob angegeben, weil statistisches Material zu dieser Zeit nicht eindeutig zu datieren ist. Die Einwohnerzahl ist in absoluten Zahlen angegeben. Entnommen ist die Tabelle einem Handbuch zur deutschen Geschichte aus dem Jahr 1999.
- Untersuchen: Für die Untersuchung müssen die relativen Zahlen und die Wachstumsraten der Städte in den beiden Zeiträumen analysiert werden: 1819–1871 (Reichsgründung) = 52 Jahre und 1871–1910 = 39 Jahre. Der Zeitraum ist zwar nicht gleich groß, aber der 1914 beginnende Erste Weltkrieg verhinderte einen längeren Erhebungszeitraum.

3 Industrielle Revolution und soziale Frage

	um 1816/19	1871	1910	Wachstumsraten	
				1816/19–1871	1871–1910
Berlin	198 000	826 000	2 071 000	417,17 %	250,73 %
Dortmund	4 000	44 000	214 000	1100 %	486,36 %
Essen	5 000	52 000	295 000	1040 %	567,31 %
Hamburg	128 000	290 000	931 000	226,56 %	321,63 %
Hannover	15 000	88 000	302 000	586,67 %	343,18 %
Köln	50 000	129 000	517 000	258,00 %	400,78 %
Leipzig	35 000	107 000	679 000	305,71 %	634,58 %
München	54 000	169 000	596 000	312,96 %	352,66 %

(Verändert nach: Jürgen Reulecke: Geschichte der Urbanisierung in Deutschland. Suhrkamp, Frankfurt 1985, S. 203. In: Michael Sauer: Die Industrialisierung. Die Entstehung der modernen Welt. Klett, Leipzig, 1999, S. 94.)

Wachstumsraten um das Drei- bis Vierfache sind in diesen Zeiträumen nichts Außergewöhnliches. Festgehalten werden kann, dass die beiden Ruhrgebietsstädte im ersten Zeitraum um etwa das Zehnfache wuchsen, selbst im zweiten Untersuchungszeitraum noch etwa um das Fünffache.
- Deuten: Die Entwicklung der Stadt Essen ist unmittelbar mit dem Wachstum der Krupp-Werke zu einem Industrieimperium verbunden. Städte wie Hannover und München haben ein relativ konstantes Wachstum, während Köln und Hamburg zwischen 1871 und 1910 stärker wachsen als im ersten Zeitraum. Im Einzelnen sind die Wachstumsraten abschließend nur durch die örtliche Geschichte zu klären.

2. Liste auf, welche Herausforderungen und neuen Probleme die Städte in der zweiten Hälfte des 19. Jahrhunderts zu lösen hatten (Q1–Q2, D2, VT1–VT2, VT4). (AFB I)
Der rasante Anstieg der Einwohnerzahlen brachte folgende Probleme mit sich:
- Wohnungsnot: kein bezahlbarer Wohnraum;
- steigendes Verkehrsaufkommen: Straßenbau, öffentlicher Nahverkehr;
- Versorgung der Einwohner mit:
  • Elektrizität,
  • Gas,
  • Wasser,
  • öffentlichen Einrichtungen (Schulen, Krankenhäuser …);
- Entsorgung: Müll und Abwasser;
- Umweltverschmutzung: Flüsse, Luft.

SP 3. Versetze dich in die Rolle eines Großvaters bzw. einer Großmutter. Du lebst schon dein ganzes Leben lang auf einem kleinen Bauernhof in dem Dorf bei Hamburg (Q4). Berichte deinen Enkeln, wie sich das Dorf und das Miteinander der Menschen im Zuge der Industrialisierung verändert haben. (AFB II)
Die Erzählung soll nicht romantisieren, sondern sie soll sich an Fakten orientieren und plausibel die Veränderungen eines Dorfes, das im Umkreis einer Stadt lag, darbieten. Die Entwicklung verlief oft nach demselben Muster:
- zuerst die Gründung einer oder mehrerer Fabriken vor den Toren der Stadt;
- es folgten erste Häuser für Arbeiter;
- Weiden und Ackerland wurden umgewandelt in Flächen für Kohleabbau und Abfallhalden;
- die Fabriken wuchsen und lockten immer mehr Arbeiter ins Dorf;
- die Einheimischen sahen sich bald in der Minderzahl, es zogen mehr fremde und ungelernte Menschen in das Dorf (Dorfchroniken berichten häufig von Konflikten zwischen den Alteingesessenen und den Zugezogenen);
- für die Zugezogenen wurden Mietshäuser errichtet, die mit Elektrizität und Kanalisation ausgestattet waren.

MK 4. Überprüfe die in Q4 geschilderte Verstädterung am Beispiel Wiesbadens. Recherchiere hierzu im virtuellen Kartenarchiv (D1 W06 🌐) Karten von Wiesbaden aus den Jahren 1876 bis 1915. Achte beim Vergleich auf die Ausdehnung der Stadt und den Ausbau der Verkehrswege. (AFB III) MKR 1.2, 5.1, 5.2, 6.1 ○ → S. 185
- Im Virtuellen Kartenforum geben die SuS im Suchfeld „Wiesbaden" ein und grenzen den genannten Suchzeitraum mit dem Schieberegler ein. Bei der Auswahl angebotener Karten sollten Karten gewählt werden, die große räumliche Überschneidungen aufweisen.
- Im Bereich „Meine Karten" (rechts) werden die ausgewählten Karten angezeigt, die man mithilfe von Schiebereglern ein- und ausblenden bzw. in ihrer Transparenz ändern kann.
- Für den genannten Zeitraum sind für Wiesbaden v.a. folgende drei Karten relevant, an denen man die zunehmende Verstädterung und v.a. den Ausbau der Verkehrsinfrastruktur nachvollziehen kann.
- Karte 1876: bereits Eisenbahnverbindungen z.B. zwischen Wiesbaden, Schierstein und Biebrich, Hafenanlagen am Rhein vorhanden;
- Karte 1906: Vergrößerung des Stadtgebietes Wiesbaden, neue Bahnhöfe wie der Güterbahnhof West in Wiesbaden, weitere Fabriken am Rhein zw. Schierstein und Biebrich, neue Fabriken wie chemische Industrie;
- Karte 1915: weitere Verstädterung, dichtere Bebauung des Stadtgebietes, Ausbau der Infrastruktur.
- Weiterführend kann eine ähnliche Recherche nach Karten für die engere Heimatregion durch die SuS dortige Veränderungsprozesse im Zuge der Industrialisierung nachvollziehbar machen.

5. Schildere die Lage der Arbeiterkinder im 19. Jahrhundert (Q5, VT3). (AFB II) ○ → S. 185

Die Lage der Arbeiterkinder:
- Sie müssen früh die Schule verlassen, weil sie zum Lebensunterhalt der Familie beitragen müssen, oft besuchen Kinder nur die ersten Jahre der Elementarschule;
- keine Zeit zum Spielen;
- Arbeitszeiten von 12 und mehr Stunden waren üblich;
- schlechte Bezahlung;
- die Familie lebte auf engstem Raum;
- Kälte und Hunger sind nicht fremd;
- bei Krankheit oft kein Geld für den Arzt.

6. Beurteile Q6 aus Sicht eines damaligen Unternehmers oder aus Sicht eines damaligen Arbeiters (VT3). (AFB III)

- Sicher gab es damals wie heute rücksichtslose Unternehmer, die ihre Arbeiter ausbeuteten, oder rebellische Arbeiter, aber dies war nicht der Regelfall. Daher macht es wenig Sinn, derartige Positionen einzunehmen, denn dann ist nur eine Argumentation in Extremen zu erwarten.
- Ein „gemäßigter" Unternehmer wird bei der Fabrikordnung hervorheben, dass er seine Arbeiter nicht mehr persönlich kennt, dass so eine Fabrik eine umfassende Produktionsgemeinschaft ist, bei der jede Hand in die andere greift und jeder sich auf den anderen verlassen können muss, denn sonst stockt die Produktion. Vielleicht wird er auch anführen, dass Zeit Geld ist und jeder Streit, jedes Hinterfragen von Anweisungen zu Verzögerungen führt. Ein Problem, das immer wieder genannt wurde von den Unternehmern, war der nicht sorgfältige Umgang mit Werkzeugen, die einem nicht gehören, oder das Verändern von Maschinen oder Werkzeugen, wie es einem gerade in den Sinn kam. So wurden Sicherheitsvorkehrungen oft abgebaut, weil sie als störend empfunden wurden.
- Ein „gemäßigter" Arbeiter wird anführen, dass die Fabrikordnung wie jede Ordnung der Obrigkeit mit Misstrauen gesehen wird, aber im Großen und Ganzen nachvollziehbar erscheint, wenn die Fabrikationsabläufe ungestört vonstattengehen sollen. Zu kritisieren wären dennoch:
  - die Kollektivstrafen;
  - die Generalhaftung des Arbeiters, die nicht bedenkt, dass ein Arbeiter unverschuldet etwas nicht vorweisen kann (z. B. weil es gestohlen wurde);
  - die Absolutheit der Fabrikordnung, die keinerlei Ausnahmen zulässt, wenn sie nicht vom Arbeiter zu verantworten sind;
  - dass jede Kritik, die ja durchaus zum Wohle der Firma sein könnte, als „Komplott oder Auflehnung" gedeutet wird.

7. Verfasse als neuer Einwohner einer Großstadt um 1908 einen Tagebucheintrag über deinen ersten Besuch in einem Kaufhaus (Q3, VT5). (AFB II) ●

- Die Zeitgenossen waren vor allem von der Warenfülle überrascht.
- Ein Besuch war auch ein kulturelles Bildungsereignis, selbst wenn man sich nichts leisten konnte. Hier gab es von Lebensmitteln aus fernen Ländern bis hin zu neuen Erfindungen alles zu bestaunen.

8. Führt ein Streitgespräch über die Vor- und Nachteile der Industrialisierung aus der Perspektive eines Arbeiters (Q5, Q6), eines Mitglieds im Stadtrat und eines Angehörigen des Bürgertums (Q3, VT). (AFB III)

Die Tabelle zeigt die mögliche Anlage. Die inhaltlichen Aspekte werden sicher zu ergänzen sein.

	Vorteile	Nachteile
Stadtrat/ -rätin	- Ansiedlung von Fabriken und steigende Einwohnerzahl bedeutet höhere Steuereinnahmen	- steigende Ausgaben für Bereitstellung der Infrastruktur - vielfältige soziale Probleme
Bürger/-in	- höhere Rendite bei Geldanlagen - Modernisierungsschübe auf verschiedenen Gebieten - Aufstiegsmöglichkeiten	- Störung der öffentlichen Ordnung durch Anwachsen der unteren Schichten – Gefahr von Unruhen - Überfremdung der Stadt
Arbeiter/-in	- regelmäßiger über das ganze Jahr gleichbleibender Lohn - Aufstiegschancen - beginnende staatliche und auch innerbetriebliche Fürsorge	- unsichere Arbeitsverhältnisse: Entlassung bei Widerspruch, Krankheit, Unfall - lange Arbeitszeiten

MK 9. Arbeitet zu zweit: Wählt zwei Erklärvideos zur sozialen Frage auf einer Videoplattform aus und analysiert jeweils ein Video mithilfe der Arbeitsschritte auf S. 59. Vergleicht eure Ergebnisse und diskutiert, welches der beiden Videos ihr euren Mitschülern empfehlen würdet. (AFB III) MKR 1.2, 6.1, 6.2

- Die SuS sollen eigenständig verfügbare Erklärvideos zur sozialen Frage recherchieren und zur Analyse auswählen.
- Die Anwendung der Methode „Erklärvideos analysieren" (S. 58/59) kann beispielsweise in Form eines Steckbriefes zum Video oder mithilfe einer gegenüberstellenden Tabelle gesichert werden.
- Vergleichskriterien wären hierbei beispielsweise: Anbieter der Videos, Aufrufstatistik, Nutzerbewertungen, inhaltliche Kriterien (fachliche Richtigkeit z. B. im Vergleich zum Buch, Mehrperspektivität, Beleg der Aussagen durch Quellen, Nachvollziehbarkeit) sowie formale Kriterien (visuelle und (fach-)sprachliche Gestaltung)
- Die abschließende Beurteilung für die SuS bzw. eine Empfehlung kann in Form eines Nutzerkommentars erfolgen.

3 Industrielle Revolution und soziale Frage

Kompetenztraining Operatorentraining: Erläutern

Kompetenzziele

Analysekompetenz

Die SuS
- können anhand methodischer Arbeitsschritte eine schriftliche Erläuterung verfassen;
- können typische Merkmale der Textsorte „Erläuterung" erfassen und diese im gemeinsamen Schreibprozess anwenden.

Hinweise zum Verfassertext und zu den Materialien

VT Der VT liefert in der Anmoderation zunächst eine Kontextualisierung der Textsorte „Erläuterung" im Geschichtsunterricht. Dabei wird dargelegt, aus welchem Grund und mit welchem Ziel eine Erläuterung verfasst werden kann, und es werden erste Hinweise auf wesentliche Merkmale des Operators und der damit verbundenen Textsorte gegeben. Im Merkkasten „Schritt für Schritt" werden eine kurze Definition des Operators, zentrale Arbeitsschritte und wichtige Hinweise zum Verfassen einer Erläuterung vorgestellt. Im Kästchen „Das gehört in den Text", wird die Textstruktur vorgestellt und verdeutlicht, welche inhaltlichen Kriterien beim Erläutern zu erfüllen sind. Im Kästchen „Darauf musst du achten" stehen sprachliche Besonderheiten wie der Verweis auf Tempus und Modus im Vordergrund. Das Kästchen „Formulierungshilfen" präsentiert ein unterstützendes Angebot zur Erarbeitung und Formulierung der Erläuterung. Mithilfe der Modelltexte A und B können die sprachlichen und textstrukturellen Besonderheiten einer Erläuterung herausgearbeitet werden. Beide Texte enthalten alle im Merkkasten benannten Merkmale einer Erläuterung, sind aber dennoch schülergerecht formuliert, um eine realistische Zielvorstellung einer Erläuterung abzubilden. Die Texte beschäftigen sich mit den Folgen des industriellen Wandels für die Menschen auf dem Land und in der Stadt. Durch die Gegenüberstellung der Prototypen können wesentliche Merkmale einer Erläuterung erarbeitet werden.

Q1 Die Bildquelle zeigt Arbeiterinnen in der Spulenwicklerei einer Zählerfabrik der Firma AEG (Allgemeine Electricitäts-Gesellschaft) in Berlin. Das Foto wurde im Jahr 1908 zu Werbezwecken aufgenommen. Möglicherweise sollte durch die Aufnahme gezeigt werden, wie groß und funktional, aber zugleich sauber und übersichtlich die Produktionsstätten in der Fabrik waren. Herausgestellt werden kann z. B., dass nur Frauen der Arbeit nachgingen und alle dieselbe Tätigkeit ausübten.

Erläuterungen zu den Arbeitsaufträgen

Vorbemerkung: Die Arbeitsaufträge 1, 2 und 3 dienen der inhaltlichen sowie sprachlichen Erarbeitung der Modelltexte (D1). Sie ermöglichen eine vertiefte Auseinandersetzung mit dem industriellen Wandel. Die Einbindung von „Schritt für Schritt" erlaubt das gezielte Herausarbeiten sprachlicher Mittel aus D1. Der vierte Arbeitsauftrag dient der Recherche und Vorstrukturierung der Informationen, die in Aufgabe 5 in das Verfassen einer Erläuterung eingebracht werden können. Die fünfte Aufgabe soll gemeinsam, d. h. in Kleingruppen bzw. im Plenum, erarbeitet werden.

1. **Lies die Modelltexte A und B. Welche Folgen des industriellen Wandels werden für die Menschen auf dem Land und in der Stadt angeführt? Vergleiche die Folgen: Wie hat sich das Leben in den unterschiedlichen Lebensräumen verändert? (AFB II)**

Die Folgen des industriellen Wandels

... für Menschen auf dem Land	... für Menschen in der Stadt
- planvollere Bearbeitung der Felder durch neue Geräte und Agrarreformen	- Veränderung der Städte, z. B. durch Ausbau der Infrastruktur und neue Industriezweige
- Steigerung der Produktivität und Möglichkeit des Verkaufs von Gütern	- neue Arbeitsmöglichkeiten in Fabriken
- Kleinbauern müssen neue Erwerbschancen nutzen (z. B. als Bäcker, Metzger oder Schneider), um zu überleben	- Wohnraum, Lebensmittel und Heizmaterial werden knapper und deshalb teurer, viele Menschen leiden unter Armut und Enge

Sowohl für die Menschen auf dem Land als auch für die Menschen in der Stadt brachte die Industrialisierung weitreichende Folgen mit sich. Einige Menschen profitierten von der Industriellen Revolution, z.B. durch die Nutzung neuer Geräte oder die Schaffung neuer Arbeitsplätze. Andere Teile der Bevölkerung litten jedoch unter der zunehmenden Armut und Enge in den Städten oder verloren ihr Einkommen, weil sie nicht Schritt mit dem industriellen Wandel halten konnten.

2. Vergleiche die beiden Modelltexte. Schreibe die Formulierungen heraus, die in beiden Texten gleich sind. Überlege, warum die ähnlichen Textstellen besonders wichtig für eine Erläuterung sind. Die Hinweise in „Schritt für Schritt" helfen dir. (AFB III)
- *Für die Menschen ... hatte der industrielle Wandel weitreichende Folgen:* Am Anfang einer Erläuterung ist es wichtig, eine Hypothese (Annahme) aufzustellen, die den Text leitet
- *Infolgedessen ...; Aus diesem Grund ... :* Im Hauptteil werden historische Ereignisse, Situationen und Handlungen durch Gründe und Ursachen erklärt oder ihre Folgen dargestellt.
- *Beispiel dafür sind ... /Zum Beispiel ... :* Die Gründe, die im Hauptteil genannt werden, können durch zusätzliche Informationen und Beispiele ergänzt werden.
- *Allerdings ... :* Manchmal ruft ein historisches Ereignis unterschiedliche Folgen hervor. Dann ist es wichtig, Argumente gegenüberzustellen oder einzuschränken.
- *Der industrielle Wandel hatte einen starken Einfluss ... / brachte also deutliche Auswirkungen ... mit sich:* Am Ende einer Erläuterung wird eine Schlussfolgerung gezogen. Dabei kann die anfangs aufgestellte Annahme zum Beispiel bestätigt oder verworfen werden.
Formulierungshilfen finden sich auch in „Schritt für Schritt".

3. Unterscheide mithilfe der Modelltexte D1 Gründe und Folgen des industriellen Wandels auf dem Land und in den Städten. (AFB II)
Unterscheidung von Gründen und Folgen (Beispiele):

Grund	Folge
Entwicklung landwirtschaftlicher Geräte, Agrarreformen	planvollere Bearbeitung der Felder
planvollere Bearbeitung der Felder	Steigerung der Ernteerträge
Zuzug vieler Menschen in die Städte	Mangel an Wohnraum
Mangel an Wohnraum	Bau neuer Wohnviertel, Enge und Armut

4. Gruppenarbeit: Welche Folgen hatte der industrielle Wandel für die Frauen? Nutzt die Quellen Q5 auf Seite 87 und Q1 und recherchiert weitere Informationen, z.B. im Internet. Notiert Stichpunkte zur Situation der Frauen und zu Beispielen, die die Situation verdeutlichen. (AFB II)
Als Ansätze für eine Recherche können z.B. folgende digitale Angebote genutzt werden:

- Portal des Deutschen Historischen Museums,
- Portal der Bundeszentrale für politische Bildung,
- Portal des Deutschen Frauenarchivs,
- Portal des Hauses der Bayerischen Geschichte,
- Portal segu (Selbstgesteuerter Entwickelnder Geschichtsunterricht).

Durch die Recherche erweitern die SuS ihr Wissen zur Rolle der Frauen im 19. Jahrhundert. Sie entnehmen dem Schulbuch und angebotenen Websites Informationen, die die Rolle der Frauen in Wirtschaft und Gesellschaft beschreiben. Dies können etwa Beispiele zur Frauenbewegung, zur Bildung und Arbeit oder zu familiären Pflichten der Frauen sein.

5. Erläutert gemeinsam die Folgen des industriellen Wandels für die Frauen Ende des 19. Jahrhunderts. (AFB II)
a) Verfasst eine Einleitung. Stellt dazu eine Hypothese zur Situation der Frauen auf.
- Einleitung: Der industrielle Wandel hatte einen weitreichenden Einfluss auf das Leben der Frauen am Ende des 19. Jahrhunderts.

b) Erklärt die Folgen des industriellen Wandels für Frauen, indem ihr eure Erkenntnisse zusammenführt und auf Beispiele eingeht.
- Hauptteil: Schon vor der zunehmenden Industrialisierung hatten Frauen gearbeitet. Dabei waren sie meist für die häusliche Arbeit zuständig. Kleinbauern und Arbeiterfamilien konnten durch die Einkünfte der Männer kaum noch ihre Familie ernähren. Infolgedessen mussten auch Frauen Arbeit in Fabriken annehmen. Zum Beispiel arbeiteten die Frauen in der Spulenwicklerei in Berlin viele Stunden täglich. Andere verdienten ihren Lohn als Näherinnen oder durch die Herstellung verschiedener Stoffwaren. Allerdings verdienten die Frauen viel weniger als Männer. Aus diesem Grund schlossen sich einige Arbeiterinnen der Frauenbewegung an, um gegen Ausbeutung und Benachteiligung zu protestieren. Auch bürgerliche Frauen arbeiteten, zum Beispiel als Lehrerinnen. Sie setzten sich für mehr Bildung und Gleichberechtigung ein. Anders als die Arbeiterinnen waren sie nicht zum Geldverdienen gezwungen, sondern wollten meist selbstständig sein.

c) Was lässt sich abschließend über die Situation der Frauen infolge des industriellen Wandels sagen? Verfasst den Schluss eurer Erläuterung.
- Schluss: Vor allem für die Frauen in den Städten hatte der industrielle Wandel Ende des 19. Jahrhunderts somit weitreichende Folgen.

3 Industrielle Revolution und soziale Frage

→ 90–93

Wie kann die soziale Frage gelöst werden?

Kompetenzziele

🏽 Wahrnehmungskompetenz

Die SuS
- wissen, dass es trotz der Steigerung des Reallohns immer noch Notlagen innerhalb der Arbeiterschaft gab;
- können reflektieren, dass die Absicherung gegen Krankheit und Alter ein Hauptunsicherheitsfaktor war;
- können den Begriff „soziale Frage" erklären;
- können selbstständig Informationen zu der Frage beschaffen, welche verschiedenen Lösungsansätze unternommen wurden und welche Folgen die jeweiligen Ansätze mit sich brachten;
- können den Unterschied zwischen Gewerkschaft und Arbeitervereinen auf der einen Seite und andererseits einer politischen Partei erläutern;
- wissen, dass die Wurzeln des deutschen Sozialsystems im 19. Jahrhundert gelegt wurden.

🧩 Analysekompetenz

- Die SuS können die Methode des Streitgesprächs am Beispiel der Lösungen zur sozialen Frage anwenden.

⚖ Urteilskompetenz

- Die SuS können die unterschiedlichen Lösungsansätze zur sozialen Frage beurteilen.

🧭 Orientierungskompetenz

- Die SuS können eigene Wertmaßstäbe zur sozialen Frage einbringen.

→ 90–93

Sequenzvorschlag

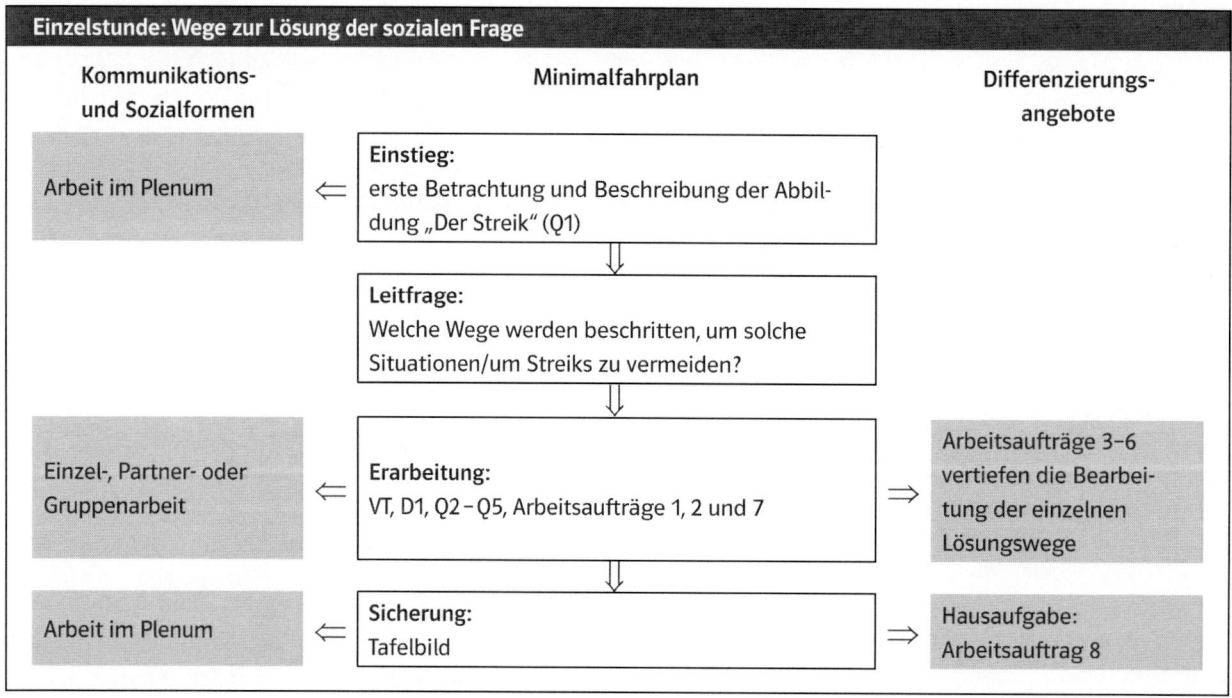

116

Tafelbild

Die soziale Frage – Lösungsmöglichkeiten

christliche Kirchen	betriebliche Fürsorge	staatliche Sozialpolitik	Selbsthilfe der Arbeiter und Bauern	Gewerkschaften	Sozialdemokratie	Kommunisten
Nächstenliebe	Bindung der Arbeiter an das Unternehmen	Bindung an den Staat	Gemeinschaftsdenken	Verbesserungen der Arbeitsbedingungen	wirtschaftliche und politische Reformen vom Staat	neue Gesellschaftsordnung, neue Staatsform, Revolution

Lösung der sozialen Frage

Hinweise zum Verfassertext und zu den Materialien

VT1 Ältere Formen der sozialen Fürsorge (durch Gemeinde, Kirche, Familie, karitative Organisationen oder paternalistische Unternehmer) konnten die neuartigen Armutsprobleme der Industriegesellschaft nicht bewältigen. Der Staat hielt sich aber zunächst mit Eingriffen zurück, schritt nur sehr punktuell ein, z. B. mit der Beschränkung der Arbeit von Kindern, Jugendlichen und Frauen in Fabriken. Auf das Handwerk, die Landwirtschaft und viele Dienstleistungsbereiche wurden entsprechende Gesetze oft erst Jahrzehnte später übertragen.

VT2–VT4 Die politische Teilhabe aller Bürgerinnen und Bürger, die uns heute so selbstverständlich erscheint, musste erst durch die Gründung von Organisationen und Parteien, die sich explizit als Vertreter der unterprivilegierten Arbeiterschaft verstanden, hart erkämpft werden. Im VT wird der enge Zusammenhang zwischen der prekären sozialen Lage der Arbeiter und der Notwendigkeit sowohl gewerkschaftlicher als auch politischer Organisation hervorgehoben.

VT5 Unternehmer sahen ein, dass es Vorteile bringt, wenn sie sich auf eine zufriedene Arbeiterschaft stützen könnten. Der VT zeigt die unternehmenseigenen Lösungen auf. Im Gegenzug erwarteten die Unternehmer aber Treue zum Betrieb und die Abkehr von der Sozialdemokratie (siehe Schulbuch S. 93, Q5).

VT6 Johann Hinrich Wichern gründete 1833 in Hamburg-Horn mit Unterstützung führender Hamburger Politiker und Kaufleute das „Rauhe Haus". Wichern war überzeugt, dass verwahrlosten und verwaisten Kindern aus den innerstädtischen Elendsvierteln nur durch ein „Rettungsdorf" vor den Toren der Stadt geholfen werden könne. Er vertrat die neue pädagogische Idee, dass seine „Zöglinge" nicht in einer der üblichen Erziehungskasernen aufwachsen sollten, sondern in Familien von zehn bis zwölf Kindern (anfangs nur Jungen) mit einem Betreuer.

Adolf Kolping verfolgte mit den von ihm initiierten Gesellenvereinen das Ziel, die Handwerksgesellen, deren materielle Lage sehr prekär war, durch Erziehung sowohl von revolutionären Ideen als auch vom Abgleiten in Verzweiflung und Selbstaufgabe abzuhalten.

VT7 Über die wirklichen Gründe für die Einführung des Sozialversicherungssystems herrscht in der Geschichtswissenschaft keine Einigkeit. Strittig ist, ob es Bismarck vorwiegend um eine wirkliche Verbesserung der Situation von Arbeitern ging, ob er Arbeiter und kleine Angestellte von der Sozialdemokratie und den Gewerkschaften fernhalten wollte oder ob er beide Ziele gleichermaßen verfolgte.

Q1 Robert Koehler (* 28. November 1850 in Hamburg; † 23. April 1917 in Minneapolis) war ein deutsch-amerikanischer Maler. Als Kind mit seinen Eltern in die USA (Milwaukee) emigriert, kehrte er mehrmals nach Deutschland (München) zurück und versuchte sich als Maler zu etablieren, was aber nur bedingt gelang. Das Gemälde „Der Streik" entstand in München. Es zeigt keine exakt zu identifizierende Fabrik, Schlote im Hintergrund und Hafenanlagen bleiben unbestimmt. Koehler stellte das Gemälde 1886 auf der Frühjahrsausstellung der National Academy of Design in New York aus, wo es zur Sensation wurde.

Q2 Der Text ist inspiriert durch die in England beobachteten sozialen Verwerfungen. Danach gebe es nur zwei gesellschaftliche Klassen: die Klasse der städtischen „Proletarier" und die Klasse der „Bourgeoise". Nicht ganz folgerichtig spricht der Text am Ende dann aber von den „herrschenden Klassen". Der Sektor „Landwirtschaft" mit seinen typischen Sozialstrukturen findet in diesem Text keine Berücksichtigung, obwohl damals die Mehrheit der Bevölkerung immer noch dort tätig war. Die wachsende Gruppe der Angestellten und Dienstleister wurde im Manifest ebenfalls nicht bedacht (vgl. dazu Schulbuch S. 76, D2 und S. 95, D2).

3 Industrielle Revolution und soziale Frage

Q4 August Bebel war ein deutscher Politiker und Publizist. 1869 gründeten August Bebel und Wilhelm Liebknecht in Eisenach die marxistisch geprägte Sozialdemokratische Arbeiterpartei (SDAP). 1871 wurde Bebel Mitglied des Reichstags, dem er abgesehen von einer kurzen Unterbrechung bis zu seinem Tod angehörte. Von 1872 bis 1875 verbüßte er wegen Hochverrats eine Festungshaft im Schloss Hubertusburg. Bebel erlangte als Redner im Reichstag und Gegenspieler des Reichskanzlers Otto von Bismarck Berühmtheit. Beeinflusst von der revolutionären Theorie von Karl Marx und Friedrich Engels, mit denen er auch persönlich in Kontakt stand, war er vom bevorstehenden Zusammenbruch der kapitalistischen Gesellschaft und der Entstehung eines sozialistischen „Zukunftsstaates" zutiefst überzeugt.

D1 Die Tabelle zeigt, wie gering die Leistungen der Sozialversicherungen in den ersten Jahrzehnten ihres Bestehens ausfielen. Insbesondere für die Invaliditäts- und Altersversicherung waren die Bedingungen des Leistungsempfangs äußerst restriktiv.

90–93 Erläuterungen zu den Arbeitsaufträgen

1. Fasse zusammen, was mit dem Begriff „soziale Frage" gemeint ist und welche Bevölkerungsgruppen davon betroffen waren. (AFB I)
- Unter dem Begriff versteht man die Gesamtheit der sozialen Probleme, die im Gefolge der Industrialisierung auftraten. Das waren z.B. die unzureichenden Arbeitsbedingungen, die überlangen Arbeitszeiten von bis zu 13 Stunden, geringe Löhne, Kinderarbeit, der fehlende Urlaub, der fehlende Wohnraum, die mangelhaften hygienischen Verhältnisse durch Krankheit, Alter oder Arbeitslosigkeit, eintretende Not und Verelendung des Einzelnen oder ganzer Familien.
- Die ungelernten Arbeiter waren unmittelbar und am stärksten betroffen, aber allmählich setzte sich die Einsicht durch, dass die soziale Frage alle gesellschaftlichen Gruppen berührt, denn bei einer zunehmenden Verelendung der Massen geraten das gesellschaftliche Gefüge und die staatliche Ordnung ins Wanken.

SP 2. Erstelle eine Tabelle und schreibe in die linke Spalte, welche Gruppen sich mit der sozialen Frage befassten: Gewerkschaften, Sozialdemokraten, Kommunisten, Unternehmer, Kirche, Staat. Trage in die rechte Spalte die Lösungsvorschläge ein (VT). (AFB I)

Gewerkschaften	Gründung von Genossenschaften und Selbsthilfevereinen: Verbesserung der wirtschaftlichen Lage der Arbeitnehmer im bestehenden System, ohne allgemeine politische Macht erringen zu wollen
Sozialdemokraten	Erringung der politischen Macht über demokratische Wahlen, um die herrschenden Verhältnisse zu ändern
Kommunisten	gewaltsamer Umsturz der herrschenden Verhältnisse, ohne die Mehrheit in demokratischen Wahlen zu erringen (Revolution)
Unternehmer	Einrichtung von Pensionskassen, Bau von Siedlungen, Bau öffentlicher Einrichtungen wie Krankenhäuser, Schulen für ihre Belegschaft; Begrenzung der Arbeitszeit
Kirche	Glaube an die Macht der Nächstenliebe, um durch Hilfseinrichtungen die in Not geratenen Menschen zu unterstützen
Staat	Arbeitsschutzvorschriften, Verbot der Kinderarbeit, Mutterschutz, Sozialversicherungssystem (Unfallkasse, Altersrente, Arbeitslosengeld)

3. Verfasse einen Zeitungsartikel über den Streik in Q1. Überlege auch, was die Personen im Bild sagen könnten. Lasse ihre Aussagen einfließen. (AFB II) → S. 185

Der individuellen Lösung ist nicht vorzugreifen, allerdings können folgende Punkte in dem Artikel aufgegriffen werden:
1. Es handelt sich um einen spontanen Streik.
2. Der Unternehmer steht erhöht auf dem Treppenabsatz und hört sich scheinbar ungerührt die Forderungen der Arbeiter an.
3. Der vortragende Arbeiter (rotes Hemd) steht unterhalb des Fabrikanten und gestikuliert selbstbewusst.
4. Die Streikbewegung schwillt an, denn es kommen immer mehr Arbeiter angelaufen.
5. In die Auswahl der Zitate können folgenden Einzelpersonen aufgenommen werden:
    a) Der Fabrikant: Sowohl strikte Ablehnung als auch Einsicht für das Anliegen der Arbeiter sind möglich.
    b) Neben dem Fabrikanten der ebenfalls auf der Treppe stehende Hausdiener: geschockt von dem Aufstand.
    c) Der Rädelsführer an der Treppe: Er prangert die geringe Lohnhöhe oder die Arbeitsbedingungen an.
    d) Die im Vordergrund mit dem Arbeiter sprechende Frau kann sowohl beschwichtigen, ihn ermuntern oder ihn vom Streik abbringen wollen.
    e) Der Arbeiter, der im Vordergrund den Stein aufhebt, kann gewaltbereit sein, ob er den Stein wirklich wirft, ist nicht sicher.

f) Die Mutter mit den beiden Kindern am linken Bildrand wird ihren Mann unter den Streikenden suchen, geht aber wegen der Kinder nicht näher an das Geschehen heran.

4. Stell dir vor, du bist Arbeiter im Unternehmen Alfred Krupps. Was denkst du über die Ratschläge deines Chefs zur Lebensführung (Q5, VT2, VT3, VT5)? (AFB III)
Zu folgenden Punkten kann Stellung genommen werden:
1. Das paternalistische Rollenverständnis, das Alfred Krupp an den Tag legt. Er belehrt seine Arbeiter, wie es ein Vater gegenüber seinen Kindern tut. Er setzt seine Sichtweise als für alle passend voraus.
2. Der etwa 65-jährige Unternehmer erwähnt sein soziales Engagement, für das er sich verschuldet hat und für das er nun die Gegenleistung seiner Arbeiter einfordert.
3. Krupp versucht, seine Arbeiter von politischem und gewerkschaftlichem Engagement fernzuhalten. Er begründet dies mit der Zeit und dem notwendigen Einblick in Zusammenhänge, die der einzelne Arbeiter nicht haben kann.
4. Selbst wenn akzeptiert wird, dass an den Ratschlägen etwas Wahres dran sein könnte, so wirken die Ratschläge auf uns heute befremdlich, ja einseitig. Kein Unternehmer würde sich heute mit solchen Ratschlägen an seine Belegschaft wenden.

5. Arbeite Gründe heraus, die einen Fabrikbesitzer überzeugen könnten, die Einführung des Sozialversicherungssystems als einen Fortschritt anzusehen, der auch ihm nützt (D1, VT5, VT7). (AFB II) ○ → S. 185
Folgende Aspekte werden angeführt:
– Vermeidung von sozialen Unruhen und Streiks, Zurückdrängen des Einflusses der Gewerkschaften;
– Fernhalten der Arbeiter von politischen Parteien, v.a. von den Kommunisten und der Sozialdemokratie;
– der Staat übernimmt die sozialen Aufgaben und entlastet die Unternehmer;
– Aufteilung der Beitragskosten zwischen Arbeitgebern und -nehmern ist ein fairer Kompromiss.

6. Verfasst ein Streitgespräch zwischen einem Gewerkschafter und einem Kommunisten über die verschiedenen Wege, die soziale Frage zu lösen (Q2, Q4, VT2, VT4). (AFB III)
Die SuS sollten in dem Streitgespräch folgende Positionen beziehen:
– Gewerkschafter: Die Gewerkschaften wollen die Arbeiter vereinen, um gegenüber den Unternehmern eine Machtposition zu haben. Ihre Forderungen beziehen sich auf eine Verbesserung ihrer materiellen Lage und der Situation am Arbeitsplatz. Dies wollen sie innerhalb des bestehenden politischen Systems erreichen. Die Politik muss Gewerkschaftsrechte garantieren.
– Kommunist: radikale Lösung; durch gewaltsamen Umsturz (Revolution) soll eine neue Gesellschaftsordnung entstehen, eine neue politische Staatsform, Enteignung der Unternehmer. Nur wenn es kein Privateigentum mehr gibt, sind alle Menschen gleich.

7. Nimm Stellung zum Denkansatz des Papstes, dass es unter Christen keine soziale Frage geben könne (Q3, VT6). (AFB III)
– Die Überlegungen des Papstes gehen von der Überzeugung aus, dass für alles menschliche Handeln die christliche Nächstenliebe und Barmherzigkeit maßgeblich sind. So könne es keinen unversöhnlichen Gegensatz zwischen der besitzenden und der nichtbesitzenden Klasse geben. Die Kirche habe mit ihren Lehren und Geboten das Mittel, um die Reichen und Armen zu versöhnen.
– Der Staat habe die Aufgabe, für alle gleichermaßen zu sorgen. Der Staat müsse sich den Anliegen der Arbeiter annehmen.
– In der Stellungnahme soll betont werden, dass dieser Lösungsansatz von einem christlichen Menschenbild ausgeht und ein reiner Appell an die Nächstenliebe ist. Für die Arbeiter besteht kein Rechtsanspruch, der auf dieser Welt eingefordert werden kann.

8. Recherchiere zur Geschichte des „Rauhen Hauses" und seinem Gründer Johann Hinrich Wichern und halte einen Kurzvortrag in der Klasse. (AFB III) ●
Google findet unter „Johann Hinrich Wichern" ungefähr 121.000 Ergebnisse beim Erstzugriff (Stand 1. Februar 2023).

21. April 1808	Johann Hinrich Wichern wird als Ältestes von sieben Geschwistern in Hamburg geboren.
1826–1828	Erziehungsgehilfe in einer privaten Hamburger Internatsschule
1828–1831	Theologiestudium in Göttingen und Berlin
12. September 1833	Aufruf zur Gründung der Rettungsanstalt Rauhes Haus
22. September 1848	Erster Kirchentag in Wittenberg. Dort fordert Wichern die Kirche auf, sich zur Inneren Mission zu bekennen. Der „Centralausschuss für die Innere Mission" wird gegründet, der Vorläufer der heutigen Diakonie.
1857	Als preußischer Beamter in Berlin widmet er sich der Gefängnisreform.
1871	Wicherns letzter großer Vortrag „Die Mitarbeit der evangelischen Kirche an den sozialen Fragen der Gegenwart"
ab 1872	Nach mehreren Schlaganfällen kehrt Wichern ganz ins Rauhe Haus zurück.
7. April 1881	Wichern stirbt nach langem Leiden

Ein Stichwortzettel sollte mindestens folgende Stichpunkte enthalten:
– Lebensdaten,
– das Rauhe Haus (Entstehung/Leitgedanken/Organisation),
– fakultativ: Erfindung des Adventskranzes,
– von der Inneren Mission zum Diakonischen Werk,
– was mich an der Person beeindruckte.

3 Industrielle Revolution und soziale Frage

Wiederholen und Anwenden

MK 1. Die Industrialisierung – gut erklärt?
Einen Erklärfilm erschließen
Analysekompetenz, Urteilskompetenz

Fasst arbeitsteilig zusammen, wie der Erklärfilm D1 V02 die einzelnen Phasen der Industrialisierung darstellt, und stellt euch eure Ergebnisse gegenseitig vor. Vergleicht die Informationen aus dem Film mit eurem Wissen über die Zeit der Industrialisierung. Diskutiert dann über Stärken und Schwächen des Erklärfilms.

Der ca. sechsminütige Erklärfilm fasst die vier Phasen der Industrialisierung von 1750 bis heute zusammen: 1. Wasser- und Dampfkraft/Mechanisierung, 2. Elektrische Energie/Chemie, 3. Digitalisierung, 4. Vernetzung. In einer arbeitsteiligen Auseinandersetzung sollt ihr die Art der Darstellung im Erklärfilm nach folgenden Aspekten analysieren:
1. inhaltliche Schwerpunkte: Phasierung der Industrialisierungsprozesse, Zusammenhänge, Ursachen etc.;
2. formale Gestaltung: animierte Modelle, Maschinen und Statistiken; Hervorhebung von Merkwissen; zusammenfassende Übersicht am Ende; verständliche Sprache etc.

Diskutierbare Stärken bzw. Schwächen des Erklärfilms:
- Stärken: zusammenfassender Überblick, klare Darstellung von Zusammenhängen, nachvollziehbare Visualisierung komplexer Prozesse, Gegenwartsbezug;
- Schwächen: Der Erklärfilm verwendet ausschließlich animierte Darstellungen, dadurch kein „direkter" Einblick in die Vergangenheit bspw. durch Quellen; stereotype Darstellung von Akteuren (der Unternehmer, die Arbeiter) verhindert den Einblick in individuelle Erfahrungen; Konzentration auf Prozesse, Technikgeschichte und einzelne Akteure (z. B. Erfinder) statt Einblick in Alltags- oder Kulturgeschichte; der Erklärfilm vermittelt u. U. eine sehr geradlinige Erfolgsgeschichte der Industrialisierung

Ihr solltet erkennen, dass der Erklärfilm als zusammenfassende Darstellung zur Industrialisierung anwendbar ist, ein Einblick in historische Prozesse kann aber erst durch die Auseinandersetzung mit Quellen erfolgen.

SP 2. Überblickswissen zur Industrialisierung
Begriffe erklären
Analysekompetenz

Schreibe die Erklärungen und den jeweils gesuchten Begriff in dein Heft.
Setze mithilfe der in Klammern angegebenen Zahl die Buchstaben für das Lösungswort zusammen.

1	Leitsektor der Industrialisierung in England (5)	Text**i**lindustrie
2	Transportmittel, das den Industrialisierungsprozess beschleunigte (9)	Eisenbah**n**
3	James Watt machte diese Maschine effektiver (1)	**D**ampfmaschine
4	planmäßig angelegte Straße (4)	Cha**u**ssee
5	Erfinder der ersten Spinnmaschine (10)	Hargreave**s**
6	wissenschaftliche Methode zur zahlenmäßigen Erfassung und Darstellung einer Entwicklung (4)	Sta**t**istik
7	Zusammenschluss von Staaten in Deutschland zu einem einheitlichen Handelsgebiet (7)	Zollve**r**ein
8	mehrstöckiges Wohnhaus für Arbeiter (2)	M**i**etskaserne
9	kommunistischer Vordenker (2)	Ma**r**x
10	Vordenker der katholischen Soziallehre (3)	Ko**l**ping
11	Beruf, der den „alten" Werkmeister ablöste (1)	**I**ngenieur
12	neue Einkaufsmöglichkeit in den Großstädten (8)	Kaufhau**s**
13	schottischer Vordenker der freien Marktwirtschaft (3)	Sm**i**th
14	schwerindustrielles Zentrum Deutschlands (6)	Ruhrg**e**biet
15	Kampfmittel der Arbeiter zur Durchsetzung ihrer Forderungen (3)	St**r**eik
16	Ausbreitung städtischer Lebensformen (1)	**U**rbanisierung
17	künstliche Wasserstraße (3)	Ka**n**al
18	Klasse der wohlhabenden Bürger (5)	Bour**g**eoisie
	Lösungswort	**Industrialisierung**

3. Urbanisierung
Einen Text auswerten
Analysekompetenz, Urteilskompetenz

a) Arbeite aus Q1 heraus, wie öffentliche Hygiene und Industrialisierung zusammenhängen.
- Urbanisierung bedeutet, dass die Städte wachsen und immer mehr Menschen dort leben. Die Beseitigung der Abwässer, die zunächst noch „per Hand" durchgeführt wurde, war ein erhebliches Problem. Im Zuge der Modernisierung und Erweiterung der Städte wurde in der zweiten Hälfte des 19. Jahrhunderts in den Städten die Kanalisation gebaut, die die Hygienesituation grundlegend verbesserte.

b) Überall in Deutschland übernehmen die Städte selbst den Aufbau einer Kanalisation. Suche nach einer Begründung dafür.
- Es sind immense Kosten, die kein Privatinvestor aufbringen kann.
- Es muss für eine Stadt planvoll und systematisch erfolgen, ein Privatunternehmer würde wahrscheinlich nur die „besseren" Viertel versorgen, weil er hier Gewinn erzielen kann.
- Es ist eine Grundversorgung, die nicht der privatwirtschaftlichen/marktwirtschaftlichen Preisgestaltung überlassen werden soll.
- Bei so einem wichtigen Punkt wie der Hygiene und Seuchenvorsorge wollen die Städte nicht von privaten Unternehmern abhängig sein.

4. Veränderung der Arbeitswelt
Eine Statistik auswerten
Analysekompetenz, Urteilskompetenz

Untersuche, wie sich durch die Industrialisierung die Arbeit in Deutschland veränderte. Werte dazu die Statistik D2 aus. Ihr solltet die methodischen Arbeitsschritte für die Auswertung einer Statistik anwenden. Mögliche Lösung:
- Beschreibung: vierspaltige Tabelle zur Verteilung der Beschäftigten in Prozent auf die drei Beschäftigungsbereiche: Land- und Forstwirtschaft sowie Fischerei, Produktion von gewerblichen und industriellen Gütern, Dienstleistungen in den Jahren 1800, 1850 und 1900. Die letzte Zeile zeigt für die drei Jahre die Anzahl der Beschäftigten in Millionen.
- Untersuchen: In den 100 Jahren zwischen 1800 und 1900 steigt die Beschäftigtenzahl von 10,5 auf 25,5 Millionen, wobei die Steigerung in der zweiten Hälfte des Jahrhunderts doppelt so hoch ist wie in der ersten Hälfte. Der Anteil der in der Land- und Forstwirtschaft Tätigen geht zunächst um 7%, dann um 17% zurück; im produzierenden Bereich steigt die Zahl zunächst nur um 3%, dann aber um 13%; im Dienstleistungsbereich steigt die Zahl moderat jeweils zunächst um 4%. Die Verschiebungen in den ersten beiden Bereichen sind in der zweiten Hälfte des Jahrhunderts größer als in der ersten Hälfte.
- Deuten: Die Erwerbsstruktur verändert sich durch die Industrialisierung und den Wandel von der Agrar- zur Industriegesellschaft. Das produzierende Gewerbe nimmt die in der Landwirtschaft freigesetzten Arbeiter auf, der Dienstleistungsbereich zu einem kleineren Teil. Sinnvoll wäre für die Einordnung der Zeile der Beschäftigtenzahl eine ergänzende Information über die Bevölkerungszahl in Deutschland.

5. Arbeit und soziale Sicherung
Eine Bildquelle untersuchen
Analysekompetenz, Urteilskompetenz, Orientierungskompetenz

a) Schreibe einen Zeitungsbericht zum in Q2 dargestellten Unfall. Beschreibe dazu das Bild Q2 und achte dabei auch auf die Antriebsart der Maschinen.
- In dem Artikel sollte zunächst die abgebildete Szene beschrieben werden. Fabrikhalle einer Maschinenfabrik – mehrere Maschinen, die alle mit offenen Transmissionsriemen angetrieben werden.
- Im Zentrum des Bildes halbrechts wird ein am Boden liegender Arbeiter von Kollegen und einem Arzt (?) versorgt; er hat sich an einer Maschine verletzt.
- Im Hintergrund nähert sich die Frau des Verletzten mit einem Kind an der Hand; sie ist offenbar von einem Kollegen herbeigerufen worden.
- Im Vordergrund links stehen zwei Arbeiter an einer Maschine, die sich wohl über die Gefahren ihrer Arbeit austauschen.

b) Erläutere, auf welche Weise versucht wurde, die Folgen solcher Arbeitsunfälle zu mildern.
- Unternehmer gründen auf freiwilliger Basis firmeneigene Unfall- und Invalidenkassen;
- 1883 Krankenversicherung für Arbeiter – 2–3% des Lohnes: 2/3 Arbeiter, 1/3 Arbeitgeber;
- 1884 Unfallversicherung für Arbeiter – Arbeitgeber zahlen die Beiträge;
- 1889 Invaliditäts- und Altersversicherung – 1% vom Lohn, je zur Hälfte vom Arbeitgeber und Arbeitnehmer.

c) Formuliere ein Merkblatt für die Arbeiter, wie solche Unfälle zu vermeiden sind.
Mögliche Empfehlungen, die genannt werden können:
- Vorsicht vor den offenen Antriebsriemen und -rädern;
- konzentriert und sorgfältig arbeiten;
- Einhalten der Pausen, um nicht übermüdet zu sein;
- nicht ablenken lassen durch Arbeitskollegen;
- kein Alkohol;
- kein Essen während der Arbeit.

4 Das deutsche Kaiserreich von 1871 – Lösung der nationalen Frage?

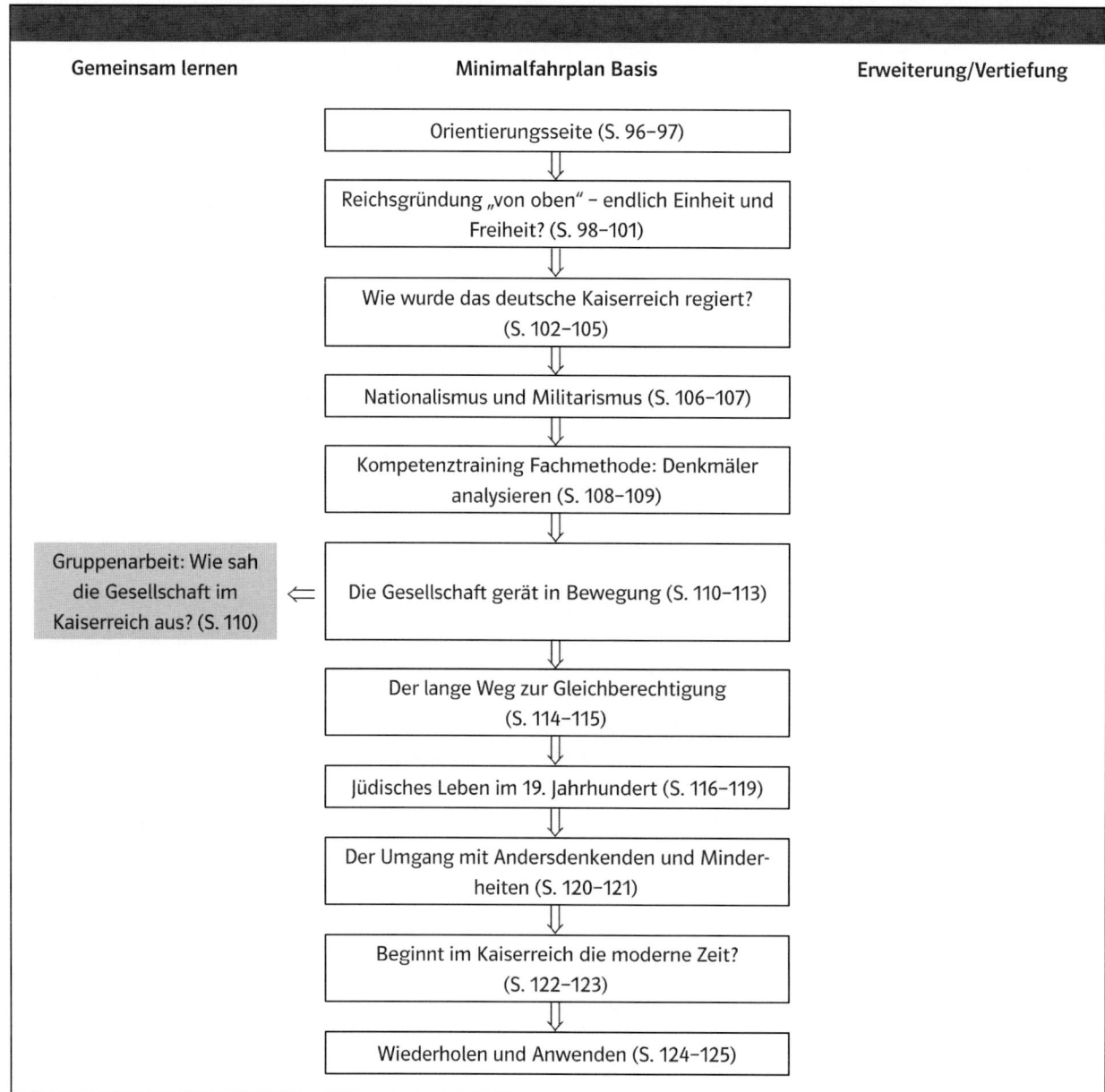

Kompetenzziele des Kapitels

Wahrnehmungskompetenz
Die SuS
- können die Lebensverhältnisse im Kaiserreich aus unterschiedlichen Perspektiven wahrnehmen und reflektieren;
- können Fragen zur Rolle des Militarismus im Kaiserreich aufwerfen und Antwortmöglichkeiten diskutieren.

Analysekompetenz
Die SuS
- können Denkmäler untersuchen;
- können ein Verfassungsschema lesen und vergleichen.

Urteilskompetenz
Die SuS
- können beurteilen, inwieweit durch die Reichsgründung von 1871 die nationale Frage gelöst wurde;
- können die Bedeutung des „vaterländischen Gedankens" im Kaiserreich nachvollziehen;
- verstehen das Wechselspiel zwischen Integration der Mehrheitsgesellschaft und Ausgrenzung von Minderheiten;
- können das Kaiserreich in seiner Widersprüchlichkeit zwischen Modernität und Beharrung beurteilen.

ⓘ Orientierungskompetenz
- Die SuS können das Kaiserreich als Vorgeschichte in Beziehung zu unserer Gegenwart setzen.

Hinweise zur Orientierungsseite

Die Orientierungsseite soll den SuS einen ersten Eindruck von der Ambivalenz des Kaiserreichs und den daraus resultierenden verschiedenartigen Deutungsperspektiven vermitteln – diese werden im Einleitungstext ausdrücklich genannt. Die Aspekte von Rückständigkeit und Modernität zeigt auch das Foto. Die Stahlkonstruktion der Brücke steht für damalige Modernität und technischen Fortschritt, das Denkmal Wilhelms II. verkörpert traditionelle Herrschaft und Nationalismus.

Die Karte informiert über die politische Gestalt des neuen Kaiserreiches, in dem die alten Länder als politische Einheiten erhalten blieben. Deutlich erkennbar sind die unterschiedliche Größe der Länder und die Dominanz Preußens.

Weiterführende Medienhinweise

Bücher
- Epkenhans, Michael/Seggern, Andreas von: Leben im Kaiserreich. Deutschland um 1900. Stuttgart 3. Aufl. 2019.
  Eine wissenschaftlich adäquate, zugleich reichhaltig bebilderte und gut lesbare Darstellung für ein breiteres Publikum. Auch als Bildquellenfundus für den Unterricht nutzbar.
- Flemming, Jens/Saul, Klaus/Witt, Peter-Christian (Hrsg.): Quellen zur Alltagsgeschichte der Deutschen 1871–1914. Darmstadt 1997.
  Viele unverbrauchte Quellen, die gut für den Geschichtsunterricht nutzbar sind.
- Frie, Ewald: Das deutsche Kaiserreich. Darmstadt 2., erw. u. bibliogr. akt. Aufl. 2013. Einführung in die Trends der Forschung zum Thema Kaiserreich.
- Kohl, Herbert: Deutsches Kaiserreich. Stuttgart 2013.
  Der Band aus der Reihe „Kompaktwissen Geschichte" verbindet einen inhaltlichen Überblick mit einer Quellenauswahl und einem Blick auf die aktuelle Diskussion. Geeignet als Einführung für Lehrkräfte, aber auch für die Hand von SuS in der Oberstufe
- Nipperdey, Thomas: Deutsche Geschichte 1866–1918. Bd. 1: Arbeitswelt und Bürgergeist, Bd. 2: Machtstaat vor der Demokratie. München Neuausgabe 2013.
  Klassisches Standardwerk, das in der Ambivalenz der Bewertung des Kaiserreichs positive Aspekte stärker akzentuiert. Stupend kenntnisreiche Darstellung von (Hoch-)Kulturgeschichte, Wissenschafts- und Bildungsgeschichte.
- Nonn, Christoph: Das Deutsche Kaiserreich. Von der Gründung bis zum Untergang. München 2017.
  Kompakte Einführung.
- Ullrich, Volker: Die nervöse Großmacht. Aufstieg und Untergang des deutschen Kaiserreichs. Frankfurt a. M. erw. Neuausgabe 2014.
  Kompakte Darstellung gewissermaßen als Kompromiss zwischen Nipperdey und Wehler.
- Ulrich, Bernd/Vogel, Jakob/Ziemann, Benjamin (Hrsg.): Untertan in Uniform. Militär und Militarismus im Kaiserreich 1871–1914. Quellen und Dokumente, Frankfurt a. M. 2001.
  Viele unverbrauchte Quellen, die gut für den Geschichtsunterricht nutzbar sind.
- Wehler, Hans-Ulrich: Deutsche Gesellschaftsgeschichte, Bd. 3: Von der „deutschen Doppelrevolution" bis zum Beginn des Ersten Weltkrieges 1849–1914. München 3. Aufl. 2008.
  Vorwiegend kritische Darstellung des Kaiserreichs ausgehend von einem analytischen Raster gesellschaftlicher Strukturbedingungen.

Zeitschriften – Didaktische Literatur
- Geschichte lernen H. 54 (1996): Staat und Gesellschaft im Kaiserreich.
- Geschichte lernen H. 97 (2004): Moderne.
- Geschichte lernen H. 195 (2020): Leben im Kaiserreich.
- Praxis Geschichte H. 4/1990: Wilhelminismus.
- Praxis Geschichte H. 5/1995: Bismarck.
- Praxis Geschichte H. 4/1998: Schauplätze im Kaiserreich.
- Praxis Geschichte H. 6/2010: Wilhelminismus – Deutschland 1890–1914.

Filme
- Das deutsche Kaiserreich 1871–1918. DVD der Anne Roerkohl Dokumentarfilm, Hauptfilm und 7 weitere Filmmodule, Münster 2015.
- Das Deutsche Kaiserreich – zwischen Tradition und Fortschritt. DVD des FWU (Institut für Film und Bild in Wissenschaft und Unterricht) mit dem Unterrichtsfilm „Das deutsche Kaiserreich – Staat und Gesellschaft" sowie weiteren Bild- und Textmaterialien, Grünwald 2007.
- Majestät brauchen Sonne. Dokumentarfilm von Peter Schamoni, vorwiegend Zusammenstellung von originalen Filmaufnahmen von Wilhelm II., 1999, als DVD beziehbar.

4 Das deutsche Kaiserreich von 1871 – Lösung der nationalen Frage?

Reichsgründung „von oben" – endlich Einheit und Freiheit?

Kompetenzziele

🏛 Wahrnehmungskompetenz
Die SuS
- können den politischen Weg von der 1848er-Revolution bis zur Reichsgründung reflektieren;
- können Fragen zur Entwicklung der Machtverteilung in Deutschland in den Jahren 1866 und 1867 stellen und Antworten finden;
- können sachgerechte Vermutungen zum Aufbau der Wiener Ordnung formulieren;
- können sich die Information beschaffen, ob die Entwicklungen von 1871 die Ziele der Frankfurter Nationalversammlung erfüllten.

🧩 Analysekompetenz
Die SuS
- können zwei kontroverse Bilddarstellungen zur Rolle Otto von Bismarcks bei der Reichsgründung 1871 vergleichen;
- können den Weg vom Ende der Revolution 1849 bis zur Reichsgründung 1871 als Zeitstrahl darstellen.

⚖ Urteilskompetenz
- Die SuS können erörtern, ob die Reichsgründung von 1871 aus der Sicht der „Ideen von 1848" als Erfolg betrachtet werden kann.

⊘ Orientierungskompetenz
- Die SuS können sich in historische Situationen versetzen – in Form von Antworten auf Stellungnahmen und Briefe, eine zeitgenössische Perspektive übernehmen und die darin angeführten Aspekte bewerten.

Sequenzvorschlag

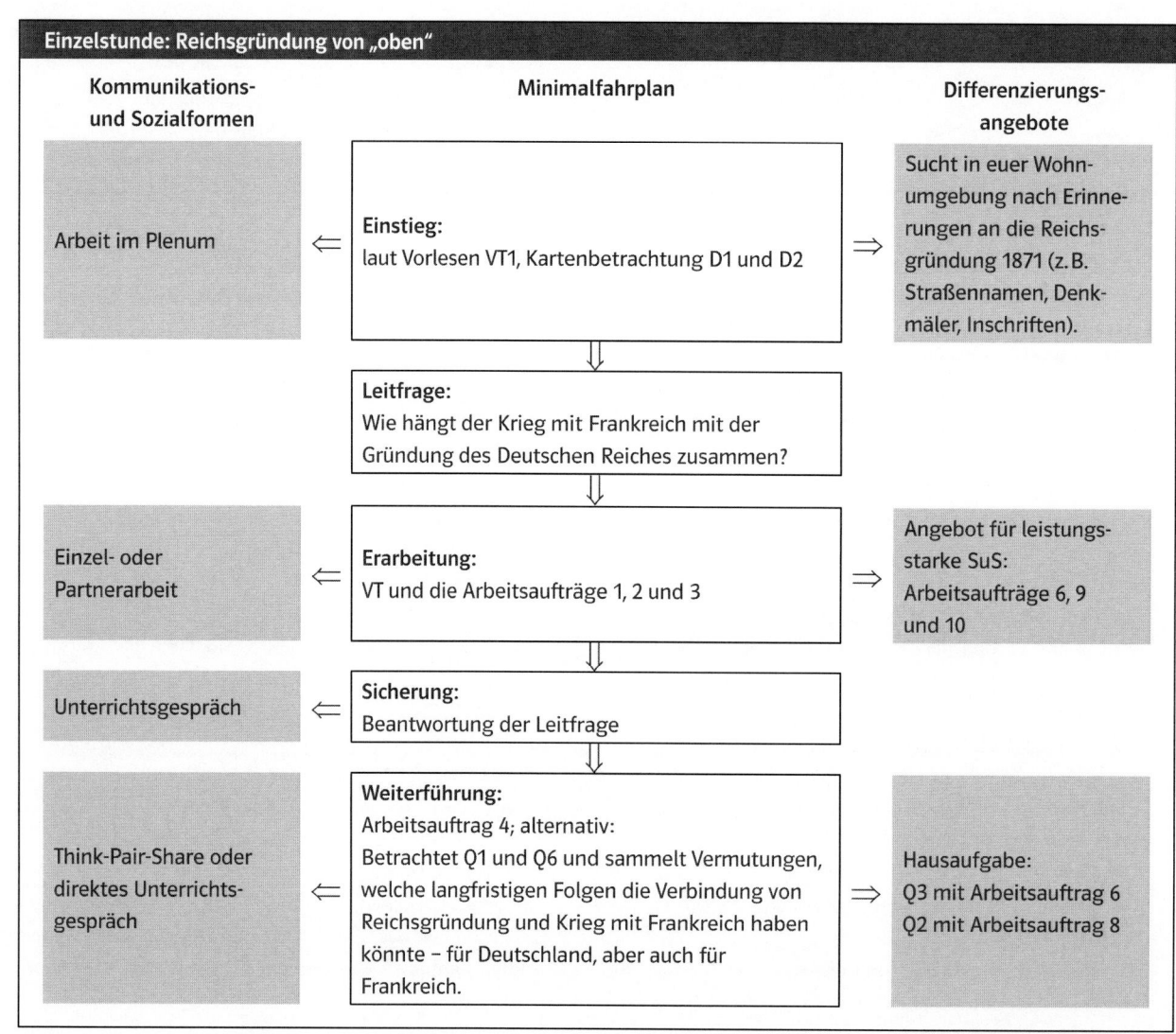

Tafelbild

Reichsgründung 1871

1864:
Deutsch-Dänischer Krieg (Österreich und Preußen vs. Dänemark)

↓

1866:
Deutscher Krieg (Österreich vs. Preußen) um Hegemonie im Deutschen Bund
→ Sieg Preußens: Annexion verschiedener Gebiete im Norden und Gründung des Norddeutschen Bundes (bis südlich zum Main)

↓

Konflikt zwischen Frankreich und Preußen (spanische Thronfolge)

↓

1870:
Kriegserklärung Frankreichs an Preußen
→ süddeutsche Staaten schließen sich Preußen an; Sieg Preußens

↓

1871:
Gründung des Deutschen Reiches

Hinweise zum Verfassertext und zu den Materialien

VT1–VT4 ordnen die Reichsgründung historisch ein und analysieren das Agieren Preußens mit Bismarck als zentraler historischer Figur zwischen 1864 und 1871. Dabei wird erneut die Rivalität zwischen Preußen und Österreich herausgestellt, die nach der gescheiterten Revolution 1848/49 zu zahlreichen Konflikten führte. Entscheidend war dabei der Krieg gegen Dänemark 1864, das Schleswig in sein Staatsgebiet integrieren wollte. Österreich und Preußen kämpften erfolgreich zusammen und einigten sich 1865 im August in der Konvention von Gastein darauf, dass Österreich Holstein und Preußen Schleswig verwalten sollten. Preußen hielt sich nicht an die Vereinbarung, sodass Österreich das Bundesheer (Truppen des Deutschen Bundes) einsetzen wollte. Der Konflikt spitzte sich zu, sodass es zur Schlacht von Königgrätz (Böhmen) kam, wo Preußen überraschend siegte. Österreich musste relativ geringe Kriegsentschädigungen leisten, der Deutsche Bund wurde aufgelöst. Preußen annektierte verschiedene Gebiete der Kriegsgegner und gründete den Norddeutschen Bund, wodurch das Staatsgebiet bis zum Main ausgeweitet werden konnte. Die süddeutschen Staaten wehrten sich zunächst gegen die Vormachtstellung Preußens, wurden ab 1866 jedoch durch Militärbündnisse an Preußen gebunden.

VT5 Es kristallisierte sich zunehmend heraus, dass ein deutscher Nationalstaat nur geschaffen werden könnte, wenn Frankreich von den deutschen Staaten gemeinsam besiegt würde. Indirekten Anlass für den Deutsch-Französischen Krieg bot die Frage nach der spanischen Thronfolge. Bismarck wollte Preußens Macht und Ansehen vergrößern und schlug deshalb als Kandidaten Leopold von Hohenzollern vor, was von Frankreich als Affront verstanden wurde. Deshalb drohte man Preußen mit einem Krieg. Der Konflikt spitzte sich durch Provokationen zu (Emser Depesche) und gipfelte schließlich 1870 in einer Kriegserklärung Frankreichs an Preußen. Bismarck propagierte den Krieg als nationalen Verteidigungskrieg, woraufhin sich die süddeutschen Staaten Preußen anschlossen. Auch die nationale Aufbruchsstimmung in den deutschen Staaten trug wesentlich zum Kriegsverlauf bei – Preußen siegte über Frankreich und annektierte die Gebiete Elsass und Lothringen. Das deutsch-französische Verhältnis war dadurch für die kommenden Jahrzehnte enorm belastet (s. Revanchismus).

VT6/VT7 thematisieren die Gründung des Deutschen Reiches 1871 nach dem Sieg über Frankreich. Damit wurde das Ziel eines einheitlichen Nationalstaats erreicht, auch wenn die Kaiserkrönung in Versailles zeigte, dass die Reichsgründung nicht durch eine parlamentarische Verfassung legitimiert worden war, sondern durch monarchisch-adliges Handeln. Auch das unterschiedliche Nationalbewusstsein bei den verschiedenen Völkern innerhalb des Deutschen Reiches wird in VT7 knapp erwähnt und ermöglicht im Unterricht einen kritischen Ausblick auf die zukünftigen Schwierigkeiten der nationalen Entwicklung (verschiedene Ethnien, spätere Problematik Rassismus und Judenfeindlichkeit).

D1/D2 zeigen die Gebietsveränderungen nach dem Krieg 1866 zwischen Österreich und Preußen.

4 Das deutsche Kaiserreich von 1871 – Lösung der nationalen Frage?

Q1 ist eine französische Karikatur, die „Bismarcks Alptraum" zeigt. Der Karikaturist gibt die Schuld am Krieg eindeutig dem preußischen Ministerpräsidenten und sieht in diesem die größte Gefahr für Europa, weil er die Nationalstaatsgründung Deutschlands maßgeblich vorantrieb und dafür Hunderttausende Tote in Kauf nahm.

Q2 Hildegard Freifrau Hugo von Spitzemberg wurde am 20. Januar 1843 in Württemberg als Tochter des Rittergutsbesitzers Freiherr Varnbüler von und zu Hemmingen geboren, der von 1864 bis 1870 württembergischer Außenminister war. 1864 heiratete sie den Freiherrn Carl von Spitzemberg, der 1866 württembergischer Gesandter in Berlin wurde. Die Baronin hatte in Berlin, auch nach dem Tod ihres Mannes 1880, eine erstaunliche gesellschaftliche Stellung. So stattete Kaiser Wilhelm I. ihr jährlich einen Besuch ab; Kanzler, Minister, hohe Beamte, Offiziere und Reichstagsabgeordnete waren bei ihr zu Gast. Zu Bismarck und dessen Familie unterhielt sie freundschaftliche Beziehungen. Baronin Spitzembergs Tagebuch ist eine historische Quelle, die eine Innenansicht einer führenden Gesellschaftsgruppe ermöglicht. Sie starb am 30. Januar 1914.

Q3 Der Ausschnitt aus der berühmten Rede Disraelis über die „German Revolution" soll den Blick auf die Veränderung des europäischen Staatensystems durch die Art und Weise (Diplomatie, Stimmungen, Kriege) und die tatsächlichen Folgen der Reichsgründung richten: Die Quelle ermöglicht damit eine doppelte Perspektive. Einerseits kann die Entwicklung der deutschen Frage seit 1815 noch einmal in gesamteuropäischer Perspektive zusammengefasst und bewertet werden (einschließlich der Rolle des Deutschen Bundes). Andererseits wird der Blick in die Zukunft gerichtet und damit fallen gleichsam erste Lichtstrahlen in das Dunkel der weiteren europäischen Geschichte Deutschlands. Die Prophetie der Quelle sollte jedoch nicht übermäßig strapaziert werden: Zum Zeitpunkt der Rede war Benjamin Disraeli konservativer Oppositionsführer im britischen Unterhaus. Entsprechend gehörte es zu seinem Handwerk, seinem politischen Gegner Gladstone Inkompetenz in der Außenpolitik vorzuwerfen. Unter dieser Perspektive darf Disraelis vielzitierte Anklage – trotz ihrer vermeintlich prophetischen Aussage – nicht zu schwer gewichtet werden. Hervorzuheben ist die (zeitgenössische) Warnung, die Disraeli ausspricht: Die Folgen der Reichsgründung für das europäische Mächtekonzert müssten begrenzt und durch die neue Macht in der Mitte Europas dauerhafte Stabilität hergestellt werden.

Q4 Mit dieser Rede wollte Bismarck den Abgeordneten klarmachen, dass das Parlament und die Regierung außenpolitisch gewappnet sein müssten. Ein starkes Militär sei wichtig, um künftige Kriege zu gewinnen, in die Preußen unweigerlich aufgrund der Lage innerhalb Europas hineingezogen werde. Hintergrund der Rede war der preußische Verfassungskonflikt zwischen 1859 und 1866, in dem über die Aufteilung der Macht zwischen dem Kaiser und dem Parlament sowie über eine Heeresreform diskutiert wurde. Die Abgeordneten waren gegen eine finanzielle Unterstützung des preußischen Militärs. Die Aussage Bismarcks fassten sie als Zeichen auf, dass der preußische Ministerpräsident eine Herrschaft der Gewalt errichten wolle, was sich nicht mit ihren liberalen Auffassungen vereinbaren ließ.

Q5 Jacob Burckhardt lebte von 1818 bis 1897 und war ein liberaler Historiker. Als Student besuchte er Veranstaltungen historischer Koryphäen wie Leopold von Ranke und Johann Gustav Droysen. Er war als Professor für Kulturgeschichte in Basel tätig.

Q6 zeigt Bismarck als Schmied in Lederschürze, der der Figur der Germania ein Schwert übergibt. Auf dem Schwert ist das lateinische Wort „Unitas" zu erkennen: Einheit. Bismarck wird hier also als Schmied der deutschen Einheit dargestellt.

Erläuterungen zu den Arbeitsaufträgen

1. Stelle den Weg vom Ende der Revolution 1849 bis zur Reichsgründung 1871 als Zeitstrahl dar (VT1–VT5). Du kannst auch digital arbeiten. Nutze dabei dass Arbeitsblatt D14. (AFB I) → S. 186 MKR 1.2, 3.1, 3.2

Das Arbeitsblatt erklärt das digitale Erstellen eines Zeitstrahls mit einem entsprechenden Online-Tool.
Elemente des Zeitstrahls sollten sein:
- seit 1848/49 Rivalität zwischen Preußen und Österreich um Vormachtstellung im Deutschen Bund;
- 1862 Otto von Bismarck wird preußischer Ministerpräsident;
- 1863 Dänemark annektiert Schleswig → 1863/64 Deutsch-Dänischer Krieg;
- 1866 Deutsch-Österreichischer Krieg und Ende des Deutschen Bundes;
- 1866 Gründung Norddeutscher Bund;
- 1870/1871 Deutsch-Französischer Krieg;
- 18. Januar 1871 preußischer König Wilhelm I. → Deutscher Kaiser → Gründung Deutsches Reich.

Der Zeitstrahl kann (digital) mit Bildern und weiteren Informationen sowie Pfeilen zur Veranschaulichung von Zusammenhängen ergänzt werden.

2. Erläutere, wie sich die Machtverteilung in Deutschland in den Jahren 1866 und 1867 entwickelte (D1, D2, VT4). (AFB II)
- Preußen besaß nach dem Sieg über Österreich 1866/67 die Vormachtstellung im Deutschen Bund, Österreich verlor seinen Einfluss.
- Der Deutsche Bund wurde aufgelöst, an dessen Stelle trat der Norddeutsche Bund mit Preußen als Hegemonialmacht.

- Preußen schloss militärische Bündnisse mit verschiedenen süddeutschen Staaten.
- Die Situation nach 1866 legte den Grundstein für die fünf Jahre später Reichsgründung.

3. Entwirf eine Antwort auf Q4 aus der Sicht eines überzeugten Liberalen. Reagiere dabei auf die Argumente Bismarcks. (AFB II) ○ → S. 186

„Sie behaupten, dass Deutschland auf Preußens Macht und nicht auf seinen Liberalismus sehe. Hier irren Sie. Es sind der Liberalismus, die Verfassung und das Parlament, die Rechte der Bürger, die Preußen groß und stark und zu einem Vorbild für Deutschland gemacht haben. Ohne diese Grundlagen werden wir keinen gemeinsamen Nationalstaat gewinnen können, der ein Nationalstaat für alle Deutschen sein wird und die Rechte aller Bürger sichert.

Wir stimmen Ihnen zu, dass Preußen eine Schlüsselrolle in der Schaffung dieses Nationalstaates einnimmt und dass dazu auch gehört, dass Preußens Grenzen nach den Wiener Verträgen sich verändern können – so z. B. die Teilung des Staatsgebietes in zwei Hälften. Aber: Es kann doch nicht sein, dass es hier nur um Machtfragen geht und das Recht, das z. B. in Parlamentsdebatten zum Ausdruck kommt, keine Rolle spielt. Preußen darf nicht zu einem zweiten napoleonischen Frankreich werden, das ganz Europa mit Kriegen überzogen, besetzt und geplündert hat, Preußen muss stattdessen als Rechtsstaat mit einem starken Parlament zum Vorbild werden und so die Einigung Deutschlands ermöglichen."

4. Vergleiche die Stimmungen, die in Q1 und Q6 zum Ausdruck kommen. (AFB III)

- Zu Q1: Die französische Stimmung ist düster: Viele Tote liegen auf dem Feld und der Sensenmann, der viele Seelen einsammeln konnte, grinst triumphierend den schlafenden Bismarck als Urheber des Totenfeldes an. Bismarck wird für den Krieg und dessen Tote verantwortlich gemacht – eine Selbstkritik des eigenen Verhaltens und der eigenen Verantwortung findet sich in der Karikatur nicht.
- Zu Q6: Eine heroische, sagenhafte Darstellung. Der „Reichsschmied" Bismarck überreicht Germania das Schwert als Symbol des neuen Deutschen Reiches. Bismarck wird als Held dargestellt, nicht als Mensch. Die ganze Szene scheint in einem „Götterhimmel" zu spielen und ist inhaltlich in eine ferne Zeit zurückverlegt mit frühmittelalterlichen Zeichen. Besonders auffällig ist der „Reichshund" in der Mitte zwischen den beiden Figuren. Die Stimmung ist damit völlig überhöhend, die Reichsgründung mythologisch feiernd und eine beteiligte Person in einen „Götterstatus" überführend.
- Im Vergleich sind die Stimmungen von Q1 und Q6 völlig verschieden: Bismarck wird als Täter (Q1) oder als Held (Q6) dargestellt, hier werden unterschiedliche Sichtweisen auf die Reichsgründung deutlich.

SP 5. Erläutere, welche Rolle der Maler in Q6 Otto von Bismarck bei der Reichsgründung zuschreibt (VT3–VT6). Nutze die folgenden Begriffe: Held, Schwert, Symbol, Einheit, Hammer, Amboss. (AFB II)

Eine heroische, sagenhafte Darstellung. Der „Reichsschmied" Bismarck überreicht Germania das Schwert als Symbol des neuen Deutschen Reiches. Bismarck wird als Held dargestellt, nicht als Mensch. Er alleine hat das Schwert mit Hammer und Amboss geschmiedet, mit dem Germania nun das Reich vielleicht einen wird. Ohne die Leistung Bismarcks daher keine Reichsgründung. Bismarck ist der „Reichsgründer".

6. Fasse den Aufbau der Wiener Ordnung (S. 44/45) zusammen und erläutere, wovor Disraeli warnt (Q3). (AFB II)

Zentrale Aspekte der Wiener Ordnung:
- Gleichgewicht zwischen den Großmächten, um Vorherrschaft einzelner Staaten und Kriege zu vermeiden;
- weitgehende Neutralisierung der Mitte Europas: Hier entsteht der Deutsche Bund, der verteidigungsstark (zwei Großmächte!), aber nicht angriffsfähig ist;
- Russland und England garantieren als Flügelmächte die Stabilität der Friedensordnung, Kriege werden möglichst vermieden, wenn es zu Machtverschiebungen kommt, dann wird der Machtgewinn einzelner Staaten durch Kompensationen für die anderen ausgeglichen;
- Frankreich ist besiegt worden, wird aber als gleichberechtigtes Mitglied der europäischen Staatenordnung wieder akzeptiert und auch nicht erniedrigt.

Zentrale Aspekte zu Q3:
- Disraeli warnt vor den Folgen der Zerstörung des Gleichgewichtes in Europa. Damit bezieht er sich auf die Gründung des Deutschen Reiches. Die Mitte Europas ist nunmehr kein lockerer Staatenbund mehr, sondern wird durch einen machtvollen Nationalstaat besetzt.
- Damit beginnt für Disraeli ein neuer Abschnitt der europäischen Gleichgewichtspolitik, mit neuen Herausforderungen für die englische Politik, die immer das Ziel eines Gleichgewichts der Mächte hatte, um die britische Handlungsfreiheit zu erhalten.

7. Im Jahr 1849 hatte Friedrich Wilhelm IV. die Kaiserkrone abgelehnt. Schreibe aus Sicht von Wilhelm I. einen Brief, in dem er erklärt, warum er 1871 die Krone annahm (VT1). (AFB III)

Mögliche Argumente in dem Brief:
- „Ich kann die Krone annehmen, denn diese wird mir von meinesgleichen, den Fürsten Deutschlands angeboten – an der Spitze der bayerische König Ludwig II. aus dem ehrwürdigen Haus Wittelsbach."
- „Die Reichsgründung 1871 ist nicht das Werk einer Revolution oder eines Revolutionsparlamentes wie 1848/49, sondern das Ergebnis preußischer Politik unter Leitung Bismarcks. Dem kann ich zustimmen."
- „Preußen konnte sich gegenüber Österreich durchsetzen – nun ist entschieden, dass auch die Reichskrone der preußischen Monarchie zusteht!"

4 Das deutsche Kaiserreich von 1871 – Lösung der nationalen Frage?

8. Arbeite aus Q2 die leisen Zukunftszweifel heraus (Q2). (AFB I)
- Die Baronin betont die geistige Führungsrolle Deutschlands und die Verantwortung für eine friedliche und zivilisatorische Zukunft Europas: Der Baronin ist offensichtlich die kriegerische Reichsgründung nicht ganz geheuer.
- Hinzu kommt, dass ihr als guter Christin Demut vor dem Auf und Ab des Lebens geläufig ist und Hochmut vor dem Fall kommt. Für Deutschland kann es auch wieder sehr viel schlechter kommen.

9. Stelle in einer Tabelle dar, ob die Entwicklungen von 1871 die Ziele der Frankfurter Nationalversammlung erfüllten (VT6, VT7). (AFB III) ○ → S. 186

Ziel der Frankfurter Nationalversammlung 1848/49	Wurde es 1871 erreicht?
Gründung eines deutschen Nationalstaates	Ja, aber nur als kleindeutsche Lösung ohne die Deutschen im Kaiserreich Österreich.
Schaffung einer deutschen Verfassung	Ja, aber deutlich autoritärer als 1849 beschlossen und von Preußen diktiert.
Einführung einer parlamentarischen Monarchie	Teilweise, es gibt klare Rechte des Parlamentes, aber der Kaiser und die Regierung sind sehr unabhängig vom Parlament.
Wahlen für alle Deutschen	Es wurde mehr erreicht als 1849 beschlossen: 1871 erhielten alle Männer das Wahlrecht – unabhängig z. B. vom Einkommen, das noch 1849 zu Unterscheidungen führte.

10. Erörtere, ausgehend von den Befürchtungen Burckhardts (Q5), ob die Reichsgründung von 1871 als Erfolg betrachtet werden kann. (AFB III) ●
- Burckhardt sieht die Reichsgründung als unvermeidlich an, daher hat Bismarck hier seiner Meinung nach lediglich die Zügel des Zeitgeistes geführt.
- Bemerkenswert ist für ihn der militärisch-monarchische Gehalt der Reichsgründung: Durch den Erfolg der Monarchie und des preußischen Militärs ist für Burckhardt der Weg zu einem monarchischen Militärstaat geebnet: Die preußische Dynastie ist so mächtig geworden, dass sie das neue Deutsche Reich entsprechend prägen wird.
- Insgesamt bewertet Burckhardt die Reichsgründung somit nicht als einen Erfolg, sondern als negativ. Er ist pessimistisch und sieht keine bürgerlich-demokratische Zukunft für das Deutsche Reich.
- Kritisch ist einzuwenden, dass Burckhardt die maßgebliche Rolle der öffentlichen Meinung Deutschlands, die Bismarcks Reichseinigungspolitik spätestens seit 1867 unterstützte, völlig vernachlässigt und somit die Rolle der preußischen Monarchie und des preußischen Militärs auch überbewertet.

Wie wurde das Deutsche Kaiserreich regiert?

Kompetenzziele

Wahrnehmungskompetenz
– Die SuS können Fragen nach der politischen Verfasstheit des Kaiserreichs aufwerfen und verfolgen.

Analysekompetenz
Die SuS
– können ein Verfassungsschema lesen und vergleichen;
– können Statistiken interpretieren.

Urteilskompetenz
– Die SuS können das Wahlrecht in Preußen und im Reich vergleichend beurteilen.

Orientierungskompetenz
– Die SuS können das Kaiserreich als Vorgeschichte in Beziehung zu unserer Gegenwart setzen.

Sequenzvorschlag

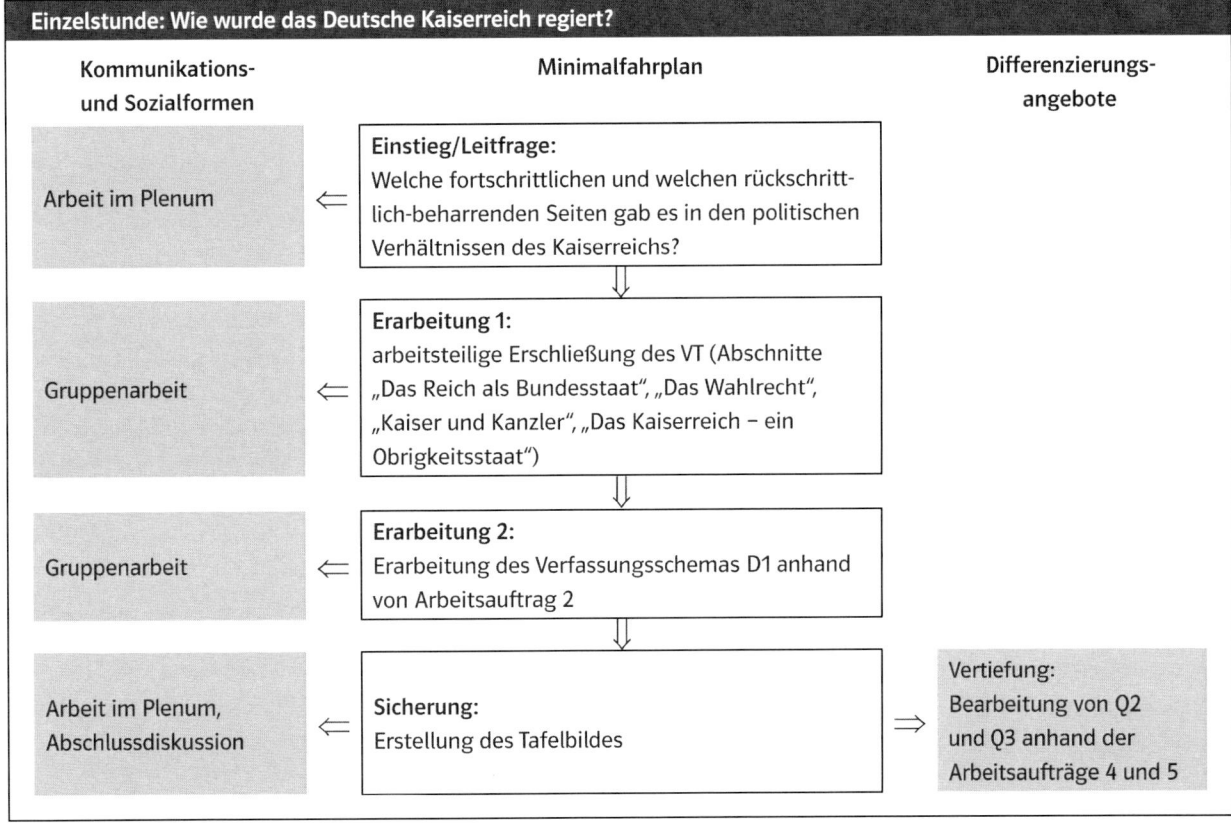

4 Das deutsche Kaiserreich von 1871 – Lösung der nationalen Frage?

Tafelbild

Das Kaiserreich zwischen Obrigkeitsstaat und Verfassungsstaat

Obrigkeitsstaat ←	→ Verfassungsstaat
keine politische Kontrolle der Reichsregierung	Rechte des Reichstags (Gesetzgebung, Haushalt)
keine politische Kontrolle der Streitkräfte	
Wahlrecht zum preußischen Landtag (ungleiches Wahlrecht, kein Frauenwahlrecht, Benachteiligung der nicht-konservativen Parteien)	Wahlrecht zum Reichstag (kein Frauenwahlrecht, Benachteiligung der Sozialdemokratie)

Hinweise zum Verfassertext und zu den Materialien

VT Das Reich war konstruiert als Zusammenschluss einzelner Bundesstaaten bzw. ihrer Herrscher. Der föderale Charakter war weit ausgeprägter als in der heutigen Bundesrepublik. Die Länderverfassungen mit zum Teil sehr unterschiedlichen Wahlrechtsbestimmungen existierten weiter. Die Länder behielten Sonderrechte in wichtigen öffentlichen Aufgabenbereichen: beim Heer (außer im Kriegsfall), bei der Eisenbahn, teilweise bei der Post. Und bis 1900, als das Bürgerliche Gesetzbuch eingeführt wurde, gab es in den einzelnen Ländern ein unterschiedliches Privatrecht. Dass Wilhelm II. weiter einem absolutistischen Herrschaftsverständnis anhing, zeigen Q1 und Q2; vom konservativen Adel wurde es geteilt (Q3).

Dass die Zentralität im Reich zunächst noch verhältnismäßig wenig ausgeprägt war, zeigt sich auch darin, dass es keine wirkliche Reichsregierung gab. Neben dem Reichskanzler amtierten lediglich Staatsekretäre für die verschiedenen Bereiche der Politik. Über ein eigenes Ministerium mit einem entsprechenden Apparat verfügten sie nicht. Stattdessen griff der Reichskanzler (und preußische Ministerpräsident) auf die Kompetenz der preußischen Ministerien zurück, was diesen im Reich besonderen Einfluss sicherte – Preußen und das Reich waren durch Kaiser, Reichskanzler und Verwaltung gleichsam miteinander verschränkt. Erst um die Jahrhundertwende wurde auch die Reichsverwaltung immer stärker zu einer „Reichsregierung" ausgebaut. Auf die Reichsverwaltung hatte im Übrigen der Reichstag keinerlei Einfluss, denn nicht nur der Reichskanzler, sondern auch die Staatssekretäre wurden vom Kaiser ernannt und waren nur ihm verantwortlich.

Verglichen mit dem preußischen Dreiklassenwahlrecht (D4) war das Wahlrecht im Reich modern (D3). In den anderen Ländern reichte das Spektrum von einem allgemeinen und gleichen Wahlrecht in Hessen, Baden, Württemberg und Bayern bis zum völligen Fehlen eines allgemeinen Wahlrechts in Mecklenburg. Alle Parteien im Kaiserreich waren Klientelparteien, keine „Volksparteien": Sie alle repräsentierten jeweils bestimmte Gruppen, Schichten oder Konfessionen. Auch die Sozialdemokratie konnte außerhalb ihres Milieus keine großen Stimmengewinne erzielen. Insgesamt freilich nahmen politische Aktivität und Teilhabe in der Zeit des Kaiserreichs deutlich zu. Das zeigt die Entwicklung der Wahlbeteiligung. Gingen bei den ersten Reichstagswahlen 1871 nur 51% der Wahlberechtigten an die Urnen, so waren es bei den letzten im Jahre 1912 85%.

Q1 Der Schwarze Adlerorden war der höchste preußische Orden. Max Koner (1854–1900) gehörte im Kaiserreich zu den bekanntesten Porträtmalern.

Q4 Das Foto zeigt eine SPD-Veranstaltung im Treptower Park. Auf dem Podium steht der Reichstagsabgeordnete Richard Fischer. Er vertrat von 1893 bis 1918 den Wahlkreis Berlin 2.

D3/D4 Anhand der Statistik D3 lässt sich errechnen, dass der Anteil der Abgeordnetensitze im Reichstag, die die Parteien gewonnen haben, erheblich von ihrem Stimmenanteil differiert. Die Sozialdemokratie wurde zusätzlich durch den Zuschnitt der Wahlkreise massiv benachteiligt. Diese wurden auf der Basis der damaligen Einwohnerzahlen festgelegt; ihre Einteilung blieb bis 1918 unverändert. Durch die Binnenwanderung vom Land in die Stadt entstand im Laufe der Zeit ein erhebliches Ungleichgewicht: Ein Abgeordneter auf dem Lande repräsentierte weitaus weniger Wähler als einer in der Stadt. Anders gewendet: Ländliche Stimmen wogen schwerer als städtische – das ging zulasten der Sozialdemokratie. Außerdem gab es bei den Stichwahlen häufig Wahlbündnisse anderer Parteien gegen die Sozialdemokratie. Im preußischen Landtag waren die Unterschiede zwischen Stimmanteil und Abgeordnetensitzen wegen des im VT3 beschriebenen Dreiklassenwahlrechts noch wesentlich höher. Eine entsprechende Berechnung lässt das markant zum Vorschein treten.

Erläuterungen zu den Arbeitsaufträgen

1. **Stelle die fortschrittlichen den rückschrittlich-beharrenden Seiten in den politischen Verhältnissen gegenüber (VT). (AFB II)**
Wie das Kaiserreich insgesamt muss man auch seine politischen Verhältnisse differenziert betrachten. Eine Zusammenfassung der entsprechenden Punkte zeigt das Tafelbild.

2. **Beschreibe anhand von D1 in einem „Steckbrief" für jede aufgeführte Person oder Institution, welche Rechte sie hat oder nicht hat (VT2, VT3). (AFB I)**
- Die Umsetzung in eine andere Struktur („Steckbrief") erfordert eigene Sinnentnahme und Transfer.
- Beispiele für mögliche Formulierungen: Der Reichstag wird von den Wahlberechtigten gewählt. Der Kaiser beruft ihn ein. Dieser kann ihn auch auflösen. Der Reichstag beschließt – zusammen mit dem Bundesrat – Gesetze und verabschiedet den Haushalt. Der Reichskanzler steht dem Reichstag vor. Aber der Reichstag kann den Reichskanzler nicht wählen oder abwählen.

MK 3. **Formuliert zu zweit ein Gespräch zwischen dem Maler und Wilhelm II. zur Gestaltung des Bildes Q1. Berücksichtigt dabei Wünsche des Auftraggebers und Gestaltungsmöglichkeiten des Malers. Nutzt das Angebot zum multimedialen Arbeiten (D16). (AFB II) ○ → S. 186 MKR 1.2, 2.1, 2.3**
- Zunächst sollte die Bildquelle Q1 beschrieben und gedeutet werden. Auf dieser Grundlage ist die Erstellung eines Gesprächs zwischen Wilhelm II. und dem Maler Max Koner denkbar. Hierzu wäre zunächst auch eine kurze Recherche zum Maler relevant.
- Etherpads (siehe Arbeitsblatt in den Medien zum Schulbuch) ermöglichen ein kollaboratives Zusammenarbeiten unabhängig vom Standort der SuS. Daher ist dies v.a. auch als Hausaufgabe bzw. Wiederholung von zu Hause aus denkbar.

Beispiel für ein mögliches Gespräch:
Wilhelm: Sie kennen doch bestimmt das berühmte Herrscherbild Ludwigs XIV. von Rigaud. So ähnlich stelle ich mir mein Bildnis vor.
Koner: Natürlich kenne ich dieses Gemälde. Wollen Majestät sich am Beispiel eines französischen Königs orientieren? Das Bild ist ja immerhin fast 200 Jahre alt.
Wilhelm: Auch wenn ich deutscher Kaiser bin – die herrscherliche Haltung auf dem Gemälde von Rigaud gefällt mir einfach gut, sie gibt auch meinen Herrschaftsanspruch wieder.
Koner: Gibt es denn bestimmte Details, die sich Ihre Majestät auf dem Bild zu sehen wünschen?
Wilhelm: Es sollen alle Zeichen meiner Herrschaft zu sehen sein, die Krone, der Reichsapfel, der Marschallstab und der Königsmantel. Und ich möchte den Schwarzen Adlerorden tragen.
Koner: Welche Uniform wünschen Majestät zu tragen?
Wilhelm: Malen Sie mich in einer Kürassieruniform, die wirkt besonders prunkvoll.
Koner: Haben Ihre Majestät besondere Vorstellungen vom Hintergrund des Bildes?
Wilhelm: Es soll so wirken, als stände ich auf einer Bühne. Der Hintergrund sollte noch weiter wirken als bei dem Bild von Rigaud.

4. **Charakterisiere das Verständnis von Herrschaft und Politik, das hinter der Äußerung Wilhelms II. steht (Q2). (AFB II)**
- Die Textquellen Q2 und Q3 belegen, dass das Selbstverständnis des Kaisers und von Teilen der politischen Elite nicht dem Modell der Verfassung entspricht. Sie fühlen sich nicht in die Verfassung eingebunden und ihr verpflichtet.
- Bezeichnend dafür ist Wilhelms Äußerung, „dass wir Hohenzollern Unsere Krone nur vom Himmel nehmen und die darauf ruhenden Pflichten dem Himmel gegenüber zu vertreten haben". Genau genommen gilt es hier allerdings zu differenzieren zwischen Wilhelms Rolle als preußischer König und als deutscher Kaiser. Weil aber Wilhelms monarchisches Selbstverständnis genauso seine kaiserliche Herrschaft prägte, kann diese Unterscheidung im Unterricht beiseite bleiben.

5. **Verfasse eine kurze Äußerung: Was würde ein sozialdemokratischer Abgeordneter seinem Kollegen Oldenburg-Januschau im Reichstag erwidern (Q3)? (AFB II)**
„Herr Kollege, Sie haben ein falsches Bild von unserer Verfassung. Der Reichstag ist ein Verfassungsorgan. Der Kaiser kann ihn nach der Verfassung nicht einfach auflösen oder schließen. Eine Auflösung kann nach Artikel 24 unserer Verfassung nur der Bundesrat (mit Zustimmung des Kaisers) beschließen."

6. **Es gab im Reichstag insgesamt 397 Abgeordnete. Untersuche das jeweilige Verhältnis von Stimmenanteilen und Abgeordneten (D3). Wem nützte und wem schadete dieses Verhältnis? (AFB II) ○ → S. 186**
- Um diese Tabelle analysieren zu können, müssen die SuS zunächst eine Berechnung vornehmen: Stimmenanteile und Mandate lassen sich nur miteinander vergleichen, wenn auch die Mandate (bezogen auf die Gesamtzahl der Abgeordneten) prozentuiert werden. Für die Reichstagswahlen 1912 zum Beispiel würden die entsprechenden Zahlen wie in Tabelle 1 (S. 132) lauten.
- Erkennbar wird daraus, dass besonders bei den Konservativen und bei der Sozialdemokratie Stimmen- und Mandatsanteile erheblich differieren. Die Konservativen gewinnen mehr als doppelt so viele Mandate, wie ihnen im Verhältnis zustehen würden, die SPD nur etwa drei Viertel.

7. **Städtische Wahlkreise hatten meist mehr Wähler als ländliche. Erkläre, welche Auswirkungen das hatte (D3). (AFB II)**
- Dieser Arbeitsauftrag zielt auf einen Grund für die Benachteiligung der SPD, nämlich den ungleichen zahlenmäßigen Zuschnitt der Wahlkreise.
- Die SuS sollten begründen können, weshalb die städtischen Wahlkreise mehr Wähler als ländliche haben (Urba-

4 Das deutsche Kaiserreich von 1871 – Lösung der nationalen Frage?

Tabelle 1: Stimmanteile und Abgeordnete der Parteien im Reichstag (in Prozent)

Konservative		Zentrum		Nationalliberale		Sozialdemokraten	
Prozent Stimmen	Prozent Mandate	Prozent Stimmen	Prozent Mandate	Prozent Stimmen	Prozent Mandate	Prozent Stimmen	Prozent Mandate
10,4	22,9	9,2	10,8	13,6	11,3	34,8	27,7

(Nach Gerd Hohorst/Jürgen Kocka/Gerhard A. Ritter, Sozialgeschichtliches Arbeitsbuch II. Materialien zur Geschichte des Kaiserreichs 1870–1914, C.H. Beck, München 1978, S. 173–175.)

Tabelle 2: Abgeordnete der Parteien im preußischen Landtag (nach geltendem Wahlrecht und nach Verhältniswahlrecht)

Parteien	Tatsächliche Zahl der Abgeordneten	Zahl der Abgeordneten bei gleicher und direkter Wahl (gerundet)
Konservative	152	60
Freikonservative	60	10
Zentrum	104	85
Nationalliberale	65	54
Freisinnige Volkspartei	28	17
Polen und Dänen	17	39
Sozialdemokraten	1	102
Summe	427	

(Paul Hirsch, Der preußische Landtag. Handbuch für sozialdemokratische Landtagswähler, Berlin 3. Aufl. 1913, S. 11, zit. nach Gerhard A. Ritter (Hrsg.), Das deutsche Kaiserreich 1871–1914. Ein historisches Lesebuch, Vandenhoeck u. Ruprecht, Göttingen 5. Aufl. 1992, S. 123.)

nisierung, Landflucht). Und sie müssen argumentativ nachvollziehen können, dass die SPD ihre Wähler vorwiegend in den Städten hatte.

8. Beurteile die Wahlverfahren im Reich und in Preußen im Vergleich (D3, D4, VT3). (AFB III)
– Das preußische Dreiklassenwahlrecht beruht auf einer Eingruppierung der Wähler in drei Steuergruppen. Um die Auswirkungen dieses Wahlrechts einschätzen zu können, muss auch bei D3 wie bei D2 zunächst berechnet werden, wie viele Abgeordnete jede Partei bei gleicher und direkter Wahl im Verhältniswahlrecht erhalten hätte. Dazu müssen die SuS zunächst die Summe der Mandate bilden, dann die einzelnen Zahlen entsprechend der Prozentverteilung der Stimmen errechnen und im dritten Schritt die von ihnen errechneten Zahlen mit den tatsächlichen vergleichen. Die sich dabei ergebende Gegenüberstellung zeigt Tabelle 2.
– Erkennbar wird die durchschlagende Benachteiligung der Sozialdemokratie; ebenfalls benachteiligt wird die zweite Außenseitergruppierung im preußischen Landtag, die Polen und Dänen. Alle anderen profitieren vom Wahlmodus, allerdings in unterschiedlichem Maße: Die beiden konservativen Richtungen gemeinsam kommen auf die dreifache Abgeordnetenzahl. Die groteske Verzerrung des Wählerwillens wird beim Vergleich von SPD und Freikonservativen besonders deutlich: Auf den einen Abgeordneten der SPD entfallen 23,87% der Wählerstimmen, für einen Abgeordneten der Freikonservativen reichen 0,04%.
– Die Wahlverfahren im Reich und in Preußen wirken also in gleicher Richtung, jedoch in sehr unterschiedlicher Ausprägung. Auch im Reich wird die SPD durch das Wahlverfahren benachteiligt, trotzdem wird sie 1912 zur Partei mit den meisten Abgeordneten. Im preußischen Landtag hätte sie solche Mandatszahlen nie erreichen können. Deshalb kämpfte die SPD für eine Übernahme des Reichstagswahlrechts für Preußen, was aber bis 1918 unterblieb.

SP 9. Stell dir vor, die SPD-Anhänger auf dem Foto Q4 würden Transparente mit sich tragen. Entwirf Textvorschläge. (AFB II)
– Wie aus der Bildlegende zu entnehmen, richtet sich die Demonstration gegen das in Preußen herrschende Dreiklassenwahlrecht, das im VT kurz erläutert wird. Dieses Wahlrecht benachteiligte die SPD noch weitaus stärker als das Reichswahlrecht. Die SPD forderte deshalb die Einführung des Reichswahlrechts auch in Preußen.
– Entsprechende Slogans könnten lauten: „Weg mit dem Dreiklassenwahlrecht", „Für ein gleiches Wahlrecht", „Ein Mann, eine Stimme", „Keine Privilegien für die Junker und Schlotbarone", „Reichswahlrecht auch in Preußen", evtl. auch „Wahlrecht auch für Frauen".

MK 10. Vergleiche die Reichsverfassung (D1) mit unserer heutigen Verfassung (D2 D15). Liste dafür zunächst Unterschiede und Gemeinsamkeiten auf. (AFB III) ●
Markante Unterschiede: Der Bundespräsident ist gewähltes Staatsoberhaupt anstelle des Kaisers. Er hat nicht den Oberbefehl über die Streitkräfte inne. Der Kanzler kann heutzutage nicht den Bundestag auflösen. Er sitzt auch nicht dem Bundesrat vor. Die Wahlberechtigung hat sich verändert. Gleich geblieben sind die beiden Institutionen Bundestag/Reichstag und Bundesrat und ihr Zusammenwirken bei der Gesetzgebung.

Nationalismus und Militarismus

Kompetenzziele

Wahrnehmungskompetenz
- Die SuS können nach den Auswirkungen von Nationalismus und Militarismus auf Politik und Alltag fragen.

Analysekompetenz
- Die SuS können eine Bildquelle mithilfe der methodischen Arbeitsschritte zur Bildquelleninterpretation analysieren.

Urteilskompetenz
- Die SuS können die Bedeutung des „vaterländischen Gedankens" im Kaiserreich nachvollziehen.

Orientierungskompetenz
- Die SuS können die Rolle des Militärs im Kaiserreich mit seiner Bedeutung in Deutschland heute vergleichen.

Sequenzvorschlag

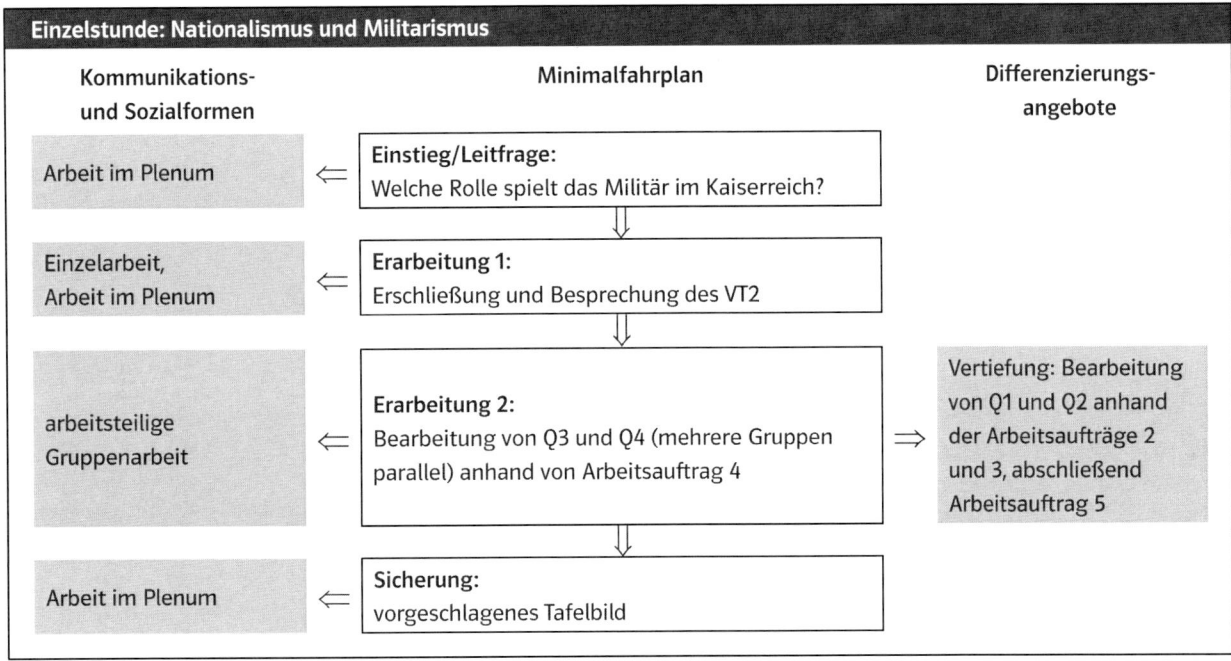

Tafelbild

	Auswertung Q3 und Q4	
Standpunkt	Q3: Arzt und Offizier	Q4: Offizier
Interesse/Intentionen	körperliche, moralische und soziale Erziehung für das zivile Leben	Militarisierung des Bürgertums, gesellschaftlicher Wert des Militärs
positive Wertungen (Belege im Text)	Liebe zu Kaiser und Reich, monarchischer Staat	Waffenkleid statt Frack, militärische Gesellschaft in Außenwahrnehmung

4 Das deutsche Kaiserreich von 1871 – Lösung der nationalen Frage?

Hinweise zum Verfassertext und zu den Materialien

VT Nationalismus und Militarismus traten in der öffentlichen Geschichtskultur des Kaiserreichs deutlich zum Vorschein: Denkmäler, Feiern, Lied und Gesang, Briefmarken oder Geldscheine zeigen das. Verbände und Vereine spielten für die Pflege dieser Geschichtskultur eine maßgebliche Rolle. Dass das Militär gleichsam einen Staat im Staate bildete, rief auch unter den Zeitgenossen viel Kritik hervor – es gibt eine Vielzahl einschlägiger Karikaturen. Freilich muss dieses Bild zugleich auch wieder relativiert werden. Der internationale Vergleich insbesondere mit Frankreich zeigt, dass öffentliche militärische Inszenierungen mit großer Teilnahme und Zustimmung des Publikums keineswegs eine deutsche Besonderheit waren.

Q1 Die Hochschätzung alles Militärischen fand seinen Ausdruck in der Uniformfreude und Uniformverehrung der Deutschen, wie sie im Fall des „Hauptmanns von Köpenick" ihre exemplarische Zuspitzung erfahren hat. Auf dieser Ansichtskarte werden sogar kleine, vielleicht dreijährige Jungen in Uniform präsentiert: Von einem Unteroffizier beaufsichtigt, marschieren sie im Gleichschritt. Die Bildlegende „Der Soldat ist der schönste Mann im Staat" ist durchaus ernsthaft gemeint. Etwa zwischen 1895 und 1918 lag das „goldene Zeitalter" der Ansichtskarte. Sie diente einerseits als Kommunikationsmittel für die rasche Nachricht und den kurzen Gruß, andererseits als Bildträger. Nach dem Ersten Weltkrieg haben ihr dann allmählich Telefon und Telegrafie bzw. Illustrierte und Plakat den Rang abgelaufen.

Q2 Hier gilt dasselbe wie bei Q1: Ansichtskarten mit Bildern des Kaisers, des Kaiserpaares und der ganzen Familie fanden im Kaiserreich weite Verbreitung.

Q3 Der Artikel stammt von Oldwig von Uechtritz und Steinkirch (1832–1910). Er war Major im preußischen Heer. Nach seinem Ausscheiden aus dem Dienst 1875 verfasste er zahlreiche Artikel zur Rolle des Adels.

Erläuterungen zu den Arbeitsaufträgen

SP 1. Erläutere, warum der „vaterländische Gedanke" für weite Kreise der Bevölkerung so attraktiv sein konnte. Notiere dazu zunächst Stichworte aus VT1. (AFB II)
Der „vaterländische Gedanke" wirkte sich integrierend auf die Bevölkerung des neuen Reiches aus, er schuf ein Gefühl gemeinsamer Identität und gemeinsamen Stolzes. Das galt sowohl im Hinblick auf die unterschiedlichen Länder des Reichs wie im Hinblick auf die verschiedenen Schichten (zu guten Teilen allerdings mit Ausnahme der Arbeiterschaft).

2. Begründe, weshalb der Hersteller der Ansichtskarte Q1 sich für dieses Motiv entschieden haben könnte. (AFB II)
Ansichtskartenmotive wurden so gewählt, dass sie besonders guten Absatz versprachen. Man hoffte mit diesem Bild also den Geschmack und die Anschauungen einer breiten Masse zu treffen.

3. Interpretiere die Bildquelle Q2 mithilfe der methodischen Arbeitsschritte zur Bildquelleninterpretation (S. 198). (AFB III) ○ → S. 186
- Beschreiben: Das Bild zeigt eine Gruppe von Menschen. Es sind zwei Erwachsene und sieben Kinder zu erkennen; offenbar handelt es sich um eine Familie. Bis auf drei Personen tragen alle Uniform.
- Untersuchen: Es handelt sich um die deutsche Kaiserfamilie. Sie ist nach einem bestimmten Muster angeordnet. Der Kaiser steht in der Mitte, die Mutter sitzt. Die älteren Söhne tragen wie der Kaiser selbst Uniform. Sie umrahmen gleichsam die Kaiserin mit dem jüngsten Sohn und der Tochter. Der jüngste Sohn trägt einen Matrosenanzug. Solche Anzüge kamen im Zuge der wachsenden Flottenbegeisterung nach der Jahrhundertwende immer stärker in Mode.
- Deuten: Die Familie ist für das Foto so arrangiert, wie es in der damaligen Zeit weitgehend üblich war. Sie präsentiert sich als Einheit, deren Oberhaupt der Kaiser als Familienvater bildet. Das Bild demonstriert im Sinne der Zeit geordnete Verhältnisse. Es zeigt auch die Bedeutung des Militärischen. Kaiserbilder dieser Art dienten häufig als Vorbilder für bürgerliche Familienporträts.

4. Fasse zusammen, welche Gewohnheiten, Haltungen, Überzeugungen und politischen Meinungen aus dem militärischen Leben ins zivile übernommen oder abgeleitet werden (sollen) (Q3, Q4, VT). (AFB I) ○ → S. 186
- Das Militär tritt hier als „Schule der Nation" in Erscheinung. In Q4 wird ganz allgemein der militärische Habitus, das militärische Renommee für das Bürgertum propagiert, während in Q3 im Sinne einer „Untertanenerziehung" die Sekundärtugenden für den einfachen Mann gepriesen werden (Genügsamkeit, Vorsorge, Sparsamkeit, Ausrichtung an Ordnung und Gesetz).
- Solche Vorstellungen lassen sich leicht mit modernen Tugenden und Idealen wie politischer Selbstbestimmung und Teilhabe, persönlicher Freiheit und Selbstverwirklichung usw. kontrastieren.

5. Vergleiche die Rolle des Militärs im Kaiserreich mit seiner Bedeutung in Deutschland heute. (AFB III) ●

- Das Militär spielt heute in der Gesellschaft eine weitaus geringere Rolle als im Kaiserreich. Das hat verschiedene Gründe. Anders als damals ist Krieg als Instrument der Umsetzung politischer Ziele heutzutage insbesondere in Deutschland verpönt – das zählt zu den zentralen Lehren, die die Bundesrepublik aus den Erfahrungen zweier Weltkriege gezogen hat.
- Die Bundeswehr soll ausschließlich der Verteidigung dienen. Als Berufsarmee ist sie allerdings weniger als zu Zeiten der Wehrpflicht in die Gesellschaft integriert.
- Militärische Ordnungs- und Wertvorstellungen spielen in der heutigen Zivilgesellschaft eine immer geringere Rolle; sie orientiert sich stattdessen an Tugenden und Idealen wie politischer Selbstbestimmung und Teilhabe, persönlicher Freiheit und Selbstverwirklichung oder sozialer Verantwortung.

4 Das deutsche Kaiserreich von 1871 – Lösung der nationalen Frage?

Kompetenztraining Fachmethode: Denkmäler analysieren

Kompetenzziele

Analysekompetenz
- Die SuS können Denkmäler untersuchen.

Hinweise zum Verfassertext und zu den Materialien

VT Das Kaiserreich war die Zeit der Denkmäler, insbesondere der Nationaldenkmäler. Sie sollten aus der Gegenwart heraus an einschlägige Ereignisse und Personen der Vergangenheit erinnern und damit für die Zukunft der nationalen Haltung und Identität förderlich sein. Diese Denkmäler sind deshalb eine hervorragende Quelle für das Geschichtsbewusstsein und die Mentalität der Zeit. Bei diesem Quellentyp bieten sich eigenständige Aktivitäten der SuS besonders an, weil eigentlich überall vor Ort geeignete Objekte zu finden sind. Dabei kann es dann auch um Denkmäler aus späteren Zeiten der deutschen Geschichte gehen. Damit erschließt sich den SuS zugleich ein wichtiger Teil von lokaler oder regionaler Geschichtskultur (vgl. Arbeitsauftrag 3).

Q1 Schon 1819 hatte der Bildhauer Ernst von Bandel (1800–1876) die Idee zur Errichtung eines Hermannsdenkmals. 1836/37 wählte er die Grotenburg als Standort aus und fertigte ein 7 m hohes Modell des Denkmals an. Bereits 1841 stand der Unterbau. Danach lag der Bau Jahrzehnte lang brach, zum einen wegen Geldmangels, zum anderen, weil nach 1848 die Idee, ein Symbol deutscher Gemeinsamkeit zu stiften, an Reiz und Aktualität verloren hatte. Das änderte sich mit der Reichsgründung. Mit Unterstützung des Reichstages konnte das Denkmal fertiggestellt werden.

Arminius wird hier dargestellt als Symbol für die Einigkeit der deutschen Stämme. Im Gegensatz dazu geht der heutige Forschungsstand gerade von höchst divergierenden Interessen und Konflikten unter den germanischen Führern aus. Das (vermeintliche) historische Exempel soll lehren: Die Einigkeit garantiert den Sieg über den äußeren Feind. Die Inschrift des Denkmals stellt den Gegenwartsbezug explizit her. Die Sprache ist gewollt und bemüht künstlerisch und archaisierend. Subjekt der ersten vier Textzeilen ist Wilhelm (I.), der ausdrücklich mit Arminius verglichen wird. Der Begriff „welsche Macht und Tücke" bezieht sich zugleich auf Römer wie Franzosen.

Mit dem Bild der „längst verlorne(n) Söhne" sind Elsass und Lothringen gemeint. Die unteren vier Zeilen lassen Krieg, Sieg und Kaisertum als Ergebnis einer spontanen Erhebung statt diplomatisch-militärischer Vorbereitungen erscheinen („erstunden alle Volksstämme", „den das deutsche Volk ... zum Kaiser erhob"). Diese Darstellung können die SuS mit der Inszenierung der Kaiserkrönung vergleichen, die sie bereits erarbeitet haben.

Q2 Diese undatierte Ansichtskarte vereint die wichtigsten Nationaldenkmäler Deutschlands. Sie muss nach 1913 gedruckt worden sein, weil sie in zentraler Position das 1913 – anlässlich des hundertjährigen Jubiläums – errichtete Völkerschlachtdenkmal in Leipzig zeigt.

Erläuterungen zu den Arbeitsaufträgen

1. Informiert euch in der Klasse über die einzelnen Denkmäler auf Q2 (Lexikon, Internet): Wann wurden sie errichtet und woran sollten sie erinnern? Verfasst jeweils einen kurzen Steckbrief. (AFB II)
Folgende Gesichtspunkte sollten im Steckbrief vorkommen:
- Erscheinungsbild des Denkmals (Gestalt, Lage, wichtige Inschriften oder Zeichen),
- Entstehung und Intention (historischer Kontext, Auftraggeber, Anlass, Funktion),
- Geschichte und Rezeption (Veränderungen von Gestalt und Nutzung, Gedenkveranstaltungen, Auseinandersetzungen um das Denkmal).

2. Erläutere, warum diese Denkmäler auf einer Postkarte zusammengefasst werden. (AFB II)
Alle diese Denkmäler gehören zum Typus des Nationaldenkmals, das das Selbstverständnis des Kaiserreichs besonders markant zum Ausdruck brachte und ein ausgeprägtes Identifikationspotenzial bot.

3. Erkläre anhand eines selbstgewählten Beispiels, wie sich die Sichtweise auf historische Denkmäler im Laufe der Zeit verändern kann. (AFB II)
Gerade Denkmäler aus der Zeit des Kaiserreichs sehen wir heute eher kritisch, weil sie Ideen zum Ausdruck bringen oder

Personen (zum Beispiel Militärs) verherrlichen, denen wir heute distanziert gegenüberstehen.

4. Analysiert ein Denkmal in eurer Nähe mithilfe der Arbeitsschritte und Formulierungshilfen. Entwerft einen Text für eine Informationstafel. (AFB II)
Hinweis: Ein Text für eine Informationstafel darf nicht zu lang sein. Er muss die wichtigsten Hinweise (zum Beispiel zu einer Person) präzise zusammenfassen. Den Text sollen auch Menschen verstehen, die gar keine historischen Kenntnisse haben. Damit man den Text gut lesen kann, muss die Schriftart gut lesbar und die Schrift groß genug sein.

4 Das deutsche Kaiserreich von 1871 – Lösung der nationalen Frage?

🔗 110–113

Die Gesellschaft gerät in Bewegung

Kompetenzziele

Wahrnehmungskompetenz
- Die SuS wissen, dass sich die Gesellschaft in Deutschland tiefgreifend veränderte.

Analysekompetenz
- Die SuS können in einer Online-Sammlung historische Postkarten zum Kaiserreich recherchieren und begründet drei Postkarten als „Spiegel" der Gesellschaft auswählen.

Urteilskompetenz
- Die SuS können die Unterschiedlichkeit der Lebensverhältnisse einzelner Schichten im Kaiserreich beurteilen.

Orientierungskompetenz
- Die SuS können das Kaiserreich als Vorgeschichte in Beziehung zu unserer Gegenwart setzen.

🔗 110–113

Sequenzvorschlag

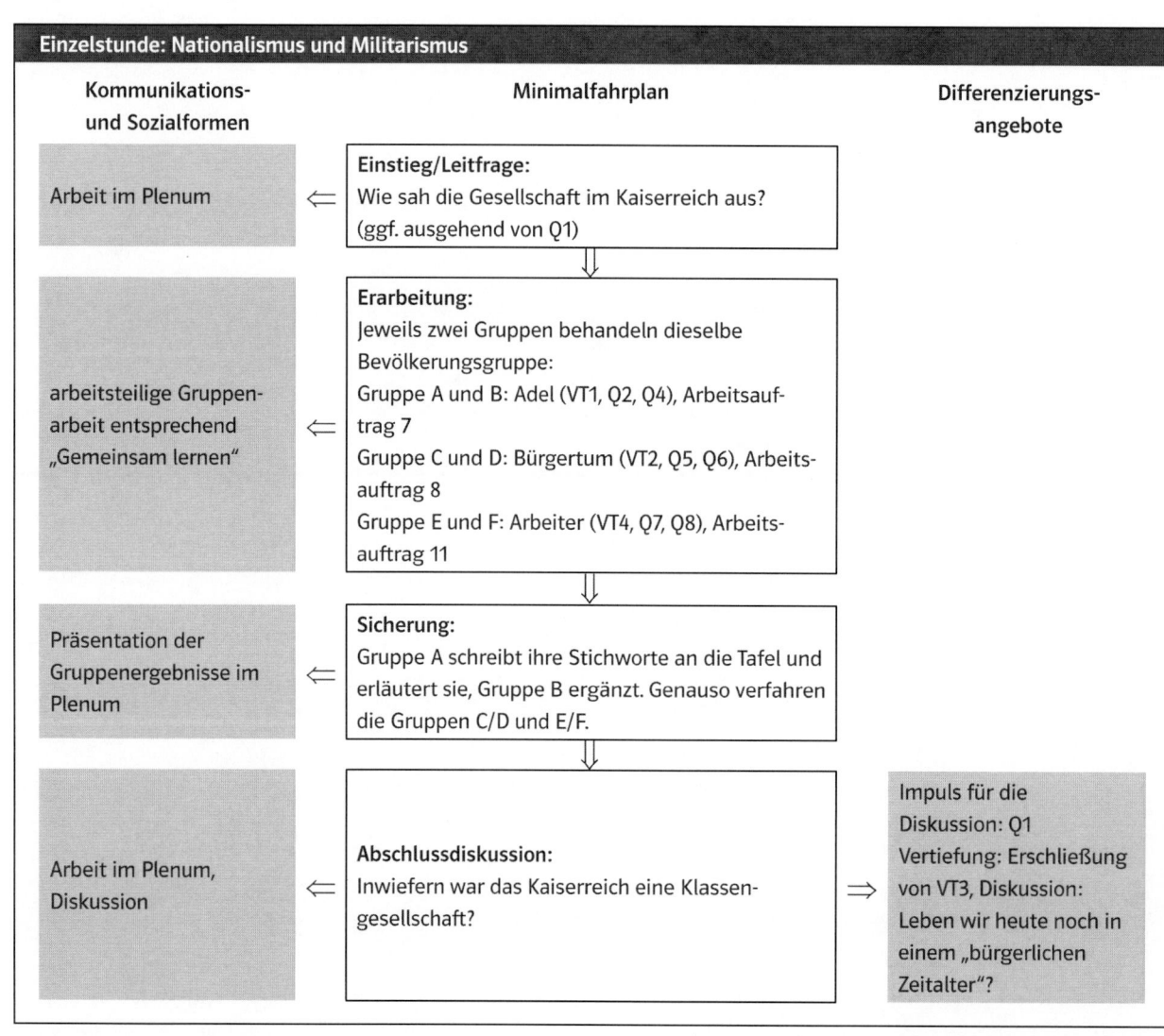

Tafelbild

Die soziale Schichtung im Kaiserreich

- Adel 0,5 %
- höheres Bürgertum 5 %
- Mittelstand insgesamt 25 %
  davon
  - bäuerlicher Mittelstand 16 %
  - Kleinbürgertum 8 %
  - Angestellte 1 %
- Unterschichten insgesamt 70 %
  - Arbeiter
  - Dienstboten
  - Gewerbetreibende
  - bäuerliche Unterschichten

(Zahlenangaben nach Wehler, Hans-Ulrich: Deutsche Gesellschaftsgeschichte. Bd. 3: 1849–1914. München 1999, S. 702–713)

Hinweise zum Verfassertext und zu den Materialien

VT Den Begriff „Bürgertum" muss man mit Vorsicht verwenden. Dass es sehr verschiedene Teile umfasste, dass es Verwerfungen, Aufstiegs- und Abstiegsprozesse gab, wird im VT angedeutet. Das Wirtschaftsbürgertum, die freien Berufe, die höheren Beamten bildeten die bürgerliche Elite, wenngleich bei den Beamten oft eine Diskrepanz zwischen sozialem Status und wirtschaftlicher Lage herrschte. Dieser Elite standen das Kleinbürgertum und der „neue Mittelstand", also die Angestellten, gegenüber. Im Blick behalten muss man dabei den Wandel des Bürgerbegriffs: Im Mittelalter und in der Frühen Neuzeit bezeichnete er – in Abgrenzung zur ländlichen Bevölkerung – die Stadtbürger. Dem folgte die Zeit der bürgerlichen Revolutionen: „Bürgerlich" bedeutete nun die Absage an geburtsständische Vorrechte, die Forderung nach politischer Teilhabe und Bürgerrechten. In der Kaiserzeit wurde der Begriff teils ökonomisch, teils über einen gemeinsamen Wertekanon definiert. Der alte Kern des städtischen Bürgertums wurde im Laufe dieses Prozesses marginalisiert.

Die Entstehung der Angestelltenberufe war ein Merkmal der wirtschaftlichen Modernisierung. Aus einer zunehmenden Differenzierung von Aufgaben entstand ein ganz neuer Typus von abhängig Beschäftigten außerhalb des staatlichen Sektors – in der heutigen Dienstleistungsgesellschaft stellen sie den größten Teil aller Arbeitnehmer. Die Position der Angestellten war ambivalent. Ihr Statusbewusstsein drückte sich in dem zeitgenössischen Begriff „Privatbeamter" aus. Aber auch bei ihnen kam es zu einer Differenzierung: Die technische Entwicklung (z. B. Schreibmaschinen, Registrierkassen) dequalifizierte einen großen Teil der typischen Angestelltenarbeit im Büro. Für diese Arbeiten wurden zunehmend Frauen eingestellt. Das spöttische Wort vom „Stehkragenproletariat" steht für diesen Prozess (relativen) sozialen Abstiegs bei den unteren und mittleren Angestellten.

Q2 Der Maler und Grafiker Herrmann Schlittgen (1859–1930) war ständiger Mitarbeiter der Karikaturzeitschrift „Fliegende Blätter". Er hat diese Karikatur im Jahre 1895 gezeichnet.

Q3 Die Website mit Bildpostkarten des Kaiserreichs ist eine Online-Datenbank von über 19 000 historischen Bildpostkarten von den Anfängen im 19. Jahrhundert bis ca. 1945. Das umfangreiche Archiv wird von der Universität Osnabrück betreut. Für SuS bietet sich die Gelegenheit, Suchstrategien für Online-Datenbanken anzuwenden, Wissen zum Kaiserreich auf Bildquellen anzuwenden und zudem in Form einer Auswahl von Bildern ein eigenes historisches Narrativ auf Basis visueller Quellen zu gestalten.

Q4 Die illustrierte Wochenzeitschrift „Gartenlaube" wurde 1853 gegründet. Sie war bürgerlich-liberal ausgerichtet und versuchte, Unterhaltung und Information miteinander zu verbinden. Marie Bernhard (1852–1937) war eine Autorin von heute vergessenen Unterhaltungsromanen.

Q8 Es handelt sich um die rückblickenden Erinnerungen des Sozialdemokraten Heinrich Lange.

4 Das deutsche Kaiserreich von 1871 – Lösung der nationalen Frage?

📖 110–113

Erläuterungen zu den Arbeitsaufträgen

1. Skizziere anhand des VT den Aufbau der Gesellschaft im Kaiserreich in einem Schaubild. (AFB I)

SuS können anhand des VT die Schichtung der Gesellschaft darstellen, allerdings ohne die im Tafelbild angegebenen Zahlen.

2. Erkläre den Begriff „Stehkragenproletarier" (VT3) aus dem Textzusammenhang und mithilfe des Glossarbegriffs „Proletariat" (S. 111). (AFB II)

– Der Begriff besteht aus zwei widersprüchlichen Komponenten. Der Stehkragen ist in jener Zeit ein Erkennungsmerkmal bürgerlicher Kleidung; er unterscheidet den Bürger vom Arbeiter, der im Alltag einen flachen oder keinen Kragen trägt.

– Im Gegensatz dazu steht der Begriff Proletarier, der auf die niedere soziale Position der Gruppe verweist. Äußerer Anspruch und tatsächliche soziale Lage klaffen also auseinander.

3. Analysiere die Karikatur Q2. Welche Klasse stellt der Zeichner vor allem dar und wie charakterisiert er deren Position? (AFB II)

Der Karikaturist kritisiert den Dünkel des (hohen) Adels. Die gesellschaftliche Stellung der „Durchlaucht" ist so beeindruckend, dass sogar ihr Schatten noch eine besondere Rücksichtnahme verlangt. Die Worte sind einem Diener in den Mund gelegt. Seine Äußerung und der vornehm erhobene Kopf weisen darauf hin, dass er von der Stellung seines Dienstherrn offenbar auch seine eigene Bedeutung ableitet.

4. Stell dir vor, wie das Haus aussah, an dem die Schilder hingen, und wer darin wohnte (Q1). Schreibe deine Gedanken auf. (AFB III)

– Bei dem Gebäude wird es sich um ein bürgerliches Wohnhaus gehandelt haben.

– Noch heute findet man in Berliner Häusern gesonderte Treppenhäuser für Bedienstete, die zu den Küchen der Wohnungen führen.

SP 5. Ein Lieferant hat verbotenerweise den Haupteingang benutzt (Q1). Er trifft auf den Hausbesitzer. Formuliere einen Wortwechsel der beiden. Überlege zuerst, wie der Hausbesitzer reagieren könnte. (AFB III)

– Der Hausbesitzer wird den Lieferanten mit recht harschen Worten auf den Nebenaufgang verweisen.

– Der Lieferant kann sich entweder entschuldigen (Irrtum, Eile) oder sich gegen das Verbot empören.

6. Vergleiche Q6 mit Q7 und erläutere, woran sich der soziale Unterschied erkennen lässt. (AFB III) ○ → S. 186

– Das Foto zeigt eine Vielzahl von bürgerlichen Einrichtungsgegenständen. Der ganze Raum ist mit einer stark gemusterten Tapete versehen. Der Betrachter blickt auf eine Wand mit zwei Fenstern, die jedoch kaum zu erkennen sind, weil sie mit reich verzierten Gardinen drapiert sind. Dazwischen ist ein hoher Spiegel mit einem mächtigen Rahmen platziert. Das Klavier links steht für kulturelle Interessen und Ambitionen. Darüber hängt ein nicht genauer erkennbares Bild, augenscheinlich ein Gemäldedruck. Rechts steht ein größerer Tisch mit einer schweren Tischdecke, darangestellt ist ein weiterer kleinerer. Über dem großen Tisch hängt eine Öllampe mit vielen Verzierungen. An dem kleinen Tisch sitzt ein Kind von etwa sechs bis acht Jahren, vermutlich ein Junge; er spielt mit einem Gebäude, vielleicht einer Burg, das aus einem Baukasten errichtet sein könnte – genau ist das nicht zu erkennen. Rechts neben ihm am großen Tisch sitzt eine männliche, offenbar ältere Person, die Zeitung liest, rechts am Klavier ein weiterer, jüngerer Mann. Beide Männer tragen Anzüge. Es könnte sich um drei Generationen von Kind, Vater und Großvater handeln. Im Spiegel ist eine weitere Person zu erkennen, offenbar ein größerer Junge, der ebenfalls einen Anzug trägt. Das Foto zeigt geradezu eine bürgerliche Idylle, demonstriert Besitzerstolz und Zufriedenheit.

– Die Arbeiterfamilie mit neun Kindern (mit Mutter und Großmutter, der Vater fehlt) scheint nur über einen Wohnraum zu verfügen, sonst hätte sie sich nicht in der Küche für den Fotografen aufgestellt. Das Bild vermittelt den Eindruck der Enge, die in dieser Wohnung herrschen muss, auch wenn es noch Schlafräume gibt. Dass es sich nicht um das untere Ende der sozialen Skala handelt, machen die Verschönerungsversuche deutlich, die auf dem Bild zu erkennen sind (Gardine, Bordüre am Wandregal). Die Familie posiert steif für die Kamera – das ist auch der Fototechnik der Zeit mit ihren langen Belichtungszeiten geschuldet.

7. Charakterisiere anhand von Q2 und Q4 das Selbstverständnis des Adels und seine Auffassung vom Wert eines Menschen. (AFB II)

– Für den Adel im Kaiserreich sind nach wie vor ständische Kriterien ausschlaggebend: Geburt, Stand, Herkunft, militärischer Status.

– Q2 ist karikaturistisch bis ins Absurde zugespitzt. Der kritische Impetus ist unverkennbar und entspricht dem Medium.

– Der Text Q3 hat lediglich einen leicht ironischen, keineswegs jedoch kämpferischen Beiklang. Beide Darstellungen zeigen also nicht Realität im Sinne eines Abbildes, beziehen sich aber auf Realität in Form kritischer Brechung.

8. Fasse in Stichworten zusammen, was von Julie in Q5 erwartet wurde. (AFB I)

– Q4 liest sich geradezu wie ein bürgerlicher Tugendkatalog: Um die anstehenden *Pflichten* bewältigen zu können, ist *Zeitplanung* notwendig. Sie wird zunächst vorgegeben, soll dann aber in *Selbstdisziplinierung* umgesetzt werden.

– Vermutlich wird dies hier so besonderes deutlich angesprochen, weil es sich in einem Musikerhause von selber versteht, dass (Lern-)Erfolg sich nur durch konsequentes und kontinuierliches Üben einstellen kann.

MK 9. Bildpostkarten gelten als Spiegel der Gesellschaft im Kaiserreich. Wähle aus Q3 W07 ⊕ drei Postkarten für ein digitales Album zum Kaiserreich aus. Begründe deine Auswahl. (AFB II) MKR 1.1, 1.2, 3.2, 5.2, 6.1

- Ausgehend von der Startseite sollten SuS selbst die Möglichkeit der Datenbanksuche finden („Zur Sammlung" → „Finden und Entdecken"). In der linken Menüleiste sind umfangreiche Filterfunktionen möglich (Zeiträume, Orte, abgebildete Personen).
- Mit den SuS sollten vorab Auswahlkriterien besprochen werden (z. B. Relevanz als „Spiegel" der kaiserlichen Gesellschaft, kulturgeschichtliche oder politikgeschichtliche Inhalte, Zuordnung der Karten zu bspw. Militarismus, Nationalismus etc.) Die Begründung der SuS für die drei Bildpostkarten muss die jeweiligen Auswahlkriterien begründend offenlegen.
- Weiterführend kann das Medium Bildpostkarte reflektiert werden → nur „positive" Seiten der Kaiserzeit werden dargestellt → Medienspezifik der Postkarte. Weiterführend ist ebenfalls denkbar, eine digitale Galerie der Klasse mit entsprechenden Bildunterschriften anzulegen.

10. Vergleiche die adligen mit den bürgerlichen Werten (Q4, Q5). (AFB III) ●
Die Werte des Adels leiten sich aus Herkommen und Herkunft ab; die bürgerlichen Werte basieren auf eigener Tätigkeit und Anstrengung.

11. Gliedere die Aktivitäten des Arbeitervereins (Q8) nach bestimmten Zielen. (AFB I) ○ → S. 187
- Der Verein dient der Bildung und Unterhaltung, der berufsbezogenen Weiterbildung, der Förderung von Kultur und Sport, dem kommunikativen Zusammensein einschließlich des leiblichen Wohls.
- Erst durch solche Angebote erhielten Arbeiter bessere Chancen auf berufliche Qualifikation, kulturelle Teilhabe und „Selbstverwirklichung". All dies wurde als politisch verstanden – das Motto dazu stammte von Wilhelm Liebknecht: „Wissen ist Macht".

4 Das deutsche Kaiserreich von 1871 – Lösung der nationalen Frage?

Der lange Weg zur Gleichberechtigung

114–115

Kompetenzziele

Wahrnehmungskompetenz
- Die SuS wissen, dass Frauen im Kaiserreich nicht dieselben Rechte wie Männer hatten.

Analysekompetenz
- Die SuS können aus einer vorgegebenen historischen Perspektive argumentieren.

Urteilskompetenz
- Die SuS können die Fortschritte in Richtung Gleichberechtigung im Kaiserreich beurteilen.

Orientierungskompetenz
- Die SuS können die rechtliche Situation von Frauen heute und um 1900 vergleichend beurteilen.

Sequenzvorschlag

114–115

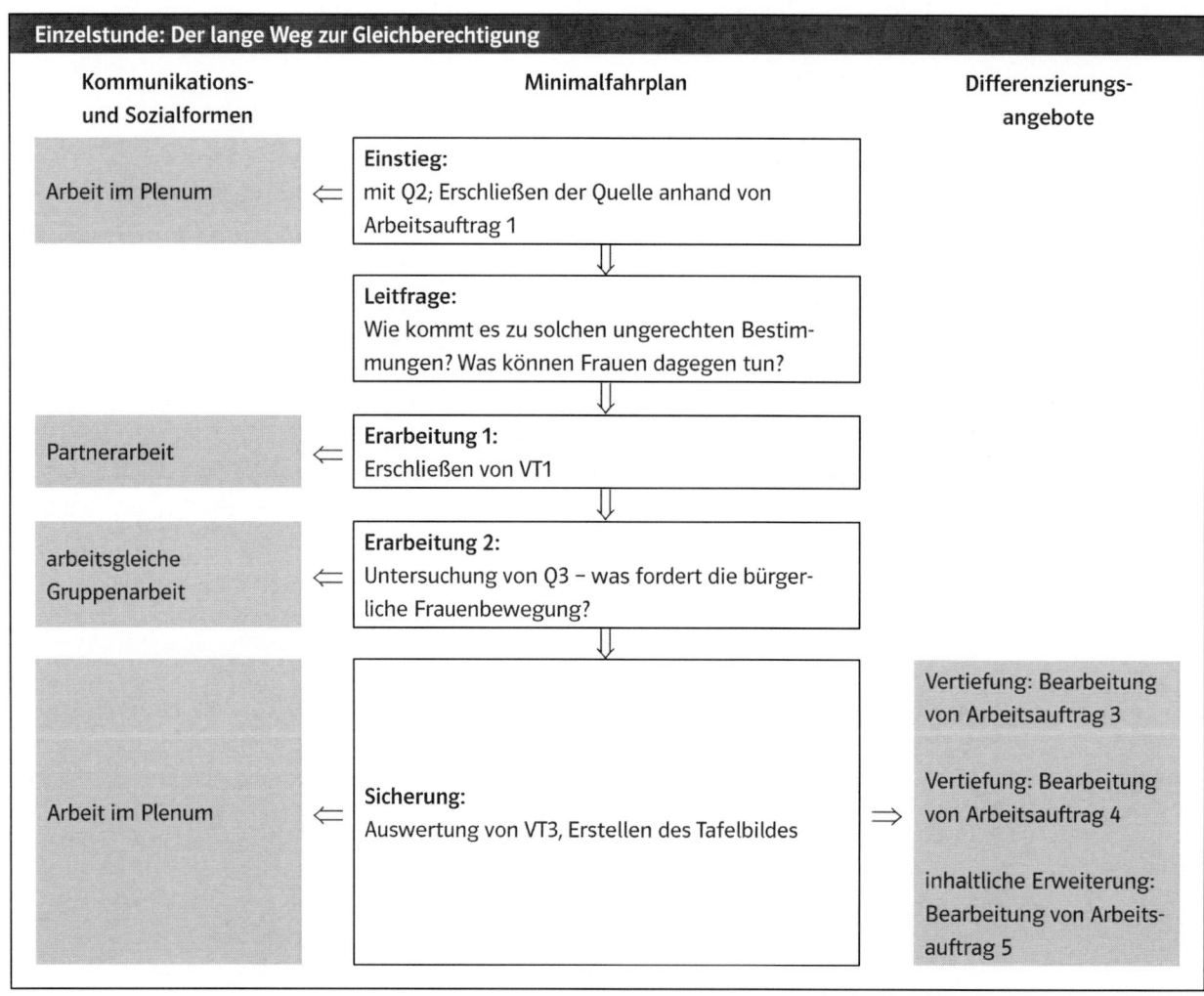

Einzelstunde: Der lange Weg zur Gleichberechtigung

Kommunikations- und Sozialformen	Minimalfahrplan	Differenzierungsangebote
Arbeit im Plenum	**Einstieg:** mit Q2; Erschließen der Quelle anhand von Arbeitsauftrag 1	
	Leitfrage: Wie kommt es zu solchen ungerechten Bestimmungen? Was können Frauen dagegen tun?	
Partnerarbeit	**Erarbeitung 1:** Erschließen von VT1	
arbeitsgleiche Gruppenarbeit	**Erarbeitung 2:** Untersuchung von Q3 – was fordert die bürgerliche Frauenbewegung?	
Arbeit im Plenum	**Sicherung:** Auswertung von VT3, Erstellen des Tafelbildes	Vertiefung: Bearbeitung von Arbeitsauftrag 3 Vertiefung: Bearbeitung von Arbeitsauftrag 4 inhaltliche Erweiterung: Bearbeitung von Arbeitsauftrag 5

Tafelbild

Frauenrechte im Kaiserreich

Frauen sind nicht gleichberechtigt.
Der Mann bestimmt über die gesamten Lebensverhältnisse in der Ehe.

↕

Das entspricht dem gesellschaftlichen Bild der Familie.
Frauen sind im bürgerlichen Haushalt nur für die Familie zuständig.

↓

Forderungen der Frauenbewegung:
bürgerliche Frauenbewegung: bessere Bildungs- und Berufschancen, aber nicht die völlige Gleichstellung
proletarische Frauenbewegung: politische Gleichberechtigung

↓

Am Ende des Kaiserreichs erhalten Frauen einige politische Rechte, aber noch nicht das Wahlrecht.
Sie erhalten das Recht zum Studium.

↓

Heute sind Frauen und Männer in der Ehe vollständig gleichgestellt.

Erläuterungen zu den Arbeitsaufträgen

1. Fasse zusammen, welche Rechte Männer und Frauen nach dem „Bürgerlichen Gesetzbuch" von 1900 hatten (Q2). (AFB I)
Alle Rechte in der Ehe lagen beim Mann. Nur sein Name konnte zum Familiennamen werden. Die Frau war zur Arbeit im Haus verpflichtet; sie konnte ggf. auch in einem Geschäft des Mannes mitarbeiten. Eigene Berufstätigkeit wurde gar nicht erst erwähnt. Der Mann verwaltete das Vermögen auch der Frau und hatte das Erziehungsrecht gegenüber den Kindern.

2. Vergleiche die Forderungen der bürgerlichen und der proletarischen Frauenbewegung (Q1, Q3, VT2). Beurteile ihre Erfolge (VT3). (AFB III)
- Q1 steht für die proletarische Frauenbewegung. Im Zentrum ihrer Forderungen stand das Frauenwahlrecht. Das Plakat demonstriert, dass diese Forderung sehr kämpferisch vorgetragen und als Recht eingeklagt wurde. Die bürgerliche Frauenbewegung (Q3) war in ihren Forderungen wesentlich zurückhaltender und bewegte sich im Rahmen der herrschenden politischen Verhältnisse. Sie setzte sich ein für bessere Bildungschancen in höheren Schulen und Hochschulen und für bessere Berufschancen, nur in Ansätzen für mehr politische Rechte.
- Die Erfolge der Frauenbewegung bewegten sich vornehmlich im Bereich der Forderungen des Allgemeiner Deutscher Frauenverein (ADF). Die weitergehende Forderung nach politischer Gleichberechtigung wurde erst mit dem Ende des Kaiserreichs erreicht und erst in der Weimarer Republik verfassungsrechtlich kodifiziert.

3. Eine Tochter aus einer Arztfamilie möchte als Sekretärin arbeiten. Ihr Vater lehnt das ab. Formuliere anhand des VT für beide Seiten historisch passende Argumente. (AFB II)
 → S. 187

- Argumente des Vaters: Dass seine Tochter arbeitet, ist nicht standesgemäß. Schließlich ist man doch keine Arbeiterfamilie. Die Familie hat genug Geld, um sie zu finanzieren. Sie soll möglichst bald heiraten, dann ist sie versorgt.
- Argumente der Tochter: Dass Frauen nicht arbeiten sollen, ist altmodisch. Es geht nicht darum, dass in der Familie nicht genug Geld da ist, sie will auch ein eigenes Einkommen haben. Schließlich will sie ja nicht in einer Fabrik arbeiten, sondern als Sekretärin in einem Büro. Das ist ein sauberer Job, bei dem man sich nicht die Finger schmutzig machen muss, und er ist besser bezahlt.

4. Vergleiche die rechtliche Situation von Frauen heute und um 1900 (Q2, Q4). (AFB III)
Der 1900 grundlegende § 1354 ist ganz entfallen. An die Stelle der dominanten Position des Mannes als Haushaltsvorstand ist ein partnerschaftliches Verständnis von Ehe getreten. Nach den neuen Regelungen sind Mann und Frau in allen Belangen von Ehe und Familie generell gleichberechtigt, sie haben entweder jeder für sich Rechte oder müssen diese gemeinsam und in Verständigung untereinander ausüben.

4 Das deutsche Kaiserreich von 1871 – Lösung der nationalen Frage?

MK 5. Informiere dich im Internet über eine Akteurin der Frauenbewegung. Stelle sie der Klasse vor. (AFB III)

- Um eine Orientierung für die freie Informationsrecherche im Sinne verstärkter Kompetenzorientierung zu bieten, empfiehlt es sich, im Vorfeld mit den SuS das Suchinteresse sowie Strategien zur Informationsgewinnung zu besprechen.
- Hierzu bietet es sich an, das Suchinteresse in Form von Fragestellungen zu konkretisieren: „Wer waren Akteurinnen der Frauenbewegung im 19. Jahrhundert bzw. Kaiserreich?" und zudem mögliche Suchbegriffe ausgehend vom Schulbuch zu erarbeiten: „Frauenbewegung + Kaiserreich", „Allgemeiner Deutscher Frauenverein" usw.
- Denkbar ist alternativ auch, die Suchstrategien einzelner SuS im Anschluss an die freie Recherche zu thematisieren und verwendete Suchbegriffe mit Blick auf eine erfolgreiche Recherche zu vergleichen.

Jüdisches Leben im 19. Jahrhundert

→ 116–119

Kompetenzziele

⛁ Wahrnehmungskompetenz
- Die SuS können jüdische Lebensverhältnisse unter verschiedenen Gesichtspunkten reflektieren.

⛁ Analysekompetenz
Die SuS
- können ein Historiengemälde mithilfe des Dreischrittschemas interpretieren;
- können die Perspektive eines Betroffenen einnehmen und in dieser plausibel argumentieren.

⚖ Urteilskompetenz
- Die SuS bilden sich ein zusammenfassendes Urteil über die Entwicklung jüdischen Lebens im 19. Jahrhundert in Deutschland.

⊘ Orientierungskompetenz
- Die SuS können die Entstehungsgeschichte des Antisemitismus nachvollziehen.

Sequenzvorschlag

→ 116–119

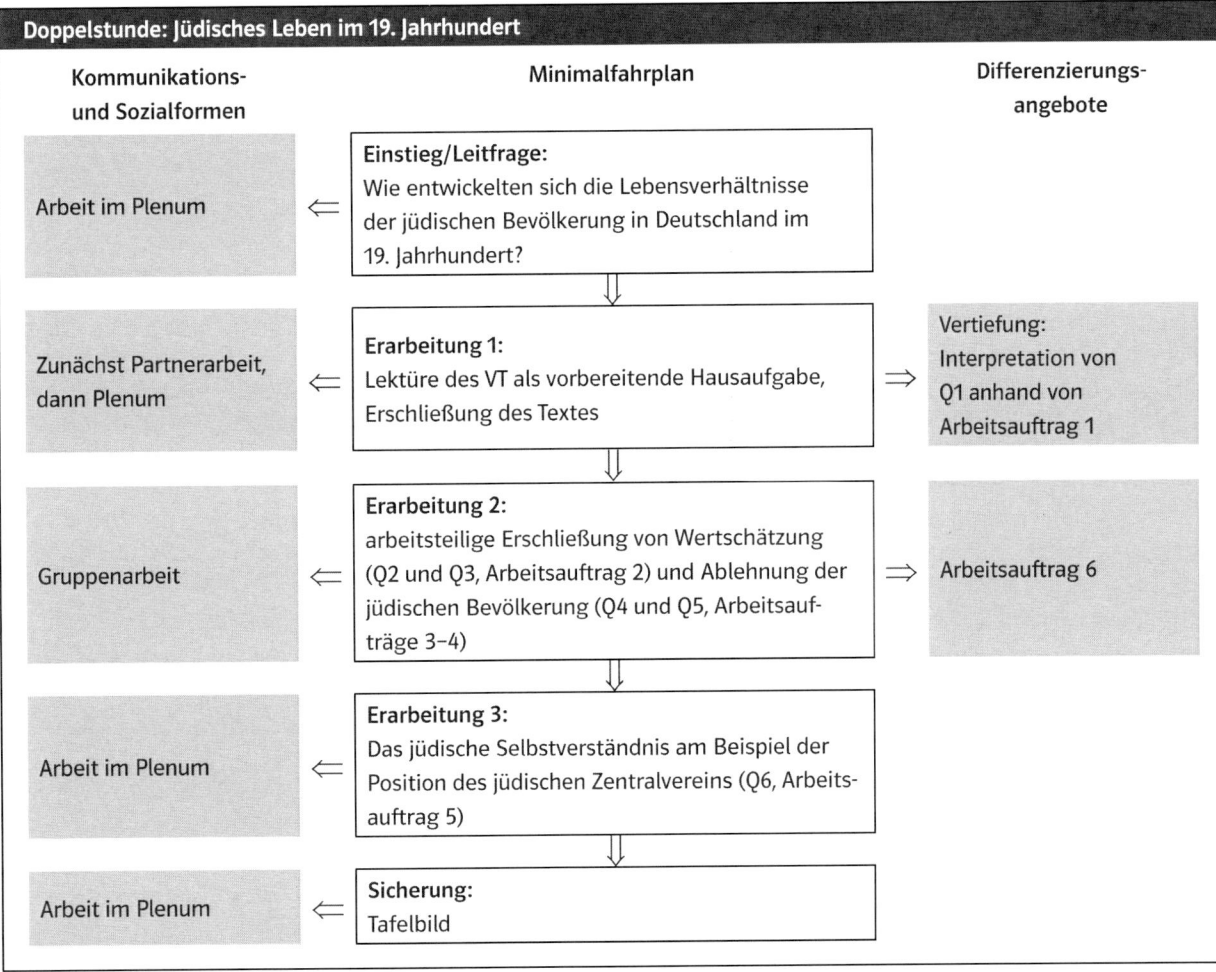

4 Das deutsche Kaiserreich von 1871 – Lösung der nationalen Frage?

Tafelbild

Jüdische Bevölkerung in Deutschland

Wertschätzung (Q2, Q3)	Ablehnung (Q4, Q5)	Selbstverständnis (Q6)
– Einweihung der Synagoge als wichtiges gesellschaftliches Ereignis, Teilnahme führender Persönlichkeiten (Q2) – Redner betont friedliches Zusammenleben und „Schutz eines wohlwollenden Fürstenhauses" (Q2) – jüdischer Geschäftsinhaber ist preußischer Hoflieferant (Q3) – Kaiser Wilhelm II. besucht persönlich das Geschäft (Q3)	– andere Moral und Lebensauffassung, Untergrabung deutscher „Sitte" und „Gesinnung" (Q4) – Besetzung wichtiger Ämter (Q4) – wirtschaftlicher Einfluss: Wucher, Verdrängung von deutschem Handel und Handwerk (Q4) – jüdische Menschen als Ärgernis und Bedrohung, daher Ausschluss (Q5) – Antisemitismus als rassistische Ideologie (Q4, Q5)	– Selbstverständnis als Deutsche (im Gegensatz zu Q4: „unüberbrückbare Kluft zwischen Deutschtum und Judentum") – Judentum ist nur Glaubenssache wie auch bei Christen – keine nationenüberschreitende jüdische Identität
→ Akzeptanz, Zugehörigkeit	→ grundsätzliche Andersartigkeit, Ausschluss	→ deutsche Identität

Hinweise zum Verfassertext und zu den Materialien

VT Traditionellerweise konzentriert sich die Behandlung der jüdischen Geschichte im deutschen Geschichtsunterricht auf Zeiten der Verfolgung und eines krisenhaften Zusammenlebens. Juden treten mithin vorwiegend in einer Opferrolle in Erscheinung: im Mittelalter, im Kaiserreich mit dem Beginn des Antisemitismus und natürlich in der Zeit des Nationalsozialismus. An dieser einseitigen Herangehensweise ist vielfach Kritik geübt worden: Jüdische Geschichte müsse umfassender dargestellt werden, sie dürfe sich nicht auf eine Verfolgungsgeschichte beschränken und jüdische Menschen müssten auch als Akteure in Erscheinung treten. Dem trägt das Unterkapitel zum jüdischen Leben im 19. Jahrhundert Rechnung. Es geht um die Ambivalenz der Entwicklung. Auf der einen Seite handelt es sich um eine Geschichte zunehmender Emanzipation und gesellschaftlicher Etablierung, auf der anderen Seite entwickelt sich am Ende des Jahrhunderts eine modifizierte Variante von Anfeindung und Ausgrenzung im Zeichen der neuen Ideologie des Antisemitismus. Das Unterkapitel zeichnet die wichtigsten Stationen der rechtlichen Emanzipation nach, deutet aber auch Verwerfungen innerhalb der jüdischen Bevölkerung und der Gemeinden an. Wichtig ist, SuS den Unterschied zwischen Antijudaismus und Antisemitismus zu verdeutlichen, der auch in der heutigen Öffentlichkeit zu wenig Berücksichtigung findet.

Q1 Der Maler Moritz Daniel Oppenheim (1800–1882) war selbst jüdischen Glaubens. Erfolgreich war er vor allem mit Porträts jüdischer Persönlichkeiten aus dem gehobenen Bürgertum und der Darstellung von Szenen jüdischen Lebens. Der Begriff „Befreiungskriege" bürgerte sich in Deutschland ein als Bezeichnung für die Kämpfe der gegen das napoleonische Frankreich verbündeten Staaten bzw. für den deutschen Anteil daran. Das Eiserne Kreuz wurde 1813 vom preußischen König Friedrich Wilhelm III. als Tapferkeitsmedaille gestiftet, die unabhängig von Stand und Dienstgrad verliehen wurde.

Q2 Es handelt sich um den Neubau einer liberalen jüdischen Gemeinde.

Q3 A. Liebmann war ein renommiertes Antiquitätengeschäft in der Berliner Prachtstraße Unter den Linden. Zu seinen Kunden zählte das preußische Königshaus, der Inhaber durfte den Titel „Hoflieferant" tragen.

Q4 Seit Beginn der 1880er-Jahre entstand in Deutschland eine ganze Reihe von antisemitischen Vereinen und Organisationen. Die Deutsche Antisemitische Vereinigung, 1886 gegründet, vertrat einen besonders radikalen Antisemitismus auf völkischer und rassistischer Basis. Bei den Reichstagswahlen 1887 erhielten die antisemitischen Gruppierungen zusammen etwa 250 000 Stimmen und errangen damit 16 Sitze. In den folgenden Wahlen gingen ihre Stimmanteile zurück – was allerdings nichts über die Verbreitung latenter antisemitischer Strömungen in der Bevölkerung besagt.

Q5 Antisemitische Ansichtskarten bildeten im späten Kaiserreich geradezu ein eigenes Genre innerhalb der Postkartenproduktion. Mehr als tausend verschiedene Motive sind nachgewiesen. Das Spektrum reicht vom vermeintlich harmlosen Humor bis zur ausdrücklichen rassistischen Diffamierung. Die vorliegende Ansichtskarte wurde durch ein Gerichtsurteil auf der Basis von §14 der Postordnung für das Deutsche Reich von 1892 von der Beförderung ausgeschlossen. Dort heißt es: „Postkarten, aus deren Inhalt die Absicht der Beleidigung oder einer sonst strafbaren Handlung sich ergiebt […] sind von der Beförderung auszuschließen."

Erläuterungen zu den Arbeitsaufträgen

1. Interpretiere das Gemälde Q1 mithilfe der Arbeitsschritte auf S. 201. Formuliere zusammenfassend, wie der (jüdische) Maler hier jüdisches Leben darstellt. (AFB III)

- Beschreiben: Das Bild zeigt mehrere weibliche und männliche Personen in einem Zimmer. Sie konzentrieren sich auf der linken Bildseite. Die Dreiergruppe dort wird auch dadurch in den Mittelpunkt der Wahrnehmung gerückt, dass die anderen Personen mit einer Ausnahme auf sie blicken. Auffallend ist, dass die jüngere der beiden männlichen Personen links eine Uniform trägt.
- Untersuchen: Dargestellt ist, wie der Titel verrät, die Rückkehr eines Freiwilligen aus den „Befreiungskriegen". Er ist an seiner Husarenuniform erkennbar. Die Narbe auf der rechten Wange belegt, dass er tatsächlich im Kampf gestanden hat, und das Eiserne Kreuz zeigt, dass er sich darin besonders ausgezeichnet hat. Bei den „Seinen", zu denen er zurückkehrt, handelt es sich um eine jüdische Familie, die nach den hergebrachten Glaubensvorschriften lebt („nach alter Sitte"). Das macht der Maler anhand zahlreicher Details deutlich, die im Schulbuch erklärt sind. Der Sohn wird von der Familie hingebungsvoll empfangen: Der Vater fasst seine Hand, die Schwester links scheint auf seine Verwundung hinzudeuten, und auch die anderen Familienmitglieder mit Ausnahme des Sohnes rechts wenden sich ihm aufmerksam zu.
- Deuten: Die dargestellte Szene zeigt das Zusammentreffen zweier unterschiedlicher Welten. Die herkömmliche jüdische Lebenswelt wird anhand von Zeichen charakterisiert, die insbesondere für Glaubensgenossen aussagekräftig und gut erkennbar waren. Der heimgekehrte Sohn steht für einen Moment der Veränderung: Als Jude ist er gleichermaßen preußischer und deutscher Patriot, der freiwillig in den Kampf gegen eine feindliche Nation gezogen ist und mit seiner Verwundung ein Opfer gebracht hat. Seine Auszeichnung ist zugleich ein Schritt zur Emanzipation. Anders als die anderen männlichen Familienmitglieder trägt er keine Kippa. Mit dem Generationswechsel öffnet sich die bislang geschlossene, religiös definierte jüdische Identität und Lebenswelt in Richtung auf ein politisch-national definiertes Selbstverständnis.

2. Arbeite aus Q2 und Q3 die Gesichtspunkte heraus, die für Achtung und Wertschätzung der jüdischen Bevölkerung sprechen. (AFB II)

- Im Zeitungsbericht Q2 fällt besonders auf, wie zahlreich politisch und gesellschaftlich führende Persönlichkeiten an der Einweihung der Synagoge teilnehmen. Insbesondere ist auch das hessische Herrscherhaus vertreten. Offenbar handelt es sich um ein allseitig anerkanntes gesellschaftliches Ereignis. Der Bericht preist den neuen Bau und die Feier in den höchsten Tönen („reich", „geschmackvoll", „würdig", „feierlich", „geräumig", „brillant", „strahlend", „gediegen"). Wiedergegeben wird auch der Wunsch des Gemeindevorstehers nach einem friedlichen Zusammenleben der Konfessionen. Man kann das zum Teil auch als Mahnung verstehen, das Wort „ferner" scheint aber vor allem eine positive Bilanz vonseiten des Redners anzudeuten. Die Formulierung „unter dem Schutz eines wohlwollenden Fürstenhauses" weist nochmals auf die positive Haltung hin, die das hessische Herrscherhaus auch gegenüber dem Judentum einzunehmen scheint.
- Das Foto Q3 zeigt, dass Kaiser Wilhelm ein Geschäft mit einem jüdischen Inhaber besucht hat; die Konfession stellt für ihn in dieser Hinsicht kein Hindernis dar. Der Geschäftsinhaber darf sich sogar mit dem Titel „Hoflieferant" schmücken, er steht also einer ständigen und privilegierten Geschäftsbeziehung zum preußischen Hof.

3. Der Rassismus ist eine Ideologie, in der Menschengruppen nach angeblich unveränderlichen biologischen Merkmalen und Eigenschaften eingeteilt und bewertet werden. Überprüfe die Formulierungen in Q4 daraufhin. (AFB III)

- Die Unterstellung, dass Juden angeblich eine rassebedingte, unveränderliche Andersartigkeit aufweisen, liegt dem ganzen Text zugrunde. Schon die verallgemeinernde, nicht religiös verstandene Rede von „dem" oder „den" Juden ist ein Merkmal von Rassismus.
- Besonders einschlägige Formulierungen sind: „daß die Geschichte aller Zeiten die Unverbesserlichkeit der jüdischen Rasse erwiesen hat" (Z. 2–4); „Deutschtum und Judentum" (Z. 6); „Jüdischer Wucher" (Z. 10); „Nirgends betheiligt sich der Jude an der ehrlichen produktiven Arbeit" (Z. 18 ff.). Damit kontrastieren die Zuschreibungen das, was angeblich deutsch ist: „deutsche Sitte, deutsche Gesinnung und deutsches Recht" (Z. 17 f.); „das redliche Handwerk und den soliden Handel" (Z. 21 f.).

4. Analysiere die Ansichtskarte Q5, den handschriftlichen Text und die ergänzende Information in der Bildlegende. Was sagen die Karte und der Umgang damit über die Akzeptanz der Juden in der Gesellschaft des Kaiserreichs aus? (AFB II)

- Mithilfe der Ansichtskarte will sich das Hotel in der angeblich jüdischen Stadt Frankfurt als „judenfrei" präsentieren. Der Besitzer geht offenbar davon aus, dass er mit dieser Art von Werbung eine größere Zielgruppe erreicht, bei der auch die gewaltsame Art, wie die als jüdisch anzusehende Person mit einem Fußtritt entfernt wird, Zustimmung findet.

4 Das deutsche Kaiserreich von 1871 – Lösung der nationalen Frage?

- Der Kartenschreiber entspricht offenbar genau der Zielgruppe der Hotelwerbung. Er nimmt die Anwesenheit von Juden in der Stadt als Ärgernis oder gar Bedrohung wahr („Judengewimmel", „geflüchtet"). Interessant ist, dass die Ansichtskarte an einen Pfarrer adressiert ist (die Konfession ist nicht ersichtlich). Das deutet auf eine gewisse religiöse Bindung des Schreibers hin. Und er geht wohl davon aus, dass er für seine antisemitische Äußerung bei dem Adressaten Zustimmung findet.
- Diese Ansichtskarte wurde nach einem Gerichtsurteil von der Post nicht mehr befördert (siehe Hinweise oben), weil sie juristisch als Beleidigung der jüdischen Bevölkerung – und diese also als zu schützen – angesehen wurde.

5. Arbeite aus Q6 die Position des Zentralvereins heraus: Gegen welche Vorwürfe setzt er sich zur Wehr? Du kannst dazu auch noch einmal auf Q4 zurückgreifen. (AFB II) ●

- Der Aufruf betont das nationale Selbstverständnis der jüdischen Bevölkerung: Deutsche Juden verstehen sich selbstverständlich als Deutsche, ganz im Gegensatz zu der Behauptung in Q4, es gebe „eine unüberbrückbare Kluft zwischen Deutschtum und Judentum".
- Mit dem Verweis auf die christlichen Konfessionen wird verdeutlicht, dass der Verein das Judentum als reine Glaubenssache betrachtet und eine die nationale Zugehörigkeit überschreitende jüdische Identität verneint.

SP 6. Der jüdische Rechtsanwalt David Hirsch aus Berlin kennt Angriffe wie in Q4 und Q5 gut. Schreibe aus seiner Perspektive einen Brief an seinen Sohn Emil, in dem du dich damit auseinandersetzt und Möglichkeiten erörterst, wie du darauf reagieren kannst. (AFB III) ○ → S. 187

- Der vorgestellte David Hirsch wird in seinem Brief zunächst auf der Basis der Quellen eine Zunahme antisemitischer Äußerungen in der Öffentlichkeit konstatieren. Seine Schlussfolgerungen können dann unterschiedlich ausfallen. Er kann eine weitere massive Steigerung des Antisemitismus annehmen. Soll man als Jude versuchen, so wenig wie möglich aufzufallen, um keine Angriffsfläche zu bieten? Soll man dieser Entwicklung offensiv entgegentreten? Oder soll man gar darüber nachdenken, das Land zu verlassen?
- Hirsch kann aber auch davon ausgehen, dass es sich um die Meinung einzelner, nicht ernstzunehmender Menschen handelt. Solche Menschen werden in einem Land wie Deutschland nie wirklich politischen Einfluss gewinnen.

Der Umgang mit Andersdenkenden und Minderheiten

Kompetenzziele

Wahrnehmungskompetenz
- Die SuS können sachgerechte Vermutungen anstellen, wie die Sozialdemokraten die staatlichen Maßnahmen gegen sich empfunden haben.

Analysekompetenz
- Die SuS können die Perspektiven von Zeitgenossen einnehmen.

Urteilskompetenz
- Die SuS können das Wechselspiel zwischen Integration der Mehrheitsgesellschaft und Ausgrenzung von Minderheiten verstehen.

Orientierungskompetenz
- Die SuS lernen Mechanismen im Umgang mit Minderheiten kennen.

Sequenzvorschlag

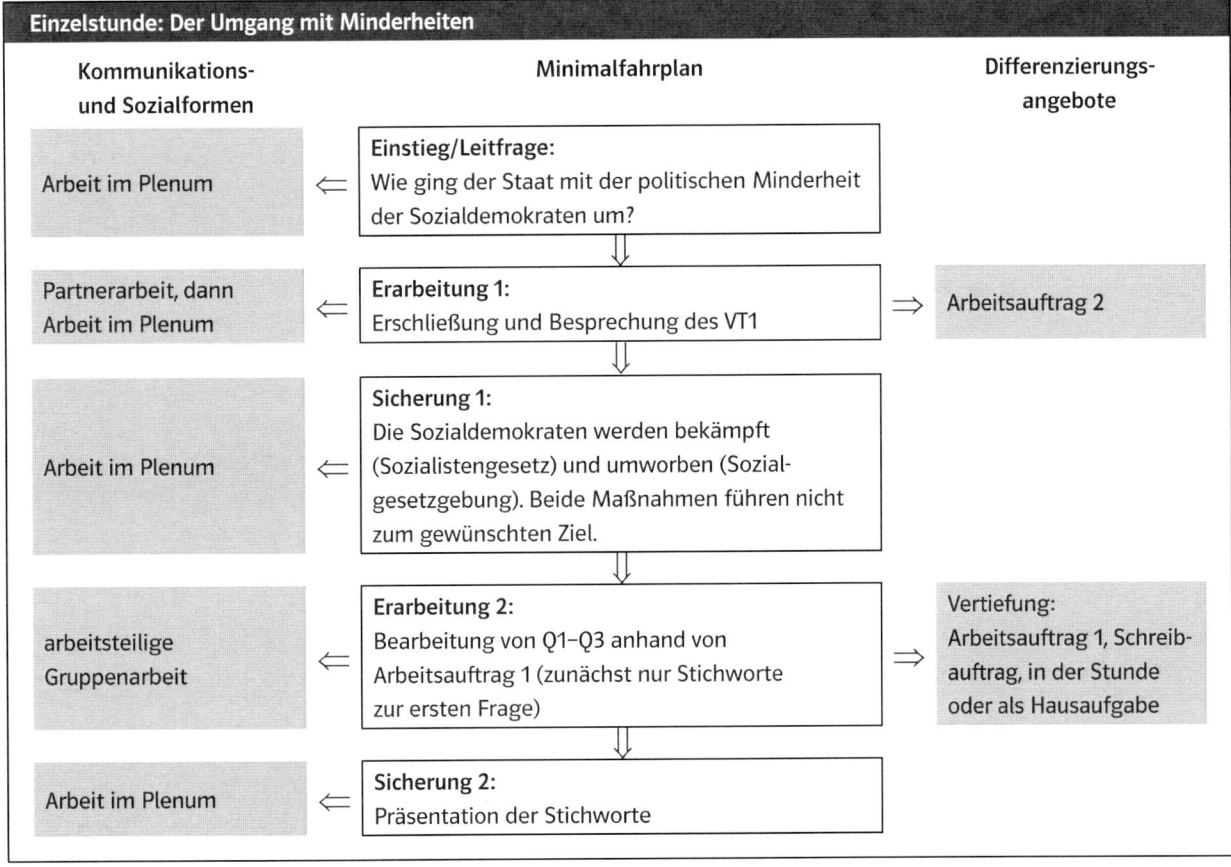

Tafelbild

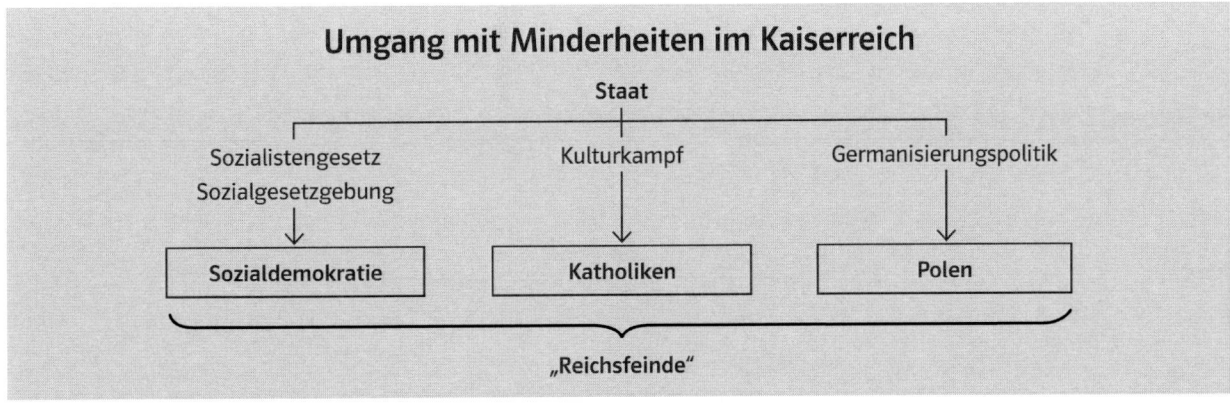

4 Das deutsche Kaiserreich von 1871 – Lösung der nationalen Frage?

Hinweise zum Verfassertext und zu den Materialien

VT Im Kaiserreich herrschte in weiten Kreisen der Bevölkerung ein nationaler Grundkonsens. Wer sich nicht darin einpasste oder einpassen ließ, wurde vonseiten des Staates bekämpft: die Katholiken im „Kulturkampf"; die Sozialisten mit dem Sozialistengesetz, später flankiert durch die Sozialpolitik; die Polen durch die preußische Germanisierungspolitik. Der Darstellungstext in diesem Unterkapitel behandelt alle diese Gruppen; die Materialien konzentrieren sich auf die Verfolgung der Sozialdemokraten.

Der wesentliche Gesichtspunkt bei der Behandlung dieses Unterkapitels sollte sein, dass die SuS den sozialpsychologischen Mechanismus erkennen, der beim Umgang mit Minderheiten im Kaiserreich zum Tragen kommt. Die herrschende nationale Ideologie wirkte für die größten Teile der Bevölkerung integrierend; diese Art gemeinsamer Identitätsbildung ging aber auf Kosten der – unter verschiedenen Aspekten – „Andersartigen" im Inneren; die Abgrenzung nach außen, insbesondere gegenüber dem „Erbfeind" Frankreich, war dabei ohnehin vorausgesetzt. Allerdings war die Bekämpfung vonseiten des Staates bei Sozialdemokraten, Katholiken und Polen letztlich kontraproduktiv, indem sie eine massive Gegenintegration bewirkte.

Zur Bevölkerung des Deutschen Reiches gehörten verschiedene (nationale) Minderheitsgruppen. Die Polen waren die größte und die kulturelle, sprachliche und religiöse Andersartigkeit war bei ihnen am stärksten ausgeprägt. Sie unterlagen deshalb am stärksten dem Verdacht der Reichsfeindlichkeit und wurden am massivsten durch Germanisierungspolitik bekämpft. Eine friedliche Koexistenz mit weitgehenden kulturellen Freiheiten bei politischer Loyalität zu Preußen und zum Reich haben Reichsleitung und preußische Behörden nie als mögliche Perspektive gesehen. Dieses Modell war allerdings zu einer Zeit allseits ausgeprägter Nationalismen auch nur schwer denkbar. Zudem hätte es auf deutscher Seite die Anerkennung einer eigenständigen polnischen Kultur vorausgesetzt. Stattdessen war man durchdrungen von Bewusstsein deutscher Überlegenheit – das Deutschtum repräsentiere die höhere Kultur und den Fortschritt und nur durch Assimilation könnten Polen daran Teil haben.

Eine zweite Minderheit waren die Dänen in Nordschleswig. Auch hier wurde eine forcierte Eindeutschungspolitik verfolgt. Wer sich zu Dänemark bekannte, wurde mit Repressalien bis hin zu Ausweisung bedroht. 1888 wurde auch in den dänisch besiedelten Gebieten Deutsch als Schulsprache eingeführt. Auch hier verfolgten also Politik und Behörden ein rigides Vorgehen, obgleich die kleine Minderheit keinerlei Bedrohung darstellte, zumal es keine sozialen und religiösen Differenzen gab.

Die Elsässer und Lothringer stellten insofern eine besondere Gruppe dar, als sie zum größten Teil auf einer eigenständigen, regionalen Identität zwischen Deutschen und Franzosen beharrten. Das politische Kernproblem war, dass Elsass und Lothringen als Reichslande unmittelbar aus Berlin verwaltet wurden. Es gab keine föderalen Rechte und kaum Autonomie; bis zum Ersten Weltkrieg fühlten sich die Bewohner als Staatsbürger zweiter Klasse. Die Beamten und Militärs aus dem Reich blieben Fremde. Dass beide Seiten den Eindruck einer Besatzungsherrschaft hatten, demonstriert die Zabern-Affäre von 1913. Andere, kleinere und weniger geschlossene Minderheiten wie Masuren, Sorben, Kaschuben oder Litauer waren weitgehend assimiliert.

Q1 Dieser Holzstich erschien unter dem Titel „Haussuchung" am 15. Juni 1895 in der sozialdemokratischen Satirezeitschrift „Der wahre Jacob" (Beilage).

Q2 Zwar galt im Deutschen Reich das gleiche und geheime Wahlrecht (für Männer), aber nicht jeder konnte überall davon Gebrauch machen. Der Brief bezieht sich auf die Nachwahl zum Reichstag am 1. März 1890 in der Umgebung Berlins. Eduard Bernstein (1850–1932) war ein führender Sozialdemokrat und wurde später zum Begründer des Revisionismus. Aus Deutschland ausgewiesen, lebte er von 1887 bis 1901 in London.

Q3 Dieses Flugblatt ist im zentralen Staatsarchiv Merseburg archiviert. Genauere Angaben zu den Verfassern und zur Verbreitung liegen nicht vor.

Erläuterungen zu den Arbeitsaufträgen

SP 1. Wie haben Sozialdemokraten die staatlichen Maßnahmen gegen sich empfunden (VT1, Q1–Q3)? Schreibe einen Artikel für eine sozialdemokratische Zeitung, in dem du über Q1 bis Q3 berichtest und deinen Gefühlen und Hoffnungen Ausdruck verleihst. Finde dafür auch eine passende Überschrift. (AFB II) ○ → S. 187

- Dieser handlungsorientierte Arbeitsauftrag soll die SuS in die Situation der verfolgten Sozialdemokraten versetzen. In der Form des Zeitungsartikels haben sie Gelegenheit, Q2 zu kommentieren und eine Gegenposition zu Q3 zu formulieren.
- Nachvollziehbar werden sollte dabei die doppelte Wirkung der Verfolgung: auf der einen Seite das Gefühl ständiger Bedrohung und Beeinträchtigung durch einen überlegenen Gegner, auf der anderen Seite die Gegenreaktion des „Dennoch" in der Hoffnung und im Vertrauen auf eine bessere Zukunft.

2. Versetze dich anhand von Q1 erst in die Situation des Kriminalbeamten (mit Hut) und dann in die des verdächtigten Ehepaars. Formuliere jeweils einen kurzen Text für eine Denkblase. (AFB II)

- Ob sich das abgebildete Ehepaar tatsächlich im Sinne der Verfolgungsbehörden strafbar gemacht hat, ist aus dem Bild nicht zu ersehen. Dargestellt ist lediglich, wie es die Untersuchung durch uniformierte und zivile Polizei – links offenbar ein höherer Dienstgrad – über sich ergehen lassen muss. Die – aus der Perspektive des sozialdemokratischen Blattes – sichere moralische Unschuld der beiden wird durch die Anwesenheit der beiden Kinder unterstrichen: Die Staatsmacht bricht ein in eine harmlose private Situation.
- Der perspektivierende Arbeitsauftrag zielt darauf ab, die Vorbehalte und Verdächtigungen zur Sprache zu bringen, die beide Seiten als Vertreter unterschiedlicher gesellschaftlicher Kräfte gegeneinander hegen. Hinzu kommen aber auch die persönlichen Empfindungen, die in einer solchen Situation zwangsläufig entstehen.

3. Begründe anhand von VT2 und VT3, weshalb die staatlichen Maßnahmen gegen die katholische und polnische Minderheit nicht zum Erfolg führten. (AFB III)

In beiden Fällen riefen die staatlichen Maßnahmen Widerstand hervor und bewirkten eine verstärkte Identifikation und Gegenintegration innerhalb der verfolgten Gruppe.

4 Das deutsche Kaiserreich von 1871 – Lösung der nationalen Frage?

Beginnt im Kaiserreich die moderne Zeit?

Kompetenzziele

Wahrnehmungskompetenz
- Die SuS nehmen Ambivalenzen einer Epoche wahr.

Analysekompetenz
- Die SuS können ein Werbeplakat analysieren.

Urteilskompetenz
- Die SuS können das Kaiserreich in seiner Widersprüchlichkeit zwischen Modernität und Beharrung beurteilen.

Orientierungskompetenz
- Die SuS können das Kaiserreich als Vorgeschichte in Beziehung zu unserer Gegenwart setzen.

Sequenzvorschlag

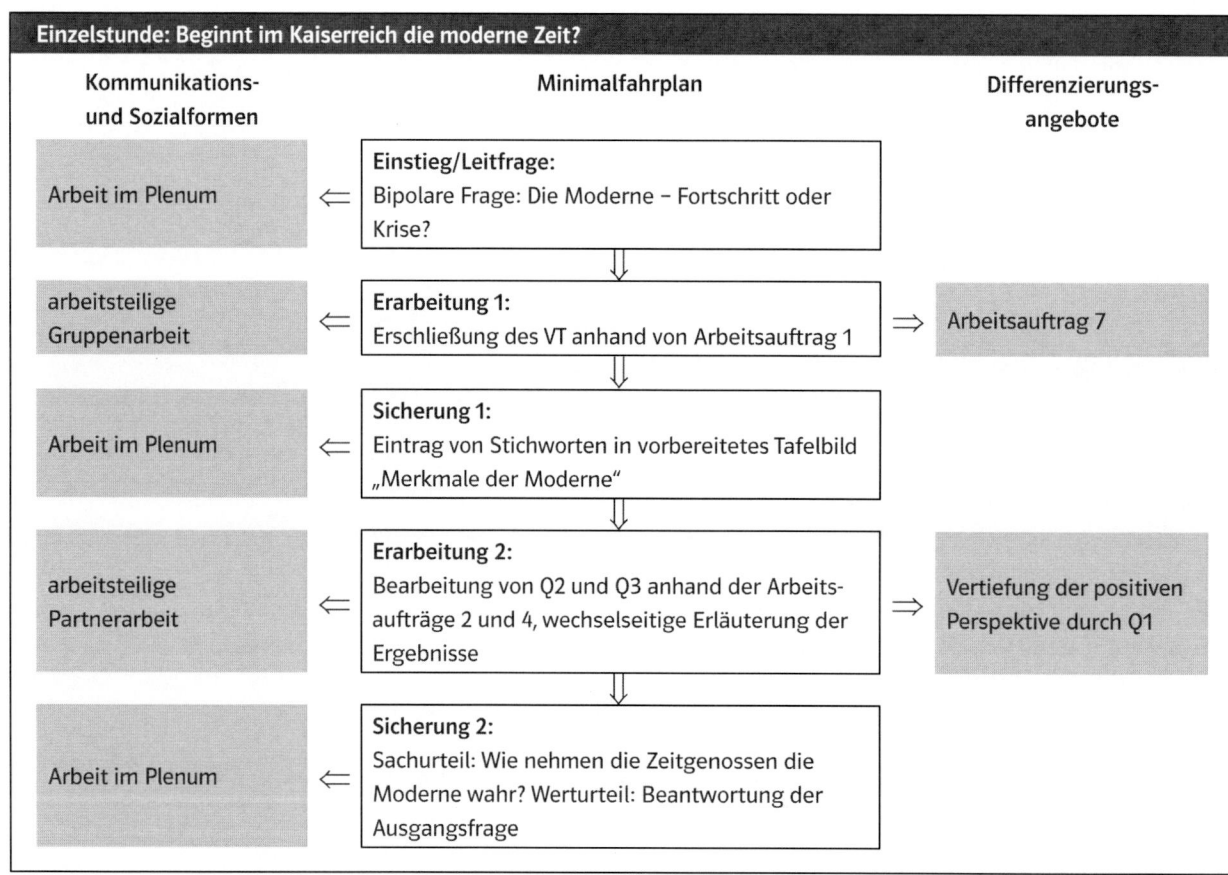

Tafelbild

Merkmale der Moderne

- **Industrie**: wichtigster Wirtschaftsbereich
- **Wissenschaft und Bildung**: Forschung, Breitenbildung
- **Verkehr**: Eisenbahn, Straßenbahn, Auto, Fahrrad, Zeppelin
- **Unterhaltung**: Konzert, Schauspiel, Oper, Kino, Kabarett, Schallplatte
- **Kommunikation**: Telefon, Telegrafie
- **Konsum**: Massenproduktion, Warenhäuser

→ **Moderne**

Hinweise zum Verfassertext und zu den Materialien

VT Die klassische Epocheneinteilung, die das lange 19. Jahrhundert nach dem Ersten Weltkrieg enden lässt, verstellt eher den Blick auf die Elemente von Dynamik, die sich bereits in der Zeit zuvor finden lassen. Der Begriff „Moderne" – bezogen auf eine Zeit etwa ab 1880 – bringt sie besser in den Blick. Er beschreibt einen grundlegenden wirtschafts-, sozial- und kulturgeschichtlichen Umbruchprozess, der in dieser Zeit seinen Anfang nahm. Die Prozesse der Modernisierung verliefen in allen Industriestaaten ähnlich. Allerdings war die Veränderung in Deutschland besonders rasant und die „Gleichzeitigkeit des Ungleichzeitigen" trat hier besonders massiv zum Vorschein: Es gab Entwicklungszentren, außerhalb davon, vor allem auf dem Lande, blieb vieles noch beim Alten. Die späte Zeit des Kaiserreichs als „Inkubationszeit der Moderne" zu betrachten, ist eine wichtige Ergänzung zum traditionellen und eher statisch gedachten Bild vom Obrigkeitsstaat. Beides zusammen lässt erst die Ambivalenz der Epoche deutlich werden.

Q1 Die Bildpostkarte zeigt das 1902 fertiggestellte Gebäude des Essener Hauptbahnhofs. Seit den 1880er-Jahren entstanden in vielen deutschen Großstädten neue Hauptbahnhöfe, weil vorher getrennte Linien gebündelt wurden und die alten dem anschwellenden Verkehr nicht mehr gewachsen waren. Als „Kathedralen des Verkehrs" und Symbole der modernen Zeit waren sie ein beliebtes Bildsujet. Wer solche Karten als „Gruß von unterwegs" versandte, dokumentierte zugleich seine eigene Mobilität.

Q2 In den 1890er-Jahren entstand das Bildplakat als neues Werbemittel für Kunst, Politik und Industrie. Technische Voraussetzung dafür war die Entwicklung des gerasterten Mehrfarbendrucks, soziale Voraussetzung die Entstehung eines breiten, vornehmlich städtischen Publikums. Häufig betätigten sich Künstler wie der Grafiker Carl Otto Gadau (1881–1937) bei der Gestaltung der Plakate.

Q3 Der Deutsche Bund Heimatschutz wurde im Jahre 1904 gegründet. Ziel der Heimatschutzbewegung war es, das traditionelle Bild der Landschaft und die herkömmliche Lebenswelt zu erhalten. Dabei orientierte man sich an den ersten Jahrzehnten des 19. Jahrhunderts vor Einsetzen der Industrialisierung.

4 Das deutsche Kaiserreich von 1871 – Lösung der nationalen Frage?

Erläuterungen zu den Arbeitsaufträgen

SP 1. Fasse anhand des VT die Veränderungen in der Gesellschaft zusammen, die dazu berechtigen, von der „Zeit der Moderne" zu sprechen. Schreibe dann zunächst passende Stichwörter aus dem Text heraus. (AFB I)

Dieser Überblick soll jene Elemente von Modernität zusammenfassen, die im Tafelbild wiedergegeben sind.

2. Interpretiere das Werbeplakat Q2 anhand des Stichworts „Fortschritt". (AFB III) ○ → S. 187

- Das Plakat verknüpft auf sehr eindrückliche Art und Weise den beworbenen technischen Gegenstand mit einem allgemeinen Begriff von Fortschritt.
- Ein Auto durchfährt soeben das Stadttor eines kleinen Ortes. Eine mittelalterliche Szenerie – einschließlich Nachtwächter – tut sich auf. Sie wird von den starken Scheinwerfern des Wagens (geradezu im Sinne von „Aufklärung", engl. enlightenment) „erleuchtet". Auto und Scheinwerfer treten in Erscheinung als Vertreter von Moderne schlechthin – der Betrachter, der die Szene aus der Blickrichtung des Wagens wahrnimmt, wird dazu eingeladen, an dieser Modernität teilzuhaben.

3. Begründe, warum Bahnhöfe damals beliebte Motive auf Ansichtskarten waren (Q1, VT4). (AFB II) ○ → S. 187

Die Gründe dafür sind bei den Hinweisen oben ausgeführt worden.

4. Nimm Stellung zur Kritik in Q3: Was hältst du daran für berechtigt, was für übertrieben? (AFB III)

Der Arbeitsauftrag soll verdeutlichen, dass der Artikel Schwarz-Weiß-Malerei betreibt: Einer übertriebenen Vorstellung von industrieller Verwüstung wird das Ideal einer idyllisierten Vergangenheit gegenübergestellt. Vorindustrielle Verhältnisse werden agrarromantisch verklärt.

5. Stell dir vor, Q3 sei heute geschrieben worden. Erörtere, was daran noch heute bedenkenswert sein könnte. (AFB III) ●

Der Artikel spricht auch grundsätzliche Fragen an, die sich eine Gesellschaft immer wieder stellen muss: Wozu dient Arbeit, wie viel Arbeit ist sinnvoll und zumutbar? Auch die Idee des Umweltschutzes klingt in dem Text an.

MK 6. Per Virtual Reality eine „Zeitreise" ins Frankfurt von 1891? Informiert euch im Internet über verfügbare Videos über entsprechende Angebote. Diskutiert anschließend Vor- und Nachteile dieser Geschichtsdarstellung. Können derartige digitale Angebote die gemachten Versprechen tatsächlich erfüllen? (AFB III) MKR 1.2, 6.1, 6.2

- Chancen: Anschaulichkeit, Multimedialität, zeitgemäß.
- Grenzen: VR vermittelt den Anschein, zu zeigen „wie es wirklich" gewesen ist. Es bedarf einer kritischen Perspektive auf Inhalte und Gestaltung der hier inszenierten Vergangenheit.

7. Begründe, warum der Begriff „gute, alte Zeit" nicht auf das Kaiserreich zutrifft (VT). (AFB II)

- Der Begriff drückt eine rückblickende Verklärung einer Zeit aus, die vor den großen Kriegskatastrophen des 20. Jahrhunderts liegt. Er unterstellt, es habe sich um eine besonders geordnete und statische Zeit gehandelt.
- Das Unterkapitel macht im Gegensatz dazu deutlich, dass das Kaiserreich eine Zeit voller Dynamik war, in der sich in vielen Bereichen der Gesellschaft grundlegende Veränderungen vollzogen und sich der Aufbruch in eine „Moderne" vollzog, die noch unsere Gegenwart prägt.

4 Das deutsche Kaiserreich von 1871 – Lösung der nationalen Frage?

Wiederholen und Anwenden

1. Herrschaft und Gesellschaft im Kaiserreich
Wichtige Namen und Begriffe kennen
Analysekompetenz

Zeichne das Kreuzgitter in dein Heft und fülle es aus. Das Lösungswort findest du in den farblich unterlegten Kästchen (von oben nach unten gelesen).
1. Diese Partei errang schon bei der Reichstagswahl 1890 die meisten Wählerstimmen (Bezeichnung für die Parteimitglieder).
2. die führende Gesellschaftsschicht im Kaiserreich
3. Bezeichnung für die Ablehnung von Juden
4. mit einem noch heute bekannten Denkmal geehrter Nationalheld
5. größte nationale Minderheit im Kaiserreich
6. neu entstandene gesellschaftliche Gruppe, die in Handel und Verwaltung arbeitet
7. Ausrichtung der Gesellschaft auf alles Militärische
8. der erste Kanzler des Kaiserreichs
9. bestieg 1888 den Thron
10. Wahlrecht in Preußen

2. Militarisierung im Kaiserreich
Eine Karikatur analysieren
Analysekompetenz, Urteilskompetenz

Analysiere die Karikatur Q1. Beschreibe, wie die Folgen der Militarisierung dargestellt werden. Beurteile, inwieweit die Karikatur die Gesellschaft des Kaiserreichs zurecht kritisierte.
Die Karikatur arbeitet mit zwei Figuren, dem „deutschen Michel", der die deutsche Bevölkerung verkörpert, und einer zweiten Figur, einem Soldaten, der für das deutsche Militär steht. In vier Zeitschritten wird dargestellt, wie sich aus der Perspektive des Zeichners das Verhältnis der beiden verändert. 1870 hat die Soldatenfigur die Größe einer Puppe, die den Michel auf dem Arm hält. 1880 ist Michel geschrumpft und der Soldat hat seine halbe Größe erreicht. 1890 ist der Soldat bereits größer geworden als Michel, der ihn kaum noch halten kann. 1902, im Entstehungsjahr der Karikatur, verzehrt der große Soldat den inzwischen ganz klein gewordenen Michel. Die Aussage der Karikatur lautet also: Nach Meinung des Zeichners hat sich das Militär, das dem deutschen Volk ursprünglich als „Beschützer" (Überschrift) dienen sollte, das Volk „einverleibt", ist also zum Selbstzweck geworden.

S	O	Z	I	A	L	D	E	M	O	**K**	R	A	T	E	N	
										A	D	E	L			
					A	N	**T**	I	S	E	M	I	T	I	S	M	U	S
							H	E	R	M	A	N	N			
						P	**O**	L	E	N						
A	N	G	E	S	T	E	**L**	L	T	E						
					M	I	L	**I**	T	A	R	I	S	M	U	S
B	I	S	M	A	R	**C**	K									
				W	I	L	H	**E**	L	M	I	I				
D	R	E	I	K	L	A	S	S	E	**N**	W	A	H	L	R	E	C	H	T

SP 3. Das Kaiserreich – rückständig oder modern?
Argumente zusammenstellen und abwägen
Urteilskompetenz, Orientierungskompetenz

Stelle in einer Tabelle gegenüber, welche Elemente von Rückständigkeit oder Modernität das Kaiserreich aufzuweisen hatte. Formuliere in einem Text eine eigene Bilanz. Verwende dafür Worte wie „zwar – aber", „einerseits – andererseits".

Rückständigkeit	Modernität
Stellung des Kaisers	Wahlrecht für den Reichstag (außer Frauen)
gesellschaftliche Stellung des Adels	zunehmende gesellschaftliche Durchlässigkeit, Aufstiegsmöglichkeiten in neuen Berufen
gesellschaftliche Stellung des Militärs	wissenschaftliche Forschung
keine politische Kontrolle des Militärs	gutes Bildungswesen (aber wenig durchlässig)
keine politische Kontrolle der Reichsregierung	wirtschaftlicher Aufschwung
Obrigkeitsstaat	allgemeine Verbesserung der Lebensverhältnisse (aber sehr ungleich)
starke soziale Schichtung	Zunahme des Konsums
Bekämpfung politischer Gegner	soziale Vorsorge
Umgang mit Minderheiten	moderne Verkehrsverhältnisse
Wahlrecht in manchen Ländern	Unterhaltungsmöglichkeiten für viele
Rechte der Frauen	„bürgerliches Zeitalter"

Die politische Verfassung des Kaiserreichs war einerseits in vielen Punkten rückständig. Das betraf die Stellung des Kaisers, des Adels, des Militärs und die mangelnde parlamentarische Kontrolle der Reichsregierung. Andererseits gab es ein sehr modernes Wahlrecht für den Reichstag, allerdings nicht in den Ländern. Zwar nahm die gesellschaftliche Durchlässigkeit zu und es entstanden neue Aufstiegsmöglichkeiten, aber es blieb eine starke soziale Schichtung. Vom wirtschaftlichen Aufschwung, von der Entwicklung des Bildungswesens und von den modernen Sozialgesetzen profitierten viele. Jedoch hatten Frauen weitaus weniger Beteiligungsmöglichkeiten als Männer.

4. 1871 – wurden Einheit und Freiheit erreicht?
Eine Diskussion führen
Analysekompetenz, Urteilskompetenz, Orientierungskompetenz

Fünf Personen kommen kurz nach der Reichsgründung in einem Berliner Kaffeehaus ins Gespräch. Sie diskutieren, ob die Wünsche der Deutschen nach einem freiheitlichen Nationalstaat in Erfüllung gegangen sind. Gestaltet das Gespräch als Diskussion. Benutzt folgende Rollenkarten:
Die Diskussion kann in Kombination mit „Gemeinsam lernen" auf S. 110 und der Diskussionsanleitung S. 206 („Pro-und-Kontra-Diskussion") organisiert werden.

5. Erinnerung an Otto von Bismarck
Ein Denkmal analysieren
Analysekompetenz

Im gesamten Deutschen Reich stifteten national gesinnte Bürger in der Kaiserzeit Bismarck-Türme und -Denkmäler. Die Einwohner der Stadt Höchst enthüllten dieses Denkmal ein Jahr nach dem Tod Bismarcks 1899. Analysiere das Denkmal mithilfe der Arbeitsschritte auf S. 109.

1. Beschreiben
Auf einem Sockel steht eine Figur, die Bismarck darstellt. Die Figur ist überlebensgroß, aber nicht riesig. Besondere Zeichen oder Inschriften sind nicht zu erkennen. Die Bäume im Hintergrund deuten auf eine parkähnliche Umgebung hin.

2. Untersuchen
Das Bronze-Denkmal ist Bismarck als Reichsgründer und deutschen Kanzler gewidmet. Es wurde 1899, ein Jahr nach Bismarcks Tod, errichtet und von Bürgern der Stadt Höchst finanziert. Bismarck ist als Soldat dargestellt, er trägt eine Uniform, einen Militärmantel und eine Pickelhaube, die linke Hand stützt sich auf einen Säbel. In der rechten Hand hält er einige Schriftstücke, das könnte ein Hinweis auf irgendwelche Verträge (evtl. im Zusammenhang mit der Reichsgründung) oder Gesetze (evtl. Sozialgesetzgebung) sein.

3. Deuten
Obwohl das Denkmal dem Reichsgründer und Kanzler Bismarck gewidmet ist, wird er als Militär dargestellt. Das unterstreicht die Bedeutung des Militärs bei der Reichsgründung und im Kaiserreich allgemein. Erläuterungen zu den Verdiensten Bismarcks gibt es nicht, diese werden offenbar als bekannt vorausgesetzt. Bismarck erscheint (auch seiner tatsächlichen Körpergestalt entsprechend) als starke Persönlichkeit, aber nicht als Koloss. Insofern wirkt diese Bismarckdarstellung gewissermaßen privater als größere Bismarckdenkmäler oder die Bismarcktürme.

5 Das Zeitalter des Imperialismus

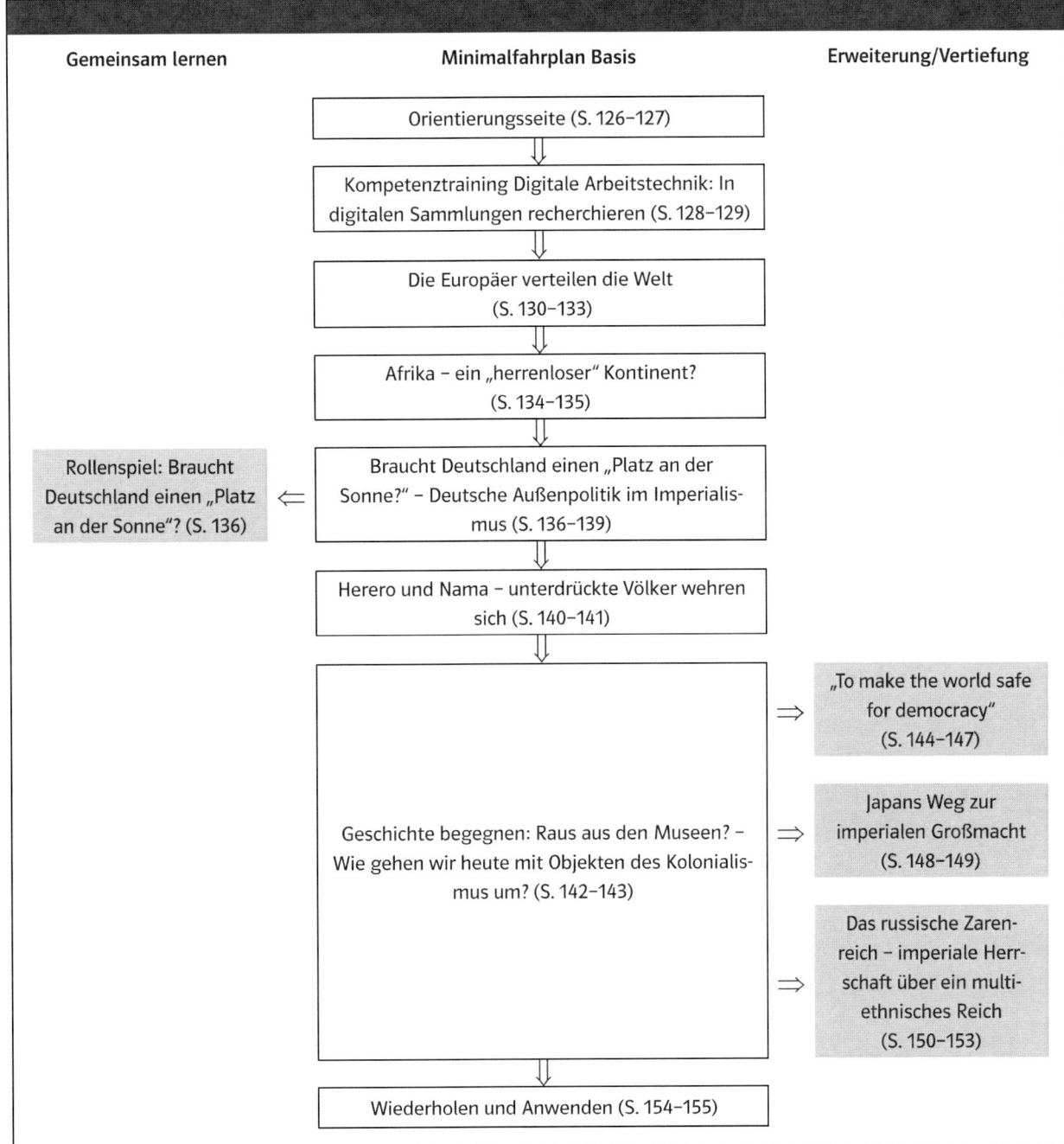

5 Das Zeitalter des Imperialismus

Kompetenzziele des Kapitels

Wahrnehmungskompetenz
Die SuS
- können anhand digitaler Quellen historische Fragestellungen entwickeln;
- können historische Objekte, z. B. aus Afrika, einordnen, und erzählen, was sie für uns heute bedeuten.

Analysekompetenz
Die SuS
- können in digitalen Sammlungen zielgerichtet recherchieren;
- können die Vor- und Nachteile mündlicher und schriftlicher Überlieferung vergleichen.

Urteilskompetenz
Die SuS
- können anhand von Quellen beurteilen, wie der Kolonialismus den Blick auf die einheimischen Bevölkerungen geprägt hat;
- können den Widerstand der Herero gegen die deutschen Kolonialherren erklären und ihr Handeln sowie das Vorgehen der Kolonialtruppen beurteilen.

Orientierungskompetenz
Die SuS
- können die Kritik am Kolonialismus in zeitgenössischen Quellen zu eigenen Urteilen in Beziehung setzen;
- können die kolonialistische Sicht auf Afrika als „herrenloser Kontinent" kritisch hinterfragen und ein eigenes Urteil dazu begründen;
- können die imperialistische Politik Russlands damals und heute vergleichen.

Hinweise zur Orientierungsseite

Die Karte auf der Orientierungsseite gibt einen Überblick über die Kolonien europäischer Mächte sowie jene der Vereinigten Staaten und Japans. Die Analyse der Karte ermöglicht es den SuS, den Prozess der Europäisierung der Erde systematisch nachzuvollziehen.

D1 greift gleich zu Beginn des Kapitels das größte Verbrechen in der deutschen Kolonialgeschichte auf: den Völkermord an den Herero und Nama. Lothar von Trotha, der frühere Oberbefehlshaber der deutschen Truppen in Deutsch-Südwestafrika, hat keine direkten Nachkommen. Seine beiden Söhne verstarben kinderlos. Indessen trägt die Familie von Trotha seit mehr als 100 Jahren an der Last ihres Namens, wenn er im Kontext des Vernichtungsbefehls ihres Vorfahren genannt wird. Das Bild verweist die SuS insofern auch auf die historische Tragweite des deutschen Kolonialismus.

Weiterführende Medienhinweise

Bücher
- Osterhammel, Jürgen/Jansen Jan C.: Kolonialismus. Geschichten, Formen, Folgen. München 2021.
  Das Buch stellt die Frage nach einer differenzierten Bewertung der Wirkungen des Kolonialismus. Unterschieden werden Formen und Epochen des Kolonialismus im Lichte neuester Debatten um das Erbe kolonialer Herrschaft.
- Schöllgen, Gregor/Kießling, Friedrich: Das Zeitalter des Imperialismus. Berlin 4., überarb. und erw. Aufl. 2014.
  Dieses Fachbuch behandelt die Geschichte des Imperialismus: Darstellung, Forschung/Kontroverse und weiterführende Literatur.

Kompetenztraining Fachmethode:
In digitalen Sammlungen recherchieren

Kompetenzziele

Wahrnehmungskompetenz
Die SuS
- können in digitalen Sammlungen Quellen zu historischen Ereignissen und Fragestellungen recherchieren;
- können digitale Sammlungen hinsichtlich ihrer Funktionsweise und Potenziale zur Beantwortung historischer Fragestellungen analysieren;
- können Aussagegrenzen bzw. -chancen verschiedener Präsentationsformen historischer Quellen reflektieren (Originalquelle, Schulbuchabbildung, Digitalisat);
- können die Vor- und Nachteile digitaler Sammlungen im Vergleich zum Archivbesuch vor Ort beurteilen.

Hinweise zum Verfassertext und zu den Materialien

VT1 Die Anmoderation sowie VT1 legen den Schwerpunkt auf die zunehmende Digitalisierung von Archiv- bzw. Quellenbeständen. Die Definition des Begriffs Digitalisat wird im Sinne einer originalgetreuen Reproduktion einer Quelle eingeführt. Während Digitalisate als digitale Kopien nicht alle Informationen der Originalquelle (z.B. Materialität, Haptik, Gewicht etc.) abbilden können, bieten sie jedoch im Gegensatz zu beispielsweise Abbildungen im Schulbuch neue Möglichkeiten der Recherche und Erschließung historischer Quellen (z.B. Zoomfunktion, Schlagwortsuche, Verlinkungen, Orts- und Zeitunabhängigkeit etc.).

VT2 Zur Nutzung und Orientierung innerhalb einer digitalen Sammlung empfiehlt sich ein planvolles Vorgehen, das entweder mit der gezielten Recherche eines Digitalisates oder mit der Formulierung einer Forschungsfrage beginnt. Zur Vorbereitung einer Recherche in einer digitalen Sammlung sollte sich zunächst ein Überblick über den Aufbau, den digitalisierten Quellenbestand, den Anbieter, die Funktionen sowie Recherchemöglichkeiten einer Sammlung verschafft werden.
Mit der Formulierung von Suchbegriffen sowie der Eingrenzung von Suchzeiträumen beginnt die eigentliche Recherche, die ggf. mit veränderter Recherchestrategie wiederholt wird.

Q1 Die digitale Sammlung „zeit.punktNRW" stellt historische Zeitungen allgemeinen Inhalts aus dem Gebiet des heutigen Nordrhein-Westfalens online und kostenfrei zur Benutzung bereit. Die lokalen und regionalen Zeitungen, die von kommunalen und staatlichen Archiven und Bibliotheken aus den verschiedenen Regionen Nordrhein-Westfalens für das Projekt zur Verfügung gestellt werden, bilden einen Zeitraum von der Mitte des 18. Jahrhunderts bis zur Mitte des 20. Jahrhunderts ab. Die digitale Sammlung eignet sich neben kulturgeschichtlichen Fragestellungen insbesondere auch für ein regionales bzw. lokales Nachvollziehen nationaler bzw. internationaler Ereignisgeschichte.

D1 Die Abbildung zeigt einen Screenshot der Sammlung „zeit.punktNRW", auf dem einzelne Funktionsweisen und Merkmale der Sammlung in der Legende sichtbar werden.

D2 Der in den Medien zum Schulbuch abrufbare Erklärfilm stellt die digitale Sammlung „zeit.punktNRW" kriterienorientiert vor, zeigt beispielhafte Forschungsfragen auf und führt eine Recherche zu regionalen Zeitungsmeldungen zum Beginn des Ersten Weltkrieges bzw. dem Attentat von Sarajewo durch, um Recherchestrategien und Funktionsweisen der Sammlung exemplarisch zu veranschaulichen.

Erläuterungen zu den Arbeitsaufträgen

1. Erkläre den Begriff Digitalisat und stelle anschließend die Merkmale von digitalisierten Quellen (D1), Quellen im Schulbuch und Quellen im Archiv vergleichend gegenüber. (AFB II)
- Diese Einstiegsaufgabe dient einer begrifflichen Annäherung im Sinne der Sachkompetenz. Unter Bezug auf VT1 kann folgende Definition Ausgangspunkt für die weitere Beschäftigung sein: „Digitalisate sind digitalisierte Reproduktionen von Originalquellen wie historischen Karten, Zeitungen (D1), Filmen oder auch gegenständlichen Quellen."
- Denkbar ist, dass die Lehrkraft Beispiele verschiedener digitaler Sammlungen präsentiert, um sowohl die Vielfalt der Angebote im Internet als auch die Gattungsvielfalt digitalisierter Quellen aufzuzeigen. Ausgangspunkt kann hier die Sammlung Q1 „zeit.punktNRW" oder eine selbstständige Recherche weiterer Sammlungen durch die SuS sein.
- Zur Reflexion der unterschiedlichen Präsentationsformate von Quellen bietet sich eine kriteriengeleitete tabellarische Gegenüberstellung an:

5 Das Zeitalter des Imperialismus

	Quelle im Schulbuch	Digitalisat in digitaler Sammlung	Quelle im Archiv
Materialität	– gedruckt als Abbildung – zweidimensional, unabhängig von der Originalquelle (z. B. Gegenstände, Objekte)	– digital/virtuell – abhängig vom Original sowohl zwei- als auch dreidimensional möglich	– Vielfalt der Materialität – jeweils abhängig von der Quellengattung
Chancen	– Abbildung der Quelle bietet Eindruck auch außerhalb des Archives	– möglichst originalgetreue Reproduktion kann Eindruck der Ursprungsquelle bieten – Quelle im Zusammenhang einsehbar (ganze Zeitung, ganze Sammlungen) – Kontextualisierung des Digitalisates durch Verlinkungen, Verschlagwortung etc. – orts- und zeitunabhängige Einsicht möglich – Funktionen wie Zoom ermöglichen detaillierteren Eindruck als im Buch	– Merkmale wie Beschaffenheit, Größe, Haptik, Material, Gewicht sind nur im Original nachvollziehbar – Authentizität des Originals
Grenzen	– Präsentation häufig ausschnitthaft, z. B. nur Titelbild einer Zeitung – Kontext bzw. Umfeld einer Quelle nicht abbildbar – kein Eindruck der Materialität der Quelle möglich	– Merkmale wie Beschaffenheit, Material, Gewicht sind nicht nachvollziehbar	– nur vor Ort im Archiv einsehbar – Originalquellen sind Verschleißprozessen ausgesetzt und können im Laufe der Zeit aufgrund äußerer Einflüsse beschädigt werden

2. **Untersuche die digitale Sammlung „zeit.punktNRW" (Q1 W08 ⊕) mithilfe der Arbeitsschritte. (AFB II)**
– Die Aufgabe dient dem Einüben eines kompetenzorientierten Umgangs mit digitalen Sammlungen. Die SuS sollten sich hier an den Arbeitsschritten sowie den Tipps zur Recherche im Buch orientieren und erkennen, dass dieses Vorgehen unabhängig von „zeit.punktNRW" auch auf andere digitale Sammlungen transferierbar ist.
– Es empfiehlt sich zunächst ohne konkrete Fragestellung bzw. Rechercheauftrag eine Analyse der Sammlung.

Recherche vorbereiten/Überblick über die digitale Sammlung verschaffen:	
Wer ist der Anbieter der digitalen Sammlung?	– verschiedene Universitätsbibliotheken (Bonn, Münster, Düsseldorf) sowie das Hochschulbibliothekszentrum des Landes NRW – gefördert durch das Ministerium für Kultur und Wissenschaft NRW – Kooperation mit Vielzahl städtischen Archiven und Bibliotheken in NRW
Welchen inhaltlichen und thematischen Schwerpunkt hat die Sammlung?	– historische Lokalzeitungen aus dem Gebiet des heutigen NRW aus der Mitte des 18. Jahrhunderts bis zum Ende des 20. Jahrhunderts
Welche Digitalisate werden bereitgestellt?	– Zeitungen im Sinne von Archivgut beteiligter Archive und Bibliotheken
Wie gestaltet sich die Struktur der Sammlung?	– Zeitungen sind nach Titel und Orten einsehbar – Möglichkeit der Orts- und Kalendersuche – Quellenangaben und Informationen wie Erscheinungsweise, Herausgeber sowie zur Verfügung stellende Institution
Welche Recherchemöglichkeiten und Funktionen ermöglicht die digitale Sammlung?	– Recherche über Zeitungstitel sowie Orts- und Kalendersuche – Zoomfunktion, Blättern, Speichern und Download als PDF
An welche Zielgruppe(n) richtet sich die digitale Sammlung?	– laut Selbstaussage an eine breite Öffentlichkeit – die Sammlung ist für jeden ohne Registrierung kostenfrei nutzbar
Welche Forschungsfragen können ggf. mithilfe der Digitalisate der Sammlung beantwortet werden?	– insbesondere Fragestellungen zur Lokal- und Regionalgeschichte – mediengeschichtliche Fragestellungen – kulturgeschichtliche Fragestellungen

3. **Recherchiert Zeitungsmeldungen zu einem der Ereignisse auf den Zeitleisten auf S. 126–127 und 156–157 dieses Buches. (AFB II)**
   - Für eine Recherche ist es nötig, für die benannten Ereignisse das jeweilige Datum zu kennen sowie jeweils mindestens einen Tag später beispielsweise über die Kalenderfunktion in der Sammlung zu suchen, da vom jeweiligen Ereignis erst zeitversetzt berichtet wird.
   - Es bietet sich an, sowohl den Zeitstrahl chronologisch mit lokalen Zeitungsschlagzeilen zu ergänzen als auch für ein, zwei ausgewählte Ereignisse verschiedene Schlagzeilen unterschiedlicher Zeitungen zu recherchieren (Multiperspektivität).
   - Mögliche in der digitalen Sammlung zu recherchierende historische Ereignisse:

Ereignis Zeitstrahl	Datum	Recherchedatum
Ermordung österreichisches Thronfolgerpaar	28.6.1914	29.6.1914
Kriegserklärung Österreich an Serbien	28.7.1914	29.7.1914
Abdankung Zar Nikolaus II.	15.3.1917	16.3.1917
Kriegseintritt USA	6.4.1917	7.4.1917
Abdankung Kaiser Wilhelm II./Ebert Reichskanzler	9.11.1918	10.11.1918

4. **Formuliert in der Klasse historische Fragestellungen, die man mithilfe von Q1 W08 ⊕ beantworten könnte. Sammelt eure Vorschläge in einem digitalen Fragenkatalog (Etherpad D19 📄). (AFB II)**
   - Historische Zeitungen bieten neben ereignisgeschichtlichen Zugängen (Wie wurde ein spezifisches historisches Ereignis lokal kommuniziert?) weitere kulturgeschichtliche (Anzeigen, Werbung in der Zeitung etc.), mediengeschichtliche und lokalgeschichtliche Zugriffe.
   - Beispiele für mögliche Fragestellungen: Wie wurde ein weltpolitisches Ereignis X lokal bzw. regional kommuniziert? Wie unterscheidet sich die Berichterstattung je nach Herausgeber bzw. dessen politischer Orientierung? Welche Inhalte finden sich in Lokalzeitungen des 18./19. und 20. Jahrhunderts? Wie ändern sich diese Inhalte im Laufe der Zeit? Welchen Einblick in die Lebens- und Arbeitswelt geben Anzeigen bzw. Werbung in historischen Zeitungen? etc.
   - In den Medien zum Schulbuch ist ein Arbeitsblatt zur Arbeit mit Etherpads abrufbar. Es ermöglicht das kollaborative Sammeln von Fragestellungen in der Klasse.

5. **Wähle eine Fragestellung aus Aufgabe 4 aus und beantworte diese mithilfe der digitalen Sammlung Q1 W08 ⊕. Orientiere dich am Erklärfilm D2 V03 ▷. (AFB II)**
   - Die Auswahl einer Fragestellung ermöglicht ein interessengeleitetes Arbeiten der SuS. Es empfiehlt sich, die SuS bei der Auswahl der Fragestellung zu unterstützen bzw. relevante Fragestellungen gemeinsam mit den SuS zu priorisieren.
   - Der Erklärfilm D2 zeigt ausgehend von der Vorstellung der digitalen Sammlung „zeit.punktNRW" und deren Funktionsweise exemplarisch den Recherchevorgang zu einer Fragestellung auf.

6. **Diskutiert Vor- und Nachteile von digitalen Sammlungen im Vergleich zu einem Archivbesuch vor Ort. (AFB III)**
   - Für eine reflektierende Gegenüberstellung bieten sich folgende Aspekte an: s. Tabelle unten.

	Digitale Sammlung	Archivbesuch vor Ort
Vorteile	– orts- und zeitunabhängiger Zugriff – beliebig viele Quellen einsehbar – verfügbare Hintergrundinformationen durch Verlinkungen etc. – Originalquellen werden vor Beschädigungen/Verschleiß im Zuge der Nutzung geschont	– Mitarbeitende/Archivare stehen für Fragen zur Sammlung zu Quellenbeständen zur Verfügung – Zugriff auf die Originalquelle – Einblick in Merkmale wie Materialität, Beschaffenheit, Gewicht etc.
Nachteile	– Zugriff nur auf originalgetreue Kopie statt auf das Original (Authentizität)	– Anfahrtskosten; Öffnungszeiten – Anmeldung für Einsicht im Lesesaal nötig – Gefahr des Verschleißes der Quelle durch Benutzung

5 Das Zeitalter des Imperialismus

Die Europäer verteilen die Welt

Kompetenzziele

Wahrnehmungskompetenz

Die SuS
- wissen, warum die Europäer ihre Herrschaft über Afrika und Asien ausdehnen konnten;
- können zielgerichtet Fragen stellen, wie die europäischen Großmächte bei der Kolonialisierung der Welt vorgingen;
- kennen die Kolonien der europäischen Mächte.

Analysekompetenz

Die SuS
- können eine Karikatur deuten;
- können mit Sachtexten arbeiten.

Urteilskompetenz
- Die SuS können Motive und Ziele der Europäer und die Haltung der einheimischen Bevölkerung beurteilen.

Orientierungskompetenz
- Die SuS können in der digitalen Sammlung Bildpostkarten zum Kolonialismus recherchieren und auf rassistische Zuschreibungen prüfen.

Sequenzvorschlag

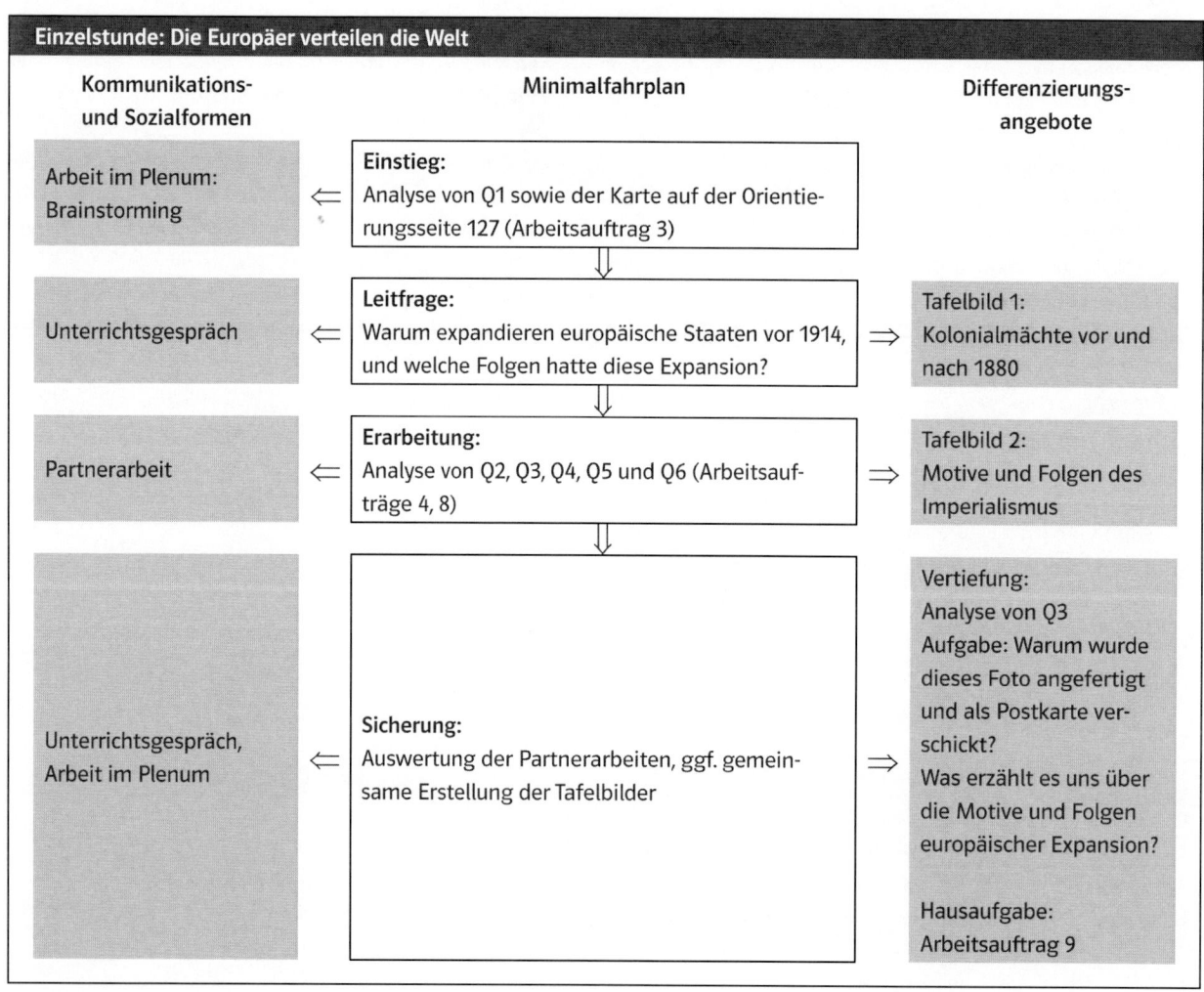

Tafelbild 1

Kolonialmächte vor und nach 1880

Kolonialmächte bis 1880	ab ca. 1880
Spanien	Spanien
Portugal	Portugal
Niederlande	Niederlande
Großbritannien	Großbritannien
Frankreich	Frankreich
	Deutsches Reich
	Belgien
	Italien
	Russland (Asien)
	USA
	Japan

Tafelbild 2

Motive und Folgen des Imperialismus

Motive	Folgen
Zivilisationsgedanke, Sendungsbewusstsein, Missionsgedanke	Veränderung bestehender kultureller, rechtlicher und religiöser Traditionen
ökonomische Motive	Ausbeutung (Absatzmärkte, Rohstoffe), brutale Unterdrückung bis hin zum Völkermord
Machtstaatsgedanke (Kampf ums Dasein)	Rivalität mit anderen Mächten

Hinweise zum Verfassertext und zu den Materialien

VT Das Kapitel zum Zeitalter des Imperialismus ist im Ablauf des Lehrganges von besonderer Bedeutung. Im Anschluss an das Kapitel über die gesellschaftliche Realität des Kaiserreichs lernen die SuS hier eine Epoche am Ende des „langen 19. Jahrhunderts" (Eric Hobsbawm) kennen, die in mancherlei Hinsicht eine Extremform nationalistischen Denkens war – das Zeitalter des Imperialismus. In den 1880er-Jahren begannen die europäischen Staaten, deren Kolonialbesitz sich bis dahin im Wesentlichen auf einige wenige Küstenstreifen beschränkt hatte, aus unterschiedlichen Gründen große Teile Afrikas und Asiens in einem sich ständig beschleunigenden Prozess in direkter bzw. indirekter Form unter ihre Herrschaft zu bringen. Damit verbunden war die rigorose Unterwerfung und Ausbeutung der einheimischen Bevölkerung. Die USA und Japan beteiligten sich seit den 1890er-Jahren ebenfalls an diesem „Wettrennen" um Kolonien und Einflusssphären.

Ein weiterer damit verbundener Aspekt ist das Anwachsen der Rivalität der global miteinander konkurrierenden Imperialismen. Diese Rivalität entlud sich schließlich im Ersten Weltkrieg, der „Urkatastrophe des 20. Jahrhunderts" (George F. Kennan).

Die imperialistische Vergangenheit vieler europäischer Mächte, die seit dieser Zeit bestehende Asymmetrie der wirtschaftlichen Beziehungen und die Suche der ehemaligen Kolonien nach einer eigenen nationalen und kulturellen Identität belasten auch heute noch in erheblichem Maße das Verhältnis der früheren Kolonialmächte zu den früheren Kolonien: Alltägliche Berichte über Armut und Verelendung in weiten Teilen Afrikas, blutige ethnische Auseinandersetzungen zwischen Staaten, deren Grenzen durch die Kolonialmächte gezogen wurden, und die Konflikte über eine allgemeine Verbesserung der „Terms of Trade" sind dafür nur einige Beispiele.

5 Das Zeitalter des Imperialismus

Die brutale Unterdrückung der einheimischen Bevölkerung durch die Kolonialmächte, die bis hin zum Völkermord führte, belastet ebenfalls das Verhältnis zwischen den ehemaligen Kolonialmächten und deren ehemaligen Kolonien. Damit einher gehen Auseinandersetzungen in vielen Staaten Europas über den Umgang mit der eigenen Vergangenheit heute.

Q1 Die französische Karikatur (Originalübersetzung „In China: Der Kuchen der Könige … und der Kaiser"), die am 16. Januar 1898 in einer Pariser Tageszeitung erschien, bezieht sich auf die rücksichtslose Politik europäischer, aber auch anderer Mächte gegenüber schwächeren Staaten wie China. Dessen Schwäche nutzten sie seit der Mitte des 19. Jahrhunderts, um dessen Souveränität durch sogenannte „Ungleiche Verträge" durch die erzwungene Abtretung von Land, Eisenbahnkonzessionen oder Handelsvorteilen immer weiter einzuschränken. Diese Entwicklung, die um 1900 ihren Höhepunkt erreichte, greift die Karikatur auf und zeigt, an welche Großmächte China Gebiete verpachten musste (v.l.n.r. am Tisch: Königin Victoria, Kaiser Wilhelm II., Zar Nikolaus II., frz. Symbolfigur Marianne, ein japanischer Samurai). Im Hintergrund ist ein chinesischer Hofbeamter zu sehen, dessen lange Fingernägel Wohlstand und die Ablehnung körperlicher Arbeit symbolisieren. Japan versuchte ebenfalls die Rolle einer Imperialmacht in Asien einzunehmen. Seit dem Frieden von Shimonoseki 1895, der den Chinesisch-Japanischen Krieg beendet und das Reich der Mitte zu großen Landabtretungen an Japan gezwungen hatte, versuchten auch andere Mächte, sich einen möglichst großen Teil dieses Riesenreiches zu sichern. Den Auftakt dazu gab das Deutsche Reich, das 1897 die Ermordung zweier deutscher Missionare zum Anlass nahm, China zur Abtretung eines Stützpunktes – Kiautschou/Qingdao – zu zwingen. Andere Mächte folgten diesem Beispiel. Die endgültige Aufteilung des Riesenreiches schien daher nur noch eine Frage der Zeit zu sein.

Q2 Der Politiker und Kaufmann Cecil J. Rhodes (1855–1902), der als Parlamentsmitglied, später als Premierminister der Kap-Kolonie zu den einflussreichsten Befürwortern englischer Expansion gehörte, war im Zuge seiner vom Rassismus geprägten Weltanschauung von der Überlegenheit der weißen „Rasse" zutiefst überzeugt. Der vorliegende Auszug, der seiner Schrift *Draft of Ideas* aus dem Jahre 1877 entnommen ist, spiegelt die Grundgedanken seiner Imperialismuskonzeption, die darauf abzielte, soviel Land wie möglich britischer Herrschaft zu unterwerfen und ein einheitliches, vom „Kap bis Kairo" reichendes Kolonialreich zu errichten.
Rhodes, der sich selbst stolz als „größte[n] lebende[n] Imperialist[en]" bezeichnete, ist zugleich aber ein Beispiel für die unterschiedlichen Antriebsfaktoren imperialistischer Politik. So glaubte Rhodes einerseits, dass imperialistische Expansion ein Mittel zur Lösung der „sozialen Frage" sei; andererseits verfolgte Rhodes, der zu den reichsten Minenbesitzern gehörte, auch handfeste materielle Interessen.

Q3 Der Gedanke der „Zivilisierung" der Einheimischen war eine wesentliche Begründung für die Expansion der Europäer in Afrika. Er spiegelt das rassistische Überlegenheitsgefühl europäischer Kolonialmächte wider. Als Beweis für ihre „Erfolge" veröffentlichten die „Kolonialherren" daher u.a. mit Vorliebe Fotos von einheimischen Schulklassen wie dieser im französischen Senegal. Bei der Schule handelt es sich, wie die Erklärung zeigt, um eine Schule für Kinder einheimischer Soldaten der französischen Kolonialarmee. Das Foto wurde nachträglich koloriert. Es gibt unterschiedliche Versionen der Postkarte.

Q4 Heinrich von Treitschke (1834–1896) war einer der einflussreichsten deutschen Historiker in der zweiten Hälfte des 19. Jahrhunderts. In seinen Schriften trat er für eine starke Stellung des Reiches sowohl auf dem Kontinent als auch in Übersee ein. Stark sozialdarwinistisch geprägt, begründete er sein Eintreten für koloniale Expansion mit Beispielen aus der Geschichte seit der Antike.

Q5 Zeitgenössische einheimische schriftliche Quellen sind nur in wenigen Ausnahmefällen überliefert. Dieser Brief des Nama-Anführers Hendrik Witbooi gehört zu den wenigen überlieferten schriftlichen Zeugnissen. Seine Beschreibung ist ein plastisches Zeugnis von der Art der „Begegnung" zwischen Einheimischen und kolonialen Eroberern und deren Folgen. Witbooi fiel 1905 während des „Herero-Aufstandes", in dem sich die einheimische Bevölkerung gegen die Unterdrückung durch die deutschen „Kolonialherren" wehrte. Diesen Aufstand schlugen die deutschen „Kolonialherren" brutal nieder. Tausende Einheimische kamen bei diesem Völkermord zu Tode.

Q6 August Bebel (1840–1913) gehörte zu den Gründervätern der SPD. Neben einer kleinen Gruppe Linksliberaler gehörten die Sozialdemokraten zu den entschiedensten Gegnern deutscher Kolonialpolitik, in der sie nur ein Mittel zur Existenzverlängerung des Kapitalismus und der Ablenkung von innenpolitischen Problemen des preußisch-deutschen Obrigkeitsstaates sahen. Bebel artikuliert in seiner Rede vom 17. Februar 1894 zentrale Aspekte der Kolonialismuskritik, die bei der großen Mehrheit der Zeitgenossen freilich auf wenig Widerhall stießen.

Q7 In den Medien zum Schulbuch ist die digitale Sammlung „Kolonialismus und afrikanische Diaspora auf Bildpostkarten" der Universität Köln abrufbar. Dort können über 3.000 Bildpostkarten des Kaiserreichs und der Weimarer Republik eingesehen werden. Über eine umfangreiche Suchfunktion kann nach Schlagworten oder auch Orten gesucht werden.

Erläuterungen zu den Arbeitsaufträgen

1. Erläutere, wie die europäischen Großmächte bei der Kolonialisierung der Welt vorgingen (VT1–VT4). (AFB II)
- Das Vorgehen der Europäer war vielfältig begründet: Eroberungs- und Forscherdrang, die Gier nach Reichtum sowie die Suche nach sicheren Rohstoffbasen und Absatzmärkten, militärische oder auch „zivilisatorische" Aspekte spielten dabei eine wichtige Rolle.
- Je nach Kolonie überwog das eine oder andere Motiv. Zumeist handelte es sich jedoch um eine Mischung verschiedenster Aspekte. Manchmal konnten sie auch die Unterstützung einheimischer Herrscher gewinnen, die aus anderen Gründen an einer Zusammenarbeit mit den Europäern interessiert waren.
- Einzelne Stützpunkte wurden durch häufig gewaltsame und systematische Expansion ins Hinterland erweitert. Kaufleute und Eroberer schlossen Verträge mit einheimischen Anführern, in denen sich diese unter den „Schutz" der jeweiligen Macht stellten. Den überlegenen Waffen hatten sie nichts entgegenzusetzen. Dampfschiffe und Eisenbahnen beschleunigten die Expansion.

2. Erkläre, inwiefern der industrielle und technische Fortschritt den Kolonialismus begünstigte (VT2). (AFB II)
Es sollten die Entwicklung des Eisenbahnwesens, der Bau moderner Handels- und Kriegsschiffe, die schnellen Kommunikationsmöglichkeiten sowie bessere Waffen thematisiert werden.

3. Analysiere Q1 und schreibe einen kurzen Kommentar dazu. (AFB II) ◯ → S. 187
- Die dargestellten Figuren entscheiden am Tisch über die Aufteilung Chinas.
- Königin Victoria und Kaiser Wilhelm II. schauen sich links am Tisch mit verzerrten Gesichtern an, anscheinend im Streit um Gebietsgrenzen, die mit dem Messer abgetrennt werden.
- Links daneben sitzt Zar Nikolaus II. und hinter ihm steht, mit einer Hand auf seiner Schulter, Marianne, die Symbolfigur Frankreichs. Die Mimik und Gestik beider Figuren sind weicher gezeichnet als die der anderen. Die Darstellung macht zugleich deutlich, dass beide Länder seit 1892/94 Verbündete sind. Im Gegensatz dazu scheinen sich sich die neuen großen Rivalen, Großbritannien und das Deutsche Reich, um ihre Einflusssphären regelrecht verbissen zu streiten.
- Am rechten Rand des Tisches ist ein japanischer Samurai platziert, der in Gedanken versunken erscheint. Statt eines Messers liegt ein Samurai-Schwert neben ihm.
- Über die Tischrunde streckt ein chinesischer Hofbeamter die Arme aus. Er ist mit geflochtenen Haaren und langen Fingernägeln sowie grotesk verzerrtem Gesicht abgebildet.
- China erscheint in der Karikatur machtlos bei der Aufteilung seiner Gebiete durch die Herrscher bzw. Allegorien der fünf Länder.
- In der Karikatur einer französischen Zeitschrift wirkt Frankreich bloß im Hintergrund. Etwas weniger aggressiv und insgesamt freundlicher ist auch Frankreichs Bündnispartner Russland dargestellt. Insofern richtet sich die Kritik der Karikatur vor allem gegen Großbritannien und das Deutsche Reich.

4. Stelle dar, womit Befürworter und Gegner ihre Haltung zur Kolonialisierung begründeten (Q2, Q4, Q6). (AFB II)
s. die Tabelle auf S. 166 unten

SP 5. Formuliere als zeitgenössischer Journalist einen Zeitungskommentar zur Reichstagsrede Bebels (Q6). Wer ist deine Zielgruppe (z. B. Sozialdemokraten oder das Bürgertum)? Baue deine Argumentation entsprechend auf und beachte, dass bei einem Kommentar deine Meinung im Vordergrund steht. (AFB III)
Mögliche Aspekte für einen Kommentar für eine sozialdemokratische Zeitung:
- Endlich spricht jemand mal die Wahrheit aus!
- Der Umgang mit den Einheimischen in den Kolonien ist ein Skandal.
- Die Menschen werden skrupellos ausgebeutet.
- Unter dem Deckmantel der christlichen Missionierung eignet man sich materielle Dinge an und verfolgt Geschäfte – nichts anderes!
- Die Konservativen, die die Kolonialpolitik verteidigen, sollten sich schämen angesichts der unmenschlichen Bedingungen für die einheimische Bevölkerung in den Kolonien.

6. Erkläre, warum Q3 als Postkarte verbreitet wurde. (AFB II) ◯ → S. 187
- Das Foto zeigt eine Schule, die eine Lehmhütte ist. Davor stehen bzw. sitzen afrikanische Schüler, die Texte in der Hand haben bzw. zuhören, was ein einheimischer Lehrer ihnen an der Tafel erklärt. Darauf befinden sich lateinische Buchstaben.
- Neben dem Lehrer steht ein Europäer, der eine Uniform trägt. Links oben stehen Sätze, die die Szene erklären.
- Das Foto wurde von der französischen Administration veröffentlicht und insofern weit verbreitet, um der Bevölkerung einen Eindruck von der vermeintlich erfolgreichen Missionierung und Kolonisierung zu geben.

5 Das Zeitalter des Imperialismus

7. Fasse zusammen, was Hendrik Witbooi den Kolonialmächten vorwirft (Q5), und nimm Stellung dazu. (AFB III)

- Hendrik Witbooi wirft den Deutschen vor, den Einheimischen neue, für sie fremde und unpassende Gesetze einzuführen, ohne sie zu fragen. Vor allem kritisiert er, dass für Weide- und Wegerechte nunmehr Geld bezahlt werden solle. Das Vorgehen der Deutschen störe auch die bisherigen Formen bei der Aufrechterhaltung des Friedens unter den Einheimischen. Darüber hinaus seien die Gesetze der Deutschen ungerecht, da sie keine Rücksicht darauf nehmen, ob jemand arm oder reich sei.
- Die Haltung Witboois ist verständlich und gerechtfertigt. Warum sollte ein Einheimischer Gesetze respektieren, über deren Einführung er nicht gefragt worden ist, die aber erhebliche Auswirkungen auf seinen Alltag haben? Die fundamentalen Eingriffe in das Selbstbestimmungsrecht und den Alltag der Einheimischen durch europäische Mächte werden hier deutlich.

8. Bewerte das Verhältnis zwischen indigener Bevölkerung und den Kolonialherren (Q3, Q5, VT4). (AFB III) ●

Hier sollten die in weiten Teilen auf rassistischem Denken beruhenden Motive der Imperialisten – Zivilisation, Ordnung, Bildung, Bau von Straßen, Eisenbahnlinien und Kanälen, medizinische Versorgung usw. – mit dessen Folgen – Unterdrückung fremder Kulturen, teilweise brutaler Ausbeutung, Überstülpen europäischen Rechts und europäischer Normen auf andere Völker – erkannt und beurteilt werden.

9. Gib mithilfe von Wirtschaftskarten in einem Atlas wieder, an welchen Rohstoffen in Afrika und Asien die Europäer interessiert waren. (AFB I) ○ → S. 188

Zu den wichtigsten Rohstoffen, an denen die Europäer interessiert waren, gehörten:
- Gold,
- Diamanten,
- Eisenerz,
- Kupfer,
- Rohkautschuk für Gummi,
- Palmöl,
- tropische Hölzer,
- Elfenbein.

MK 10. Recherchiere in der digitalen Sammlung Q7 W09 ⊕ Bildpostkarten zum Kolonialismus. Beschreibe anhand einer selbstgewählten Postkarte die Darstellung der indigenen Bevölkerung. Prüfe, inwieweit mit der Postkarte rassistische Zuschreibungen vermittelt werden. (AFB II) ● MKR 1.1, 1.2, 5.2

- Mithilfe der digitalen Sammlung kann nach Bildmotiven, Schlagworten oder Orten gesucht werden.
- Es empfiehlt sich, mit den SuS die Funktionsweise der Recherchefunktionen vorab zu besprechen.
- Die digitalisierten Bildpostkarten können aufgerufen und via Zoom für eine entsprechende Analyse vergrößert werden. Zudem befinden sich Angaben zu Entstehungszeit, Versand- und Empfängerort in den Anmerkungen.
- Einzelne Bildpostkarten wurden bei entsprechendem Text transkribiert.
- Denkbar ist beispielsweise auch die Notiz der Orte, um sichtbar zu machen, wie Bildpostkarten im gesamten Reich genutzt wurden und so auch zum Medium alltäglicher rassistischer Zuschreibungen wurden.

Tabelle zu Aufgabe 4

Befürworter	Gegner
vom rassistischen Denken geprägtes Überlegenheitsgefühl der weißen „Rasse"	Einheimische werden misshandelt oder auch bei Widerstand massenhaft ermordet
Stärkung des eigenen Landes	Eigentum der Einheimischen wird zerstört bzw. enteignet
Kampf ums Dasein	Kultur der Einheimischen wird missachtet
„Zivilisierung" von „Barbaren"	Kolonialpolitik ist nichts als Ausbeutung und Ausraubung zugunsten der Kapitalisten
Sicherung der eigenen Industrie und des eigenen Handels	
„Glück" für das eigene Volk	

Afrika – ein „herrenloser" Kontinent?

Kompetenzziele

Wahrnehmungskompetenz
Die SuS
- können reflektieren, dass Afrika kein „herrenloses" Land war;
- wissen, dass es in Afrika eine Vielfalt an Reichen und Kulturen gab.

Analysekompetenz
Die SuS
- können im Internet recherchieren und ein Referat zu einem afrikanischen Reich halten;
- können historische Quellen sachgerecht analysieren;
- können eine Mindmap zu den wichtigsten Inhalten des VT erstellen.

Urteilskompetenz
Die SuS
- können die kulturelle Entwicklung in Afrika vor der Ankunft der Europäer beurteilen;
- können die Vor- und Nachteile mündlicher Überlieferung von Geschichte diskutieren.

Orientierungskompetenz
- Die SuS können einen Perspektivwechsel einnehmen und aus der Sicht eines Museumsführers erklären, was afrikanische Gegenstände, die in vielen Museen zu sehen sind, uns heute über Afrika „erzählen".

Sequenzvorschlag

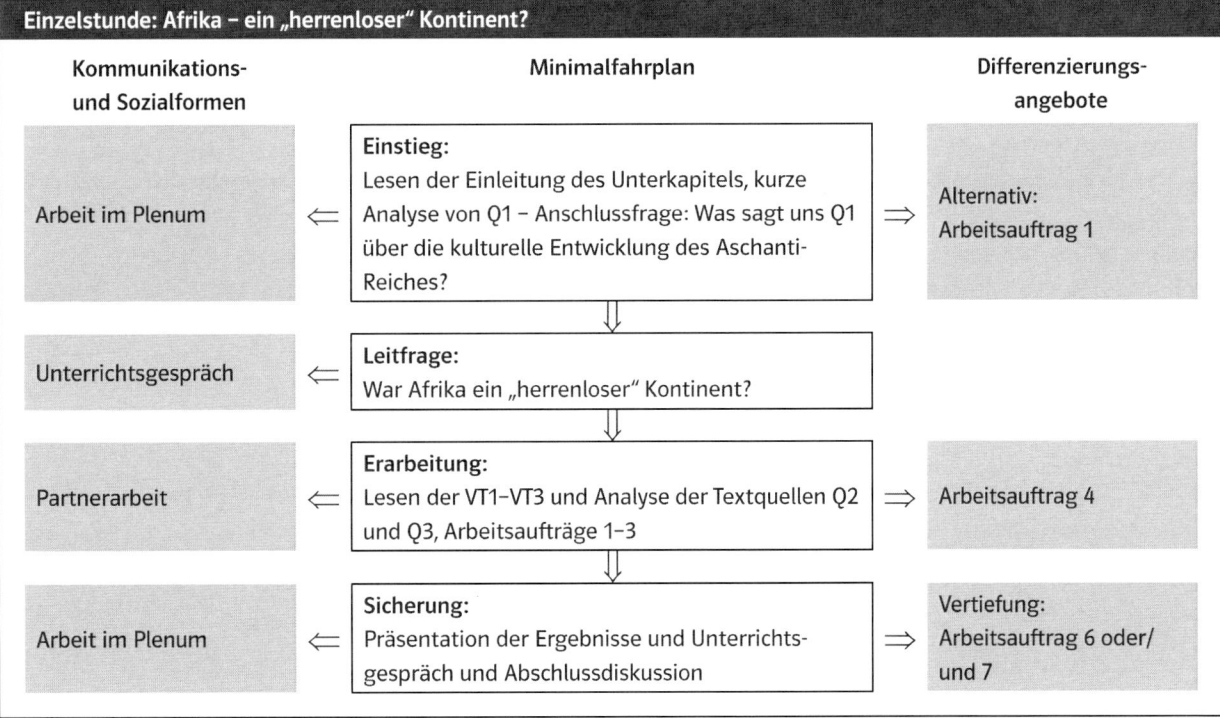

5 Das Zeitalter des Imperialismus

Tafelbild

Geschichte ist ein Konstrukt – Probleme von Überlieferungsformen

Mündliche Überlieferung		Schriftliche Überlieferung
Sie unterliegt subjektiver Erinnerung.	⟷	Verfasser legt fest, was und wie Geschichte überliefert wird.
Ein Mensch kann nicht alles wissen und mündlich überliefern.	⟷	Suggeriert, dass das, was überliefert wird, tatsächlich so gewesen ist.
Mündliche Überlieferungen sind lokal begrenzt – je nach Standort.	⟷	Die Komplexität moderner Gesellschaften zwingt zur Reduktion.
Mündliche Weitergabe des Gehörten ist Quelle für Fehler und Verfälschungen.	⟷	Das Erkenntnisinteresse bestimmt die Überlieferung.

Hinweise zum Verfassertext und zu den Materialien

VT Anders als es klischeehafte Darstellungen gelegentlich vermitteln, war Afrika vor der Ankunft der Europäer weder „herren- noch kulturlos". Zwar war der Entwicklungsstand höchst unterschiedlich, gleichwohl gab es – je nach Region und klimatischen Bedingungen – teilweise sehr hochentwickelte Reiche.

Q1 ist ein gutes Beispiel für hochentwickelte Handwerkskunst, aber auch für Regeln des Handels. Genaue Gewichte sind ein Zeichen für funktionierenden Handel. Einzelne Gewichte zeigen eine Swastika, ein Kreuz mit vier etwa gleich langen, einheitlich abgewinkelten Armen, das in vielen Kulturen als Sonnenrad und Symbol des Glücks verehrt wurde. Im 20. Jahrhundert wurde das Symbol von den Nationalsozialisten als Zeichen einer angeblichen indogermanischen „Rasse" der „Arier" missbraucht (Hakenkreuz).

Q2 ist ein Beispiel dafür, dass afrikanische Gesellschaften auch vor der Ankunft der Europäer bewusst ihre eigene Geschichte überlieferten. In der Regel taten sie dies in mündlicher Form, in einzelnen Fällen aber auch in Schriftform. Dies war vor allem in jenen Regionen der Fall, in die arabische Händler und Gelehrte die Schrift mitgebracht hatten und wo sie entsprechende Chroniken verfassten. Die Chronik der Stadt Kano im heutigen Nigeria ist dafür ein Beispiel.

Q3 Heinrich Barth war einer jener Afrikaforscher in der Mitte des 19. Jahrhunderts, die auf mehreren Reisen den unbekannten Kontinent erforschten. In mehreren Büchern hielt er seine Erkenntnisse fest. Sie sind bis heute eine wichtige Grundlage für unsere Kenntnisse über die Verhältnisse in Afrika und die dort lebenden Menschen vor dem Eindringen der Europäer nach 1870. Dass er dies mit seinen Büchern beschleunigte, gehört zu den bitteren Ironien der Geschichte.

Erläuterungen zu den Arbeitsaufträgen

1. Erstelle eine Mindmap über die wichtigsten Inhalte des VT. (AFB II)
siehe Mindmap S. 169

2. Fasse zusammen, wie Djeli Mamoudou Kouyate über mündliche und schriftliche Überlieferung von Geschichte denkt (Q2). (AFB I)
Zur mündlichen Überlieferung:
- Ohne Sänger verfielen die „Namen der Könige in Vergessenheit" (vgl. Z. 4 f.).
- Sänger sind das „Gedächtnis der Menschen" (Z. 6).
- Das einfache Volk wird durch die Sänger gelehrt, was diese für richtig halten (vgl. Z. 11 f.).
- Auch Königen werde durch die Sänger gelehrt, was deren Ahnen wichtig war (vgl. Z. 14 f.).

Zur schriftlichen Überlieferung:
- Die Schrift tötet das Gedächtnis (vgl. Z. 18–20).
- Vergangenheit wird nicht mehr gefühlt, „denn die Schrift hat nicht die Wärme der menschlichen Stimme" (Z. 20–22).

3. Diskutiert anhand von Q2 und Q3 die Vor- und Nachteile mündlicher Überlieferungen von Geschichte. (AFB III)
MKR 2.3
siehe Tafelbild

4. Erläutere anhand von Q3, welche Auswirkungen solche Berichte auf das europäische Bild von Afrika hatten. (AFB II)
- Die SuS sollen hier erkennen, dass Barth ein ambivalentes Afrikabild hat. Einerseits erkennt er an, dass Kano, Hauptstadt eines großen Reiches, durchaus Parallelen zu europäischen Städten hat (Läden voller Waren aus verschiedenen Regionen, lebhaftes Handelstreiben). Zugleich weist er darauf hin, dass es in dieser Stadt auch eine reiche Oberschicht, aber eben auch viele Arme, vor allem aber Sklaven gibt.
- Insbesondere Letzteres dürfte bei europäischen Lesern Anstoß erregt haben. Nach einem langen Kampf gegen Sklaverei galt deren Abschaffung als ein wichtiges zivilisatorisches Ziel. Damit einher ging der Wille, „Hunger" durch systematische, sich an europäischen Mustern orientierende Landwirtschaft abzuschaffen. Dass die Kritiker dabei vergaßen, dass sie selbst Jahrhunderte lang massiv den Sklavenhandel befördert und an diesem verdient hatten, sei hier ebenso angemerkt wie das große Elend in der Zeit des Pauperismus und der beginnenden Industrialisierung.

SP 5. Afrikanische Gegenstände sind heute in vielen Museen zu sehen. Stell dir vor, du wärst Museumsführer. Erkläre, was Objekte wie Q1 uns heute über Afrika „erzählen" können. (AFB II)

Die Ausführungen des Museumsführers könnten wie folgt lauten: „Manche Menschen glauben, dass Afrika ein dunkler Kontinent ohne Geschichte ist. Davon kann keine Rede sein. Wer sich die Gewichte oder den Anhänger anschaut, erkennt schnell, dass es sich hier um große handwerkliche Kunst handelt. Man weiß zum einen, dass es den Menschen dort auch wichtig war, sich schön zu kleiden. Darüber hinaus wird angenommen, dass es sich um Völker handelte, die sehr wohl Regeln kannten. Anders ist nicht zu erklären, warum sie Gewichte als Einheit für die Abwicklung von Geschäften benötigten. Diese Gewichte sind zugleich ein Zeichen für teilweise sehr weit reichende Handelsbeziehungen."

6. Verfasse einen Artikel für eine Schülerzeitung zum Thema „Afrika – ein herrenloser Kontinent?". (AFB III) ●

Der Artikel könnte wie folgt lauten: „Afrika war kein herrenloser Kontinent. Bereits vor der Ankunft der Europäer gab es dort – je nach Region und Klimazone – unterschiedlich entwickelte Reiche. Abgesehen von jenen, die schon früh mit arabischen Händlern in Kontakt waren und daher schriftliche Zeugnisse überliefert haben, besitzen wir von diesen meist nur Objekte oder aber mündlich überlieferte Geschichte(n). Diese zeigen aber einen teilweise sehr hohen Kulturstand. Gleichermaßen zeugen die Überreste ehemaliger Hauptstädte davon, dass es sich um durchorganisierte Reiche mit einer entwickelten Verwaltung und Infrastruktur handelte. Einige konnten sich bis ins ausgehende 19. Jahrhundert halten, bis sie sich schließlich den überlegenen europäischen Armeen ergeben mussten."

Mindmap zu Aufgabe 1

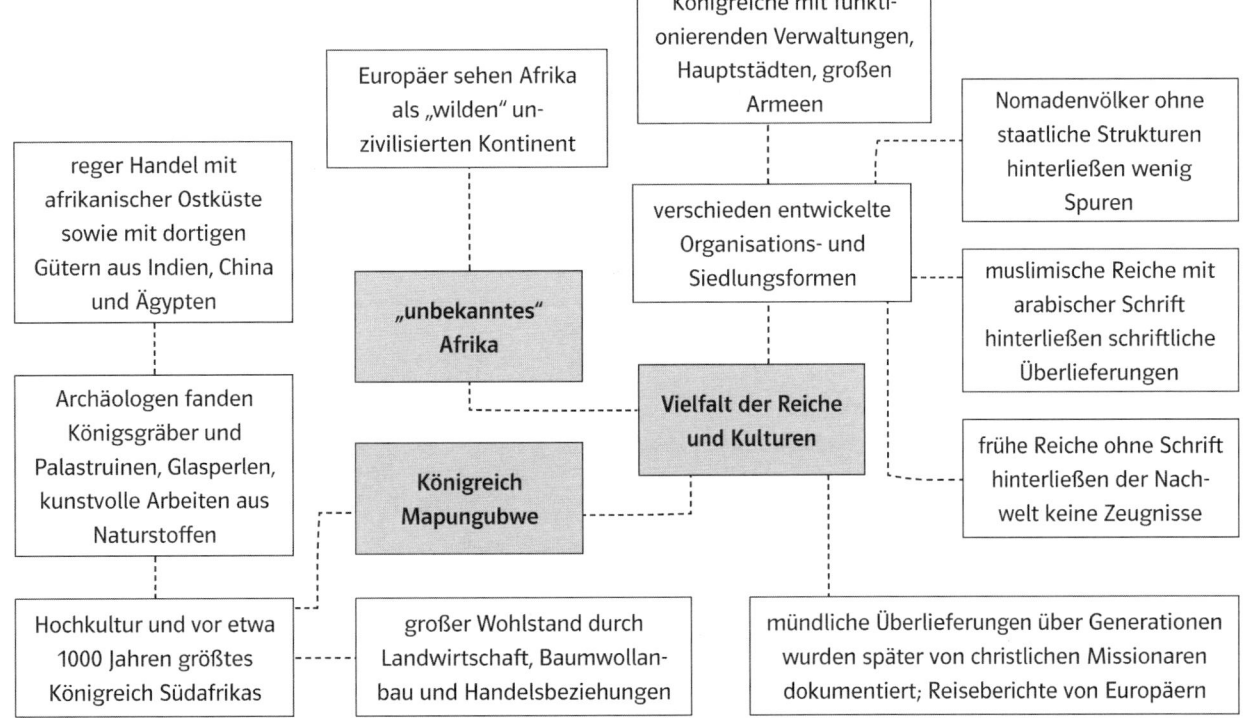

5 Das Zeitalter des Imperialismus

MK 7. Recherchiere im Internet: Fertige eine Liste der Reiche in Afrika um 1600 an. Bereite ein Kurzreferat über eines dieser Reiche vor und halte es vor der Klasse. (AFB III)
○ → S. 188 MKR 1.1, 1.2, 3.2

- Benin
- Haussa
- Nupe
- Djukun
- Kanem-Bornu
- Bagirmi
- Wadai
- Darfur
- Kordofan
- Abessinien
- Dankali
- Adal
- Harar
- Kaffa
- Buganda-Nkole
- Kuba
- Kongo
- Lunda
- Luba
- Humbe
- Monomotapa

Ein Beispiel wäre die Geschichte des Königreichs Benin am Unterlauf des Niger in Westafrika. Dessen Geschichte geht zurück bis in das 7. Jahrhundert. Es ist heute Teil Nigerias, nicht aber identisch mit der Republik Benin. Das Land war eine Wahlmonarchie. Bereits vor ersten Kontakten mit Europäern verfügte Benin über ein gut ausgebautes Straßennetz, Dörfer und Städte. Landwirtschaft und (Kunst-)Handwerk waren weit entwickelt. Im Laufe des 15. Jahrhundert kam es zu ersten Kontakten mit portugiesischen und spanischen Seefahrern und Händlern. Tauschobjekte waren landwirtschaftliche Güter und handwerkliche Erzeugnisse. Bald aber entwickelte sich der Handel mit versklavten Menschen zu einem der wichtigsten „Wirtschaftsfaktoren". Benin entwickelte sich bald neben der Goldküste und der Bucht von Biafra (heute Nigeria) zu einem der wichtigsten Zentren des Sklavenhandels. Millionen Einheimische wurden von den Herrschern auf Kriegszügen ins Landesinnere verschleppt, an Europäer verkauft und nach Amerika verschifft. Die von den Europäern erworbenen Feuerwaffen verliehen der Armee des Landes, die europäischen Reiseberichten zufolge gut ausgebildet und ca. 80 000 Mann stark war, eine überlegene Stellung gegenüber benachbarten Völkern. Im Laufe des 18. Jahrhunderts nahm der Handel mit den Europäern allerdings ab, da sich die jeweiligen Herrscher auf die Ausdehnung des Reiches ins afrikanische Hinterland konzentrierten.

Im 19. Jahrhundert rückte Benin zunehmend in das Blickfeld Großbritanniens. Vordergründig ging es um die Beendigung des Sklavenhandels und der Sklaverei. Dabei kam es mehrfach zu kriegerischen Auseinandersetzungen, die schließlich (1897) in der Eroberung des Landes und dessen Integration in die englische Kolonie Nigeria mündeten. Viele Bauten in Benin-Stadt sowie überlieferte Kunstobjekte zeugen jedoch heute noch von der einstigen Bedeutung und Entwicklung des Landes.

Braucht Deutschland einen „Platz an der Sonne"? – deutsche Außenpolitik im Imperialismus

Kompetenzziele

Wahrnehmungskompetenz
Die SuS
- wissen, welche Ziele Bismarcks Außenpolitik zugrunde lagen;
- können Vermutungen anstellen, welche Ziele das Deutsche Reich unter Wilhelm II. verfolgte;
- können die Veränderung des europäischen Mächtesystems zwischen 1871 und 1914 reflektieren;
- wissen, was unter „Wettrüsten" zu verstehen ist.

Analysekompetenz
Die SuS
- können eine Karikatur deuten;
- eine Statistik erklären;
- zeitgenössische Quellen interpretieren.

Urteilskompetenz
Die SuS
- können Ursachen und Folgen deutscher „Weltpolitik" beurteilen;
- können die Folgen des Wettrüstens beurteilen;
- können die Folgen der Forderung nach einem Präventivkrieg beurteilen.

Orientierungskompetenz
- Die SuS können sich aus heutiger Sicht mit der Frage auseinandersetzen, was Zeitgenossen damals unter „Weltpolitik" verstanden.

Sequenzvorschlag

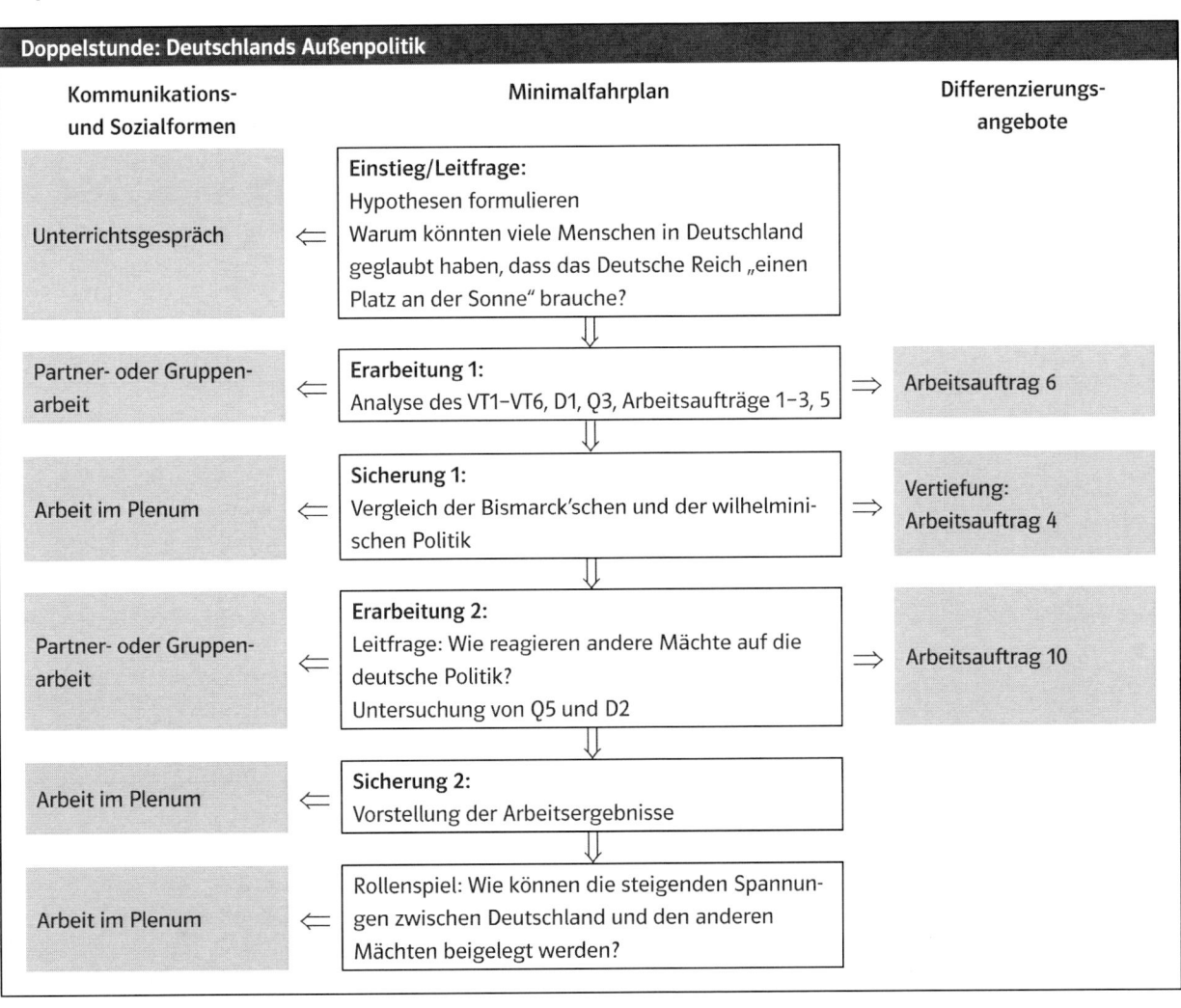

5 Das Zeitalter des Imperialismus

Tafelbild

Deutsche Weltpolitik und die Reaktion der anderen Mächte

Deutschland		Andere Mächte
Deutschland will Weltmacht werden.	→	Andere Mächte fühlen sich bedroht.
Um Weltmacht zu werden, braucht Deutschland eine Flotte, um Ansprüche ggf. durchsetzen bzw. sich verteidigen zu können.	→	Deutschland hätte dann nicht nur stärkste Armee, sondern auch die zweitstärkste Flotte der Welt.
Deutschland setzt seine Pläne um.	→	Es entsteht wachsendes Misstrauen aufgrund ungeschickter deutscher Politik.
Deutschland rüstet Flotte und Heer auf.	→	Andere Mächte rüsten ebenfalls auf.

Hinweise zum Verfassertext und zu den Materialien

VT Die Gründung des Deutschen Reiches und dessen latente Hegemonie auf dem Kontinent wurden von den anderen europäischen Mächten zwar als mit dem Prinzip des europäischen Gleichgewichts gerade noch vereinbar betrachtet, dennoch aber auch mit einem gewissen Misstrauen beobachtet. Indem Bismarck schon früh und dann wiederholt erklärte, dass Reich sei saturiert, versuchte er dieses Misstrauen abzubauen. Dies war nicht zuletzt auch eine wesentliche Voraussetzung für die Isolierung Frankreichs innerhalb des europäischen Mächtekonzerts. Die Erhaltung des Friedens war notwendig, um beide Ziele zu erreichen. Das von ihm errichtete Bündnissystem war das wichtigste Mittel dazu. Unter Wilhelm II. verließ das Deutsche Reich die Grundlinien Bismarck'scher Politik und begann aktiv „Weltpolitik" zu betreiben. Das Deutsche Reich sollte wie die anderen Weltmächte Großbritannien, Russland und die USA „Weltmacht" werden. Das Auftreten des Deutschen Reiches verstärkte jedoch das gegenseitige Misstrauen unter den Mächten. Zugleich hatte es ein den Frieden gefährdendes Wettrüsten zur Folge.

D1 illustriert die wichtigsten europäischen Bündnissysteme, an denen das Deutsche Reich direkt bzw. indirekt (Orientdreibund) beteiligt war. Keines dieser Bündnisse diente der Vorbereitung eines Angriffskrieges; sie enthielten allein Bestimmungen für den Fall eines Angriffes von dritter Seite.

Q1 Das Online-Angebot „Deutsche Geschichte in Dokumenten und Bildern" (DGDB) des Deutschen Historischen Instituts Washington bietet Texte und Bilder zur deutschen Geschichte von der Frühen Neuzeit bis zur Gegenwart. Es handelt sich hierbei nicht um eine digitale Sammlung im engeren Sinne, da dort Quellenbestände nicht systematisch digitalisiert sind. Die Verträge zu Bismarcks Außenpolitik beispielsweise sind lediglich als Text verfügbar. Dieser ist von einem gescannten Digitalisat der Originalquellen zu unterscheiden. Diese Unterscheidung und damit verbundene Aussagegrenzen können mit den SuS weiterführend thematisiert werden.

Q2 Nachdem das Deutsche Reich 1908 durch eine weitere Novelle zum Flottengesetz das Bautempo erhöht hatte, begann auch die englische Marine verstärkt zu rüsten, indem sie das Tempo ihrer Neubauten verdoppelte. Zugleich drohten einige Admirale und Politiker mit einem Präventivkrieg gegen Deutschland, bevor die deutsche Flotte zu stark sei. Diese Karikatur aus der sozialdemokratischen Zeitschrift „Der Wahre Jacob" aus dem Jahre 1909 illustriert die tödliche Spirale des Flottenwettrüstens: zwei Kriegsschiffe – in der Form eines Rennwagens, an deren Steuer der englische König Eduard VII. (1841–1910) und der deutsche Kaiser Wilhelm II. (1859–1941) sitzen, rasen auf einer Piste, die aus Kanonenrohren besteht, in den Tod, der bereits wartet. Am Ende hatte das Deutsche Reich dieses Wettrennen verloren, das Klima zwischen beiden Staaten wurde dadurch jedoch erheblich belastet.
Die Karikatur suggeriert in geschickter Form, dass dieses Wettrennen nur tödlich enden kann.

Q3 Bernhard (seit 1899 Graf, seit 1905 Fürst) von Bülow war einer der wesentlichen Wegbereiter der wilhelminischen Weltpolitik. Zutiefst überzeugt von der Idee, dass das Deutsche Reich expandieren müsse, begründete er in seiner Rede vom 11. Dezember 1899 die Verdopplung der vorhandenen Flotte. Diese sollte das Rückgrat einer Politik sein, die aus der bisherigen Kontinental- eine Weltmacht machte, die Großbritannien ebenbürtig war.

D2 verdeutlicht am Beispiel des Baus großer Kriegsschiffe die Dimensionen wie auch die Beschleunigung des Rüstungswettlaufs vor 1914. Der Eindruck, Russland habe zeitweilig sogar abgerüstet, ist allerdings falsch. Hier wäre durch einen Lehrervortrag zu ergänzen, dass das Zarenreich fast seine ganze Flotte im Russisch-Japanischen Krieg 1904/05 verloren hat.

Q4 Das gemeinsame Manifest der deutschen SPD und der französischen SFIO vom 1. März 1913 nimmt Stellung gegen die imperialistische Rüstungspolitik beider Staaten. Auslöser für diese gemeinsame Stellungnahme waren die wachsende Kriegsgefahr in Europa angesichts der Balkankriege sowie die damit einhergehenden Pläne zu einer umfassenden Heeresverstärkung in Deutschland bzw. die Einführung der dreijährigen Wehrpflicht in Frankreich zur Erhöhung der Friedenspräsenzstärke und besseren Ausbildung der Rekruten. Die sozialistischen Parteien wollten ein Zeichen gegen die Hochrüstung in Europa setzen, indem sie öffentlich internationale Solidarität bekundeten.

Q5 Die englische Regierung verfolgte den deutschen Flottenbau seit 1900 mit wachsender Sorge. Nachdem die Reichsleitung 1906 und 1908 weitere Novellen eingebracht hatte, die den Abstand zur englischen Flotte weiter verringerten, reagierte die englische Regierung äußerst besorgt und bemühte sich ein Wettrüsten durch Verhandlungen zu verhindern. In zahlreichen Gesprächen wiesen die verantwortlichen Politiker wie der englische Außenminister Sir Edward Grey (1862–1933) öffentlich darauf hin, dass England aufgrund seiner geografischen Lage den deutschen Flottenbau als existenzielle Bedrohung betrachte und daher notfalls bereit sei, darauf mit einer Vergrößerung der eigenen Flotte zu antworten. Aus englischer Sicht erschien das Deutsche Reich auch insofern zunehmend bedrohlicher, als dieses bereits die stärkste Landmacht auf dem Kontinent war. Das englische Prinzip des „Gleichgewichts der Mächte auf dem Kontinent" wurde dadurch in bedrohlicher Weise infrage gestellt.

Q6 Der Chef des Generalstabs, Generaloberst Helmuth von Moltke (1848–1916), gehörte wie viele andere Militärs zu jenen in der Führung des Reiches, die seit 1911 einen Präventivkrieg forderten. Nur so glaubten diese, den „Ring" um das Reich rechtzeitig sprengen zu können, bevor es aufgrund der wachsenden militärischen Stärke der Gegner zu spät sei. Machtpolitische Motive und sozialdarwinistisches Denken vermischten sich dabei. Inwieweit diese Forderungen, die Moltke zuletzt im Mai 1914 mit Nachdruck gegenüber der Reichsleitung vertrat, den Reichskanzler veranlassten, in der Julikrise einen hochriskanten Kurs einzuschlagen, der den Krieg bewusst einschloss, ist in der Forschung umstritten.

Erläuterungen zu den Arbeitsaufträgen

1. Fasse die Grundzüge der deutschen Außenpolitik bis 1890 zusammen (VT1–VT2). (AFB I)
Zu nennen wären hier etwa der Wille, den Frieden aufrechtzuerhalten, Frankreich zu isolieren und alle anderen Mächte vom Deutschen Reich so abhängig zu machen, dass keine sich gegen dieses verbünden würde. Vor allem wollte Bismarck einen Zweifrontenkrieg vermeiden.

2. Begründe die Außenpolitik Bismarcks (VT1). (AFB II)
Wichtigste Prinzipien der Bismarck'schen Politik waren:
- Berechenbarkeit;
- das Bekenntnis zur „Saturiertheit" des Reiches;
- der Wille, durch Defensivbündnisse den Frieden zu erhalten und Krieg zu vermeiden.

MK 3. Recherchiere mit Q1 W10 die Originaltexte der in D1 aufgeführten Bündnisse Bismarcks. Erstelle anschließend eine Übersicht zu Vertragspartnern, Inhalten und Zielen der Bündnisse. (AFB II) MKR 1.2, 3.2
- Zur Recherche der Vertragstexte: Auf der Startseite von DGDB können Themengebiete zeitlich ausgewählt werden. Hier: Reichsgründung – Bismarcks Deutschland 1866–1890. Anschließend ist der Bereich „Dokumente" und dort wiederum der Abschnitt „Militär und internationale Beziehungen" auszuwählen.
- In der Ergebnisliste finden sich die Verlinkungen zu den Vertragstexten des Zweibundes, des Dreikaiservertrags, des Dreibundes sowie des geheimen Rückversicherungsvertrags.
- Die Vertragstexte sollten nach den genannten Kriterien (Vertragspartner, Inhalte, Ziele) analysiert und beispielsweise in einer tabellarischen Übersicht gegenübergestellt werden. Dies kann sowohl analog als auch digital (Schreibprogramm) erfolgen.
- Zur Differenzierung kann mit den SuS entweder direkt der Link zur Ergebnisliste geteilt werden oder leistungsstärkere SuS finden die Dokumente selbstständig wie oben beschrieben.
- In der Ergebnisliste finden sich überdies weitere Dokumente beispielsweise zur Kolonialpolitik, diese können für weitere Rechercheaufgaben genutzt werden.
- Weiterführend kann zudem mit den SuS über den Unterschied zwischen Digitalisat (digitalisierte Quelle) und digital dargebotenen Texten aus Quellen (Transkript) bzw. den jeweiligen Aussagegrenzen gesprochen werden. Bei den Inhalten zu den Vertragstexten im Online-Angebot DGDB handelt es sich nicht um systematisiert zusammengestellte Digitalisate.

4. Erkläre die Folgen der Außenpolitik unter Wilhelm II. (Q2, Q6, VT3–VT6). (AFB II)
- Zu nennen sind hier zum einen der Beginn eines Wettrüstens zur See, aber auch zu Lande.
- Damit eng verknüpft ist zum anderen die wachsende Bereitschaft, einen Präventivkrieg zu führen, um aus der außenpolitischen Isolation herauszukommen.

5 Das Zeitalter des Imperialismus

5. Fasse zusammen, was Zeitgenossen unter „Weltpolitik" verstanden (Q3, VT3). (AFB I) ●
- Nur ein Staat, der über Seemacht verfügt, kann Weltmacht werden.
- Nur eine Weltmacht kann sich im 20. Jahrhundert gegenüber anderen Nationen behaupten, die Wirtschaft am Laufen halten und damit den inneren Frieden sichern.
- Daher muss Deutschland eine starke Flotte bauen, die die Interessen des Reiches und seiner Einwohner im „Kampf ums Dasein" schützt. Anderenfalls würde Deutschland auf den Status eines schwachen und armen Landes zurückfallen.

SP 6. Schreibe einen Kommentar zur Politik Bülows (Q3). Formuliere entweder aus Sicht eines Gegners oder aus Sicht eines Befürworters. (AFB III) ○ → S. 188
Individuelle Schülerlösung. Mögliche Aspekte:
- Der Befürworter argumentiert, dass die Ausdehnung Deutschlands im Sinne der erweiterten Handelsmöglichkeiten und einer stärkeren weltpolitischen Bedeutung Deutschlands notwendig sei. Um mit den anderen Großmächten mithalten zu können, seien der Erwerb von Kolonien sowie eine stärkere Rüstung unausweichlich.
- Der Gegner argumentiert vor allem, dass die hohen Kosten und Gefahren einer verstärkten Rüstung zu bedenken seien. Konflikte könnten geradezu heraufbeschworen werden und in eine Weltkatastrophe münden. Politiker wie Bülow seien es, die scheinbare nationale Gegensätze konstruierten und die Völker gegeneinander aufbrächten.

7. Untersuche die Karikatur Q2 und nimm Stellung zu deren Aussage. (AFB III)
- Beschreiben: Diese Karikatur aus der sozialdemokratischen Zeitschrift „Der Wahre Jacob" aus dem Jahre 1909 zeigt zwei Kriegsschiffe – in der Form eines Rennwagens. An deren Steuer sitzen zwei Menschen in Uniform. Diese rasen auf einer Piste, die aus Kanonenrohren besteht, in den Tod, der bereits wartet.
- Analysieren: Die Karikatur ist sehr düster gehalten. Sie stammt aus einer sozialdemokratischen Zeitung. Bei den Rennfahrern handelt es sich um den englischen König Eduard VII. (1841–1910) und den deutschen Kaiser Wilhelm II. (1859–1941). Die Schiffe, in denen sie sitzen, sind sogenannte „Dreadnoughts".
- Deuten: Die Karikatur will vor den Folgen des Wettrüstens warnen, das sich durch den Übergang zum „Dreadnought"-Bau 1906 erheblich beschleunigt hatte. Viele Menschen fürchteten, dass ein Krieg zwischen Großbritannien und Deutschland die Folge sei. Das Motiv des Todes soll diese Warnung deutlich unterstreichen.
- In der Bewertung kann der Aussage der Karikatur zugestimmt werden, wonach die Gefahr des Wettrüstens in der kriegerischen Eskalation zwischen Staaten liegt.

8. Erstelle ein Diagramm zu D2 und erkläre diese Entwicklung mit Q2, Q3 und Q6. (AFB II) ○ → S. 188

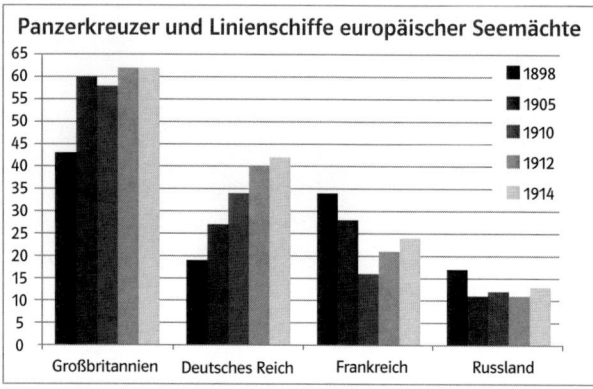

(Angaben nach Elmar B. Potter/Chester W. Nimitz/Jürgen W. Rohwer: Seemacht. Eine Seekriegsgeschichte von der Antike bis zur Gegenwart. Pawlak, Herrsching 1986, S. 294.)

- Für die grafische Darstellung bietet sich ein Balkendiagramm an.
- Die Erklärung der Entwicklung könnte wie folgt lauten: Alle vier Staaten bauten Panzerkreuzer und Linienschiffe, Großbritannien und Deutschland zwischen 1898 und 1914 auf einem vergleichsweise deutlich höheren Niveau als Frankreich und Russland. Wenn die Staaten das Gefühl hatten, dass ein Rivale schneller und stärker rüstete, versuchten sie, diesen Abstand zu verringern. Daher rüsteten sie ihre Flotten und Armeen ebenfalls weiter auf. Die Folge war ein allgemeines Wettrüsten zu Lande und zu Wasser in immer schnellerem Tempo.

9. Arbeite aus Q4 und Q5 die Vorbehalte gegenüber der Rüstungspolitik heraus. (AFB II)
Q4:
- Die Rüstung hat hohe Kosten und die Vernachlässigung wichtigerer Aufgaben zur Folge.
- Konflikte zwischen Mächten könnten heraufbeschworen werden und in eine Weltkatastrophe münden.
Q5:
- Die fortschreitende Aufrüstung Deutschlands bewirkt, dass Nachbarn wie Großbritannien sich fragen müssen, ob Deutschland aggressive Absichten hegt.

10. Erkläre den Begriff „Zeitalter des Wettrüstens". (AFB II)
- Ein Wettrüsten findet dann statt, wenn mehrere Staaten ihre Armeen und Flotten ständig vergrößern, weil sie glauben, nur so im Falle eines Krieges dem Gegner überlegen zu sein.
- Mit der Vergrößerung der eigenen Streitkräfte hoffen sie, diesem im Zweifel zuvorkommen zu können, bevor er wiederum so stark ist, dass man selbst unterlegen ist. Die Folgen eines Wettrüstens sind wachsendes Misstrauen zwischen den Staaten sowie stetig steigende Lasten für die Bevölkerung, die das Geld zur Finanzierung der Armeen und Marinen aufbringen muss. Damit einher kann die wachsende Bereitschaft gehen, in dem Moment, in dem sich eine Macht stark fühlt, einen Krieg herbeizuführen, um dem Wettrüsten ein Ende zu machen und den eigenen Vorsprung auszunutzen. Dies war vor 1914 der Fall.

Herero und Nama – unterdrückte Völker wehren sich

Kompetenzziele

Wahrnehmungskompetenz
Die SuS
- wissen, warum das heutige Namibia eine deutsche Kolonie wurde und zu welchen Konflikten es dabei kam;
- können problemerschließend Fragen zu den Motiven der Deutschen für die Unterdrückung von Herero und Nama stellen;
- wissen, warum die Kämpfe gegen Herero und Nama als Völkermord bezeichnet werden.

Analysekompetenz
Die SuS
- können ein historisches Foto deuten;
- können mit historischen Quellen arbeiten;
- können mit Unterstützung eine Recherche zur Bundestagsdebatte um die Entschädigung der Herero und Nama anstellen.

Urteilskompetenz
Die SuS
- können Stellung zu den Gründen des Widerstandes der Herero nehmen;
- können das Vorgehen der Kolonialtruppen gegen die Herero beurteilen.

Orientierungskompetenz
- Die SuS können die heutige Relevanz des Themas erarbeiten und beurteilen.

Sequenzvorschlag

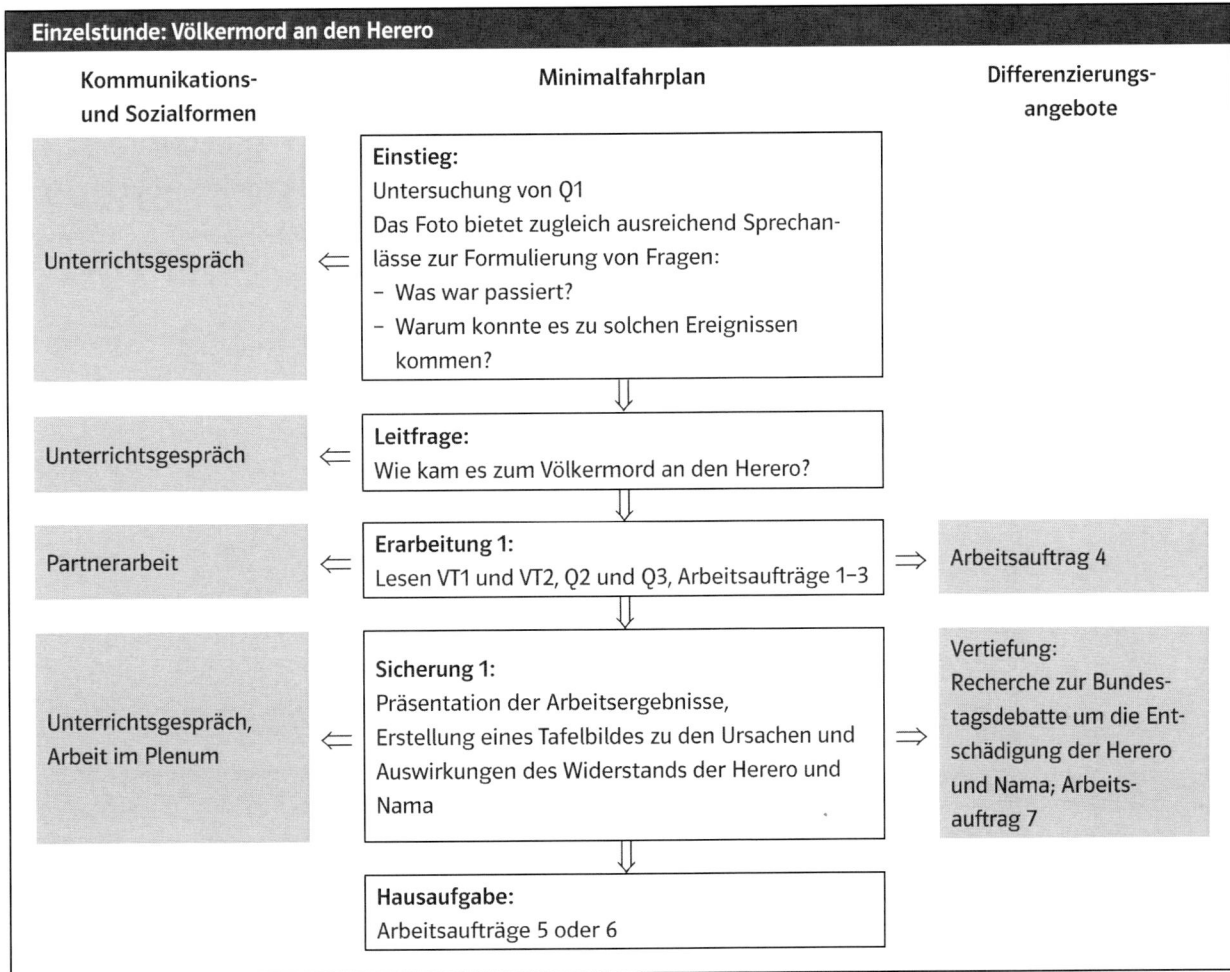

175

5 Das Zeitalter des Imperialismus

Tafelbild

Herero und Nama – unterdrückte Völker wehren sich

Ursachen:
deutsche Kolonialverwaltung und deutsche Siedler unterdrücken die Bevölkerung in Südwestafrika
- harte Strafen für geringe Vergehen
- Misshandlungen
- Zwangsarbeit
- willkürliche Landverteilung
- Einheimische als abhängige Arbeiter auf Farmen, die von deutschen Siedlern betrieben werden

Widerstand 1904–1907 in Deutsch-Südwestafrika

gegenwärtige Erinnerungspolitik

Auswirkungen:
Angehörige der Herero und Nama leisten Widerstand gegen deutsche Kolonialmacht
- „Herero-Aufstand" wird von dt. Kolonialtruppen brutal niedergeschlagen
- Flucht in die Omaheke-Wüste
- Tausende Menschen verdursten
- Nama unterstützen zunächst deutsche Kolonialtruppen, schließen sich dann aber wegen der Gräuel an den Herero dem Kampf gegen deutsche Kolonialtruppen an
- dt. Kolonialtruppen gehen nun auch gegen die Nama mit Gewalt vor

Seit 2015 werden die Verbrechen an den Herero und Nama offiziell von der Bundesrepublik Deutschland als Völkermord anerkannt.

Hinweise zum Verfassertext und zu den Materialien

VT Der Verfassertext zeichnet die Inbesitznahme der von den Herero und Nama bewohnten Gebiete im heutigen Namibia und deren Unterdrückung sowie teilweise Vernichtung durch einen Genozid nach. Die Überlebenden kamen in Arbeits- und Straflager.

Die unzumutbaren Verhältnisse in den deutschen Lagern wurden bereits von deutschen Zeitgenossen wie dem Missionar und Historiker Heinrich Vedder kritisiert. Zögerlich setzten sich auch deutsche Militärs mit der Kritik auseinander. Erst im Juni 1907 wurden die Lager in der Kolonie Deutsch-Südwestafrika aufgelöst. Die Zahl der Einheimischen, die in den Lagern an Seuchen, Misshandlungen, Hunger, Vergewaltigungen oder auch medizinischen Experimenten starben, wird auf ca. 10 000 und somit etwa 80 Prozent der Lagerinsassen geschätzt.

D1 Die Online-Präsenz des Deutschen Bundestages bietet im Bereich Service unter dem Suchbergriff „Herero" umfangreiche Materialien. Ausgehend von der Verlinkung in den Medien zum Schulbuch kann man so beispielsweise die Debatte um einen Antrag der Partei Die Linke zu einem Ausgleichfonds für die Herero und Nama nachvollziehen. Zu finden sind dort Videos einzelner Debattenbeiträge sowie der Antragstext und die Beschlussempfehlung. Die Online-Präsenz bietet somit einen Einblick in ein Beispiel geschichtspolitischer Diskussionen zum Umgang mit kolonialer Vergangenheit. Die Online-Präsenz des Bundesarchivs enthält auch umfangreiches Bild-, Text- und Kartenmaterial zum Völkermord an den Herero.

Q1 Abgebildet sind auf der Fotografie völlig entkräftete, abgemagerte Angehörige des Herero-Stammes, die die Flucht durch die Omaheke-Wüste überlebten und danach in deutsche Gefangenschaft gerieten. Aufgenommen wurde das Foto um 1907 im heutigen Namibia.

Q2 In der Textquelle wird aus Sicht eines Hereros die Vorgehensweise der „Kolonialherren" angeprangert. In den Handlungen der Deutschen zeigten sich rassistisches Gedankengut sowie die Einstellung, dass das Leben der indigenen Bevölkerung weniger wert sei.

Q3 Generalleutnant Lothar von Trotha (1848–1920) entstammte einer preußischen Offiziersfamilie. Das Adelsgeschlecht von Trotha hat seinen Stammsitz auf der Burg Trotha im Saalekreis. Trotha absolvierte eine für preußische Adlige typische Militärkarriere. Außer im heutigen Namibia war er zuvor in andere deutsche Kolonialgebiete entsandt worden: nach Deutsch-Ostafrika und nach China während des sogenannten Boxer-Aufstands. Trotha selbst war innerhalb des Militärs umstritten, er wurde u.a. als „unedler, selbstsüchtiger und kaltherziger Mensch" (Hermann von Wissmann, Afrikaforscher und Offizier) charakterisiert. Trotha fiel bei Kaiser Wilhelm in Ungnade, weil er in dessen Augen für den schleppenden Verlauf des Krieges verantwortlich war.

Erläuterungen zu den Arbeitsaufträgen

1. Nenne die Motive der Deutschen für die Unterdrückung von Herero und Nama (Q3, VT1, VT2). (AFB I)

Das Deutsche Reich wollte eine Kolonie:
- die es ausbeuten konnte;
- die das deutsche Prestige international stärken würde;
- deren Land für deutsche Siedler geeignet war.

Um diese Ziele erreichen zu können, unterdrückte es die Angehörigen der einheimischen Nama und Herero:
- verdrängte diese von ihrem eigenen Land;
- beutete sie mit Wucherverträgen aus;
- misshandelte viele Nama und Herero;
- machte sie zu abhängigen Arbeitern auf Farmen.

Ziele von v. Trotha:
- Vernichtung der Nama und Herero;
- keinerlei Kompromisse („Rassenkrieg").

2. Arbeite die Ursachen der Konflikte zwischen den Herero und Nama und den deutschen Kolonialtruppen heraus (VT1, VT2). (AFB II)

Nama und Herero erhofften sich zunächst von den mit den Deutschen geschlossenen Verträgen eine Unterstützung gegen rivalisierende Stämme. Schon früh kam es zu Konflikten, und Herero und Nama leisteten Widerstand gegen die deutsche Kolonialherrschaft. Sie wehrten sich vor allem gegen:
- Besetzung des Landes (Souveränitätsverlust);
- ungerechte Steuern, die gewaltsam eingetrieben wurden;
- Verkauf von Alkohol;
- Vergewaltigung einheimischer Frauen;
- gewissenloses Töten und Misshandlung der Menschen;
- Aufteilung des Weidelandes ohne Rücksicht auf bereits bestehende Landverteilung;
- neue Arbeitsplätze nur als abhängige Farmer auf dem besetzten Land deutscher Siedler;
- Wucherverträge bei Geldgeschäften;
- harte Strafe für geringe Vergehen;
- Zwangsarbeit für die ansässige Bevölkerung.

(siehe auch das Tafelbild)

3. Nimm Stellung zu den in Q2 genannten Gründen für den Widerstand der Herero. (AFB III)

Möglicher Erwartungshorizont: Der Widerstand war berechtigt. Die Herero und Nama lebten unter menschenunwürdigen Bedingungen und wurden unterdrückt. Widerstand gegen die rassistischen deutschen Besatzer erschien als einziger Ausweg.

4. Beschreibe und beurteile das Vorgehen der Kolonialtruppen gegen die Herero (Q1, VT2). (AFB III)

- Das Verhalten der ansässigen Bevölkerung führte dazu, dass die Kolonialtruppen des Generals von Trotha den Widerstand brutal niederschlugen.
- Nach der Niederlage gegen die Deutschen flohen die Herero in die wasserlose Omaheke-Wüste. Dabei starben viele von ihnen.
- Die Kolonialtruppen umstellten das Gebiet und verjagten alle Menschen, die auf der Flucht waren, von den Wasserquellen. Ihr Ziel war es, die Rückkehr der Menschen zu verhindern und das Volk dadurch zu vernichten.
- Zunächst unterstützten die Nama die Kolonialtruppen, was sich aber nach dem brutalen Vorgehen gehen die Herero änderte.

SP 5. Analysiere den Brief von General von Trotha hinsichtlich seiner politischen Ansichten (Q3). Achte auf besondere sprachliche Mittel. Berücksichtige die Hinweise zum Analysieren auf den vorderen Ausklappseiten. (AFB III)

Position der „alten Afrikaner" (länger ansässige deutsche Siedler):
- mit den ansässigen Stämmen muss verhandelt werden;
- Herero sind notwendiges „Arbeitsmaterial" für die zukünftige Verwendung des Landes;
- Vernichtung dient nicht dem Ziel der Kolonialisierung.

Position von Trothas:
- Nation der Herero muss vernichtet werden;
- Besetzung der Wasserquellen;
- Verhinderung der Rückkehr der flüchtigen Menschen;
- rigorose Behandlung und kriegsgerichtliche Verurteilung von Herero-Kriegern;
- kranke Frauen und Kinder können nicht verpflegt werden, Nahrungsmittel sind für die deutschen Truppen gedacht;
- Aufstand ist der Anfang eines „Rassenkampfes" (Z. 30).

Wortwahl von Trothas:
- aggressiv;
- rassistisch;
- zynisch und menschenverachtend.

Charakteristik der politischen Absichten:
- Der Autor des Briefes, Generalleutnant Lothar von Trotha, schreibt an den Chef des Generalstabs, Generaloberst Alfred Graf von Schlieffen, in Berlin mit Verachtung über die afrikanischen Stämme in Deutsch-Südwestafrika.
- Seiner Meinung nach ist das Leben der Menschen der Region nichts wert, wenn sie sich nicht an die Regeln der Kolonialverwaltung halten, die die indigene Bevölkerung benachteiligen.
- Er sieht keinen anderen Weg, als die Aufständischen vollständig zu vernichten.
- Lothar von Trotha scheint ohne jedes Mitgefühl zu handeln und in seiner rassistischen Weltanschauung samt Überlegenheitsgefühl gefangen zu sein.

5 Das Zeitalter des Imperialismus

6. Stell dir vor, du wärst Journalist einer kolonialkritischen Zeitung und würdest den Brief Q3 zugespielt bekommen. Schreibe mithilfe von VT2 einen kurzen Bericht für deine Zeitung. (AFB II) ○ → S. 188

„Neues aus den afrikanischen Kolonien: menschenverachtender Umgang mit einheimischer Bevölkerung

Generalleutnant Lothar von Trotha, der Kommandeur, der die Kolonialtruppen in Deutsch-Südwestafrika anführt, begründet in einem Schreiben an den Chef des Generalstabs, Generaloberst Alfred Graf von Schlieffen, sein brutales Verhalten gegenüber der einheimischen Bevölkerung. Trotha glaubt, dass gegenüber den Einheimischen keinerlei Rücksichtnahme angebracht sei. Verhandlungen scheinen ausgeschlossen. Aufgrund der Aufstände soll den afrikanischen Stämmen keine Möglichkeit zum Überleben geboten werden. Die Kolonialtruppe geht daher brutal gegen die Herero und Nama vor, sie verurteilt Krieger zum Tod und verweigert den Menschen auch den Zugang zu den Wasserquellen in dem ohnehin trockenen Land. Frauen und Kinder werden nur als Ballast wahrgenommen, deren Krankheiten eine Gefahr für die Truppe darstellen und die deswegen keinerlei Versorgung verdienen. Deren qualvoller Tod wird bewusst in Kauf genommen. Die Stellungnahme Trothas zur aktuellen Lage in Deutsch-Südwestafrika schadet dem deutschen Ansehen und sein Vorgehen muss dringend durch Berlin unterbunden werden. Trotha ist ein kaltherziger General, der abberufen werden muss."

MK 7. Recherchiere zur Bundestagsdebatte um die Entschädigung der Herero und Nama (D1 W11 ⊕). Du findest dort Dokumente und ein Video. Wie hättest du entschieden? Diskutiert in der Klasse. (AFB III) ● MKR 1.2, 6.2

- Mit den SuS sollte zunächst als Orientierung der Inhalt und das Material der verlinkten Online-Präsenz des Bundestages zur Debatte eines Antrags der Partei Die Linke besprochen werden: Dort zu finden ist eine redaktionelle Zusammenfassung des Antrages, im Bereich Dokumente der Antragstext sowie der Text der Beschlussempfehlung. Zudem sind einzelne Reden der Debatte als Video hinterlegt.
- Die SuS sollten anhand dieser Materialien zunächst den Gegenstand der Debatte erfassen (Inhalt des Antrags der Partei Die Linke) sowie Positionen und Argumente einzelner Parteien nachvollziehen. Dies kann beispielsweise in einer tabellarischen Gegenüberstellung erfolgen.
- Ausgehend von erarbeiteten Positionen und Argumenten könnten durch die SuS methodisch ein Streitgespräch zwischen einzelnen Politikerinnen und Politikern, ein Rollenspiel in Form einer Debatte oder einzelne Standpunktreden erarbeitet und gestaltet werden.
- Die Aufgabenstellung zielt durch die Thematisierung einer demokratischen Auseinandersetzung im Bereich der Vergangenheitspolitik auf die Demokratiebildung der SuS.

Geschichte begegnen: Raus aus den Museen? – Wie gehen wir heute mit Objekten des Kolonialismus um?

Sequenzvorschlag

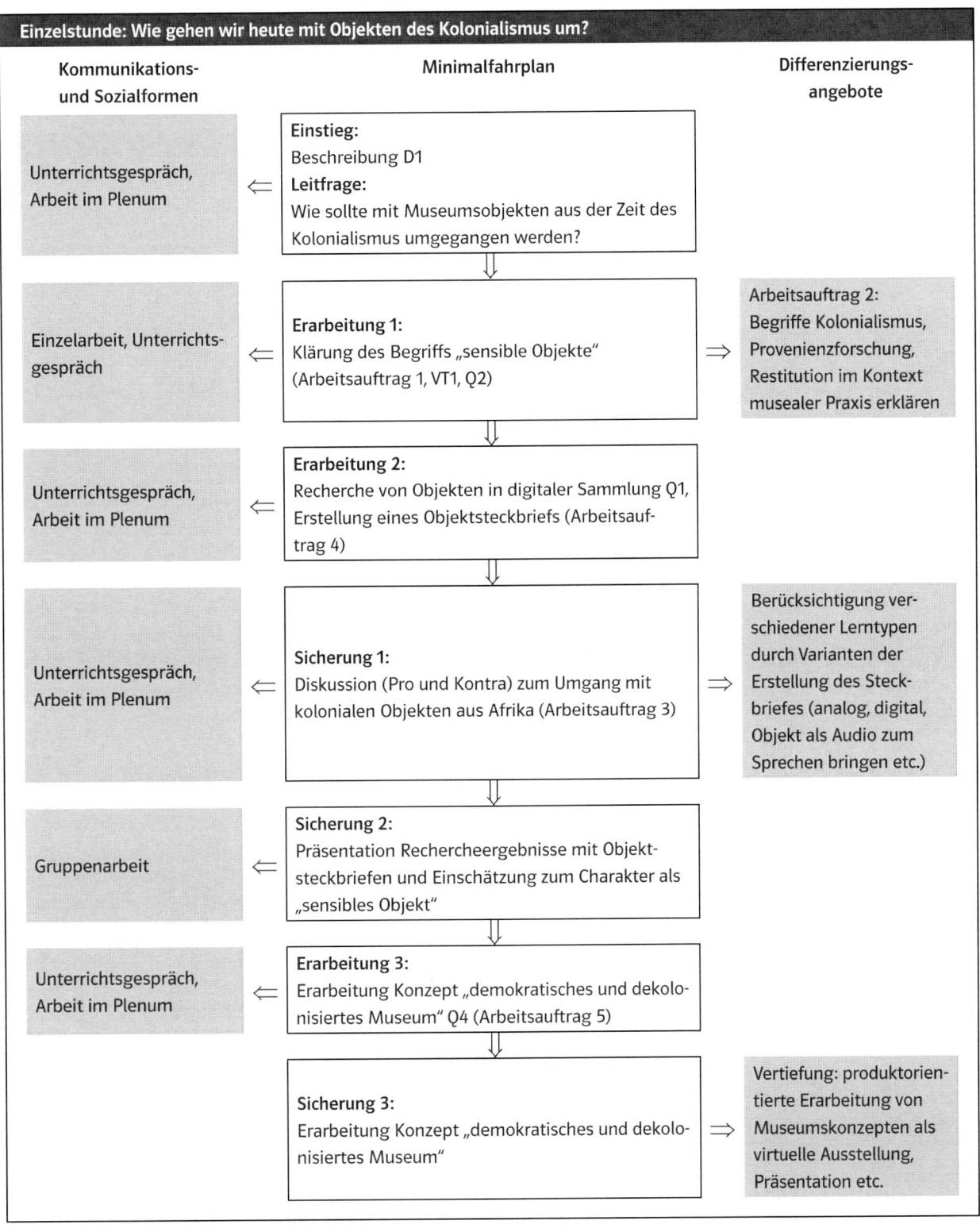

5 Das Zeitalter des Imperialismus

Kompetenzziele

Wahrnehmungskompetenz
Die SuS
- können die Bedeutung der Begriffe „sensible Objekte", Provenienzforschung und Restitution reflektieren und sie im Kontext kolonialer Museumsobjekte erklären;
- kennen Basisdaten zur Beschreibung von Museumsobjekten.

Analysekompetenz
Die SuS
- können museale Objekte in einer digitalen Sammlung recherchieren und einen Objektsteckbrief anfertigen;
- können das Konzept eines „demokratisierten Museums" aus einer Textquelle erarbeiten und anschließend erklären.

Urteilskompetenz
- Die SuS können die Problematik des Umgangs und der Ausstellungspraxis mit kolonialen Objekten aus Afrika in europäischen Museen beurteilen.

Orientierungskompetenz
- Die SuS können eigene Ideen für eine angemessene Präsentation kolonialer Objekte aus Afrika in europäischen Museen entwickeln und präsentieren.

Hinweise zum Verfassertext und zu den Materialien

VT1 Der Verfassertext bezieht sich auf aktuelle Diskussionen zum Umgang mit Museumsobjekten aus kolonialen Kontexten. Hier ist beispielsweise die Debatte im Kontext der Eröffnung des Humboldt Forums (2019/2020) Berlin zu nennen. Der Text erläutert die Problematik des unrechtmäßigen Erwerbs sensibler Objekte aus Afrika durch die Kolonialmächte. Es wird die Perspektive der Herkunftsgesellschaften beleuchtet, für die diese Objekte Teil des kulturellen Gedächtnisses sind, aufgrund religiöser und ritueller Funktionalität besondere Bedeutung besitzen und daher als „sensibel" zu bezeichnen sind.

D1 Das Foto aus dem Jahr 2020 zeigt eine Szene im Sammlungsbereich eines Münchner Museums. Zwei Wissenschaftlerinnen betreiben Provenienzforschung zu Objekten des Museums aus Afrika. Hervorzuheben wäre hier, dass es sich um eine Kooperation handelt, die sowohl die europäische als auch afrikanische Perspektive berücksichtigt und Wissenschaftler aus Kamerun und deren Expertise gleichberechtigt im wissenschaftlichen Dialog einbezieht.

Q1 Die in den Medien zum Schulbuch verlinkte digitale Sammlung bietet Einblick in Museumsobjekte der staatlichen Sammlungen Berlin. Für das Ethnologische Museum können Objekte aus verschiedenen Herkunftsregionen eingesehen werden. Für Afrika sind ca. 13 000 Objekte, sortiert nach Datum, Namen oder Zufall, abrufbar. Für jedes Objekt stehen umfangreiche Angaben i.S. von Basisdaten (Beschreibung, Herkunftsort, Entstehungszeit, Größe, Material, Inventarnummer etc.) zur Verfügung. Einzelne Objekte können in einem Portfolio gespeichert werden.

Q2 Der Kameruner Wissenschaftler Albert Gouaffo berichtet auf seinem Blog über die Forschungen des Münchner Museums „Fünf Kontinente", die er als Koordinator begleitet.
Er macht seine Perspektive auf sensible Objekte deutlich: Diese dürften nicht öffentlich ausgestellt werden, da sie als Kultobjekte und Fetischfiguren für Rituale genutzt wurden. Das Ausstellen in Vitrinen sei eine Verletzung ihrer Rechte. Die Interessen der Herkunftsgesellschaften stünden denen der deutschen Aussteller entgegen, denn für diese Gesellschaften seien sie Teil kultureller Identität und Tradition – und eben nicht nur eine Frage von Besitzverhältnissen. Die Äußerungen des Wissenschaftlers veranschaulichen den Konflikt um Objekte aus kolonialen Kontexten.

Q3 Die ehemalige Direktorin des Ethnologischen Museums Berlin, Viola König, erklärt den Zusammenhang zwischen Provenienzforschung und Digitalisierung, den sie in der digitalen Erfassung von Basisdaten (Inventarisierungsnummer, Objektbeschreibung, Sammler, Erwerbungsort, Fotos) sieht. Dies sei Grundlage für die Klärung von Hintergrundinformationen sowie eine Online-Veröffentlichung. So würde der Zugang zu diesen Objekten möglich, was zur Klärung des Ursprungskontextes sowie zum Wissensaustausch beitragen könne.

Q4 Der Präsident der Stiftung Preußischer Kulturbesitz, Prof. Dr. Helmut Parzinger, war einer der Gründungsintendanten des Humboldt Forums Berlin, das selbst im Mittelpunkt der Kritik am Umgang mit kolonialen Objekten stand. Er entfaltet hier die Idee eines demokratisierten und dekolonisierten Museums. Dies solle statt reiner Wissensvermittlung durch Offenheit, Austausch, Publikumsorientierung, Transparenz und Beteiligung der Ausstellungsbesucher (Teilung der kuratorischen Macht) gekennzeichnet sein. Dabei sollten vor allem digitale Sammlungen und virtuelle Museumstouren genutzt werden.

Erläuterungen zu den Arbeitsaufträgen

1. Erläutere, warum es sich bei Grabbeigaben, religiösen Gegenständen und menschlichen Überresten aus Afrika in europäischen Sammlungen um „sensible Objekte" handelt (Q2, VT1). (AFB II)

- Objekte mit religiösem und rituellem Charakter sind Teil des kulturellen Erbes bzw. des Kulturgutes der Herkunftsgesellschaften. Sie besitzen also einen besonderen Wert für die kolonisierten Ethnien.
- Darüber hinaus sind ethische und moralische Überlegungen relevant, insbesondere, wenn es sich bei den Objekten um menschliche Überreste handelt.
- Im Fall gewaltvoller Erwerbungen oder dem Ausnutzen kolonialer Abhängigkeitsverhältnisse verstärkt die Tatsache unrechtmäßiger Aneignung die „Sensibilität" dieser Kulturgüter.

2. Erkläre den Zusammenhang zwischen Kolonialismus, europäischen Museen, Provenienzforschung und Restitution (VT1, Q2). (AFB II)

- Der Kolonisierung von Teilen Afrikas, Amerikas, Asiens usw. durch europäische Mächte folgten Forscher (z. B. Ethnologen bzw. sogenannte „Völkerkundler"), die oftmals unrechtmäßig Objekte aus den Kolonien mit nach Europa brachten. Ganze Sammlungen mit Tausenden Objekten befinden sich bis heute auch in deutschen ethnologischen Museen oder „Völkerkundemuseen".
- In den letzten Jahren wurden Forderungen nach kritischer Betrachtung dieser Sammlungen lauter. Um die Herkunft einzelner Objekte zu klären, widmen sich Wissenschaftler und Museumsmitarbeiter der sogenannten Provenienzforschung, nicht zuletzt um die Frage nach Rechtmäßigkeit der Erwerbung zu klären.
- Die Provenienzforschung ist damit Grundlage dafür, Fragen der Rückführung, Rückgabe und Entschädigung zu klären. Restitution bedeutet völkerrechtlich Wiedergutmachung oder Schadensersatz für einen Schaden, der einem Staat (Kolonie) von einem anderen (Kolonialmacht) zugefügt wurde.

3. Diskutiert, ob alle Objekte aus Afrika aus europäischen Museen entfernt werden sollten (Q2). (AFB III)

Diese Aufgabe kann methodisch als Streitgespräch zwischen europäischen und afrikanischen Wissenschaftlern, als Pro-Kontra-Debatte oder Standpunktrede realisiert werden. Folgende Argumentationen wären hier denkbar:

- Für die Rückgabe aller Objekte aus kolonialen Kontexten spricht insbesondere die kulturelle Bedeutung für die Herkunftsgesellschaften. Entsprechend sollten diese Kulturgüter den heutigen Staaten ehemaliger Kolonien gehören und gegebenenfalls dort ausgestellt werden, auch um den dort lebenden Menschen einen Einblick in ihre Geschichte und Traditionen zu ermöglichen.
- Ein Argument könnte auch sein, dass nur Objekte zurückgegeben werden sollten, die durch Provenienzforschung nachgewiesen unrechtmäßig, z. B. durch Raub oder Grabschändungen, entfernt wurden.
- Gegen die Rückgabe kolonialer Objekte wird oft das Argument mangelnder Museen und unzureichender Forschungs- und Ausstellungsmittel in den heutigen Staaten ehemaliger Kolonien angebracht. Hier könnte die Unterstützung der Herkunftsgesellschaften durch finanzielle Mittel und wissenschaftliche Expertise seitens der europäischen Staaten ein Gegenargument sein.
- Bei einem Verbleib kolonialer Objekte in europäischen Museen müsste zumindest eine angemessene Präsentation sichergestellt werden, die auf die sensible Geschichte dieser Sammlungsgüter hinweist und deren kulturelle Bedeutung für die Herkunftsgesellschaften transparent darstellt.

MK 4. Recherchiere in Q1 W12 ⊕ Objekte aus Afrika. Erstelle für ein Objekt deiner Wahl einen Steckbrief mit den in Q3 genannten Basisdaten. Beurteile, ob es sich um ein „sensibles Objekt" handelt. (AFB III) MKR 1.2, 3.2, 5.2, 6.1

- In den Medien zum Schulbuch ist die Sammlungsübersicht des Ethnologischen Museums Berlin verlinkt. Dort sollten die SuS gemäß der Aufgabe Objekte aus Afrika links im Menü auswählen. Das Ergebnis von ca. 13 000 Objekten kann oben nach Zufall, Datierung, Titel oder Name/Person sortiert werden. Die Ansicht bietet eine Bildliste, Einzelobjekte oder ein Leuchtpult an.
- Von den SuS ausgewählte Objekte können durch Ankreuzen zu einem eigenen Portfolio hinzugefügt werden, was eine bessere Übersicht der individuellen Auswahl gewährleistet.
- Für jedes Objekt stehen in der Einzelansicht umfangreiche Informationen zur Verfügung, die auch den in Q3 genannten Basisdaten entsprechen: Inventarisierungsnummer, Objektbeschreibung, Sammler, Erwerbungsort, Fotos etc.
- Methodisch ist sowohl das Erstellen eines Objektsteckbriefes als analoge als auch als digitale Variante denkbar. Auch könnten durch die SuS auf Grundlage des eigenen Portfolios ausgewählte Objekte zu einer digitalen Ausstellung zusammengefügt werden.
- Bei der Beurteilung bezüglich der Relevanz als „sensibles Objekt" sollten zumindest zwei Aspekte berücksichtigt werden: kultureller Wert des Objektes bzw. dessen ursprünglicher Verwendungszusammenhang (menschlicher Überrest, Grabbeigabe oder religiöses Objekt) und die Art der Erwerbung (zumeist in der Beschreibung ausgeführt).

5 Das Zeitalter des Imperialismus

5. Erkläre das Konzept eines „demokratischen und dekolonisierten Museums" (Q4). Diskutiert, inwiefern es sich von euren bisherigen Erfahrungen in Museen unterscheidet. (AFB III)

– Merkmale eines „demokratischen und dekolonisierten" Museums sind laut Q4: keine reine Wissensvermittlung, Offenheit, Austausch, Publikumsorientierung, Transparenz und Beteiligung der Ausstellungsbesucher (Teilung der kuratorischen Macht).
– Der Abgleich mit eigenen Vorerfahrungen kann sich auf bereits erlebte virtuelle Museumstouren, aber auch auf die Perspektive bisher besuchter ethnologischer Ausstellungen beziehen. Die Frage wäre hier, ob in den jeweiligen Ausstellungen ausreichend Raum für die Präsentation der Perspektive der Herkunftsgesellschaften gelegt wurde und so beispielsweise der kulturelle Kontext des Objektes oder die Art der Erwerbung ausreichend Berücksichtigung fand.

6. Ideenwerkstatt: Entwickelt eigene Konzepte für eine angemessene Präsentation von kolonialen Objekten in einem Museum. (AFB III)

– Denkbar sind neben der reinen Zusammenstellung eigener Kriterien für eine angemessene Präsentation auch handlungs- und produktionsorientierte Zugänge wie die Arbeit an einem Beispielobjekt. Dies könnte digital zum Sprechen gebracht werden und so die Perspektive der Herkunftsgesellschaft bzw. die kulturelle Bedeutung und Geschichte des Objektes deutlich machen.
– Ein mögliches, in Kleingruppen zu erstellendes Museumskonzept ist ebenso als Mindmap oder Grundriss eines Museums mit Anmerkungen denkbar.

„To make the world safe for democracy"

→ 144–147

Kompetenzziele

Wahrnehmungskompetenz
Die SuS
- wissen, wie es zum Aufstieg der USA zur wirtschaftlichen Großmacht kam;
- können Vermutungen zu den Überzeugungen des amerikanischen Liberalismus anstellen;
- können reflektieren, warum auch die USA imperialistische Politik betrieben;
- können erläutern und begründen, ob die USA am Ende des Ersten Weltkriegs ihre Kriegsziele erreichten.

Analysekompetenz
- Die SuS können Text- und Bildmaterialien fachgerecht und kritisch analysieren.

Urteilskompetenz
Die SuS
- können in politischen Entscheidungen des US-Präsidenten Wilson Handlungsspielräume bzw. -grenzen erkennen;
- können in propagandistischen Texten und Bildern zwischen Sach- und Werturteil unterscheiden;
- können kontroverse zeitgenössische Perspektiven zum amerikanischen Imperialismus beurteilen;
- können die Auswirkungen der ersten Auseinandersetzung zwischen den USA und dem revolutionären Russland erläutern.

Orientierungskompetenz
Die SuS
- können Unterschiede und Gemeinsamkeiten amerikanischer Politik in Vergangenheit und Gegenwart erläutern;
- können zur Übertragbarkeit vergangener Werthaltungen auf die Gegenwart kritisch Stellung nehmen.

Sequenzvorschlag

→ 144–147

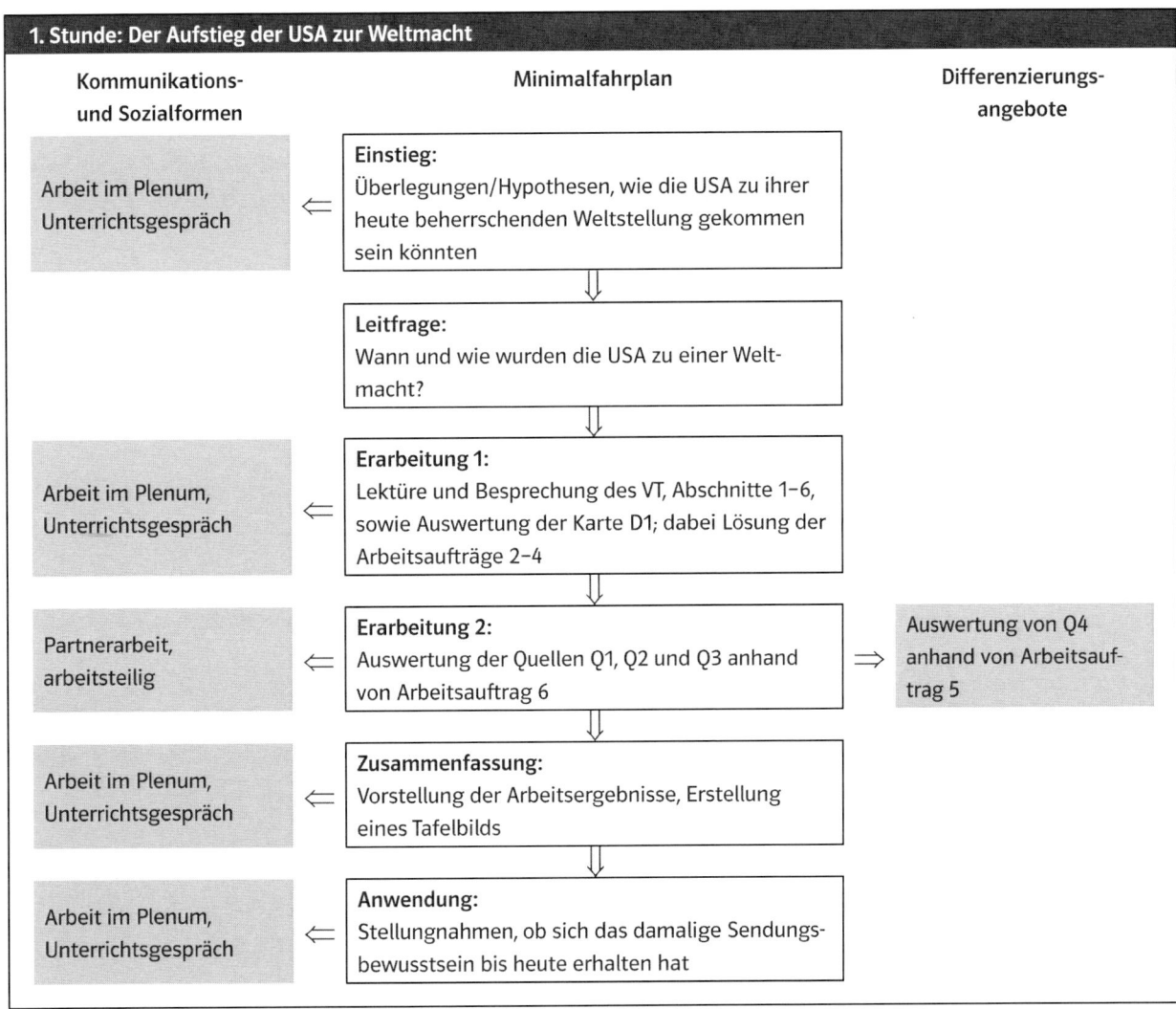

1. Stunde: Der Aufstieg der USA zur Weltmacht

Kommunikations- und Sozialformen	Minimalfahrplan	Differenzierungsangebote
Arbeit im Plenum, Unterrichtsgespräch	**Einstieg:** Überlegungen/Hypothesen, wie die USA zu ihrer heute beherrschenden Weltstellung gekommen sein könnten	
	Leitfrage: Wann und wie wurden die USA zu einer Weltmacht?	
Arbeit im Plenum, Unterrichtsgespräch	**Erarbeitung 1:** Lektüre und Besprechung des VT, Abschnitte 1–6, sowie Auswertung der Karte D1; dabei Lösung der Arbeitsaufträge 2–4	
Partnerarbeit, arbeitsteilig	**Erarbeitung 2:** Auswertung der Quellen Q1, Q2 und Q3 anhand von Arbeitsauftrag 6	Auswertung von Q4 anhand von Arbeitsauftrag 5
Arbeit im Plenum, Unterrichtsgespräch	**Zusammenfassung:** Vorstellung der Arbeitsergebnisse, Erstellung eines Tafelbilds	
Arbeit im Plenum, Unterrichtsgespräch	**Anwendung:** Stellungnahmen, ob sich das damalige Sendungsbewusstsein bis heute erhalten hat	

5 Das Zeitalter des Imperialismus

Tafelbild 1

Aufstieg der USA zur Weltmacht

innenpolitische Gründe	außenpolitische Gründe
– Bewahrung der staatlichen Einheit im Bürgerkrieg 1861–1865 – Entwicklung zur landwirtschaftlichen und industriellen Großmacht um 1900	– imperialistische Großmacht durch den Erwerb von Kolonien um 1900 – Führungsmacht in Mittel- und Südamerika durch „Dollarimperialismus"

→ 144–147

Sequenzvorschlag

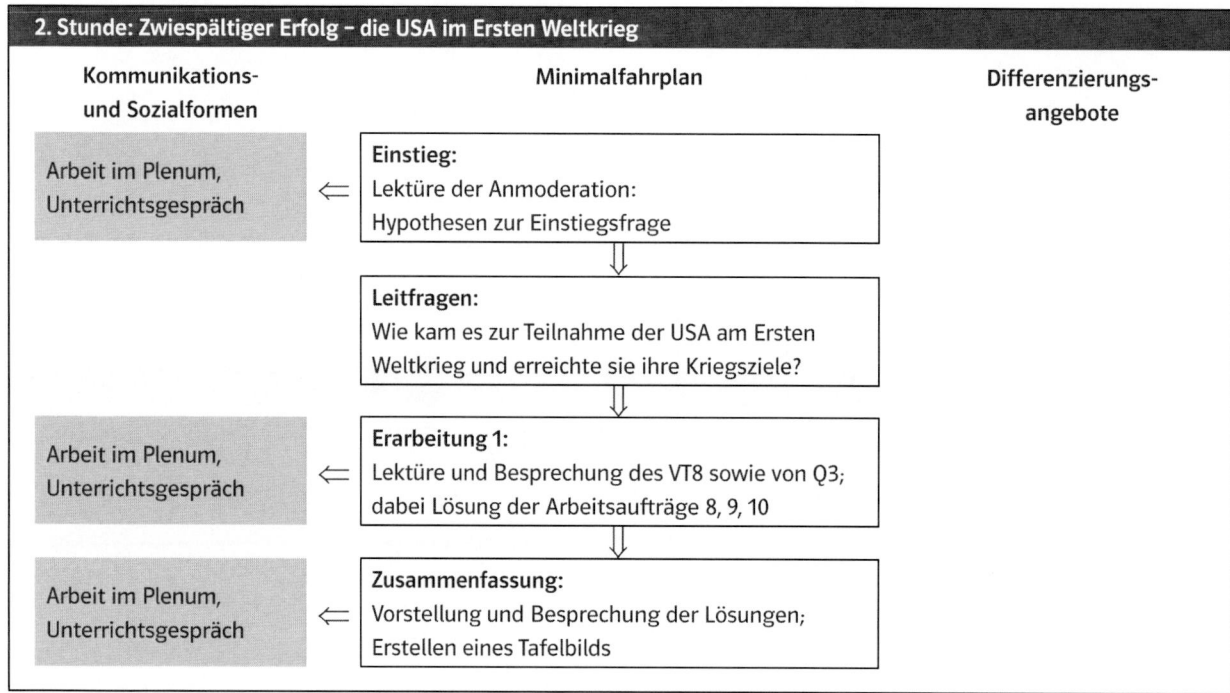

2. Stunde: Zwiespältiger Erfolg – die USA im Ersten Weltkrieg

Kommunikations- und Sozialformen	Minimalfahrplan	Differenzierungs- angebote
Arbeit im Plenum, Unterrichtsgespräch	**Einstieg:** Lektüre der Anmoderation: Hypothesen zur Einstiegsfrage	
	Leitfragen: Wie kam es zur Teilnahme der USA am Ersten Weltkrieg und erreichte sie ihre Kriegsziele?	
Arbeit im Plenum, Unterrichtsgespräch	**Erarbeitung 1:** Lektüre und Besprechung des VT8 sowie von Q3; dabei Lösung der Arbeitsaufträge 8, 9, 10	
Arbeit im Plenum, Unterrichtsgespräch	**Zusammenfassung:** Vorstellung und Besprechung der Lösungen; Erstellen eines Tafelbilds	

Tafelbild 2

Die USA im Ersten Weltkrieg
(Hauptereignisse)

1917	1918	1920
Kriegseintritt als wirtschaftliche und demokratische Führungsmacht auf der Seite Großbritanniens und Frankreichs	Beginn der Konfrontation mit dem kommunistischen Russland um die demokratische Führerschaft; Sieg über Deutschland	Rückkehr zur Normalität in den USA; Konzentration auf wirtschaftliche Überlegenheit

Erläuterungen zu den Arbeitsaufträgen

SP 1. Erstelle eine Zeitleiste zur (Vor-)Geschichte der USA bis 1917. Recherchiere dafür die Ereignisse zu den folgenden Jahreszahlen: 1620, 1773, 1776, 1775–1783, 1788, 1823, 1861–1865, 1898, 1917. (AFB I)

Jahr	Ereignisse
1620	Landung der Mayflower am Cape Cod im heutigen US-Bundesstaat Massachusetts: An Bord waren Puritaner (protestantische Flüchtlinge aus England), die „pilgrim fathers". Wird oft als Beginn der englischen Besiedlung Nordamerikas bezeichnet, die aber schon 1607 begann.
1773	Boston Tea Party: vorläufiger Höhepunkt des Streits um die Festsetzung von Steuern für die britischen Kolonisten in Nordamerika. Als Ureinwohner Amerikas verkleidete Kolonisten warfen 45 Tonnen Tee der britischen Ostindien-Kompanie im Hafen von Boston ins Meer, um gegen Teesteuern zu protestieren.
1776	Unabhängigkeitserklärung der 13 britischen Kolonien in Nordamerika (4. Juli 1776)
1775–1783	Amerikanischer Unabhängigkeitskrieg: Unter dem Oberkommando von George Washington und unterstützt durch den preußischen Offizier Friedrich Wilhelm von Steuben besiegte die Armee der 13 Kolonien die britischen Truppen. 1783 Friedensschluss von Paris: Anerkennung der 13 Kolonien als USA.
1788	Die US-amerikanische Verfassung trat in Kraft – völkerrechtliche Gründung der USA.
1823	Monroe-Doktrin: James Monroe (1758–1831), 5. US-Präsident (1817–1825), postulierte die Unabhängigkeit des amerikanischen Doppelkontinents von Mächten in Europa gemäß der Parole „Amerika den Amerikanern".
1861–1865	Amerikanischer Bürgerkrieg (Sezessionskrieg): Das Militär, der aus den USA ausgetretenen Südstaaten, unterliegt den in der Union verbliebenen Nordstaaten, weil letztere größere industrielle Reserven besaßen. Südstaaten kehren in USA zurück, Sklaverei wird abgeschafft.
1917	Eintritt der USA in den Ersten Weltkrieg: Kriegserklärung an Deutschland (6. April 1917). Ursache ist u.a. die angekündigte Wiederaufnahme des uneingeschränkten U-Boot-Krieges durch Deutschland.

2. Beschreibe den Aufstieg der USA zur wirtschaftlichen Großmacht ab 1870 (VT). (AFB I)
- Voraussetzung dafür war die rasche Erholung der USA nach dem Bürgerkrieg (1861–1865).
- Der nachfolgende schnelle wirtschaftliche Aufstieg ging sowohl auf landwirtschaftliche als auch auf industrielle Entwicklungen zurück.
- Die Landwirtschaft profitierte von den riesigen Anbau- und Weideflächen, die durch die bis 1890 andauernde ständige Erweiterung des Staatsgebiets nach Westen gewonnen wurden und die die USA um 1900 zum größten Getreide- und Fleischproduzenten der Welt machten.
- Zugleich vollzog sich vor allem durch den Ausbau der Eisenbahn und der damit verbundenen Zuliefererindustrien ein rasanter industrieller Aufschwung.

3. Erläutere die Gründe und den Anlass für den Übergang der USA zum Imperialismus (VT). (AFB II)
- Erstens waren Wirtschaftsexperten der Ansicht, dass in den USA zuviel produziert würde, um es im Inland verkaufen zu können. Daher brauche die USA sichere auswärtige Absatzmärkte, wohin sie Waren exportieren könnte.
- Als weiterer Grund kam dazu, dass viele Amerikaner glaubten, es sei die offenkundige Bestimmung der USA, auswärtigen Völkern und Nationen die amerikanischen Vorstellungen von Freiheit und Demokratie zu vermitteln.
- Den Anlass zu imperialistischer Eroberungspolitik lieferte ein Aufstand der Bewohner Kubas gegen ihre spanischen „Kolonialherren". Die USA griffen aufseiten der Aufständischen ein, besiegten Spanien und zwangen es, einen Großteil seiner Kolonien in der Karibik und im Pazifik an sie abzutreten.

4. Nenne die Zielgebiete des Imperialismus der USA (VT, D1) und beschreibe die unterschiedlichen Formen der Einflussnahme der USA auf die Interessengebiete (VT, D1, Q1, Q2, Q3). (AFB I) ○ → S. 188
- Ein Zielgebiet des US-Imperialismus waren Inselgruppen in der Karibik und im Pazifik, die z.T. durch den gewonnenen Krieg gegen Spanien erworben worden waren. Einige von ihnen wurden von den USA direkt als Kolonien verwaltet.
- Als ureigenstes amerikanisches Interessengebiet betrachteten die USA die Länder Mittel- und Südamerikas. Sie machten sie zwar nicht zu Kolonien, aber zu Staaten, die durch Handels- und Kreditverträge von den USA abhängig waren. Außerdem nahmen sie sich das Recht, in die politischen Angelegenheiten dieser Länder einzugreifen, wenn es amerikanischen Interessen dienlich erschien.
- Ein weiteres Zielgebiet des US-Imperialismus war China. Da es hier aber gefährliche andere imperialistische Konkurrenten gab, setzten sich die USA im Vertrauen darauf, die wirtschaftlich stärkere Macht zu sein, für freien Handel mit China ein. Den Vorwurf, dass die Handels- und Kreditverträge mit anderen Ländern mehr dem eigenen als einem gemeinsamen Vorteil dienen würden, glaubte die Mehrheit

der Amerikaner mit dem Hinweis entkräften zu können, dafür erhielten die Vertragspartner auch Anteil an den amerikanischen Werten von Freiheit und Demokratie.

5. Erkläre, was mit der Karikatur „Der große Knüppel" gesagt werden soll (Q4). (AFB II)

- Die Karikatur zeigt den US-Präsidenten Roosevelt, der durch die Karibische See auf die Insel Santo Domingo zuschreitet. In seinem Schlepptau hat er eine Flotte mit Kriegsschiffen, die US-amerikanische Justiz- und Steuerbehörden symbolisieren. Drohenden Nachdruck gibt er seinem Auftreten durch einen dicken Knüppel, den er über seiner Schulter trägt.
- Die Karikatur sagt aus, dass die US-Regierung sich das Recht nimmt, mit den ihr zur Verfügung stehenden Macht- und Gewaltmitteln in anderen Staaten zu intervenieren, wenn diese ihren internationalen Verpflichtungen nicht nachkommen.

6. Beurteile, ob die Politiker (Q1, Q2, Q3) die Überzeugung des „manifest destiny" der USA teilten. (AFB III) ○ → S. 188

- US-Präsident McKinley (Q1, Q3) ist davon überzeugt, dass die Amerikaner dazu fähig sind, andere Völker zu zivilisieren, und dass sie dazu auch von Gott berufen sind. Er teilt also die Überzeugungen des „manifest destiny".
- Anders der Politiker Bryan (Q2). Er lehnt den Glauben ab, die Amerikaner seien von Gott auserwählt, andere Völker zu zivilisieren. Für ihn ist dieser Glaube nur ein betrügerischer Vorwand, um andere auszubeuten. Er geht noch weiter: Durch imperialistische Politik, die aus diesem Glauben ihre Rechtfertigung bezieht, verspielten die USA ihren moralischen Vorrang unter den Nationen der Welt. Bryan lehnt also die Überzeugung des „manifest destiny" ganz entschieden ab.

7. Charakterisiere die Denkweise des Wirtschaftsliberalismus in den USA (VT4, Q5). Was bedeutete sie für die Armen? (AFB II)

- Die Denkweise des Wirtschaftsliberalismus in den USA orientiert sich bis heute an einem maximalen Maß an Freiheit. Danach galt bereits damals freier Wettbewerb zwischen freien Unternehmern als wichtigste Antriebskraft für wirtschaftlichen Fortschritt. Der Staat sollte nur dann eingreifen, wenn der freie Wettbewerb gestört schien. Viele Amerikaner waren überzeugt: Wer sich frei entfalten konnte und tüchtig war, der konnte reich werden.
- Diese Denkweise bedeutete für die Armen in den USA ein regelrechtes Ausgeliefertsein gegenüber rein marktwirtschaftlichen Mechanismen – ohne ausreichenden staatlichen Schutz und notwendige Fürsorge.

8. Bewerte die Haltung des US-Präsidenten (Q3) gegenüber den Philippinerinnen und Philippinern vor dem Hintergrund der amerikanischen Unabhängigkeitserklärung, die alle Menschen als gleich und frei bezeichnet. (AFB II)

Die Haltung McKinleys gegenüber den Philippinerinnen und Philippinern ist geprägt von rassistischen Vorurteilen, wonach diese unerzogen, unzivilisiert und nicht gottgläubig seien. Er stellt sich insofern in seiner Argumentation über andere Menschen und glaubt, sie zu ihrem eigenen Besten bestimmen zu müssen. Damit einher gehen Unfreiheit und Ungleichheit für die Philippinerinnen und Philippiner, was der amerikanischen Unabhängigkeitserklärung widerspricht.

9. Erkläre, welche Rolle Wilson für die USA im Krieg beansprucht (VT). (AFB II)

Wilson beansprucht für die USA, dass sie „Vorkämpfer" (VT8, Z. 116) für die Rechte der Menschheit seien. Allein schon der Begriff Vorkämpfer beweist, dass er für die USA die Führungsrolle unter den Gegnern Deutschlands beansprucht.

10. Viele Menschen in der Welt sehen die USA bis heute als eine imperialistische Großmacht an, die ihre Ziele gewaltsam verfolgt. Nimm anhand von geschichtlichen Beispielen Stellung dazu. (AFB III)

Bei der Beantwortung können die SuS allenfalls auf ihr Wissen aus alltäglichen Berichten über das Verhalten der USA nach Meinung mancher Kritikerinnen und Kritiker heute zurückgreifen.

In einem ersten Schritt sollte definiert werden, was unter „imperialistischem Vorgehen" zu verstehen ist:
- wirtschaftliche Einflussnahme durch US-Konzerne/Banken;
- Waffenlieferungen an befreundete Regierungen;
- Bündnisverträge, die einseitig die USA begünstigen;
- direktes militärisches Eingreifen.

In einem zweiten Schritt sollten die SuS dafür sensibilisiert werden, dass der Begriff „imperialistisches Vorgehen" auch ein Propagandabegriff ist. Aufgrund seiner negativen Konnotationen, die mit der europäischen Kolonialgeschichte verbunden sind, wird er heute vielfach dafür genutzt, um politische Gegner/andere Staaten zu diskreditieren.

In einem dritten Schritt sollten die SuS anhand o.a. Rasters spontan Ereignisse nennen, die sie aus der Zeitung, Fernsehberichten oder Internetseiten kennen, bei denen den auch heute USA „imperialistisches Verhalten" vorgeworfen wird:
Am ehesten dürften sie dabei den Einmarsch in Afghanistan (Erweiterung der Einflusssphäre); die Irakkriege (Öl!) nennen. Kurzreferate, gestützt auf Internetrecherchen könnten eine Vertiefung bieten. Die SuS sollten dabei dafür sensibilisiert werden, nicht vorschnell zu urteilen, sondern die Komplexität von Konflikten zu berücksichtigen.

Japans Weg zur imperialen Großmacht

Kompetenzziele

🕮 Wahrnehmungskompetenz
- Die SuS können nach Ausdrucksformen des Imperialismus jenseits des europäischen Imperialismus fragen.

⚙ Analysekompetenz
Die SuS
- können die Ursachen für die späte japanische Modernisierung und den Auslöser für Japans Industrialisierung und Imperialismus im späten 19. Jahrhundert erkennen;
- können eine historische Karte analysieren und die Phasen des japanischen Imperialismus benennen;
- können den europäischen und japanischen Imperialismus vergleichen.

⊘ Orientierungskompetenz
Die SuS
- lernen den japanischen Imperialismus in den Zusammenhang globaler Strategien anderer Länder einzuordnen (Russland, Großbritannien, China);
- können Kontinuitäten geopolitischer Konflikte anhand einzelner Konfliktregionen benennen.

Sequenzvorschlag

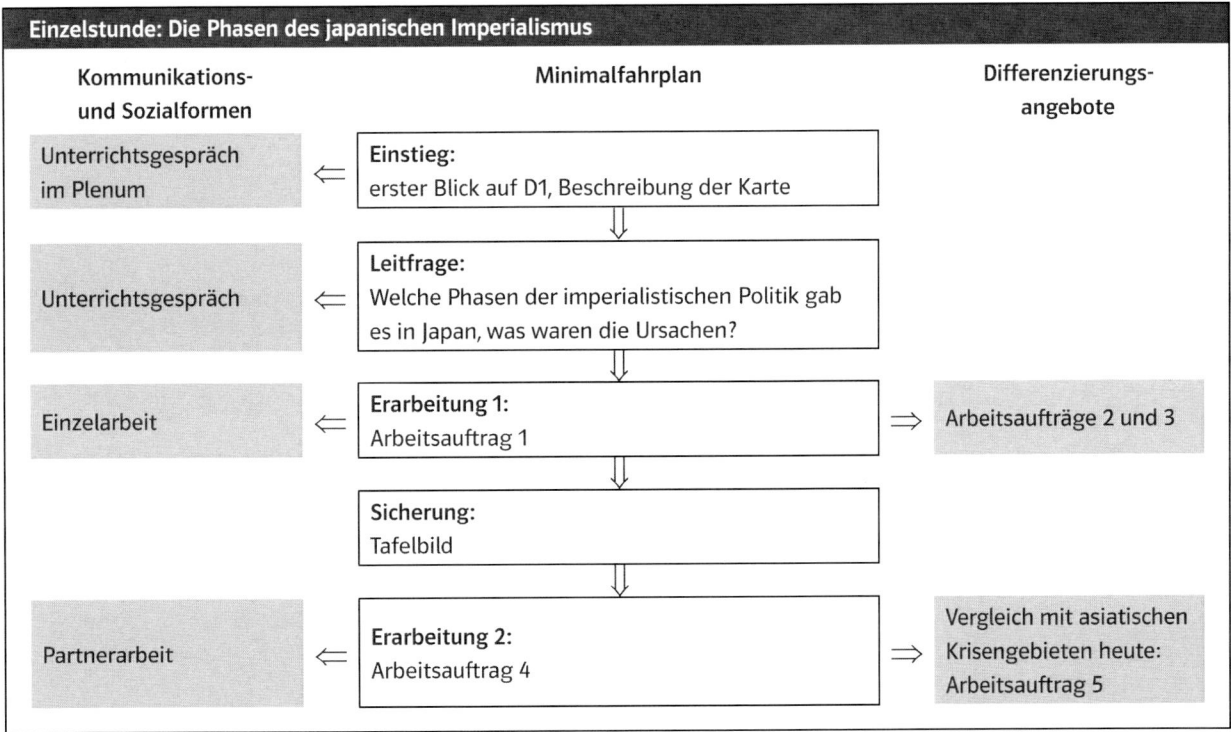

Tafelbild

Phasen imperialer Politik Japans

Erste Phase	ab 1870	vertragliche Neuordnung der Verhältnisse mit China und Russland
Zweite Phase	1894–1910	militärische Expansion in Korea, Taiwan (gegen China) und auf dem asiatischen Festland (Russland)
Dritte Phase	1919–1922	Gewinn ehemaliger deutscher Kolonien, Besatzung der Mandschurei (China)

5 Das Zeitalter des Imperialismus

Hinweise zum Verfassertext und zu den Materialien

VT Der Verfassertext zeigt den besonderen Weg Japans zur imperialen Großmacht auf. Während sich das Kaiserreich lange Zeit von anderen Staaten abschottete, kam die erzwungene Öffnung von außen durch die USA einem Fanal gleich. Gleichsam im Zeitraffer versuchte der japanische Kaiser Anschluss an die Entwicklungen des Westens zu finden und initiierte damit auch eine imperiale Strategie.

Erläuterungen zu den Arbeitsaufträgen

1. Stelle die Etappen der Expansion Japans dar (VT, D1). (AFB II) ○ → S. 188
- Erste Etappe: ab 1870 nach der erzwungenen Öffnung. Vertragliche Neuordnung der Beziehungen mit China und Russland;
- Zweite Etappe: Krieg mit China (1894) und Russland (1904/05);
- Dritte Etappe: nach dem Ersten Weltkrieg (1919–1922) Übernahme ehemals deutscher Kolonien mit Völkerbundmandat, Besetzung der Mandschurei.

SP 2. Ein japanischer Beamter will den Kaiser überzeugen, die Politik der Abschottung aufzugeben und das Land zu modernisieren. Schreibe die Rede des Beamten auf und nenne darin Gründe sowie Handlungsvorschläge (VT, Q1). (AFB II)
- Stärke der USA, erzwungene Aufgabe der Abschottung;
- Chance, von westlichen, europäischen Großmächten zu lernen;
- neue Bündnisse eingehen, bspw. mit Großbritannien, und Technologietransfer initiieren;
- Industrialisierung einleiten;
- Hebung des Wohlstands, auch der überwiegend ländlichen Bevölkerung Japans.

3. Erkläre, warum Japan zunehmend eine expansive Außenpolitik betrieb (VT, D1). Gehe dabei auf die geographisch-politische Lage und die wirtschaftlichen Gründe ein. (AFB II)
- Die expansive Außenpolitik steht im Zusammenhang mit der (innenpolitischen) Modernisierung des Landes.
- Japan ist als Insel auf Importe genauso angewiesen wie auf einen Markt, auf den Güter exportiert werden können.
- Die Nachbarschaft zu anderen Ländern mit zunehmend expansiver Außenpolitik wie China und Russland führte rasch zu Konflikten.
- Die Insellage Japans führt insbesondere zu einer maritimen Aufrüstung und Expansion.

4. Begründe, inwiefern Japans Politik dem europäischen Imperialismus gleicht (VT, Q1). (AFB III)
Japans Politik gleicht dem europäischen Imperialismus:
- versuchte Hegemonie der Seeherrschaft (Großbritannien, Deutsches Reich);
- Japan nimmt sich an europäischen Großmächten in industrieller und militärischer Hinsicht ein Vorbild;
- Kolonialbesitz in Asien angestrebt.
Unterschiede:
- Japan sucht sich Ziele seiner imperialen Politik ausschließlich in seiner Nachbarschaft (nicht weltweit).
- Japan steht daher auch kaum in Konkurrenz mit den europäischen Ländern, es kann im Gegenteil Bündnisse mit diesen anstreben.

5. Recherchiere, welche geopolitischen Konflikte es heute im fernöstlichen Raum gibt. Vergleiche sie mit den historischen Ereignissen zwischen 1894 und 1915. (AFB III)
- Der Status von Ländern wie Taiwan oder Korea (Nord/Süd) ist heute immer noch Gegenstand internationaler Konflikte.
- Russland und Japan streiten noch heute um den Besitz der Kurilen bzw. den sogenannten nördlichen Territorien.
- Der Vergleich der Konflikte von heute und damals zeigt eine gewisse Kontinuität unter veränderten Vorzeichen: Heute ist Japans Politik stärker im Zusammenhang mit dem Konflikt Chinas mit den USA oder der der neuen russischen Expansionspolitik zu sehen. Japan verfolgte nach dem Ende des Zweiten Weltkriegs keine imperialistische Politik mehr.

Das russische Zarenreich – imperiale Herrschaft über ein multiethnisches Reich

📖 150–153

Kompetenzziele

👥 Wahrnehmungskompetenz
Die SuS
- können eine sachgerechte Vermutung über die Konsequenzen des russischen Imperialismus auf der Grundlage von Quellen und Darstellungen formulieren;
- können sich zwecks Problemlösung mithilfe analoger und digitaler Materialien Informationen zur Entwicklung des russischen Zarenreichs bis 1917 beschaffen.

🧩 Analysekompetenz
Die SuS
- können sich die multiethnischen Strukturen des russischen Zarenreichs und seiner Errichtung mithilfe von Quellen und Darstellungen erschließen;
- können die Perspektive Russlands auf die von ihm unterworfenen Kulturen rekonstruieren.

⚖️ Urteilskompetenz
Die SuS
- können Instrumente und Ziele des russischen Imperialismus miteinander in Beziehung setzen;
- können das Selbstbild der russischen Eliten hinsichtlich ihrer Herrschaft über andere Völker und Kulturen identifizieren;
- können die Bedeutung des russischen Imperialismus für die Entwicklung des russischen Zarenreichs beurteilen;
- können die Auswirkungen des russischen Imperialismus auf die internationalen Beziehungen beurteilen.

🧭 Orientierungskompetenz
Die SuS
- können die imperialistische Politik Russlands damals und heute miteinander vergleichen;
- können die Auswirkungen des russischen Imperialismus auf die Gegenwart identifizieren.

Tafelbild

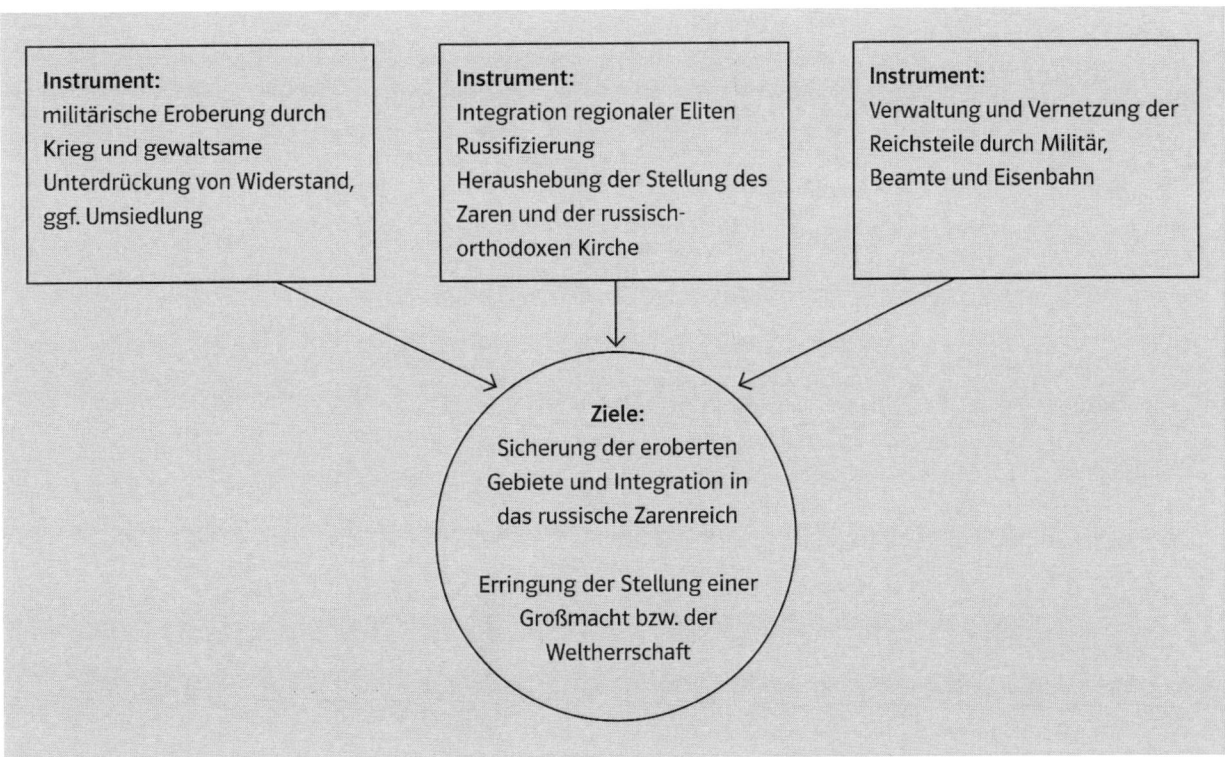

5 Das Zeitalter des Imperialismus

150–153

Sequenzvorschlag

So nicht ein vergleichender Ansatz verfolgt wird, der die verschiedenen Ausprägungen und Konsequenzen imperialistischer Herrschaft im Rahmen eines kooperativ angelegten Zugriffs untersucht und gegeneinanderstellt, bietet es sich an, dieses Unterkapitel in zwei Doppelstunden im Sinne eines Gegenwartsbezugs – Russlands Krieg gegen die Ukraine seit Februar 2022 (auch mit der Annexion der Krim 2014 und den nachfolgenden Unterstützungsmaßnahmen separatistischer Kräfte in der südöstlichen Ukraine mit den Schwerpunkten Donzek und Luhansk zu thematisieren) – zu erschließen.

Doppelstunde

Kommunikations- und Sozialformen	Minimalfahrplan	Differenzierungsangebote
(Bildimpuls) Lehrer-Schüler-Gespräch (LSG) oder Plenum	**Einstieg:** „Der schwarze Krake", 1904 (Q4) – Fröhliche Grüße aus Japan?! Entwicklung der Problemstellung (bspw. „Wie ist es dazu gekommen, dass Russland als Bedrohung seiner Nachbarn wahrgenommen worden ist?")	
Einzelarbeit – Partnerarbeit	**Erarbeitung:** Arbeitsauftrag 1 – Erstellung eines (analog oder digital vorzuentlastenden) Zeitstrahls oder einer Zeittafel	ggf. Differenzierung über Material – arbeitsteilige Erschließung der Geschichtskarte D1 und VT1 und VT2
Arbeit im Plenum/SSG	Präsentation des Zeitstrahls oder der Zeittafel, chronologisch-geographische Verortung der Expansionsbewegungen	
(Bildimpuls/Fragestellung) SSG	**Zwischenreflexion:** Was aus den gewonnenen Ergebnissen trägt bereits zur Beantwortung der zuvor gestellten Frage bei? Was muss an weiteren Informationen gewonnen werden, um die japanische Postkarte zu verstehen?	ggf. vorangestellte Murmelphase zwecks breiterer Befähigung zur aktiven Teilnahme
Gruppenarbeit	**Erarbeitung 2:** Ziele und Instrumente des russischen Imperialismus identifizieren, Arbeitsaufträge 2, 4 und 6	Differenzierung über Material: VT2, VT3, Q1, Q2
Plenum/SSG (Tafel oder digitale Medien)	**Präsentation/Ergebnissicherung:** Ziele und Instrumente des russischen Imperialismus	
LSG/SSG	**Vertiefung:** „Der schwarze Krake" (Q4) – Beantwortung der Stundenfrage, Sachurteil über die von den japanischen Autoren verbreitete Bewertung der russischen Expansionspolitik; Inbeziehungsetzung mit dem Japanisch-Russischen Krieg 1904/05 (VT5)	
LSG/Plenum	**Reflexion:** Diskussion – Welches Ziel verfolgt Putin 2021/22, wenn er die Ukraine als Kleinrussland bezeichnet?	ggf. vorangestellte Murmelphase zwecks breiterer Befähigung zur aktiven Teilnahme

Hinweise zu den Materialien

D1 Die moderne Geschichtskarte bildet die Expansion des Zarenreichs von 1462 bis 1917 ab. Sie setzt damit mit der Herrschaft Iwans III. (gen. der Große) ein, der seit 1462 als Großfürst von Moskau die „Sammlung russischer Erde" betrieben hat, und endet mit dem revolutionären Sturz der Romanov-Dynastie Ende Februar 1917 bzw. mit dem Putsch der Bolschewiki im Oktober 1917. Sie weist mittels Farbgebung, Schraffierungen und Jahreszahlen die stetige Expansion des russischen Zarenreichs nach Westen, Süden und Osten aus; neben den geographischen Bezeichnungen (bspw. Ural, Sibirien) werden auch die territorial gebundenen Herrschaftsgebiete (bspw. Polen, Finnland, Mandschurei) sowie mittels hellblauer Kursive in Großbuchstaben die jeweiligen Kulturen (bspw. Kasachen, Ewenken, Kosaken) ausgewiesen. Die Karte bietet das Potenzial, ein zeitliches wie räumliches Verständnis von der russischen Expansion zu gewinnen und damit auch einen ersten Eindruck von der Vielzahl verschiedener Ethnien zu erlangen, auf sich die Herrschaft der Zaren ausgedehnt hat.

Q1 Mit Michail Petrowitsch Pogodin (1800–1875) kommt ein Publizist und Historiker zu Wort, der imperialistisch wie panslawistisch agitiert und argumentiert hat. Seine auf die Romantik zurückgehende Haltung drückt sich in dem Auszug eines an den Thronfolger gerichteten Briefes aus, in dem er das Bild eines unter russischer Führung geeinten Slawentums entwirft, das von Nord bis Süd bzw. nach Europa hineinreichend seine Stellung zu behaupten und sich von den von inneren Streitigkeiten zerrütteten Nachbarn abzuheben wisse. Die Quelle ermöglicht daher vielfältige Zugriffe, um das Selbstverständnis des imperialen Russlands zu erfassen: Pogodin formuliert eine panslawische Ideologie, auf die sich der Führungsanspruch Russlands berufen soll, die Abgrenzung von einem nichtslawischen Europa und einen umfassenden territorialen Herrschaftsanspruch. Die Quelle bietet das Potenzial, ebenso Aussagen gegenwärtiger russischer Historikerinnen und Historiker sowie Politikerinnen und Politiker zu kontextualisieren wie Bezüge zu anderen imperialistischen, auf Kultur gründenden Konstrukten vergleichend herzustellen.

Q2 Die von General D. I. Romanovskij 1860 abgegebene Erklärung über die Bedeutung der russischen Herrschaft über die eroberten Kaukasusvölker spiegelt einen kulturimperialistischen Anspruch wider: Die Zivilisation des Westens (hier vermutlich Russlands) sei es, die über die Barbarei des Ostens (hier der Kaukasus) bestimmt sei zu triumphieren. Romanovskijs Aussagen erlauben damit einen Einblick in die Selbstlegitimierung der russischen Expansion in aus seiner Sicht unzivilisierte Regionen, was die erbrachten Opfer vor der Geschichte legitimiere. Die Quelle bietet daher das Potenzial, den russischen Imperialismus in seinem Selbstverständnis als Kultur- und Zivilisationsbringer zu identifizieren, was wiederum den Ansatz für Vergleiche mit gegenwärtigen Selbstbildern imperialistischer Expansion und Unterdrückung bildet.

Q3 Der 1895 übermittelte Bericht des deutschen Botschafters an den Reichskanzler über die Haltung der russischen Eliten – denn die hier gespiegelten Angehörigen des Offizierskorps sind alle dem russischen Hochadel zuzurechnen – bietet einen wichtigen Einblick in das neu erworbene Selbstverständnis, das sich in St. Petersburg vor der Jahrhundertwende entwickelt hatte: Aufgrund der erworbenen Ressourcen werde ein Führungsanspruch laut, der sich vielfältig in einem machtpolitisch-ideologischen Überlegenheitsgefühl widerspiegle. Der Westen und seine Zivilisation, moralisch wie revolutionär als zerrüttet und als „Krebsschaden" wahrgenommen, solle durch die Expansion in den Osten und Südosten weiter isoliert werden. Der Quellenauszug bietet daher das Potenzial, Aussagen heutiger russischer Spitzenpolitiker und ihrer Apologeten heranzuziehen, die in ähnlicher Weise die moralische „Degeneration" der westlichen Gesellschaft zu diffamieren und einen russischen Weg zu legitimieren suchen.

Q4 Die unter dem Titel „Der schwarze Krake" erschienene politisch-humoristisch ausgerichtete Postkarte ist in Japan 1904 entstanden, also in dem zeitlichen Umfeld, in dem Japan gegen Russland kriegerische Mittel ergreift. Die Postkarte ist offensichtlich international rezipiert worden, worauf das obere linke Textfeld hinweist, das auf Englisch Kernaussagen wiedergibt; eventuell sind die englischen Ländernamen nachträglich unter die japanischen Zeichen gesetzt worden. Der auf der rechten oberen Bildhälfte, in Japanisch gehaltene Text enthält nur die Namen der Autoren: Als Herausgeber wird der Universitätsprofessor Dr. iur. Nakamura Shingo, als Zeichner Obara Kisaburou, Student an der Keio Universität, angegeben. Die untere Zeile bedeutet: „Europa-Asien diplomatische Karte – humoresk". Die Botschaft der kolorierten Weltkarte wird durch die Gestaltung der Länder erfassbar: Einzig das im Mittelpunkt der Abbildung befindliche russische Zarenreich wird als ein überdimensionaler Krake, ein in der damaligen Vorstellungswelt der Zeitgenossen gängiges Monster aus den Meerestiefen, darstellt. Dieser Krake streckt seine gewaltigen Tentakel in alle Richtungen aus und bedrängt die als Personen dargestellten Nachbarn, die sich entweder hilflos (allen voran China) oder kampfbereit (Japan) zeigen.

5 Das Zeitalter des Imperialismus

150–153

Erläuterungen zu den Arbeitsaufträgen

1. Skizziere die wesentlichen Etappen von Russlands Aufstieg zur Großmacht (D1, VT1, VT2). (AFB II)
- Ob zuerst die Geschichtskarte oder aber die beiden Verfassertexte herangezogen werden, liegt an der eigenen Setzung des roten Fadens der Aufgabe.
- Die farbliche Gestaltung der Geschichtskarte weist aus, dass die Expansion des zaristischen Russlands seit 1462, dem Herrschaftsantritt Iwans III., bis 1917 verschiedene Etappen erlebt hat, die sich vom Kernland in die westlichen, nordwestlichen, östlichen und südlichen Grenzgebiete entwickelten.
- Den Erwerbungen bzw. Eroberungen im Laufe des 17. und 18. Jahrhunderts, die sich vornehmlich Richtung Sibirien gen Pazifik, aber auch Richtung Westen zulasten Polens, der einst schwedischen Herrschaftsgebiete im Baltikum und Finnland und Richtung Südwesten gegen das Osmanische Reich vollzogen haben, folgt ab dem 19. Jahrhundert eine schrittweise Ausdehnung über den Kaukasus, die mittelasiatische Steppe bis an die Grenzen Persiens, Indiens und Chinas, bis zu Beginn des 20. Jahrhunderts die Einflusszone auf die Mandschurei und die chinesisch-koreanische Pazifikküste ausgedehnt wird.
- Je nach Entschlossenheit und Möglichkeiten der konkurrierenden Groß- oder Regionalmächte (Österreich-Ungarn, Osmanisches Reich, Großbritannien, Frankreich, Japan) kommen diese Expansionsbewegung entweder zum Stillstand oder führen zu einer Ausweichbewegung in Regionen, die bislang von der russischen Expansion ausgespart sind und in denen ernstzunehmende Konkurrenten um die Kontrolle fehlen.

2. Fasse die Instrumente zur Sicherung der russischen Herrschaft zusammen (VT). (AFB I)
Zu nennen sind: militärische Eroberung, Einsetzung von lokalen Stellvertretern, Erhebung und Eintreibung von Steuern, Errichtung bewaffneter Stützpunkte zur dauerhaften Kontrolle und gewaltsamen Brechung von lokalem Widerstand, ggf. durch Tötung oder Umsiedlung, Kolonialisierung mittels Russifizierung, Integration der regionalen Eliten, ggf. Verbot von Kultur und Sprache der jeweiligen Völker, Unterdrückung nationaler Bestrebungen, Vernetzung der Ballungszentren durch Infrastruktur (Transsibirische Eisenbahn von St. Petersburg und Wladiwostok), Ausbau der regionalen Wirtschafts- und Verwaltungszentren mit der politischen Zentrale in St. Petersburg.

MK 3. Recherchiere im Online-Lexikon DS W13 ⊕ statistische Informationen zu Nationalitäten in Russland um 1897. Vergleicht in der Klasse und überprüft dabei die These eines multiethnischen Reichs. (AFB III) MKR 1.2, 3.2
- Voraussetzung ist, dass auf der Basis der erhobenen Informationen und einer zuvor allgemeingültigen Definition, was „multiethnisch" bedeutet, die zu leistende Überprüfung kriterial realisiert wird. Dazu sind die religiösen, kulturellen und ethnischen Merkmale der im russischen Zarenreich lebenden Völker in ihrer gewaltigen Bandbreite zu unterscheiden, die allein schon in der Vielfalt verschiedener christlicher Konfessionen, den Varianten des Islams und den Praktiken der buddhistischen Lehren sowie der Naturreligionen der im Osten lebenden Naturvölker einen Ansatzpunkt finden. Die sprachliche Vielfalt ist ein weiterer Hinweis, der die kulturelle Verschiedenheit der Völker und Kulturen, die sich unter der russischen Herrschaft der Zaren bzw. russischen Orthodoxie wiederfinden, veranschaulicht. Entsprechend ist der These vom multiethnischen Reich reflektiert-kriterial zu begegnen; aus Sicht des Verfassers spricht hier wenig dagegen.
- Zur Vertiefung bietet es sich an, den Führungsanspruch der russisch-nationalen bzw. russisch-orthodoxen Kultur über diese Völker in seinen möglichen Konsequenzen zu problematisieren bzw. zu klären, was sich die Zaren und ihre Repräsentanten davon versprochen haben, im Sinne der Kultur imperialistisch vorzugehen. Ein Ansatzpunkt könnte die Errichtung der Alexander-Newski-Kathedrale im protestantischen Zentrum der damaligen baltischen Provinz Reval (heute Tallinn, Estland) 1900 sein.

4. Erläutere die Idee des Panslawismus und seine Rolle für die russische Politik (VT5, Q1). (AFB II)
- Ausgehend von dem vorliegenden Briefauszug, in dem Pogodin die Stellung Russlands preist und den in diesem Reich lebenden 60 Millionen Menschen weitere Millionen perspektivisch betrachtet hinzurechnet, wird auch der Blick auf die jenseits der russischen Grenzen lebenden slawischen Völker gerichtet, was weitere 30 Millionen „Brüder und Vettern" bedeute.
- Hiermit wird bereits der romantische Ansatz deutlich, eine auf Verwandtschaft beruhende Gemeinschaft zu imaginieren, die, einem „Naturgesetz folgend", als Slawen eine Einheit bilden. Den Schirmherr dieser quer von Nord nach Süd verlaufenden kulturell-blutsverwandten Gemeinschaft könne laut Pogodin nur Russland darstellen, zumal der Rest Europas, insbesondere die nicht unter russischer Herrschaft lebenden Slawenreiche (Österreich-Ungarn und das Osmanische Reich), zerstritten und schwach seien. Dieser Blickwinkel, den der Historiker Pogodin dem Thronfolger zu vermitteln sucht, hat sich vom frühen 19. Jahrhundert an als Spielart nationalistischer Politik entwickelt, mit der der Zar und die russische Orthodoxie das Ziel verfolgen (oder es zumindest als solches verkünden), alle Slawen unter russischer Vorherrschaft zu vereinen. Diese Variante des Nationalismus befeuert die Einflussnahme bzw. Interventionsbereitschaft Russlands in Mittelsüdosteuropa, trägt zeitgleich zur Unterdrückung anderer nationaler Bestrebungen im eigenen Reich bei und ist als eine Ursache für den 1914 entfesselten Weltkrieg zu betrachten.

5. **Arbeite die Sicht Russlands auf sich und andere Völker heraus (Q1, Q2). (AFB II) ○ → S. 189**
   - Während Pogodin als Apologet eines panslawistisch-supranationalistischen Machtanspruchs Russlands Stellung als Schutzmacht über alle slawischen Völker (und die von diesen bewohnten Territorien) heraushebt und letztlich den künftigen Thronfolger eine imperialistische Legitimation anbietet, die Herrschaft Russlands gen Europa auszudehnen, versteht der mit der Eroberung und Absicherung der russischen Herrschaft über den Kaukasus betraute Romanovskij Russland als dazu berufen, „Zivilisation" zu bringen. Die Eroberung des Kaukasus und der dort lebenden Völker wird als Triumph der (westlichen/russischen) Zivilisation über die „verstockteste Barbarei" begriffen, der im Sinne einer vollbrachten Wohltat zu deuten sei.
   - Entsprechend sind beide Ansätze, wenngleich zu unterschiedlicher Zeit, mit unterschiedlichen Zielsetzungen und mit unterschiedlichen Resultaten zu lesen, darauf ausgerichtet, die Stellung des zaristischen Russlands als von der Natur (Pogodin beruft sich auf das „Naturrecht") wie von der Zivilisation (Romanovskij) legitimiert, ja berufen zu sehen, über andere (slawische) Völker als Bruder Harmonie und Einheit zu stiften bzw. den „kaukasischen Bergvölkern" die Vorzüge westlicher Zivilisation zu vermitteln – wenn nötig, eben gewaltsam.

SP 6. **Stelle den Zustand des Zarenreichs den Aussagen hoher russischer Offiziere und Regierungsvertreter gegenüber (VT3, VT4, Q2, Q3). Verwende eine Tabelle mit den Spalten „Aussagen über das Zarenreich" – „Zustand des Zarenreichs". (AFB III)**

Schlussfolgerung aus dem Vergleich: Zwischen dem zur Schau getragenen Selbstbild der russischen Eliten und dem tatsächlichen Zustand Russlands tut sich eine Kluft auf, denn obwohl das Ausgreifen auf den asiatischen Osten und die Erhöhung der russischen Präsenz durchaus erfolgreich ist, so stößt dieses doch auf innere wie äußere Grenzen. Innenpolitisch ist Russland doch nicht vor dem dem europäischen Westen zugewiesenen „Krebsschaden der Revolution" sicher, der sich in einer gesellschaftlichen Spaltung widerspiegelt, ökonomisch kann es nicht die Herausforderungen einer Großmacht im erforderlichen Maße bewältigen, militärisch wird es von Japan auf das Empfindlichste gedemütigt.

7. **Interpretiere die Karikatur vor dem Hintergrund der internationalen Konflikte (Q4, VT1, VT4, VT5). (AFB II) ○ → S. 189**
   - Das in Form einer überdimensionalen Krake inszenierte Russland stellt nach Meinung der japanischen Autoren eine monströse Gefahr dar, das nach den benachbarten Ländern greife und seine Nachbarn bedrohe.
   - Die Karikatur ist als ideologische Quelle mit hoher Reichweite (als Postkarte ist sie versendbar) zu verstehen, da hier die japanische Sichtweise, die offensichtlich international multipliziert worden ist, Russland als aggressives Monster darstellt: Belustigend hier als Karikatur anzusehen, aber eben auch ein Warnhinweis, dass dieses Russland eine ernste Gefahr für alle anderen darstellt, weswegen entschiedene Gegenmaßnahmen ergriffen werden müssen, um nicht von diesem Monster verschlungen zu werden.

Aussagen über das Zarenreich (Bericht des deutschen Botschafters, 1895)	Zustand des Zarenreichs (Verfassertext)
Die russische Elite (hochrangige Offiziere am St. Petersburger Hof) sehe die erlangte Stellung mit „Stolz und Selbstbewusstsein" (Z. 1); eine „neue Ära" (Z. 3) breche an, Russland zu einem „Kulturstaat ersten Ranges" (Z. 4 f.) zu machen. Grundlage dafür seien die gewaltigen Ressourcen, über die Russland verfüge (vgl. Z. 11). Auf diesen werde die Forderung, die Weltherrschaft anzustreben, gegründet (vgl. Z. 14). Im Gegensatz zu dem von Revolution und moralischer Dekadenz „vom Krebsschaden" (Z. 18 ff.) erfassten westlichen Europa sei Russland davon frei und könne so seine Stellung gen Osten und Südosten kraftvoll ausdehnen (vgl. Z. 16 f.).	Das zaristische Russland erlangt schrittweise die Kontrolle über ein multiethnisches Reich, das sich von der Ostsee bis an den Pazifik erstreckt (vgl. Z. 44 f.). Dabei vollzieht sich diese Ausdehnung entweder durch Assimilation der jeweiligen lokalen Eliten oder durch gewaltsame Eroberung; die russische Kultur wird je nach Widerstandskraft der jeweiligen zu beherrschenden Völker mit mehr oder weniger Gewalt durchgesetzt (vgl. Z. 50–59). Die Russifizierung erfolgt ggf. durch das Verbot von Sprachen oder die Errichtung von russisch-orthodoxen Kirchen in den Zentren (vgl. Z. 64–70). Verstärkt wird die Präsenz durch den Ausbau der Eisenbahn, die die Anbindung an die europäischen Metropolen Russlands ermöglicht (vgl. Z. 83–88). Der Versuch, an den ökonomisch erfolgreicheren Westen aufzuschließen, kann nicht wie angestrebt realisiert werden. Zudem greift Russland immer stärker auch nach China aus, wo es schlussendlich mit Japan kollidiert. Die Niederlage von 1905 zeigt aber auch, dass Russland nicht nur nicht in der Lage ist, einer aufsteigenden imperialistischen Macht erfolgreich zu widerstehen, sondern dass auch die gesellschaftlichen und sozialen Differenzen im Inneren zu gewaltigen Störungen führen, die in der Revolution von 1905 münden (vgl. Z. 94–105).

- Die historischen Bezüge lassen sich aus dem Verfassertext und den Informationen über die russische Expansion, wie sie die Geschichtskarte D1 bereithält, finden: Nach dem Ende der Expansion nach Westen bzw. Südwesten Europas hat sich Russland kontinuierlich nach Süden und in den Südosten ausgedehnt, Territorien und Völker unter seine Kontrolle gebracht und so systematisch seine Herrschaft erweitert.
- Um die Jahrhundertwende tragen der Ausbau der Eisenbahnlinien gen Osten sowie die zunehmende Kontrolle der Mandschurei durch Russland dazu bei, dass Japan Russland als neue regionale Bedrohung ausmacht.

8. Beurteile, wie die Entwicklung der russischen Expansion von außen wahrgenommen wurde (Q3, Q4, VT4, VT5). (AFB III)

- Das Sachurteil entwickelt sich auf der Grundlage der damals geltenden Kriterien: Die Unterstützung der panslawistischen Bewegung in dem multiethnischen Kaiserreich Österreich-Ungarn sowie auf dem vielschichtigen Balkan ist als Bedrohung (aus Sicht der Herrschenden) wie als Chance (aus Sicht slawischer Separatisten und Herrscher) wahrgenommen worden.
- Die Expansion in den Osten gen Pazifik bzw. China ist von den dortigen Regierungen wie von den dort eigenen Interessen verfolgenden europäischen Großmächten als Bedrohung erlebt worden; das Potenzial des Handels ist vermutlich gegenüber der erhöhten militärischen Präsenz Russlands in der Mandschurei und Korea zurückgetreten.
- Besonders besorgniserregend müssen die Berichte aus dem innersten Machtbereich des russischen Zarenreichs, dem Zarenhof zu St. Petersburg, geklungen haben: Ein erstarktes Selbstbewusstsein ist eine Sache, die ggf. hinnehmbar wäre, wenn aber diese einhergeht mit dem Anspruch, die Weltherrschaft gegenüber einem verächtlich wahrgenommenen Westen anzustreben, so ist dieser – vom deutschen Botschafter so bezeichnete – Fanatismus ein Alarmsignal dafür, dass eine Konfrontation zwischen den Großmächten in Europa und in den Interessensgebieten Indien und Persien sowie China absehbar ist.
- Dass diese Expansion eingedämmt werden müsse, zeigt nicht nur das britisch-russische Abkommen von St. Petersburg von 1907, sondern vor allem auch der japanische Angriff auf den russischen Marinestützpunkt Port Arthur auf der chinesischen Halbinsel Liaodong 1904 und die nachfolgende militärische Demütigung Russlands, die sich u. a. in der Versenkung zweier russischer Hochseeflotten und dem Rückzug aus dieser Region spiegelt. Die 1904 veröffentlichte Karikatur Russlands als Monsterkrake weist hierzu den Weg für das Verständnis, dass Russland als Bedrohung wahrgenommen worden ist.

9. Diskutiert vor dem Hintergrund des im Februar 2022 begonnenen russischen Angriffskriegs gegen die Ukraine, in welcher Weise das Selbstverständnis Russlands in der Zarenzeit hier eine Rolle spielt (Q1, Q2, Q3). (AFB III) ●

- Diese Aufgabe macht es möglich, im Anschluss an die Erarbeitung wesentlicher Merkmale der imperialistischen Herrschaft Russlands bis ins frühe 20. Jahrhundert miteinander einen Gegenwartsbezug herzustellen. Dazu empfiehlt es sich, zum einen auf Aussagen der russischen Verantwortlichen des Jahres 2022 zurückzugreifen, so bspw. das Geschichtsbild des russischen Präsidenten Putin, wonach die Ukraine als „Kleinrussland" betrachtet wird bzw. als „Neurussland" von den Russen besiedelt worden sei.
- Zudem lassen sich Beispiele für die gezielte Russifizierung der besetzten Gebiete anführen. Darüber hinaus finden sich mittlerweile ausreichend Beispiele einer bewussten Selbstinszenierung Putins, der die globale Rolle Russlands wiederherzustellen sucht.
- Die Diskussion sollte so darauf angelegt sein, dass das naheliegende Sachurteil über die beobachtbaren Linien des russischen Imperialismus in ein differenziertes Werturteil überführt wird, in dem über die Konsequenzen dieser Geschichtsaneignung bzw. Legitimation von Krieg und Annexion in einem offenen Diskurs reflektiert werden kann.

Wiederholen und Anwenden

1. Überblickswissen zur Kolonialisierung
Eine Übersicht erstellen
Wahrnehmungskompetenz

Liste die heutigen Länder in einer Tabelle auf, die die europäischen Mächte um 1900 in Afrika, Asien und Amerika beherrschten. Nutze dazu die Karte auf der Auftaktdoppelseite.

Kolonialmächte	heutige Länder
Vereinigtes Königreich	– Afrika: Ägypten, Sudan, Südsudan, Kenia, Teil von Somalia, Uganda, Rhodesien, Sambia, Botswana, Malawi, Lesotho, Südafrika, Swasiland heute: Eswatini, Nigeria, Ghana, Sierra Leone, Gambia – Asien: Indien, Pakistan, Bangladesch, Myanmar, Sri Lanka, Malediven, Malaysia, Singapur, Hongkong (zu China), Brunei – Ozeanien und Australien (ohne kleine Inseln): Papua-Neuguinea, Australien, Neuseeland, Fiji, Samoa – Amerikanischer Kontinent: Kanada, Belize, Guayana, Größere Inseln: Jamaika, Bahamas, Bermudas, Antigua, Falkland-Inseln – Arabische Halbinsel: Kuwait, Bahrain, Dubai, Qatar, Oman, Jemen (Teile)
Deutsches Reich	– Afrika: Togo, Kamerun, Namibia, Tansania, Ruanda, Burundi – Asien: Tsingtao (zu China), Ozeanien, Papua-Neuguinea, Marschall-Inseln, Palau, Samoa
Frankreich	– Afrika: Marokko, Algerien, Tunesien, Mauretanien, Senegal, Guinea, Mali, Niger, Tschad, Elfenbeinküste, Burkina Faso, Zentralafrikanische Republik, Gabun, Benin, Republik Kongo, Djibouti, Madagaskar, Komoren – Asien: Vietnam, Kambodscha, Laos – Amerikanischer Kontinent: Inseln der Karibik: Martinique, Guadaloupe, St. Martin, Frz. Guayana
Belgien	– Afrika: Demokratische Republik Kongo
Niederlande	– Asien: Indonesien
Spanien	– Afrika: Westsahara (von Marokko besetzt), Äquatorialguinea
Portugal	– Afrika: Kapverden, Guinea-Bissau, Angola, Mozambique, Sao Tomé und Principe – Asien: Goa (zu Indien), Macao (zu China)
Italien	– Afrika: Somalia (Teile), Eritrea, Libyen
Russland	– Port Arthur (China, 1898–1905)

2. Imperialismus und Erster Weltkrieg im Spiegel von Quellen
Digitale Sammlungen für historisches Lernen nutzen
Analysekompetenz, Urteilskompetenz

a) Wählt in Kleingruppen aus den digitalen Sammlungen dieses Kapitels (vgl. S. 128, 133, 137, 142) das Angebot aus, welches sich eurer Meinung nach am besten für historisches Lernen eignet. Stellt die digitale Sammlung in der Klasse vor.
Für die Auswahl der eurer Meinung nach am besten für historisches Lernen geeigneten digitalen Sammlung solltet ihr folgende Fragen als Kriterien berücksichtigen:
– Welche Quellen bzw. Digitalisate enthält die Sammlung?
– An wen richtet sich die digitale Sammlung?
– Wer ist der Anbieter der digitalen Sammlung?
– Welche Funktionen bietet die Sammlung für die Recherche/Suche von Digitalisaten, und die Untersuchung einzelner Digitalisate und sind diese Funktionen nutzerorientiert bzw. praktikabel?
– Werden ausreichend Informationen zum Sachverhalt und einzelnen Digitalisaten bereitgestellt?

b) Recherchiert im Internet selbstständig eine weitere digitale Sammlung zu einem Themenfeld dieses Kapitels. Präsentiert die Sammlung, deren Anbieter, Inhalte und Recherchemöglichkeiten in der Klasse.
Bei der Recherche weiterer digitaler Sammlungen solltet ihr darauf achten, dass nicht jedes Geschichtsangebot im Internet eine digitale Sammlung ist. So zählen beispielsweise Informationsseiten zu einzelnen historischen Themen oder Portale von Museen und Archiven nur dann zu digitalen Sammlungen, wenn sie gezielt Bestände von digitalisierten Quellen (Digitalisate) bereitstellen.

c) Erarbeitet in der Gruppe eine Ausstellung mit Quellen zum Thema Imperialismus. Nutzt dafür die digitalen Sammlungen aus diesem Kapitel und wählt geeignete Digitalisate aus.
Für die Erstellung einer Ausstellung sind folgende Arbeitsschritte wichtig:
1. Festlegung eines Themas eurer Ausstellung (dafür empfiehlt sich eine konkrete Schwerpunktsetzung bzw. Fragestellung zum Thema Imperialismus);
2. Auswahl und Anordnung geeigneter Quellen/Digitalisate (diese sollten den Schwerpunkt bzw. die Fragestellung der Ausstellung entsprechen);
3. Vermerk von Quellenangaben;
4. Formulierung kurzer Erläuterungstexte, die sowohl die Quellen erläutern als auch deren Beitrag zum Themenschwerpunkt bzw. der Fragestellung verdeutlichen (Hintergrund der Quelle, Einordnung in den historischen Kontext des Imperialismus bzw. Ersten Weltkrieg);
5. Die Ausstellung könnt ihr sowohl analog beispielsweise in Form eines Plakates als auch digital z.B. als Pecha-Kucha-Präsentation (PowerPoint) oder als Website/Blog umsetzen.

	Anbieter	Inhalt/Thema der Sammlung/enthaltene Quellen/Darstellungen	Funktionalität und Recherchemöglichkeiten der Sammlung
„Der wahre Jacob"	– verschiedene Universitäten, Archive, Bibliotheken	– Zeitschrift, Medien/Kulturgeschichte – Digitalisate der Ausgaben der Zeitschrift „Der wahre Jacob"	– Schlagwortsuche – gezielte Suche nach Jahrgängen („Blättern") – gezielte Suche nach Personen – Lupenfunktion – Download möglich
„Simplicissimus"	– verschiedene Universitäten, Archive, Bibliotheken	– Zeitschrift, Medien/Kulturgeschichte – Digitalisate der Ausgaben der Zeitschrift „Simplicissimus"	– Schlagwortsuche – gezielte Suche nach Jahrgängen („Blättern") – gezielte Suche nach Personen – Lupenfunktion – Download möglich
„Deutsche Geschichte in Dokumenten und Bildern"	– Deutsches Historisches Institut Washington	– Politik/Ereignisgeschichte – Darstellungstexte (Einleitung), Geschichtskarten, Bildquellen, Statistiken – Textquellen als Transkripte abrufbar (keine Digitalisate)	– Stichwortsuche nach zeitlichen Epochen möglich – zu einzelnen Epochen Orientierung durch Auswahl von Dokumenten, Bildern, Karten – Bereitstellung einer Druckfassung als PDF

5 Das Zeitalter des Imperialismus

3. Konflikte der Großmächte
Eine Textquelle analysieren
Analysekompetenz, Urteilskompetenz

a) Fasse die Hoffnungen in die Eisenbahn zusammen, wie sie in der Denkschrift dargestellt werden.
- Die Dampfbahn werde eine außerordentliche wirtschaftliche Bedeutung für Rußland haben und die russische Industrie in hohem Maße beleben.
- Sie verbinde Asien mit Europa und wird so im wirtschaftlichen Kampf mit Europa und anderen Konkurrenten Russland helfen.

b) Erkläre die russischen Interessen vor dem Hintergrund der in der Denkschrift angeführten Unternehmungen konkurrierender Großmächte. Berücksichtige hierbei auch dein Fachwissen aus dem Kapitel „Das russische Zarenreich".
Als aufstrebende Großmacht war Russland auch daran interessiert, seine Machtanspruch durch wirtschaftliche Expansion und Stabilität abzusichern. Als wirtschaftlich eher rückständiges Land wollte die russische Regierung durch den Bau der Transsibirischen Eisenbahn den Transport von Waren und Truppen erleichtern und den russischen Einfluss in Ostasien, wo die westlichen Großmächte noch nicht so stark vertreten waren, ausbauen.

c) Beurteile die Funktion und Bedeutung von Handelsrouten für die Durchsetzung imperialer Herrschaft.
Handelsrouten und damit einhergehende Transportmöglichkeiten durch neue Eisenbahnstrecken waren für die Durchsetzung eines imperialen Herrschaftsanspruchs von enormer Bedeutung für Russland. Die Schwerindustrie ließ sich durch die Nachfrage nach Kohle und Stahl beleben und neue Absatzmärkte konnten besser erschlossen werden. Dies förderte die finanzielle Potenz des Zarenreiches und damit auch die Stärkung des Militärs für die Absicherung des imperialen Machtanspruchs.

4. Erinnerung an die Kolonialzeit
Denkmäler analysieren und vergleichen
Methodenkompetenz, Sachkompetenz, Urteilskompetenz

a) Analysiere die Denkmäler Q2 und Q3 nach den Arbeitsschritten auf S. 204. Recherchiere dazu weitere Informationen im Internet.

Q2
Beschreiben: Das Bild zeigt viele große Steine. Auf diesen steht ein Pferd, auf dem ein Mann mit einem großen Hut sitzt, der wie ein Soldat aussieht. Dieser Mann hat in der rechten Hand ein Gewehr, das nach oben zeigt. Mit der linken Hand hält er die Zügel des Pferdes.
Auf die großen Steinblöcke ist eine Tafel montiert. Auf dieser Tafel steht folgender Text: „Zum ehrenden Angedenken an die tapferen deutschen Krieger, welche fuer Kaiser und Reich zur Errettung und Erhaltung dieses Landes waehrend des Herero- und Hottentottenaufstandes 1903 bis 1907 und waehrend der Kalahari-Expedition 1908 ihr Leben ließen. Zum ehrenden Andenken auch an die deutschen Buerger, welche den Eingeborenen im Aufstande zum Opfer fielen. Gefallen, verschollen, verunglueckt, ihren Wunden erlegen und an Krankheiten gestorben, von der Schutztruppe: Offiziere 100, Unteroffiziere 254, Reiter 1180, von der Marine: Offiziere 7, Unteroffiziere 13, Mannschaften 72, im Aufstande erschlagen: Maenner 119, Frauen 4, Kinder 1." (https://www.freiburg-postkolonial.de/Seiten/Zeller-Reiterdenkmal-1912.htm, Zugriff: 01.03.2023)

Untersuchen: Das Denkmal ist ein Kriegerdenkmal. Es erinnert an den Krieg der deutschen Kolonialisten zur Niederschlagung des Widerstands der Herero in der deutschen Kolonie Südwestafrika, heute Namibia 1904–1908.
Das Denkmal wurde 1912 im Zentrum der Hauptstadt Kolonie, Windhuk, vor der alten Festung der deutschen Schutztruppe errichtet.
Die Gesamthöhe des Denkmals beträgt 9,50 m. Die eingelassene Inschrift zählt nur die weißen Opfer, nicht jedoch die unter den Herero und Nama auf. Finanziert wurde das vom Kommando der Schutztruppe angeregte Denkmal durch Spenden.
Die Einweihung fand am 27. Januar 1912, dem Geburtstag Kaiser Wilhelms II., statt. Bei der Einweihungsfeier sagte der deutsche Gouverneur der Kolonie, Dr. Theodor Seitz: „Den Toten zur Ehre ist dieses Denkmal gesetzt, den Lebenden zum Ansporn, zu erhalten und auszubauen, was in einem schweren Kampfe von aufopfernder Vaterlandsliebe errungen wurde [...]. Der eherne Reiter der Schutztruppe, der von dieser Stelle aus in das Land blickt, verkündet der Welt, daß wir hier die Herren sind und bleiben werden." (https://www.freiburg-postkolonial.de/Seiten/Zeller-Reiterdenkmal-1912.htm, Zugriff: 01.03.2023)

Die Rede macht deutlich, dass das Denkmal nicht nur ein Gefallenen-, sondern auch ein Sieges- bzw. Herrschaftsdenkmal war. Es sollte den Einheimischen die deutsche Vorherrschaft und den Willen, diese auf Dauer auszuüben, öffentlich deutlich machen.

Das Motiv des Denkmals wurde weithin genutzt. Es galt als Symbol für den deutschen Willen, seine Kolonien zu verteidigen. Dies spiegelt sich auch in seiner Verwendung in der Kolonialpropaganda der NS-Zeit wider.

Nach 1945 nutzten die in der ehemaligen Kolonie, die von Südafrika verwaltet wurde, verbliebenen Deutschen das Denkmal, um gemeinsam am „Remembrance Day" (jeweils der 11. November), dem Tag des Kriegsendes des Ersten Weltkrieges, gemeinsam mit der dort lebenden weißen Bevölkerung an die Opfer des Krieges zu erinnern. 1959 kam es erstmals zu Protestveranstaltungen seitens der indigenen einheimischen Bevölkerung. Angehörige der Herero verhüllten das Gesicht mit einem Sack und hängten rote Blumen an dieses.

Seit 1969 galt das Denkmal als „nationales Monument". Gleichzeitig verschärfte sich die Kritik an dessen Symbolik und Aussage.

Nach der Unabhängigkeit Namibias 1990 kam es zwar zunächst zu keinem „Denkmalssturm". Wohl aber errichtete die neue Regierung nun Denkmäler zu Ehren von Helden des Befreiungskampfes. Das Denkmal wurde ergänzt mit Tafeln, die dessen Geschichte kritisch beleuchteten. 2009 wurde das Denkmal demontiert und umgesetzt. 2013 schließlich wurde es erneut demontiert und in den Hof der alten Festung der Kolonialtruppen versetzt, ohne aber den Sockel wieder zu errichten. Zugleich verlor das Denkmal seinen Status als „nationales Denkmal". An der Stelle des Reiterdenkmals steht heute die Statue des Gründers von Namibia, Präsident Sam Njoma.

Deuten: Der monumentale Charakter des Denkmals unterstreicht dessen Symbolik als Gefallenen-, aber auch Sieges- und Herrschaftsdenkmal. Es soll deutlich machen, dass die Deutschen die „Herren" im Land sind, die Einheimischen diesen zu dienen haben. Es ist ein klassisches Kolonialdenkmal, das zum kritischen Hinterfragen einer dunklen Epoche europäischer Geschichte geeignet ist. Die wechselvolle Geschichte belegt den Wandel in der Haltung der Menschen zu diesem und ähnlichen Denkmälern. Der tiefere Sinn von Denkmälern – „Denk mal!" – wird hier deutlich.

Q3

Beschreiben: Das Foto zeigt einen großen gemauerten Block. In diesen ist ein Bild aus Eisen eingelassen. Auf diesem Bild ist ein Baum zu sehen. Rechts und links stehen Männer mit Gewehren, die offenbar Uniformen anhaben. Sie haben zwei Männer und eine Frau aufgehängt, deren Hände gefesselt sind.

Über ihnen ist eine Inschrift zu sehen: „Their Blood Waters our Freedom". Über dem Block ist eine Halbkugel zu sehen, die wie eine halbe Erdkugel aussieht. Darauf stehen ein Mann und eine Frau, die sich festhalten und jeweils einen Arm hochalten. Die Ketten, mit denen sie offenbar gefesselt waren, haben sie zerrissen.

Untersuchen: Die Tatsache, dass dieses Denkmal an der gleichen Stelle steht, an der einst das deutsche Kolonialdenkmal stand, zeigt, dass es sich um ein Siegesdenkmal handelt. Dafür sprechen auch die Inschrift – „Freiheit" als Endziel des Kampfes, der 1904 begonnen hatte – und der indigene Mann und die indigene Frau, die anders als die Hingerichtete, ihre Ketten endgültig zerrissen haben. Mit der Errichtung des Denkmals macht die Regierung von Namibia deutlich, dass das Land und seine Menschen nach langen Kämpfen frei sind.

Deuten: Das Denkmal ist nur eines zahlreicher ähnlicher Denkmäler – eines steht u.a. in Dakar/Senegal –, die an den Freiheitskampf der einheimischen Bevölkerung erinnern. Es ist zugleich eine Anklage gegen diejenigen, die einst als Unterdrücker brutal herrschten.

b) Das Reiterdenkmal (Q2) wurde 2013 endgültig abgebaut und durch das „Genozid-Denkmal" (Q3) ersetzt. Nimm Stellung zu dieser Entscheidung der namibischen Regierung.

Mit der Umsetzung des Denkmals und der Errichtung eines neuen Nationaldenkmals an dessen Stelle hat die namibische Regierung deutlich gemacht, dass die koloniale Vergangenheit Geschichte ist, mit der es sich kritisch auseinanderzusetzen gilt. Zugleich hat sie diese Geschichte und die damit verbundenen Verbrechen durch die Bildsprache eindrucksvoll und zum Nachdenken anregend in Erinnerung gerufen.

c) Verfasse einen Artikel für deine Schülerzeitung zum Thema: „Wie sollten wir heute mit Denkmälern aus der Kolonialzeit umgehen?"

Dieser Artikel könnte lauten: „Kolonialdenkmäler erinnern an eine der dunkelsten Perioden europäischer Geschichte – die Unterdrückung und Ausbeutung, Versklavung und vielfach auch Ermordung von Millionen Einheimischen in Afrika, Asien, Lateinamerika und auch Ozeanien. Abreißen ist eine Möglichkeit. Mit einem Abriss wird Geschichte jedoch auch getilgt. Sinnvoller scheint mir, die Denkmäler und deren Geschichte kritisch aufzuarbeiten, um Geschichtsbewusstsein zu ermöglichen. Dazu sollten ausführliche Tafeln angebracht werden, die den Kontext darstellen."

6 Der Erste Weltkrieg – Urkatastrophe des 20. Jahrhunderts

🔗 156–179

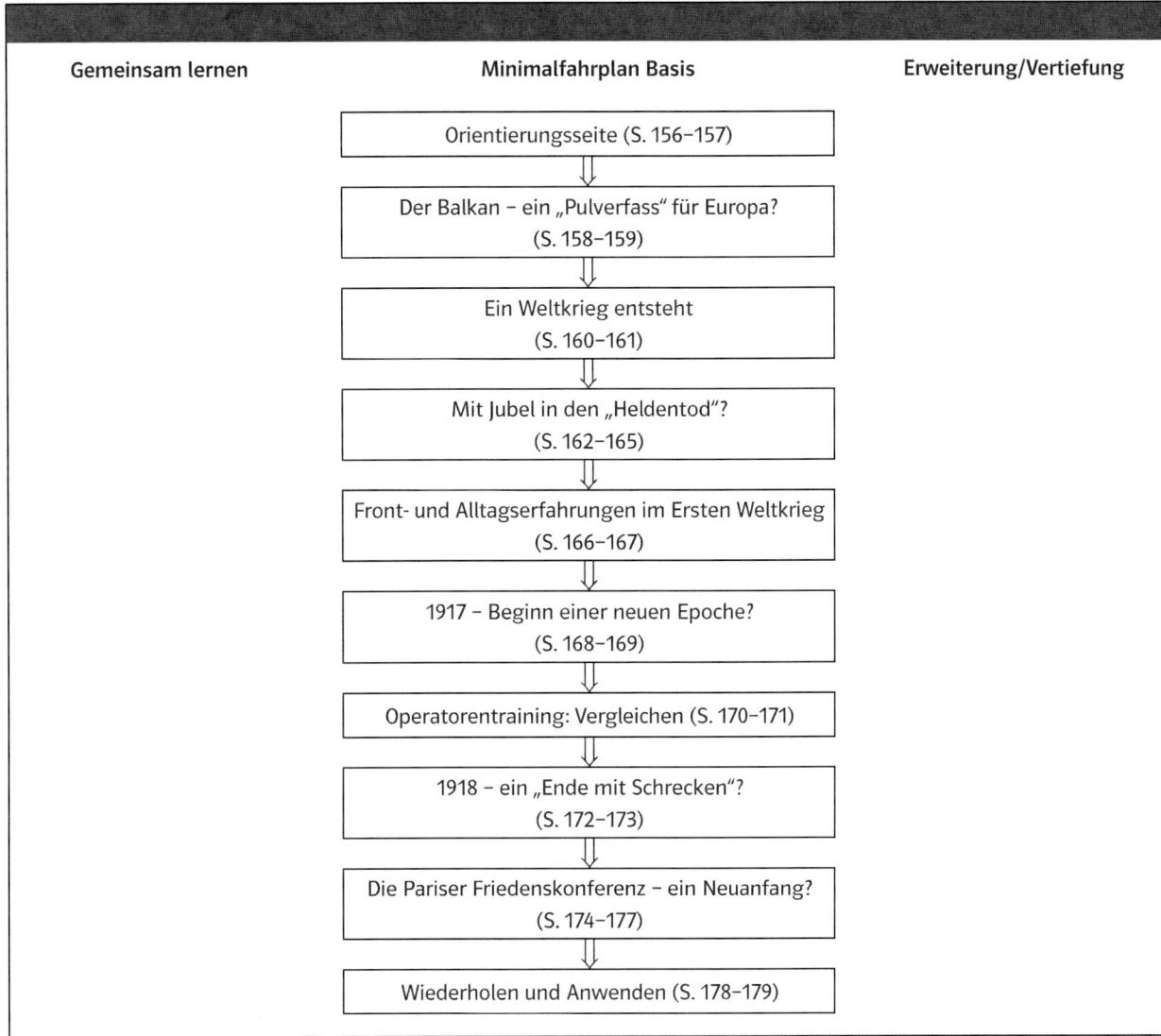

Kompetenzziele des Kapitels

👥 Wahrnehmungskompetenz
Die SuS
- können anhand von digitalen Sammlungen historische Fragestellungen entwickeln und eigenständig beantworten;
- können anhand einer Trauer-Postkarte auf die Stimmung und soziale Situation vieler Menschen schließen.

🧩 Analysekompetenz
Die SuS
- können anhand von Karten den Verlauf des Ersten Weltkriegs herausarbeiten;
- können den Aussagewert von Feldpostbriefen deutscher Soldaten als Quelle für den Kriegsverlauf beurteilen.

⚖️ Urteilskompetenz
Die SuS
- können Ursachen, Anlass und Folgen des Ersten Weltkriegs unterscheiden und diesen Krieg so in seinem historischen Zusammenhang erklären;
- können begründen, inwiefern 1917 ein Epochenjahr war;
- können beurteilen, warum Deutschland 1918 zusammenbrach.

🧭 Orientierungskompetenz
Die SuS
- können ihr Wissen über den Ausbruch des Ersten Weltkriegs auf aktuelle Konflikte anwenden;
- können erkennen, inwiefern sich historische Urteile mit dem Zeitabstand verändern können.

6 Der Erste Weltkrieg – Urkatastrophe des 20. Jahrhunderts

Hinweise zur Orientierungsseite

Die Karte auf der Orientierungsseite gibt einen Überblick über die Kriegsparteien des Ersten Weltkriegs 1914–1918. Die Analyse der Karte ermöglicht es den SuS, einen visuellen Eindruck von den Staaten der Entente und ihrer Verbündeten sowie den Mittelmächten zu bekommen. Ferner sind die Staaten, die erst später in den Krieg eintraten, als auch die neutralen Staaten ausgewiesen.

D1 ist ein Beispiel für das Gedenken an den Ausbruch des Ersten Weltkrieges aus Anlass des 100. Jahrestages im Sommer 2014 in vielen deutschen und europäischen Städten. Die SuS erhalten dadurch die Möglichkeit, über Inhalt und Formen von Gedenkkulturen nachzudenken.

Weiterführende Medienhinweise

Bücher/Zeitschriften

- Clark, Christopher: Die Schlafwandler – Wie Europa in den Ersten Weltkrieg zog. München 2013.
  Dieser viel diskutierte Bestseller führt detailliert in die Ursachen der Ersten Weltkriegs ein und erläutert insbesondere die Vorgeschichte der Konflikte auf dem Balkan. Insgesamt hat das Buch die Verantwortung aller Mächte für den Ausbruch des Ersten Weltkriegs neu beleuchtet.
- Kolb, Eberhard: Der Frieden von Versailles. 3. Aufl. überarb. und erw. Aufl. München 2019.
  Das Buch geht auf die Ausgangssituation am Ende des Ersten Weltkrieges, den Verlauf der Friedensverhandlungen und dessen wichtigste Ergebnisse ein.
- Mombauer, Annika: Die Julikrise. Europas Weg in den Ersten Weltkrieg. 2. Aufl. München 2014.
  Die Autorin beschreibt die Geschichte der Julikrise – vom Attentat in Sarajewo am 28. Juni bis zur englischen Kriegserklärung an Deutschland am 4. August 1914.
- Schöllgen, Gregor/Kießling, Friedrich: Das Zeitalter des Imperialismus. München 5., überarb. und erw. Aufl. 2009.
  Dieses Fachbuch behandelt die Geschichte des Imperialismus: Darstellung, Forschung/Kontroverse und weiterführende Literatur.
- Praxis Geschichte 6/2013, Erster Weltkrieg: Ereignis und Erinnerung.
  Das Heft bereitet das Thema fachlich und didaktisch auf und führt sechs unterschiedlich konzipierte Unterrichtsvorschläge aus. Besonderer Wert wird dabei auch auf Fragen der Erinnerungskultur gelegt.

Filme/Internet

- Die Neue Zürcher Zeitung (NZZ) interviewte Christopher Clark ausführlich zu seinem Buch (siehe linke Spalte) und seinen Forschungen zum Ersten Weltkrieg. Die Debatte unter der Rubrik „NZZ Standpunkte 2014" ist im Internet abrufbar und führt den SuS Geschichtsforschung als lebendiges Gespräch vor Augen. Weitere Kontroversen mit Christopher Clark können auch als Anschauungsmaterial dazu dienen, solche kontroversen Diskussion im Unterricht mit den SuS (in Teilen) nachzustellen.
- Der Kinofilm „1917" fand international große Beachtung. Der Film, dessen Handlung sich in Echtzeit abspielt und zumindest suggeriert, mit einer Kameraeinstellung auszukommen, zeigt zwei britische Soldaten, die die feindlichen Linien in Frankreich durchbrechen, um eine kriegswichtige Nachricht zuzustellen. Der Film kann einen Eindruck von den Grabenkämpfen, dem Grauen des Krieges und dem Alltag der Soldaten vermitteln.

Der Balkan – ein „Pulverfass" für Europa?

🗐 158–159

Kompetenzziele

👥 Wahrnehmungskompetenz
Die SuS
- kennen die verschiedenen Ethnien auf dem Balkan;
- können begründete Vermutungen zur Verschiebung von Grenzen 1908–1913 anstellen;
- können Fragen zu den unterschiedlichen Interessen der Mächte auf dem Balkan stellen;
- wissen, warum der Balkan als „Pulverfass" bezeichnet wurde.

🧩 Analysekompetenz
Die SuS
- können eine Karikatur deuten;
- können einen Pecha-Kucha-Vortrag halten;
- können eine Karte auswerten.

⚖ Urteilskompetenz
- Die SuS können die Haltung der Mächte beurteilen.

⊘ Orientierungskompetenz
- Die SuS können sich mit der historischen Entwicklung eines Balkanstaates bis heute auseinandersetzen.

Sequenzvorschlag

🗐 158–159

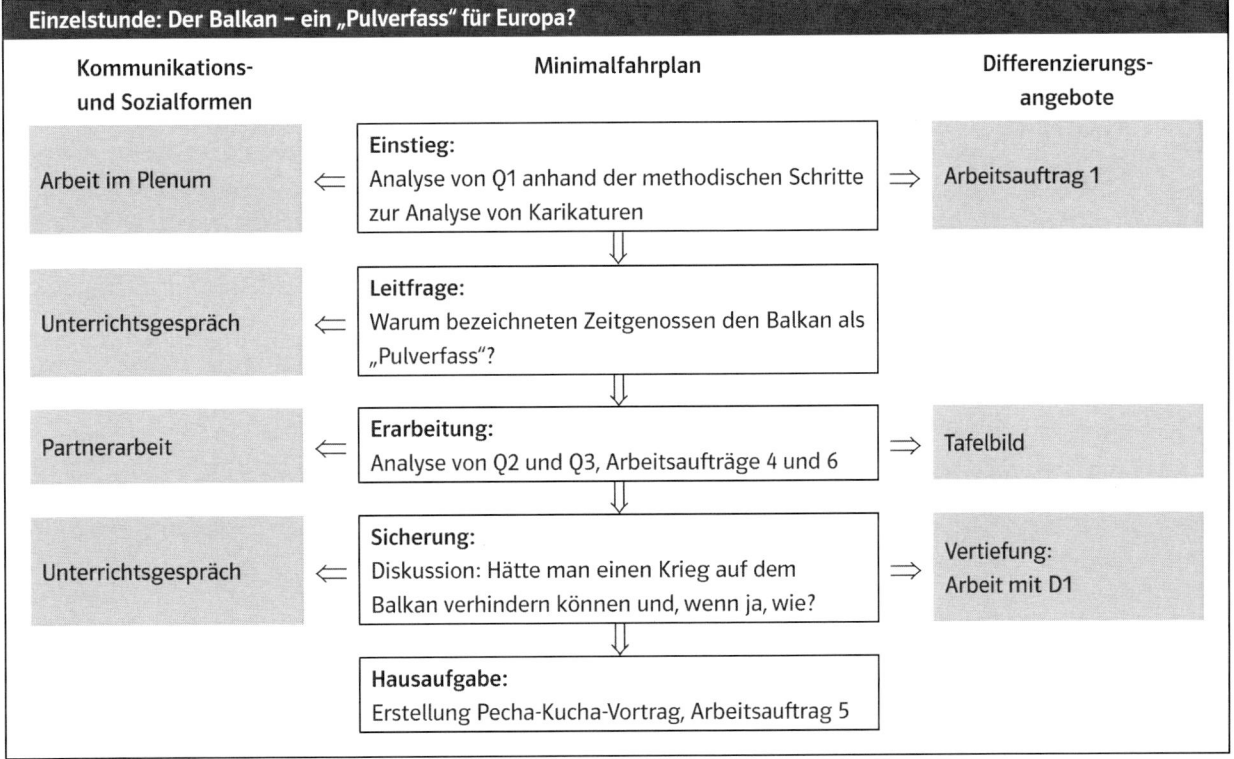

6 Der Erste Weltkrieg – Urkatastrophe des 20. Jahrhunderts

Tafelbild

Warum ist der Balkan ein „Pulverfass"?

Österreich-Ungarn		Serbien
Österreich-Ungarn hat Angst um seine Stellung auf dem Balkan.	←→	Serbien will alle Serben in einem Staat vereinen.
Es will serbischen Nationalismus eindämmen.	←→	Es kann sich dabei auf Unterstützung Russlands verlassen.
Österreich-Ungarn kann sich auf die Unterstützung Deutschlands bei einem großen europäischen Konflikt verlassen.	←→	Russland wiederum ist mit Frankreich und England verbündet.

158–159 Hinweise zum Verfassertext und zu den Materialien

VT Ein Kennzeichen der Situation auf dem Balkan im 19. Jahrhundert waren zahlreiche immer wieder aufflammende Konflikte zwischen den Balkanstaaten sowie zwischen diesen und dem Osmanischen Reich. Da die Großmächte ebenfalls Interessen auf dem Balkan hatten, drohten Konflikte dort häufig zu großen europäischen Kriegen zu eskalieren – oder, wie es eine zeitgenössische Karikatur suggerierte (Q1), das „Pulverfass" drohte zu explodieren.

Q1 Die Karikatur des Londoner „The Punch" vom Oktober 1912 beleuchtet schlaglichtartig die Gefahren des kurz zuvor ausgebrochenen Balkankrieges. Da alle Großmächte aufgrund verschiedener Interessen involviert waren, konnte eine Explosion des „Kessels" ungeahnte Folgen haben.

Q2 Aufgrund der als Bedrohung aufgefassten großserbischen Bestrebungen gehörte der österreichisch-ungarische Generalstabschef Conrad von Hötzendorf zu den Befürwortern eines baldigen Krieges gegen Serbien.

Q3 beschreibt die Haltung der großserbischen Kräfte gegenüber Österreich-Ungarn. Der Name „Piemont", der bewusst auf die Rolle dieses italienischen Kleinstaates bei der Einigung Italiens (Lehrervortrag) anspielt, hat programmatischen Charakter. In gleicher Weise wie das kleine Königreich Piemont verstand sich Serbien als Keimzelle eines großen, einheitlichen Nationalstaates und war bereit, dieses Ziel durch einen Krieg zu erreichen.

158–159 Erläuterungen zu den Arbeitsaufträgen

1. Nenne mithilfe von D1 die Staaten auf dem Balkan und beschreibe die Veränderungen durch die Balkankriege 1912/13. (AFB I) ○ → S. 189
s. Tabelle 1 S. 203

2. Erkläre, warum viele Zeitgenossen den Balkan als ein „Pulverfass" bezeichneten (Q1, Q2, VT1, VT2) (AFB II)
○ → S. 189
– Die Erklärung sollte u.a. darauf hinweisen, dass eine derartige Politik den Frieden auf dem Balkan und, aufgrund der Bündnisverpflichtungen, in Europa gefährdete. Der Kommentar könnte daher wie folgt lauten: „Die Situation auf dem Balkan gleicht einem ,Pulverfass'. Die vielen Konflikte in dieser Region, die ein Kennzeichen der Situation auf dem Balkan seit Beginn des 19. Jahrhunderts sind, drohen zu eskalieren. Da alle Großmächte dort Interessen haben, besteht die reale Gefahr, dass eines Tages ein kleiner Funke, warum auch immer ausgelöst, einen großen europäischen Konflikt entfacht. Dies kann niemand wirklich wollen, und daher ist es höchste Zeit, Mittel und Wege zu finden, die Explosion dieses Pulverfasses zu verhindern."

3. Beschreibe Q1. Was wollte der Karikaturist damit zum Ausdruck bringen? (AFB I)
– Die Karikatur zeigt einen großen Kessel. Dieser droht überzukochen, da das unter ihm brennende Feuer zu groß ist. Auf dem Deckel sitzen mehrere Männer in Uniform, einige eilen herbei. Diese versuchen zu verhindern, dass der Deckel wegfliegt und das, was im Kessel ist, herauskommt. Auf dem Kessel steht „Balkan Troubles" = Balkanprobleme.
– Der Karikaturist will offenbar vor den Gefahren warnen, die ein Konflikt auf dem Balkan mit sich bringt. Alle Mächte, so seine Botschaft, sollten sich daher bemühen, ein Überkochen, und das heißt einen Krieg, zu verhindern.

4. **Halte eine Gegenrede zu dem Vorschlag des österreichischen Generalstabschefs (Q2). (AFB I)**
Eine mögliche Lösung wäre eine Schlichtung durch nichtbeteiligte Staaten, so wie es die Londoner Botschafterkonferenz 1912/13 bei wichtigen Balkanfragen zur Beendigung des ersten Balkankrieges vormachte. Dazu gehört u.a. auch die Bereitschaft, dafür – wie bei der Besetzung Skutaris durch montenegrinische Truppen, die die anderen Mächte nicht anerkannten – internationale Truppen zu stellen, um die vereinbarte Lösung durchzusetzen.

MK 5. Erstelle einen Pecha-Kucha-Vortrag zur Geschichte eines Balkanstaates. Nutze das Arbeitsblatt D21. (AFB III) MKR 1.2, 3.2
- Das Arbeitsblatt in den Medien zum Schulbuch erklärt die Methode Pecha-Kucha.
- Im Vorfeld sollten die SuS interessengeleitet einen heutigen Balkanstaat auswählen: Kroatien, Serbien, Montenegro, Kosovo, Slowenien, Albanien, Nordmazedonien, Bosnien und Herzegowina, Bulgarien, Rumänien, Griechenland.
- Vorbereitend wären mit den SuS zudem die inhaltlichen Auswahlkriterien für die Bilder der Pecha-Kucha zu besprechen. Dazu gehören z.B. die Auswahl relevanter historischer Ereignisse, Prozesse und Personen für den gewählten Balkanstaat sowie die Strukturierung des Präsentationsverlaufs, um ein schlüssiges Narrativ vorzubereiten.
- Zudem sollten mit den SuS formale Aspekte wie eine korrekte Angabe der Bildtitel, des abgebildeten Sachverhalts, des Urhebers und des Entstehungszeitpunktes, aber auch der korrekte urheberrechtlich relevante Vermerk besprochen werden.
- Als frei verwendbar lizenzierte Bilder können die SuS über Wikimedia-Commons recherchieren.
- Die Aufgabe bietet speziell SuS mit Migrationshintergrund aus den genannten Staaten eine Chance, Vorkenntnisse und Interessen einzubringen. Die Aufgabe bietet Potenziale interkulturellen historischen Lernens und ermöglicht die Erweiterung der nationalen Perspektive im Geschichtsunterricht.

SP 6. Schreibe aus der Sicht eines um den Frieden besorgten Lesers einen Brief an die serbische Zeitung „Piemont" (Q3). (AFB III)
Der Brief könnte wie folgt lauten: „Warum beschwören Sie den Krieg herauf? Das, was 1908 mit der Annexion Bosniens und der Herzegowina passierte, ist aus der Sicht von uns Serben zu verurteilen. Aber: Was erreichen wir, wenn wir eine Politik betreiben, die einen großen Krieg heraufbeschwört? Riskieren wir damit nicht alles, was wir bisher erreicht haben? Reicht es nicht aus, wenn wir für unsere Brüder und Schwestern über politische Proteste Minderheitenrechte sichern, die es ihnen ermöglichen, ihr Leben so zu leben, wie wir Serben uns das vorstellen?"

Tabelle zu Aufgabe 1

Staat	Gebietsverlust oder -gewinn?	Gebiet abgetreten von bzw. an ...
Österreich-Ungarn	/	/
Serbien	Gewinn	Osmanisches Reich
Montenegro	Gewinn	Osmanisches Reich
Rumänien	Gewinn	Bulgarien
Bulgarien	Gewinn / Verlust	Osmanisches Reich / Rumänien/Serbien
Albanien	Gewinn	Osmanisches Reich
Griechenland	Gewinn	Osmanisches Reich
Osmanisches Reich	Verlust	Serbien/Griechenland/Bulgarien/Montenegro/Albanien

6 Der Erste Weltkrieg – Urkatastrophe des 20. Jahrhunderts

Ein Weltkrieg entsteht

Kompetenzziele

Wahrnehmungskompetenz

Die SuS
- können begründete Vermutungen für den Anlass für die Julikrise anstellen;
- können Fragen dazu stellen, welche Interessen die beteiligten Mächte in der Krise verfolgten.

Analysekompetenz

Die SuS
- können eine zeitgenössische Zeichnung deuten;
- können Textquellen analysieren.

Urteilskompetenz

Die SuS
- können die Interessen der beteiligten Mächte beurteilen;
- können die Verantwortung der Beteiligten beurteilen;
- können diskutieren, ob und wie man einen Krieg hätte vermeiden können.

Orientierungskompetenz
- Die SuS können sich mit der heutigen Bedeutung des Ausbruchs eines großen Krieges in Europa auseinandersetzen.

Sequenzvorschlag

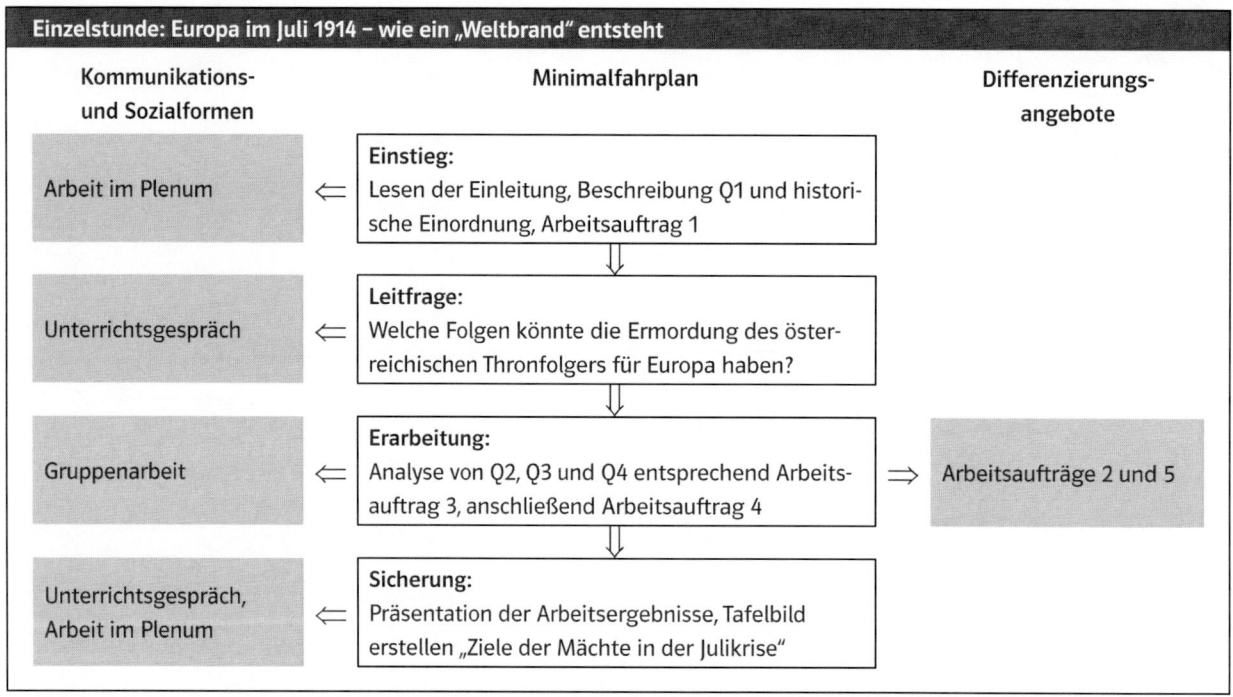

Tafelbild

	Ziele der Mächte in der Julikrise
Österreich-Ungarn …	will die serbische Bedrohung beseitigen.
Deutschland …	will Österreich unterstützen (einziger verlässlicher Bündnispartner); will den Zusammenhalt der Entente testen, da Krieg unvermeidlich ist: besser jetzt als später.
Russland …	will Serbien schützen.
Frankreich …	ist mit Russland verbündet; fühlt sich von Deutschland bedroht.
Großbritannien …	will das Gleichgewicht in Europa erhalten; will eine deutsche Vormachtstellung verhindern.

Hinweise zum Verfassertext und zu den Materialien

VT1 Ausbruch und Folgen des Ersten Weltkrieges gehören zu den am meisten erforschten, wenngleich in Teilen weiterhin kontrovers diskutierten Themen der Geschichte. Daran haben auch die vielen Studien nichts geändert, die aus Anlass des 100. Jahrestages des Ausbruchs des Ersten Weltkrieges erschienen sind. Vgl. zusammenfassend dazu: Epkenhans, Michael: Der Erste Weltkrieg. Paderborn 2015.

Q1 Fotos des Attentats existieren nicht. Nur die Festnahme des Attentäters, Gavrilo Princip, unmittelbar nach der Tat ist von Fotografen festgehalten worden. Zeichner haben daher versucht, die Dramatik des Geschehens zu schildern. Die in der französischen Zeitschrift „Le Petit Journal" zwei Wochen nach dem Attentat veröffentlichte Zeichnung ist ein Beispiel dafür.

Q2 Der österreichische Ministerpräsident Graf Stürgkh begründete – nach dem Erhalt des „Blankoschecks" auf der Sitzung des Ministerrats vom 7. Juli 1914 – seine Entscheidung, einen Krieg gegen Serbien zu führen, selbst wenn dieser ein Eingreifen Russlands und damit einen Kontinentalkrieg zur Folge haben sollte. Angesichts der gegebenen Lage gelte es, den Gegnern zuvorzukommen.

Q3 In seinem Schreiben an den deutschen Botschafter in London erläuterte Staatssekretär Gottlieb von Jagow (1863–1936) die Politik der Reichsleitung. Zwar bevorzugte er eine Lokalisierung des Konflikts, wollte aber bei einer Eskalation keinesfalls „kneifen".

Q4 macht deutlich, dass das Kalkül der deutschen und der österreichischen Regierung in Russland durchaus erkannt wurde. Um die eigene Position auf dem Balkan zu wahren, war das Zarenreich im Gegensatz zu vorangegangenen Krisen dieses Mal nicht bereit, eine Niederlage Serbiens hinzunehmen.

Erläuterungen zu den Arbeitsaufträgen

1. Beschreibe Q1 und ordne die Zeichnung mithilfe von VT1 historisch ein. (AFB II)

Die Szene soll beschrieben werden. Dabei soll neben dem Geschehen auf die Hintergründe, d.h. die jeweilige Politik Serbiens und Österreich-Ungarns, aber auch auf die Gefahren für den europäischen Frieden aufgrund der Bündnisse zwischen den Großmächten eingegangen werden.

SP 2. Begründe, warum das Attentat von Sarajewo (Q1) als Anlass für den Ersten Weltkrieg betrachtet wird. Beachte dabei den Unterschied zwischen den Wörtern „Anlass" und „Ursache". (AFB III)

Die Begründung könnte wie folgt lauten:
Am 28. Juni 1914 ermordete ein bosnischer Serbe den österreichisch-ungarischen Thronfolger. Damit wollte er Rache nehmen für die Annexion Bosniens durch Österreich-Ungarn 1908. Für dieses war das Attentat der Tropfen, der das Fass zum Überlaufen brachte. Mit Rückendeckung des Deutschen Reiches wollte es Serbien, das es hinter dem Attentat vermutete, eine Lektion erteilen. Das Risiko eines Krieges mit den anderen Mächten wurde dabei bewusst in Kauf genommen. Diese waren aber, allen voran Russland, nicht bereit, Österreich und damit auch Deutschland freie Bahn zu lassen. Versuche, einen großen Krieg durch Vermittlung zu vermeiden, scheiterten, da Österreich Serbien auf jeden Fall zur Rechenschaft ziehen wollte. Deutschland deckte diesen Kurs bis zuletzt, hoffte es doch, durch kraftvolles Auftreten seine Position in Europa zu stärken. Da die anderen Mächte ihr Prestige und ihren Einfluss höher schätzten als eine Erhaltung des Friedens durch Nachgeben, war der Krieg nahezu unvermeidlich.

3. Untersucht arbeitsteilig eine der Textquellen Q2–Q4. Arbeitet die kurz- und die langfristigen Ursachen des Ersten Weltkriegs heraus. (AFB II)

Österreichischer Ministerpräsident Stürgkh (Q2):
– militärischer Schlag gegen Serbien aufgrund des Attentats in Sarajevo (kurzfristig);
– panslawistischer Zusammenschluss der Balkanstaaten und Russlands (langfristig);

deutscher Staatssekretär des Auswärtigen Amtes von Jagow (Q3):
– Konflikt zwischen Österreich und Serbien (kurzfristig);
– Bündnis der Triple Entente (langfristig);
– Mobilmachung und Aufrüstung Russlands (langfristig);
– militärische Aktionen als präventive Maßnahmen (kurzfristig);

russischer Außenminister Sasonow (Q4):
– Einsatz für einen Panslawismus und die Befreiung der slawischen Balkanvölker (langfristig);
– Serbien militärisch im aktuellen Konflikt beistehen (kurzfristig).

6 Der Erste Weltkrieg – Urkatastrophe des 20. Jahrhunderts

MK 4. Diskutiert in einem gemeinsamen Dokument, ob und wie man einen Krieg hätte vermeiden können (Q2–Q4, VT1–VT2). Nutzt dafür das Arbeitsblatt D22. (AFB III) ● MKR 2.3

- In den Medien zum Schulbuch ist ein Arbeitsblatt zur Arbeit mit Etherpads abrufbar. Dies ermöglicht das kollaborative Sammeln von Argumenten.
- In der gemeinsamen Auswertung sollten die Positionen und Argumente der SuS gruppiert und priorisiert werden. Denkbar ist ebenso die Nutzung der Ideensammlung für eine weitergehende Arbeit beispielsweise in Form von Standpunktreden und einer Diskussion in der Klasse.
- Etherpads bieten aufgrund ihrer niedrigschwelligen Beteiligungsmöglichkeit insbesondere eine Chance für SuS, die sich sonst weniger aktiv mit mündlichen Wortmeldungen und Ideen im Klassengespräch einbringen.
- Im Folgenden einige Aspekte, wie sie sich aus dem VT und den Materialien entwickeln lassen und für die Diskussion (Vermeidung eines Krieges) Verwendung finden können:
- Hintermänner des Attentats ermitteln, fassen und aburteilen;
- Maßnahmen, um das Verhältnis zwischen Österreich-Ungarn und Serbien dauerhaft zu entspannen;
- geeignete Mittel der Großmächte entwickeln, um die Kontrahenten zu zwingen, sich zu einigen.

5. Wähle einen der an den Entscheidungen beteiligten Politiker aus und setze dich mit seiner Haltung zum Krieg auseinander (Q2–Q4). (AFB III) ○ → S. 189

Ein gutes Beispiel wäre der deutsche Staatssekretär des Auswärtigen, Gottlieb von Jagow (Q3). Diesem wäre entgegenzuhalten, dass Deutschland für die krisenhafte Entwicklung vor 1914 mitverantwortlich und Krieg keine Lösung sei. Vielmehr müsse das Deutsche Reich versuchen, einen großen Konflikt zu verhindern, Vertrauen zu schaffen und damit langfristig stabile Verhältnisse in Europa herbeizuführen.

Mit Jubel in den „Heldentod"?

Kompetenzziele

Wahrnehmungskompetenz
Die SuS
- können begründete Vermutungen anstellen, was die Menschen bei Kriegsausbruch dachten;
- wissen, welche Kriegsziele die Mächte verfolgten;
- wissen, was unter „Materialschlacht" zu verstehen ist;
- können reflektieren, warum der Erste Weltkrieg ein globaler Krieg war;
- kennen den Verlauf des Krieges;
- können historische Begriffe wie „Erster Weltkrieg" und „industrialisierter Krieg" sachgerecht erläutern.

Analysekompetenz
Die SuS
- können eine Propagandapostkarte analysieren;
- können historische Fotos deuten.

Urteilskompetenz
Die SuS
- können zu den Auswirkungen des Krieges auf die Menschen Stellung nehmen;
- können den Charakter des Krieges beurteilen;
- können die Folgen von Kriegszielprogrammen bewerten.

Orientierungskompetenz
- Die SuS können Erinnerungen an den Kriegsausbruch 1914 recherchieren und Berichte von Zeitzeugen mithilfe des Schulbuchs historisch einordnen.

Sequenzvorschlag

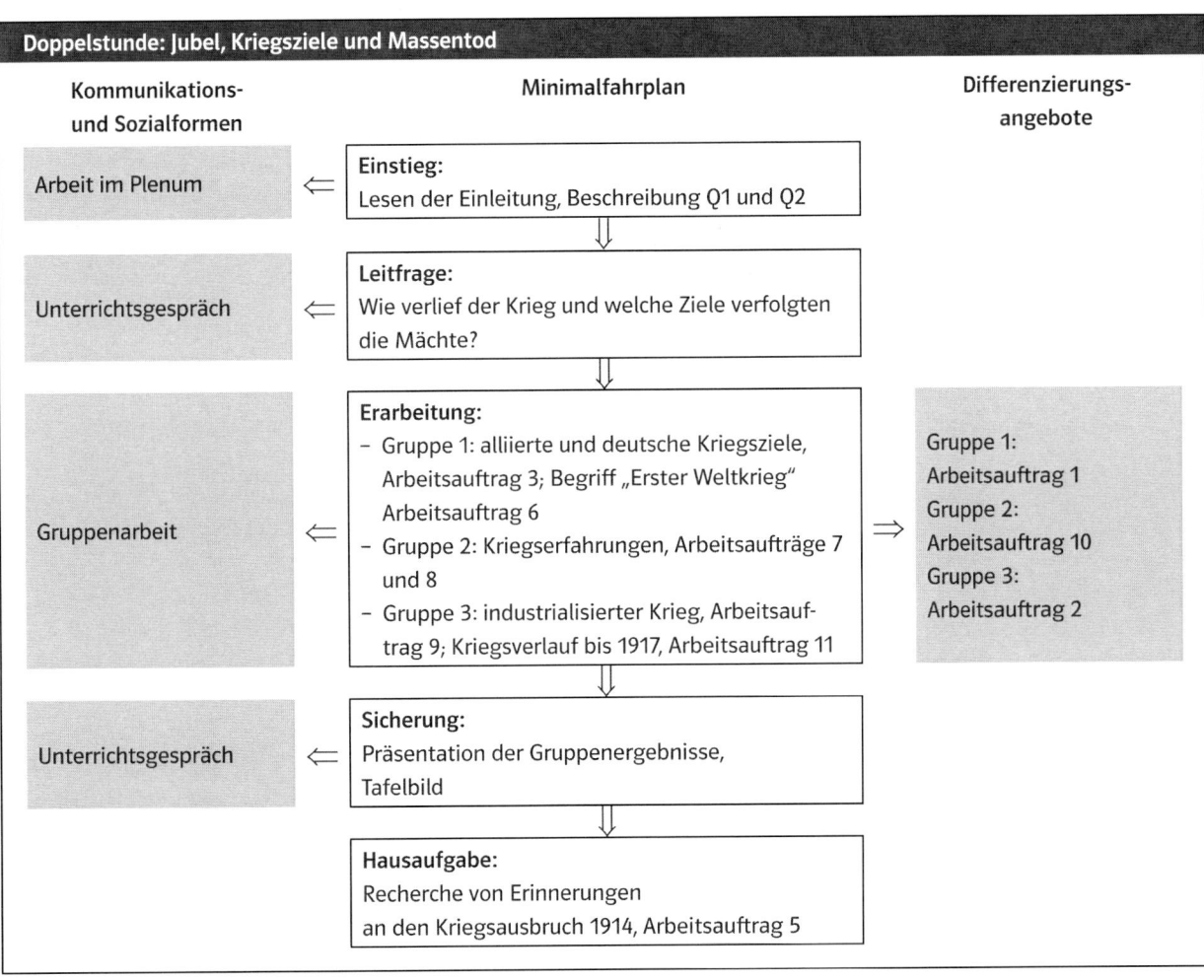

6 Der Erste Weltkrieg – Urkatastrophe des 20. Jahrhunderts

Tafelbild

Kriegsziele Deutschlands und der Alliierten

Q3 alliierte Kriegsziele	⟷	Q4 deutsche Kriegsziele
- Auflösung des Deutschen Reiches und Österreich-Ungarns - Frankreich dehnt sich bis an die Oder aus - Loslösung russischer „Vasallenstaaten" (Baltikum), Polen - Russland dehnt sich bis an die Oder aus - Serbien übernimmt fast ganz Österreich-Ungarn		- Ausdehnung des Deutschen Reiches nach Westen und Osten - Annexion von Teilen Nordfrankreichs (Dünkirchen bis Boulogne) - Luxemburg wird wieder Teil des Deutschen Reiches - Annexion von Teilen Belgiens (Lüttich, Verviers) - Gründung eines mitteleuropäischen Wirtschaftsverbandes, der die wirtschaftliche Vorherrschaft Deutschlands über Mitteleuropa stabilisiert

162–165 Hinweise zum Verfassertext und zu den Materialien

VT Der Verfassertext vermittelt in knapper Form die notwendigen Sachinformationen über die wichtigsten Ereignisse und Entwicklungen während des Krieges.

Q1 ist ein Beispiel dafür, dass es neben Jubel auch viele Menschen gab, für die der Krieg ein trauriges Ereignis war. Sie fürchteten um ihre Angehörigen, von denen, wie sie wussten, viele vermutlich nicht oder verwundet wiederkommen würden.

Q2 illustriert die Begeisterung, mit der die Menschen, die einen kurzen Krieg erwarteten, in den beteiligten Ländern im Sommer 1914 in den Krieg gezogen sind. Die Frage, ob diese Bilder tatsächlich die Realität des August 1914 widerspiegeln, ist in der historischen Forschung inzwischen allerdings umstritten. Neuere Arbeiten, die sich aus alltags- und mentalitätsgeschichtlicher Perspektive mit dem „Augusterlebnis" beschäftigen, kommen vielmehr zu dem Ergebnis, dass die Begeisterung für den Krieg keineswegs so groß und weit verbreitet war, wie es die vielen Bilder, Gedichte und Schriften zu suggerieren scheinen. Daher wäre es auch eine mögliche Aufgabe für die SuS, sich im Stadtarchiv anhand einschlägiger Zeugnisse über die Reaktionen auf den Kriegsausbruch in ihrer Stadt zu informieren.

Q3 ist ein Beispiel für die Forderung nach noch weiter reichenden Kriegszielen in der italienischen Öffentlichkeit sowie für die suggestive Form der Kriegspropaganda.

Q4 Die von Reichskanzler Bethmann-Hollweg im September 1914 in Auftrag gegebene Denkschrift, deren Verbindlichkeit für die Politik in der Forschung allerdings umstritten ist, ist eine erste Zusammenfassung der wichtigsten Kriegszielforderungen, die seit Anfang August von Parteien, Verbänden, Militärs und zivilen Ministerien erhoben wurden. Die Möglichkeit, den Krieg durch Verhandlungen zu beenden, wurde dadurch, insbesondere durch das deutsche Beharren auf einer Kontrolle Belgiens bzw. einer eventuellen Annexion von Teilen dieses neutralen Landes, sehr erschwert. Der Druck der Öffentlichkeit auf die Regierung trug maßgeblich dazu bei, deren Spielraum bei Verhandlungen einzuschränken. Einer der wesentlichen Kritikpunkte an den Arbeiten Fritz Fischers über die deutsche Politik 1914–1918 war, die deutschen Kriegsziele nicht in den Zusammenhang mit denen der übrigen Kriegführenden eingeordnet und damit die unverkennbare Dialektik zwischen den Zielen der verschiedenen Parteien vernachlässigt zu haben.

Q5 Der Brief eines Gutsbesitzers an seinen Sohn, verfasst im August 1914, ist ein Beispiel für die Stimmung in Teilen der Bevölkerung. Es macht zugleich deutlich, dass die Sorge vieler Menschen um das Leben der eigenen Angehörigen das Denken bestimmte. Daneben ist aber auch ein Interesse an der „großen Politik" erkennbar, so wenig die Bevölkerung diese im Einzelfall auch durchschauen mochten.

Q7 Der Brief wurde geschrieben von Dr. phil. Arthur Graf von der Groeben (26. April 1882 – 26. Mai 1915) am Vorabend seines 33. Geburtstags. Er ist ein Beispiel für viele Briefe aus akademischem Milieu, in denen der Krieg verherrlicht wurde. Diese Briefe, die bereits während des Krieges gesammelt und veröffentlicht wurden, lassen Sinnstiftungen und Verarbeitungsmuster erkennen, die in vielerlei Hinsicht prägend waren für die Kriegs- und Nachkriegsgeneration. Mentalitätsgeschichtlich sind diese daher sehr bedeutsam. Dabei lassen sich vor allem vier Themen beobachten, über die Verfasser berichten: politische und religiöse Fragen, die Situation in der Truppe, das „Kriegserlebnis" sowie Reflexionen über den Sinn des Krieges bzw. seine Bedeutung für den Einzelnen. Ein realistisches Bild vom Alltag an der Front konnten sich aufgrund der amtlichen Zensur und Propaganda jedoch nur wenige Menschen in der Heimat machen. Dort herrschte daher lange Zeit das Bild eines frischfröhlichen, ritterlichen Krieges vor, das mit der Wirklichkeit nichts zu tun hatte.

Q8 zeigt die Realität des Krieges. Der Krieg, der zu Beginn von manchen Propagandisten, aber auch vielen Soldaten als „Spazierfahrt" angesehen wurde, entwickelte sich schnell zu einem blutigen Gemetzel, das Millionen von Soldaten zwang, über Jahre in engen Schützengräben unter unsäglichen Bedingungen zu leben. Tausende von Städten und Dörfern wurden im Zuge der Materialschlachten dem Erdboden gleichgemacht.

Erläuterungen zu den Arbeitsaufträgen

162–165

SP 1. Stell dir vor, du wärst als Reporter bei der Abfahrt der Soldaten in Wien oder Berlin dabei gewesen. Schreibe einen Zeitungsbericht (Q1, Q2, VT1). Überlege dir eine Überschrift, eine Unterüberschrift und einen Vorspanntext, der das Interesse der Leserinnen und Leser weckt. Der Artikel sollte nicht länger als eine halbe DIN-A4-Seite sein. (AFB II)
Dieser Bericht könnte wie folgt beginnen:
„Unterschiedliche Stimmungen
Abfahrt unserer Soldaten an die Front, so heißt es nun vielerorts
Unser Reporter hat die Verabschiedung von Frontsoldaten in Berlin und Wien beobachtet. Das Stimmungsbild könnte unterschiedlicher nicht sein. Wer hätte das gedacht? Aus Berlin wird berichtet, dass die Stimmung gut und patriotisch ist. Hunderte Frauen verabschieden ihre Männer, die in den Krieg ziehen, um ihre vaterländische Pflicht zu erfüllen. Sie stehen treu und fest zum Kaiser und zeigen, dass sie zu sterben bereit sind, damit wir schnell siegen. Ganz anders in Wien. Dort herrscht eher eine gedrückte Stimmung. Angesichts des schändlichen Attentats ist dies verwunderlich, aber auch verständlich. Keiner verliert gern einen nahen Angehörigen oder Freund. Die Zukunft wird zeigen, dass unsere Hoffnungen auf ein schnelles Kriegsende und damit möglichst wenige Opfer gerechtfertigt sind. ..."

2. Erkläre, wie das „neue Europa" aus Sicht des italienischen Zeichners aussehen sollte (Q3). (AFB II)
Aus italienischer Sicht würden Deutschland und Österreich-Ungarn zugunsten Frankreichs, Italiens, Russlands und Serbiens vollständig verschwinden. Der deutsche und der österreichische Kaiser ziehen mit ihren Habseligkeiten geschlagen vom Schlachtfeld, während die Sieger freudestrahlend die neue Landkarte Europas betrachten.

3. Untersuche die alliierten und die deutschen Kriegsziele. Erläutere deren mögliche Folgen (Q3, Q4). Schlage dafür in einem Atlas die in Q4 genannten Ortsangaben nach. (AFB II)
○ → S. 189
Q3: Eine Realisierung der alliierten Kriegsziele, die die italienische Postkarte suggeriert, hätte Folgendes bedeutet:
– Frankreich hätte sich bis an die Oder nach Osten ausgedehnt sowie Teile des heutigen Österreichs erhalten. Die Grenze im Südosten wäre dann entlang des Brenners verlaufen. Damit wäre Frankreich sowohl am Mittelmeer als auch in den östlichen Alpen Nachbar Italiens geworden.

– Russland hätte sich nach Westen bis an die Oder ausgedehnt.
– Serbien hätte Österreich-Ungarn bis auf jene Teile besetzt, die an Italien gefallen wären.
– Italien hätte das heutige Südtirol, die Provinz Trient und Triest mit der Halbinsel Pola bekommen.
– Bei Realisierung dieser Kriegsziele wären Frankreich und Russland die bedeutendsten Mächte nördlich der Alpen, Serbien in Südosteuropa und Italien in Südeuropa geworden.

Q4: Die deutschen Ziele gegenüber Russland sind eher vage.
– Abdrängung von der deutschen Grenze meint zunächst einen später als „polnischen Grenzstreifen" bezeichneten „Korridor" von ca. 200 km nach Osten.
– Die Brechung der Herrschaft über die „nichtrussischen Vasallenvölker" (Z. 7) meint die baltischen Provinzen des Zarenreiches, aber auch Polen und die heutige Ukraine. Später kamen die östlichen Provinzen des Reiches – Georgien, Armenien, Aserbeidschan – hinzu, die indirekt unter deutsche Herrschaft oder die des mit dem Deutschen Reich verbündeten Osmanischen Reiches kommen sollten, um Russland zu schwächen.
– Belfort liegt in Ostfrankreich am Westabhang der Vogesen – einem Gebirge, das teils deutsch, teils französisch war – und war 1914 eine bedeutende Grenzfestung. Sie schützte den Weg ins Innere Frankreichs.
– Frankreich schützte seine Ostgrenze mit Festungen. Dazu gehörten u.a. Verdun, Toul, Epinal, Maubeuge. Wären diese geschleift (= zerstört) worden, wäre Frankreich weitgehend schutzlos gegen deutsche Angriffe gewesen.
– Der Küstenstrich von Dünkirchen bis Boulogne ist Teil des französischen Flanderns. Dieser liegt direkt Großbritannien gegenüber. Flottenstützpunkte dort hätten es möglich gemacht, Großbritannien stärker direkt unter Druck zu setzen. Zudem hätte das Deutsche Reich die Möglichkeit gehabt, seinerseits den Ärmelkanal zu sperren.
– Lüttich und Verviers sind zwei wichtige Städte im Osten Belgiens. Sie sind nicht nur wirtschaftlich bedeutsam, sondern kontrollieren auch die wichtigen Straßen ins Innere Belgiens. Insbesondere die Festung Lüttich war von strategischer Bedeutung beim Vorstoß nach Nordfrankreich.
– Luxemburg gehörte ursprünglich zum Deutschen Bund. Nach dessen Auflösung 1866 wurde es ein neutrales Land wie Belgien. Die dortige Festung war bis 1866 eine wichtige

6 Der Erste Weltkrieg – Urkatastrophe des 20. Jahrhunderts

Festung gegen Frankreich. Mit der Unabhängigkeit Luxemburgs wurde diese zerstört, um für keinen Gegner mehr nutzbar zu sein.

Bei Realisierung dieser Kriegsziele wäre das Deutsche Reich die vorherrschende Macht auf dem Kontinent geworden.

4. Analysiere Q5 und schreibe dem Verfasser einen Brief aus der Sicht einer französischen Mutter. (AFB II)

- Der Verfasser scheint trotz anfänglicher Sorgen über den Krieg überzeugt, dass dieser gerecht ist. Da die anderen Mächte das Reich ohnehin bald hätten überfallen wollen, sei es besser, diesen nun zuvor gekommen zu sein. Deutschland sei aber unschuldig und sein Kampf daher gerecht. Mit Gottes Hilfe werde man daher siegen.
- Der Brief der französischen Mutter könnte so lauten: „Sehr geehrter Herr X, leider kann ich Ihre Haltung nicht teilen. Ein Krieg ist immer ein Unglück. Zudem: Woher wollen Sie wissen, dass wir Sie überfallen wollten? Dafür gibt es keine Anzeichen. Haben Sie nicht vielmehr mit Ihren Rüstungen zu der gefährlichen Situation beigetragen? Kriege lösen keine Probleme; dafür bringen sie unendliches Leid über die Menschheit. Tausende werden sterben, Tausende werden als Krüppel nach Hause kommen. Alle Familien werden leiden. Es wäre daher besser gewesen, alles zu versuchen, diesen Krieg zu vermeiden, auch wenn man dafür schmerzliche Kompromisse hätte eingehen müssen. Mein Sohn und Ihr Sohn werden umsonst sterben müssen. Lassen Sie uns doch in Frieden leben."

MK 5. Recherchiere mithilfe von D1 W14 ⊕ Erinnerungen an den Kriegsausbruch 1914. Überprüfe, inwieweit die Informationen der Zeitzeugen mit denen im Schulbuch übereinstimmen. (AFB III) MKR 1.2, 6.1

- Zunächst sollten die SuS ausgehend von der Startseite den korrekten Zeitraum auswählen.
- Möglich ist die aufgabenteilige Bearbeitung durch beispielsweise drei SuS, die jeweils ein Zeitzeugeninterview anschauen und die dort genannten Schwerpunkte der Erinnerung an den Kriegsausbruch 1914 erarbeiten.
- Schwerpunkte der Erinnerung in den Zeitzeugeninterviews: Euphorie bei Kriegsbeginn und Wandel der Erwartungen und Stimmung während des Kriegsverlaufs (Video Frau Becker); vor allem bäuerliche Familien erlebten den Einzug der einzigen Söhne nicht euphorisch, dennoch Glaube an Rechtmäßigkeit des Kriegsbeginns → Verteidigungskrieg (Video Fritz Fischer); Überschwang und Annahme eines schnellen Krieges aufgrund der Siege im Osten (Video Karl Holzamer), „Spaziergang einmal Paris hin und zurück" (Einführungsvideo Käthe Rodde).
- Den Erinnerungen der Zeitzeugen entsprechen folgende Schulbuchinhalte: Q1, Q2, Q5. Insbesondere der Verfassertext VT1 verweist auf ein differenziertes Bild, dass auch im Vergleich der drei Zeitzeugeninterviews ersichtlich wird.

- Es bietet sich eine vergleichende Gegenüberstellung der Schulbuchinhalte und Zeitzeugeninterviews an:

Erinnerungen Zeitzeugen	Inhalte Schulbuch
– Euphorie, Überschwang (Frau Becker)	– Q2 – Q1
– Zukunftssorge (Fritz Fischer)	– VT1: „In bürgerlichen Stadtvierteln überwog der Jubel, in Arbeitervierteln und auf dem Land die Sorge um den Verlust von Angehörigen."
– Problematik bäuerliche Familien (Fritz Fischer)	
– Rechtmäßigkeit des Krieges (Fritz Fischer)	– Q5

- Neben dem vergleichenden Abgleich zwischen Schulbuchinhalten und Zeitzeugeninterviews könnten weiterführend auch die jeweiligen Aussagegrenzen und -chancen verschiedener Darstellungsformen und Quellengattungen (Bild-, Textquelle und Zeitzeugen) besprochen werden.

6. Der Krieg, der 1914 ausbrach, wird als der „Erste Weltkrieg" bezeichnet. Erkläre diesen Begriff. (AFB II) ●

- „Weltkrieg" meint zunächst die räumliche Ausdehnung des Krieges. So wurde von Anfang an nicht nur in Europa, sondern auch in Afrika und Asien sowie im Pazifik, Südatlantik bzw. in australischen und neuseeländischen Gewässern gekämpft.
- „Weltkrieg" meint darüber hinaus auch die Beteiligung von Staaten überall auf der Welt am Krieg. Die Kolonien der Großmächte traten von Anfang an in den Krieg ein. Als 1917 auch die Vereinigten Staaten und einige südamerikanische Länder in den Krieg eintraten, war der Krieg auch durch die aktive Beteiligung von Armeen aus allen Kontinenten der Welt ein „Weltkrieg".

7. Vergleiche Q6 und Q7. Was bewegte deutsche und englische Soldaten, im Krieg zu kämpfen? (AFB III)

Englischer Soldat:
- Freiheit der Welt,
- Ehre der Frauen und Kinder,
- Kreuzzug, um Zivilisation vor den Deutschen zu retten.

Deutscher Soldat:
- Kampf für die Verteidigung des Vaterlands,
- Tradition der Familie wahren,
- zum Nutzen Deutschlands,
- Pflicht als Offizier erfüllen.

8. **Beschreibe die Stimmung, in der Q7 verfasst wurde, und stelle einen Zusammenhang zu VT1 her. (AFB II)**
   - Die Stimmung ist gekennzeichnet durch das Gefühl der Pflichterfüllung für das Vaterland und der Gerechtigkeit eines Kriegs. Damit einher geht die Überzeugung, damit der Tradition der adligen Familie gerecht zu werden, der der Verfasser angehört.
   - Diese Argumentation kann befremdlich wirken. Es sollte aber erkannt werden, dass man das Handeln von Menschen nach den Maßstäben der Zeit beurteilen muss. Dass wir dies heute anders beurteilen, hängt mit der tiefen Prägung heutiger Gesellschaften durch das Leid zweier mörderischer Weltkriege zusammen.

9. **Der Erste Weltkrieg gilt als erster „industrialisierter Krieg". Belege diese Aussage (Q8, VT2). (AFB II)**
Zur Untermauerung dieser These sollten vor allem der Einsatz „moderner" Waffen wie weitreichender Geschütze mit ungeheurer Zerstörungskraft („Dicke Berta"), Maschinengewehre, Gasgeschosse, Flammenwerfer, Panzer, Flugzeuge und U-Boote sowie die daraus resultierenden Folgen für Taktik und Strategie der militärischen Führungen genannt werden.

10. **Stell dir vor, du wärst ein Soldat im Schützengraben in Q8. Schreibe einen Brief an einen Verwandten. (AFB II)**
Möglicher Brief an die Verwandten:
„Ihr Lieben daheim,
ihr könnt euch das Grauen des Krieges nicht vorstellen. In den Kämpfen hier bleibt kein Stein auf dem anderen. Ganze Landschaften werden umgegraben. Wir Soldaten sind bei Wind und Wetter in den Schützengräben und Erdlöchern nahezu schutzlos den gegnerischen Granaten ausgeliefert. Der Stellungskrieg zermürbt uns, jeden Tag gibt es Tausende Tote und Verwundete in den eigenen Reihen, auch aufseiten des Gegners. Wenn es regnet, versinkt alles im Schlamm. Oft ist nirgendwo ein Mensch zu sehen. Alles erscheint tot. Es ist so grausam und so sinnlos."

11. **Fasse den Kriegsverlauf bis 1917 mithilfe des VT zusammen. (AFB II) ○ → S. 190**
Dieser Bericht sollte unter Einbeziehung des VT u.a. eingehen auf
   - den schnellen Vormarsch deutscher Truppen im Westen ab August 1914, der jedoch an der Marne angehalten wurde;
   - das Erstarren des Krieges in einer Linie von Schützengräben im Westen im Sommer 1916;
   - die Ausweitung des Krieges nach Osten, Südosten sowie in den Orient und in die Kolonien;
   - die Revolution in Russland im Jahre 1917, das anschließend aus dem Krieg ausschied;
   - den Kriegseintritt der Vereinigten Staaten 1917 infolge der Eröffnung des uneingeschränkten U-Bootkrieges durch Deutschland;
   - die Rolle der Propaganda;
   - die Industrialisierung des Krieges am Beispiel der Materialschlachten, die Tausende Opfer forderten;
   - Kriegsverbrechen an der Bevölkerung sowie Flucht und Vertreibung von Millionen von Menschen;
   - die Bedeutung von Kriegszielprogrammen im Rahmen der Kriegführung.

6 Der Erste Weltkrieg – Urkatastrophe des 20. Jahrhunderts

Front- und Alltagserfahrungen im Ersten Weltkrieg

166–167

Kompetenzziele

🕮 Wahrnehmungskompetenz
Die SuS
- können eine sachgerechte Vermutung über die Versorgungslage an der Heimatfront auf der Grundlage vorgegebener Begriffe formulieren;
- können selbstständig die zur Beantwortung der Frage nach dem Quellenwert von Feldpostbriefen erforderlichen Informationen beschaffen.

🧩 Analysekompetenz
Die SuS
- können den Inhalt der Quellen und der Darstellungstexte strukturiert mit eigenen Worten wiedergeben;
- können anhand der Postkarte „Spöttischer Nachruf" zwischen Sachaussagen und subjektiven Wertungen unterscheiden;
- können auf Basis der Quellen die Auswirkungen der „modernen" Kriegsführung auf das Leben der Zivilbevölkerung ermitteln.

⚖ Urteilskompetenz
Die SuS
- können Motive und Begründungen der Handlungen der deutschen Zivilbevölkerung in ihrem historischen Kontext erklären und die prekäre Lebenssituation beurteilen;
- können exemplarisch die sich verändernde Sichtweise von Soldaten als Akteure auf das Kriegsgeschehen in ihrem historischen Kontext erklären und beurteilen;
- können mithilfe von Sachaussagen über historische Ereignisse und Zusammenhänge über die Front- und Alltagserfahrungen im Ersten Weltkrieg und ihre Auswirkungen auf die Gegenwart selbstständig begründete Sachurteile fällen.

ⓘ Orientierungskompetenz
Die SuS
- können eine zusammenfassende eigene Erzählung auf Basis eines selbst verfassten Briefes an einem historischen Beispiel vornehmen;
- können ihre eigenen Deutungsmuster und Wertmaßstäbe in den Geschichtsunterricht kritisch einbringen.

Sequenzvorschlag

166–167

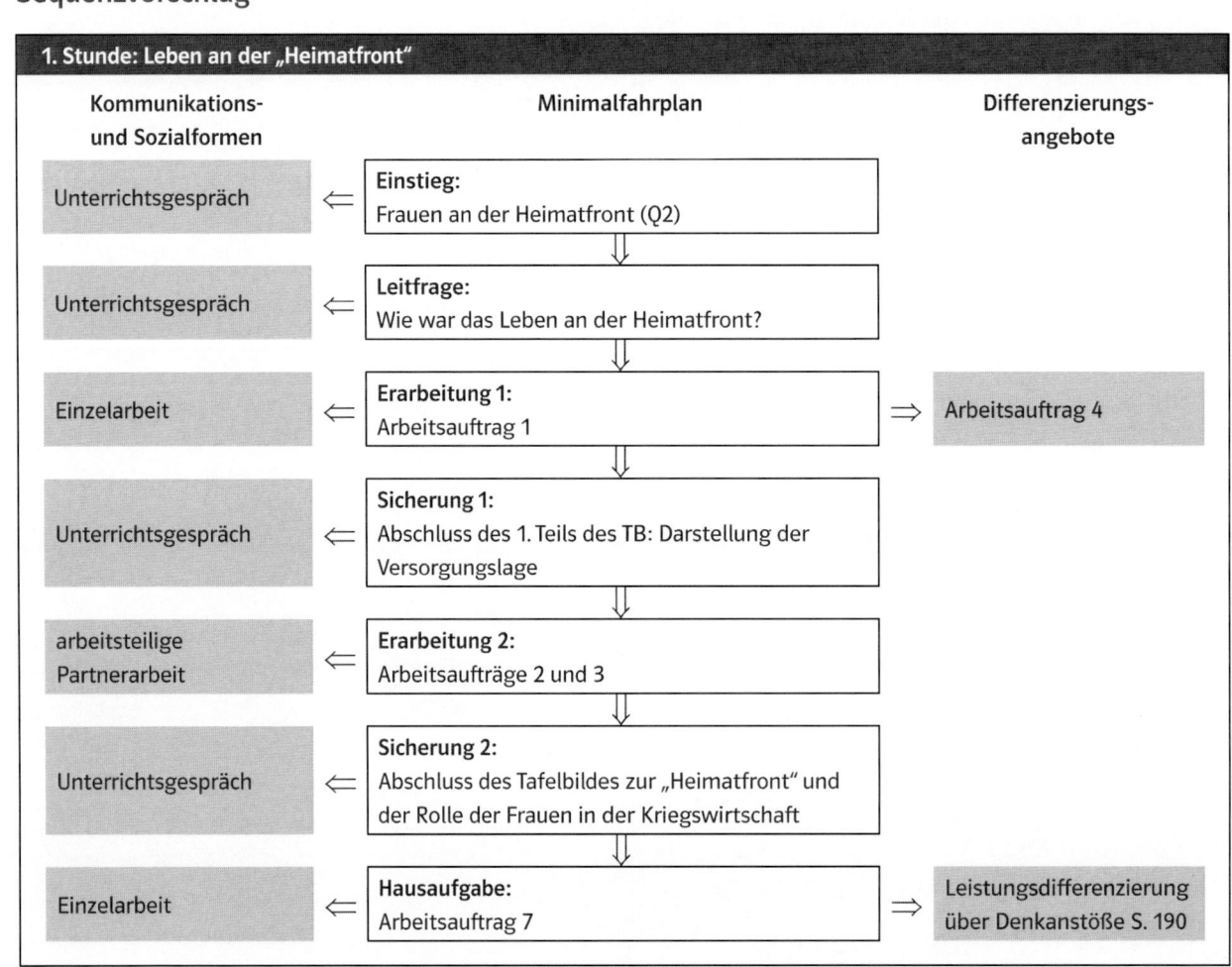

212

Tafelbild 1

Leben an der „Heimatfront"
Welche Rolle spielten Frauen bei der Versorgung der Bevölkerung?

Versorgungslage:
- Verschlechterung durch britische Seeblockade
- Verwendung minderwertiger Ersatzprodukte
- Ernteausfälle (Hungerwinter 1916/17)
- Folgen der Unterernährung: ca. 700 000 Tote

Heimatfront:
- durch die Mobilmachung fehlten Männer in der Wirtschaft
- Frauen übernahmen ihre Aufgaben
- Patriotismus

Frauen in der Kriegswirtschaft:
- Frauen ersetzten Männer in Industrie und Landwirtschaft
- außerdem z.B. Rohstoffsammlungen, Pflege, Aushilfslehrerinnen
- Doppelaufgabe (Haushaltsführung)

↓

Frauen kam eine kriegsentscheidende Bedeutung zu, da sie die Männer in sämtlichen Berufen ersetzten, um die Versorgung der Bevölkerung weiterhin zu sichern.

Sequenzvorschlag

→ 166–16?

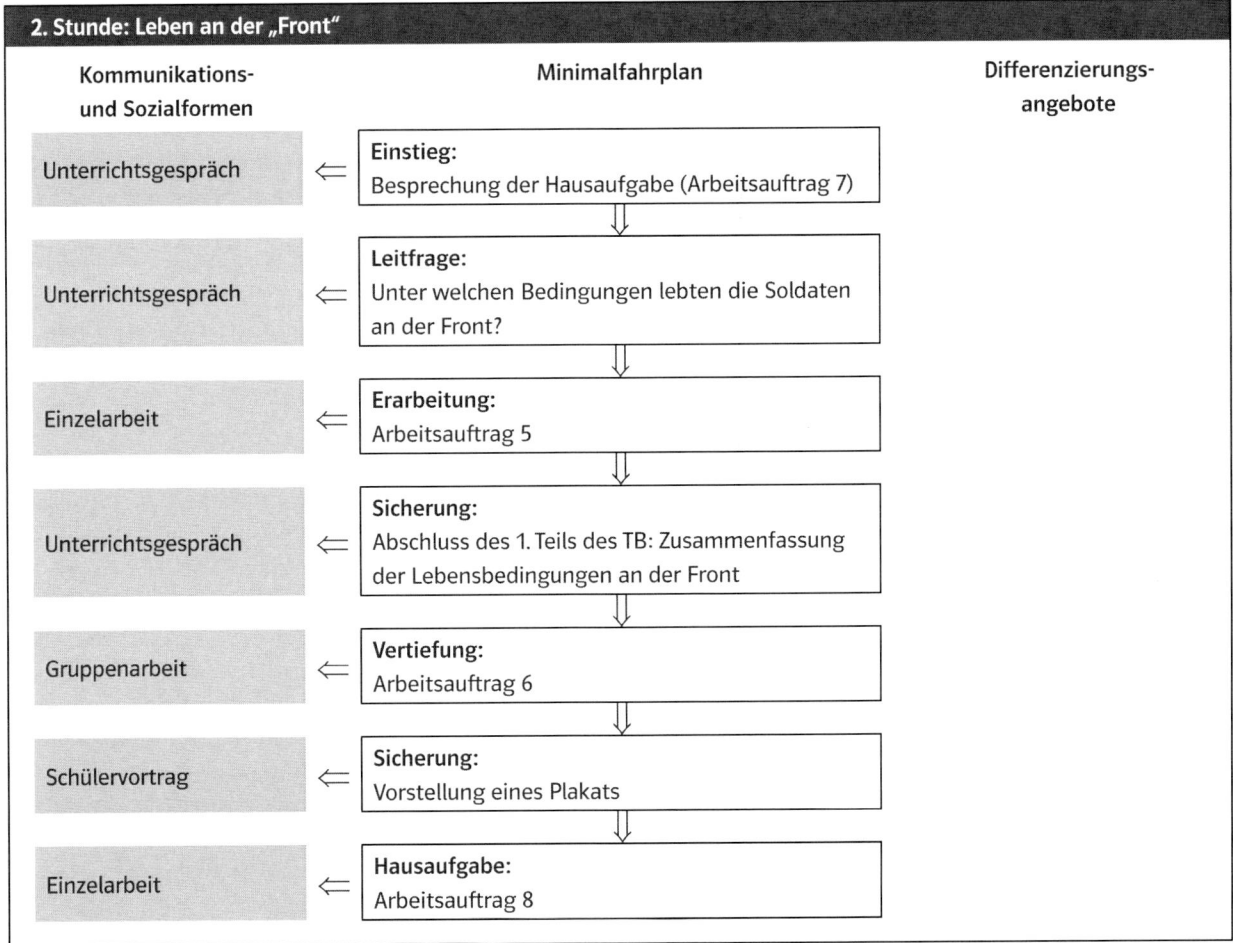

213

6 Der Erste Weltkrieg – Urkatastrophe des 20. Jahrhunderts

Tafelbild 2

Leben an der „Front"
Unter welchen Bedingungen lebten die Soldaten an der Front?

Leben an der Front	Vertiefung (Schülerplakat)
- blutige Materialschlachten - Schutz in selbstgeschaufelten Gräben - „Welt des Schreckens"	veränderte Haltung zum Krieg am Beispiel Walter Limmers: Kriegsausbruch 3. August 1914: unreflektierte Begeisterung („erhebend"/„mutig") ↓ 9. September 1914: bereits 1 Monat später Kriegsmüdigkeit ↓ 20. September 1914: lebensgefährliche Verwundung ↓ (Ergänzende Information durch die Lehrkraft: Der 24-jährige Walter Limmer starb auf dem Rücktransport nach Deutschland und sah seine Familie nicht mehr wieder.)

↓

Fazit: Das Leben der Soldaten an der Front war entgegen der Propaganda durch blutige Materialschlachten geprägt.

166–167 Hinweise zum Verfassertext und zu den Materialien

VT1 geht auf die sich verschlechternde Versorgungslage ein, die im Gegensatz zur staatlichen Propaganda stand. Der Erste Weltkrieg, der sich entgegen der Planungen noch bis 1918 hinzog, hatte schwerwiegende Konsequenzen für die Versorgung der Bevölkerung mit Grund- und Luxusnahrungsmitteln. U.a. führte die britische Seeblockade zur Einführung von in der Regel minderwertigen Ersatzprodukten in allen Bereichen. In der Folge legte der Staat Höchstpreise für Lebensmittel fest und rationierte diese; die Grundversorgung wurde auf 1000 Kalorien pro Tag rationiert. Für die Landwirtschaft fehlten kriegsbedingt dringend benötigte Düngemittel ebenso wie menschliche und tierische Arbeitskraft für die Feldarbeit. Entsprechend gering fiel die Getreideernte aus. Dem „Hungerwinter" 1916/17 folgte ein „Hungersommer", der das Vertrauen in die staatlichen Entscheidungsträger weiter schwächte. Die 1918 ausbrechende weltweite Pandemie der Spanischen Grippe hatte in der geschwächten Bevölkerung verheerende Folgen.

VT2 Innerhalb weniger Wochen waren so viele Männer an der Front, dass die in der Heimat gebliebenen Frauen in nahezu allen Bereichen ihre Arbeit übernehmen mussten und dies nicht selten als „patriotische Aufgabe" sahen. Vor allem die Einziehung von Bauern wirkte sich negativ auf die Lebensmittelerzeugung aus, weil Arbeitskräfte fehlten. Die Industrie wurde auf kriegsrelevante Güter umgestellt, in der erstmals eine große Zahl von Arbeiterinnen beschäftigt war. Das sich kurzfristig verändernde Rollenbild hatte allerdings keine nachhaltige Wirkung im Sinne der Emanzipationsbewegung.

VT3 Der propagierten Siegesgewissheit und der nationalen Euphorie stand das reale Leben der Soldaten an der Front gegenüber: Der Tod als ständiger Begleiter in den Gräben des Stellungskrieges gehört zu den Grunderfahrungen. Davon erfuhren die Daheimgebliebenen über Feldpostbriefe und -karten zumindest in Ansätzen. Zum Inbegriff der Grausamkeit des Ersten Weltkriegs wurde die Schlacht von Verdun 1916, die an der Ostfront ein Pendant fand. Der erste „industrialisierte" Krieg hatte nicht nur kurzfristige Auswirkungen, sondern führte zur Traumatisierung einer gesamten Generation, die nach Kriegsende kaum in ein bürgerliches Leben zurückfand. Posttraumatische Belastungsstörungen waren eine typische Folge.

D1 Das digitale Archiv des Museums für Post und Telekommunikation Frankfurt umfasst rund 700 Feldpostbriefe aus dem Ersten Weltkrieg. Die Suchfunktion ermöglicht eine gezielte Recherche von Feldpostbriefen nach Themen (alphabetisch), nach geografischer Herkunft (bis hin zu einzelnen Orten), Zeiträumen sowie Konvoluten einzelner Briefeschreiber. Auf der Ebene der Treffer bzw. einzelner Feldpostbriefe ist jeweils ein Transkript des Textes, ein Digitalisat des Briefes bzw. der Postkarte sowie eine Zuordnung zu einem Konvolut abrufbar. Es handelt sich sowohl um Feldpost von der Front als auch Antworten aus der Heimat.

Q1 Die „Trauer-Anzeige" von 1917 greift die dramatische Versorgungslage satirisch auf. Die staatliche angeordnete Rationierung von Lebensmitteln reichte zur Deckung des Kalorienbedarfs in keiner Weise aus; die Versorgung mit Grundnahrungsmitteln brach zeitweise völlig zusammen. Nach den schlechten Ernten 1916 und 1917 und dem „Hungerwinter" spitzte sich die Unzufriedenheit weiter zu.

Q2 Bei der Postkarte von 1918 handelt es sich um ein typisches Propagandabild, das als „Wohlfahrts-Karte" für 10 Pfennig verkauft wurde. Ein Drittel der Einnahmen sollte der weiblichen Jugend des Kaiserreichs zugutekommen.

Q3 Die vom 3. August bis 20. September 1914 geschriebenen insgesamt drei Feldpostbriefe des Studenten Walter Limmer offenbaren die gesamte Dramatik des Ersten Weltkriegs. Euphorisiert von der Kriegspropaganda zieht der 24-Jährige begeistert für sein Vaterland in den Krieg und beschreibt überschwänglich den Truppentransport mit dem Zug. Bereits einen Monat später erlebt er die Schrecken des Stellungskrieges, wird am 20. September tödlich verwundet und stirbt vier Tage später im französischen Châlons-sur-Marne, ohne seine Familie jemals wiedergesehen zu haben.

D2 Peter Knoch, Professor für Geschichte und Didaktik der Geschichte an der Pädagogischen Hochschule Ludwigsburg, betont die Besonderheit der Schriftquellen des Ersten Weltkrieges, da alle gesellschaftlichen Schichten ihre Eindrücke und Erlebnisse in Form von Briefen und Postkarten festhielten und mit ihren Familien teilten. Zu betonen ist dabei, dass die Texte mit Einschränkungen außerordentlich offen ohne Zensur formuliert wurden.

Erläuterungen zu den Arbeitsaufträgen

1. Beschreibe die Versorgungslage in Deutschland während des Ersten Weltkriegs (VT1). (AFB I)
- Britische Seeblockade: merkliche Verschlechterung der Versorgung der deutschen Bevölkerung;
- minderwertige Ersatzprodukte: z. B. Brennnessel-/Papierfasern anstelle von Baumwolle für Kleidung;
- staatliche Regulierung der Preise;
- Rationierung von Lebensmitteln und Essensmarken;
- massive Ernteausfälle;
- Winter 1916/17: Versorgungskrise („Hungerwinter");
- Folgen: durch Hunger, Unterernährung und Krankheiten schätzungsweise über 700 000 Tote.

2. Erläutere den Begriff „Heimatfront" (VT2). (AFB II)
- Der Begriff bezeichnet die Umstellung der Industrie auf Kriegswirtschaft.
- Er umfasst die Einbeziehung von Frauen in der Heimat zur Unterstützung des Krieges.

3. Erkläre, inwieweit Frauen in die Kriegswirtschaft eingebunden waren (Q2, VT2). (AFB II)
- Frauen waren in sämtlichen Bereichen eingebunden, z. B. bei Rohstoffsammlungen, in der Pflege, als Hilfslehrerinnen, in der Landwirtschaft und Industrie.
- Sie waren durch Haushalt/Familie und Arbeitsplatz einer Doppelbelastung ausgesetzt.

4. Analysiere, worauf der Autor mithilfe der „Trauer-Anzeige" hinweisen möchte. Beachte auch die sprachlichen Mittel (Q2). (AFB II)
- Die Postkarte von 1917 ist durch einen schwarzen Rand umrahmt. Auf dunkelgelbem Hintergrund sind Worte durch unterschiedliche Schriftgröße und Fettdruck hervorgehoben.
- Es handelt sich um eine satirische Darstellung mit der Grundaussage, dass die staatlich angeordnete Rationalisierung von Lebensmitteln nicht zur Deckung des Kalorienbedarfs ausreicht.
- Der Verfasser will auf die notleidende Bevölkerung aufmerksam machen.
- Bemerkenswert ist das Spiel mit der Sprache bei den Nachnamen der „Hinterbliebenen" (Kohlendampf, Ohnefett, Hunger usw.).

5. Beschreibe das Leben der Soldaten an der Front (Q3, VT3). (AFB I)
- Blutige Materialschlachten;
- Stellungskrieg: Schutz in selbstgeschaufelten Gräben;
- „Welt des Schreckens"/Tod durch Krankheiten und feindlichen Beschuss allgegenwärtig;
- Kriegsmüdigkeit.

6. Ordne die Briefe von Walter Limmers ein: Wie verändert sich seine Haltung zum Krieg (Q3)? (AFB III)
- Kriegsausbruch: unreflektierte Begeisterung (3. August 1914);
- Kriegsmüdigkeit bereits nach einem Monat (9. September 1914);
- zum Tode führende Verwundung (20. September 1914).

6 Der Erste Weltkrieg – Urkatastrophe des 20. Jahrhunderts

SP 7. Verfasse mithilfe von Q1 und Q2 sowie VT1–VT3 einen Brief aus der Sicht einer jungen Frau an ihren Vater, der an der Front kämpft. Verwende dazu u. a. die Begriffe Versorgung, Brot, Rüben, Ersatzprodukte, Arbeit und Einsamkeit. (AFB II) ○ → S. 190

Verwiesen werden soll u. a. auf:
- den Hunger am Beispiel der Brotversorgung aufgrund fehlenden Getreides;
- die Rationierung von Lebensmitteln;
- den Einsatz von minderwertigen Ersatzprodukten (z. B. Rüben);
- die doppelte Arbeitsbelastung;
- die Einsamkeit und fehlende Unterstützung (hier durch das Fehlen des Vaters).

MK 8. Recherchiert in der digitalen Sammlung Q1 W15 ⊕ einen Feldpostbrief aus eurer Region. Nutzt dafür die Arbeitsschritte auf S. 129. Stellt euch die verschiedenen Briefe vor und beurteilt anschließend, welche Chancen die Feldpost als Quelle bietet (D2). (AFB III) ● MKR 1.1, 1.2, 3.2, 6.1

- Ausgangspunkt sollte eine gemeinsame Erschließung der Suchfunktion bzw. Recherchemöglichkeiten der digitalen Sammlung in der Klasse sein. Hierfür kann die Sammlung über einen Beamer im Klassenraum eingeblendet werden und eine Beispielrecherche gemeinsam durchgeführt werden.
- Die umfangreiche Suchfunktion der digitalen Sammlung ermöglicht den SuS eine interessengeleitete Recherche wie beispielsweise nach Feldpost aus der Heimatregion oder nach Themen (Familie, Krieg, Sport, Stellungskrieg etc.). Es bietet sich eine freie und eben an den Interessen der SuS orientierte Recherche an. Hilfreich können dabei auch die Möglichkeiten des Abrufens biografischer Skizzen zu den Briefeschreibern oder die Vernetzung ganzer zu einem Brief gehörender Konvolute (gesamter Schriftverkehr) sein.
- Für die Aufbereitung der Rechercheergebnisse bzw. gegenseitige Präsentation sollten vorab Kriterien benannt werden: Autor, Datum, geografische Herkunft, Empfänger, Inhalt des Briefes, Digitalisat.
- Chancen der Feldpost als Quelle: Einblick in persönliches und individuelles Kriegserleben, Einblick in den Alltag „zu Hause" während des Krieges, insbesondere die Bilder der Feldpostkarten zeigen die propagandistische Kommunikation der Kriegsparteien, Differenz zwischen politischer Instrumentalisierung des Krieges und dessen persönlicher, leidvoller Wahrnehmung.
- Mit den SuS sollten neben den Chancen auch die Grenzen dieses Quellentypus besprochen werden: Da es sich um individuelle und persönliche Eindrücke handelt, sollten mehrere Briefe verglichen werden (Multiperspektivität).

1917 – Beginn einer neuen Epoche?

168–169

Kompetenzziele

Wahrnehmungskompetenz
Die SuS
- wissen, warum die USA 1917 in den Krieg eintraten, und können erklären, wie sie dafür die Idee der Freiheit politisch nutzten;
- können reflektieren, warum es 1917 in Russland zu Revolutionen kam.

Analysekompetenz
Die SuS
- können ein historisches Plakat untersuchen;

- können ein Referat halten zum Thema: „1917: ein Wendejahr in der Geschichte der Welt".

Urteilskompetenz
- Die SuS können erörtern, ob 1917 zu Recht als Epochenjahr bezeichnet wird.

Orientierungskompetenz
- Die SuS können die Qualität eines Wikipedia-Artikels untersuchen.

Sequenzvorschlag

168–169

Einzelstunde: 1917 – ein Wendepunkt der Vergangenheit?

Kommunikations- und Sozialformen	Minimalfahrplan	Differenzierungsangebote
Unterrichtsgespräch	**Einstieg:** Impuls: Was verstehen wir unter einer Epochenwende?, anschließend Lesen der Einleitung	
Unterrichtsgespräch	**Leitfrage:** 1917 – ein Wendepunkt der Vergangenheit?	
Partnerarbeit	**Erarbeitung 1:** Lesen VT1–VT4, Q1 und Q3, Arbeitsaufträge 1 und 2	Änderungen in Russland, Arbeitsauftrag 4 Leistungsdifferenzierung über den Denkanstoß zu Arbeitsauftrag 2
Unterrichtsgespräch, Arbeit im Plenum	**Sicherung 1:** Präsentation der Arbeitsergebnisse, gemeinsam Arbeitsauftrag 5 und Erstellung eines Tafelbildes unter der Überschrift: 1917 – ein Wendepunkt der Vergangenheit?	Leistungsdifferenzierung über den Denkanstoß zu Arbeitsauftrag 5
Einzelarbeit	**Hausaufgabe:** Qualität des Wikipedia-Artikels zum Jahr 1917, Arbeitsauftrag 6	Vertiefung: Plakat zu Lenin, Arbeitsauftrag 3

6 Der Erste Weltkrieg – Urkatastrophe des 20. Jahrhunderts

Tafelbild

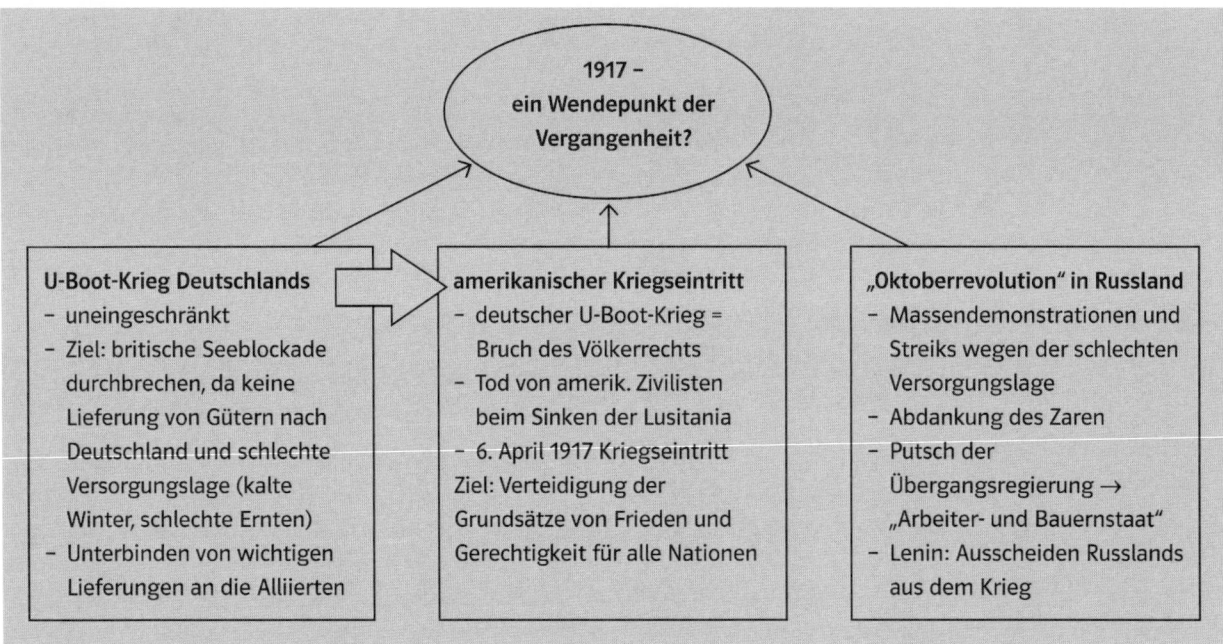

Hinweise zum Verfassertext und zu den Materialien

VT In VT1 wird die Seeblockade thematisiert, die die Briten in der Nordsee und im Nordatlantik seit Kriegseintritt gegen das Deutsche Reich errichteten. Damit sollte dieses geschwächt und vom Weltmarkt weitestgehend abgeschottet werden. Zunächst galt die Blockade für Kriegsmaterial, was im Laufe der Zeit auch auf Lebensmittel und Güter des täglichen Bedarfs ausgeweitet wurde. Die Übermacht der britischen Flotte (Grand Fleet) wurde Deutschland 1916 durch die verlorene Schlacht am Skagerrak bewusst. Da es nicht gelungen war, die Blockade zu brechen, forderten die Kaiserliche Marine und zahlreiche Politiker die warnungslose Versenkung alliierter Schiffe, um Großbritannien innerhalb von sechs Monaten in die Knie zu zwingen. Dies traf aber nicht nur die alliierten Schiffe, sondern auch die Besatzungen und Passagiere neutraler Staaten wie der USA. Diese hatten in den Jahren zuvor mehrfach deutlich gemacht, dass sie diese Art der Kriegführung als Verletzung des Völkerrechts betrachteten. Im Gegensatz zu 1915/16 waren die Deutschen überzeugt, einen amerikanischen Kriegseintritt riskieren zu können. Sie glaubten, dass dieser einen deutschen Sieg nicht gefährden würde. Der Kriegseintritt der USA stärkte jedoch die Entente und trug maßgeblich zum Sieg der Alliierten 1918 bei.

An der Ostfront änderte sich im selben Jahr auch die politische Ausgangslage. Nach inneren Konflikten, Hunger und Protesten sowie schweren Niederlagen stürzte das Regime des Zaren im Februar/März 1917. Die Bolschewiki unter der Führung von Wladimir I. Lenin stürzten wiederum die bürgerlichen Revolutionäre nach Monaten innerer Unruhen im Oktober/November 1917. Unter Lenins Führung verwandelte sich Russland in einen „Arbeiter- und Bauernstaat" unter der Diktatur der Bolschewiki.

D1 Der in den Medien zum Schulbuch verlinkte Wikipedia-Artikel zum Jahr 1917 verweist bereits in der Einleitung auf die Bedeutung des Jahres 1917 als „Epochenjahr" sowie auf das Ende des „langen 19. Jahrhunderts". Er kann somit als Teil digitaler Geschichtskultur verstanden werden. Neben der inhaltlichen Auseinandersetzung sind bei der Analyse qualitative Kriterien entsprechend dem Wikipedia-Prinzip zu berücksichtigen: Anzahl der Autoren (aktuell 85), verfügbare Sprachvarianten, die Diskussionsseite sowie die Versionsgeschichte (Beginn des Artikels im Jahr 2002). Es ist zu beachten, dass der Artikel jederzeit bearbeitbar ist und sich Inhalte entsprechend ändern können.

Q1 ist eines von vielen Plakatmotiven, die einen wesentlichen Grund des Kriegseintritts der USA bildlich darstellen: Kampf für die Freiheit. Dies zeigt die Freiheitsstatue in New York, die im Hintergrund zu sehen ist. Das Plakat wirbt für die Zeichnung einer Anleihe, die bezeichnenderweise „Liberty Loan" (= Freiheitsanleihe) heißt.

Q3 Vier Tage vor Kriegseintritt begründete US-Präsident Woodrow Wilson vor dem Kongress, warum die USA an der Seite der Alliierten in den Krieg eintreten sollten. Er forderte dazu auf, dem deutschen „Krieg gegen die Menschlichkeit" ein Ende zu bereiten. Seine Kriegsziele beschrieb er als demokratiefreundlich, er sah es als amerikanische Pflicht an, bis Kriegsende etwa zwei Millionen Soldaten für Freiheit und Frieden an die Fronten zu entsenden. Wilson beendete damit die dreijährige Neutralität, die aber nicht unparteiisch war, da seit Kriegsbeginn Hilfsgüter inklusive Waffen an die Entente geliefert worden waren.

Erläuterungen zu den Arbeitsaufträgen

168–16⁹

1. Erkläre, warum die USA 1917 in den Krieg eintraten, und fasse ihre Kriegsziele zusammen (Q3, VT1–VT2). (AFB II)
- Verteidigung der Grundsätze von Frieden und Gerechtigkeit für alle Nationen;
- endgültiger Frieden auf der Welt auf Grundlage politischer Freiheit und des Rechts;
- Kampf für die Demokratie.

2. Erkläre am Beispiel des Plakats Q1, wie die amerikanische Regierung für ihr militärisches Eingreifen die Idee der Freiheit politisch nutzte. (AFB II) ○ → S. 190

Beschreiben:
- Das Plakat zeigt ein Schiff, das in einen Hafen einfährt. Auf dem Deck sind viele Menschen zu sehen. Im Hintergrund ist eine große Statue zu sehen.
- Oben auf dem Plakat ist etwas zu lesen; ebenso unten in noch größeren Buchstaben.

Untersuchen:
- Die Überschrift lautet: „Remember your first Thrill of American Liberty" (= Erinnert euch an euren ersten Nervenkitzel, den die amerikanische Freiheit auslöste.)
- Unten ist zu lesen: „Your Duty – Buy United States Government Bonds 2nd Liberty Loan of 1917" (= Tut eure Pflicht – kauft Anteile der 2. Freiheitsanleihe der US-Regierung.)
- Die Statue im Hintergrund ist die Freiheitsstatue. Seit 1886 erinnert sie an die Werte der Französischen Revolution – „Freiheit, Gleichheit, Brüderlichkeit" – sowie an die französische Unterstützung der US-Unabhängigkeitskämpfer. Fast alle europäischen Einwanderer, viele von ihnen politische Flüchtlinge, fuhren an dieser vorbei. Vorherrschend war unter ihnen das Gefühl, nun in einem freien Land mit allen Möglichkeiten leben zu können.

Deuten:
- Das Plakat griff die Motive von Millionen Einwanderern zur Emigration in die USA auf. Diese sollten nun für das, was die USA ihnen geboten hatten, ihren Beitrag leisten: ebenfalls im Namen der USA in Europa für die Freiheit kämpfen.

SP 3. Gestalte ein Plakat mit einem Bild Lenins in der Mitte. Schreibe Worte und Wortgruppen dazu, die Lenin, seine Ziele und sein Vorgehen beschreiben (Q2). Präsentiere dein Ergebnis und begründe deine Auswahl. (AFB II) ●

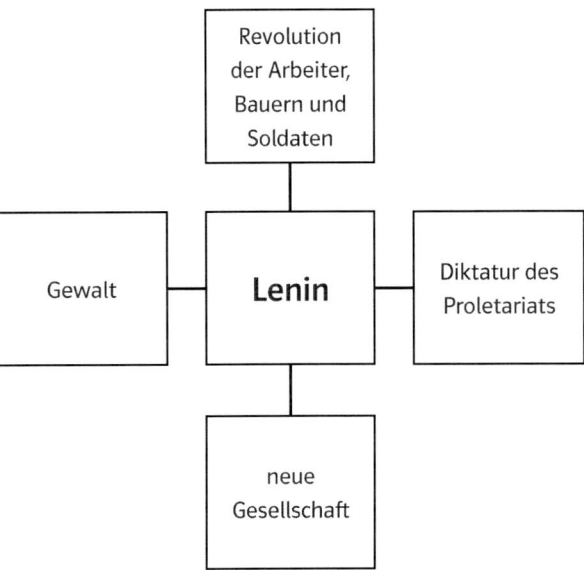

Die Begründung ergibt sich aus den wichtigsten Schlagworten im Text.

4. Erkläre anhand von VT3 und Q2, was sich 1917 in Russland änderte. (AFB II)

Vorher	Nachher
Zar = Alleinherrscher	Bolschewiki = Diktatur des Proletariats
Adel = führende Gesellschaftsschicht	Arbeiter- und Bauernstaat
Land in den Händen der Großgrundbesitzer	alles Land Gemeineigentum
kapitalistische Wirtschaft	sozialistische Wirtschaft
Krieg	Frieden

Der Erste Weltkrieg – Urkatastrophe des 20. Jahrhunderts

5. Erörtere, ob 1917 zu Recht als Epochenjahr bezeichnet wird. Kläre dazu zunächst, was unter einer Epoche verstanden wird. (AFB III) ○ → S. 190

- Epochen sind größere Zeitabschnitte, die sich für uns durch besondere Merkmale auszeichnen und voneinander unterscheiden. Wir geben diesen Epochen Namen, z. B. „Neuzeit".
- Die Revolution in Russland sowie der amerikanische Kriegseintritt stellen eine Zäsur in der Geschichte des Ersten Weltkriegs dar. 1917 kann als ein wichtiges Jahr bezeichnet werden, das grundlegend den Verlauf der zukünftigen Ereignisse bestimmte. Historikerinnen und Historiker vermuten, dass der Erste Weltkrieg anders verlaufen wäre, hätte Amerika den Mittelmächten nicht den Krieg erklärt und wäre das Zarenreich bestehen geblieben.
- Der Begriff Epochenjahr für das Jahr 1917 scheint auch deshalb gerechtfertigt, weil in diesem Jahr zwei Ereignisse die bipolare Weltordnung nach 1945 ankündigen.

MK 6. Beurteile die Qualität des Wikipedia-Artikels zum Jahr 1917 (D1 W16 ⊕). Nutze die Arbeitsschritte auf S. 206. (AFB III) MKR 1.2, 6.1

s. Tabelle unten. Es bietet sich an, den Artikel kriteriengeleitet sowohl auf inhaltlicher Ebene als auch mit Blick auf die methodische Qualität zu analysieren, um zu einer Beurteilung zu kommen:

- Neben der kategoriengeleiteten Analyse und Beurteilung der Seite sind methodisch folgende weitere Arbeitsschritte denkbar: Vergleich mit anderen Sprachversionen; ausgehend von der Diskussionsseite weitere strittige Themen erarbeiten; interessengeleitete Vertiefung einzelner Themenfelder ausgehend von den Verlinkungen; Erarbeitung eines Pecha-Kucha-Vortrages zu 1917 durch die Auswahl und Strukturierung von Bildquellen des Artikels zu einem historischen Narrativ unter der Leitfrage „1917 – ein Epochenjahr?"
- Als Einstieg in die Bearbeitung der Aufgabe sowie als Sensibilisierung für die Beurteilung von Wikipedia-Artikeln kann der Artikel zunächst mithilfe der Seite „Wikibu" (leicht im Internet zu finden) beurteilt werden. Das dort vorgeschlagene Rating bietet sich im Sinne einer Überprüfung für oben skizzierte Analyse an.

	positiv	kritisch anzumerken
Inhalt des Artikels	- sehr umfangreiches Inhaltsverzeichnis → Einblick in Vielschichtigkeit des Jahres sowie des Artikels - Vergleich andere Sprachversionen → Artikel oft deutlich kürzer und reduziert auf Ereignis- und Personengeschichte - verzeichnete Unterkapitel versprechen komplexen Artikel mit Abschnitten zu Politikgeschichte, Wirtschaft, Kultur, Gesellschaft, Wissenschaft, Religion, Umwelt, Sport, Persönlichkeiten → Querschnitt - Vielzahl von Verlinkungen, die weitere Recherche und Vernetzung ermöglichen - viele Bild- und Textquellen sowie Geschichtskarten	- sehr eurozentristische Perspektive der Inhalte → lediglich sehr kurze Ausführungen zu Asien und Australien - Dominanz der Politikgeschichte (Erster Weltkrieg und Revolutionen Russland) - kaum alltagsgeschichtlicher Einblick in das Jahr 1917 möglich
methodische Qualität	- Der Artikel wurde von ca. 85 Autoren erstellt bzw. bearbeitet, das ist recht viel und verweist zunächst auf eine potenziell hohe Kontroversität bzw. Ausgewogenheit der Darstellung. → Es bietet sich an, ausgehend von der Autorenübersicht weitere Informationen über deren Qualifikation oder Mitarbeit an anderen Artikeln zu recherchieren.	- keine der Aussagen des Artikels enthalten Einzelnachweise bzw. Quellenangaben → empirische Triftigkeit nicht vorhanden - keine Literaturangaben bzw. Übersicht zu weiterführender Fachliteratur am Ende des Artikels - im Bereich der Diskussionsseite zeigen sich lediglich zwei kontrovers diskutierte Themen → spricht eher nicht für einen vielschichtigen Artikel (Kontroversität)

Kompetenztraining Operatorentraining: Vergleichen

Kompetenzziele

Analysekompetenz

Die SuS
- können anhand methodischer Arbeitsschritte einen schriftlichen Vergleich anfertigen;
- können typische Merkmale der Textsorte „Vergleich" erfassen und diese im gemeinsamen Schreibprozess anwenden.

Hinweise zum Verfassertext und zu den Materialien

VT Die Anmoderation liefert zunächst eine Kontextualisierung der Textsorte „Vergleich" im Geschichtsunterricht. Dabei wird erläutert, aus welchem Grund und mit welchem Ziel ein Vergleich verfasst werden kann, und es werden erste Hinweise auf wesentliche Merkmale des Operators und der damit verbundenen Textsorte gegeben. Im Merkkasten „Schritt für Schritt" werden eine kurze Definition des Operators, zentrale Arbeitsschritte und wichtige Hinweise zum Verfassen eines Vergleiches vorgestellt. Im Kästchen „Das gehört in den Text", wird die Textstruktur vorgestellt und verdeutlicht, welche inhaltlichen Kriterien beim Vergleichen zu erfüllen sind. Im Kästchen „Darauf musst du achten" stehen sprachliche und textstrukturelle Besonderheiten im Vordergrund. Das Kästchen „Formulierungshilfen" präsentiert ein unterstützendes Angebot zur Erarbeitung und Formulierung des Vergleichs. Thematisch knüpft das Operatorentraining an den Beginn des Ersten Weltkriegs an. So beschäftigt sich der Modelltext mit dem Vergleich zweier Bildquellen, die den Aufbruch von Soldaten an die Front zeigen. Der Modelltext enthält dabei alle im Merkkasten benannten Merkmale der Textsorte, ist aber dennoch schülergerecht formuliert, um eine realistische Zielvorstellung eines Vergleichs abzubilden.

Q1 Das Plakat aus dem Jahr 1916 fordert die französische Bevölkerung zum Kauf von Kriegsanleihen auf. Wie ein Engel fliegt darauf Marianne, die Nationalfigur der Französischen Republik, einem himmlischen Heer voran. Im Vordergrund werden in dunklen Farben die gefallenen Soldaten gezeigt, die durch das in hellen Farben leuchtende, gestärkte Heer, in dem auch die Flaggen der Alliierten wehen, gerettet werden. Das Plakat stellt somit einen Teil der französischen Kriegspropaganda dar.

Q2 Das amerikanische Plakat aus dem Jahr 1917/18 fordert ebenfalls zum Kauf von Kriegsanleihen auf. Der Begriff „Hunnen" bezeichnet eigentlich eine Gruppe asiatischer Reitervölker. In Deutschland wurden damit grausame und gewalttätige asiatische Völker bezeichnet. Im Ersten Weltkrieg wurde der Begriff in der englischsprachigen Propaganda für die Deutschen genutzt, um ihr barbarisches Verhalten hervorzuheben. Das Plakat zeigt ein junges Mädchen, das schützend ein Baby im Arm hält. Das Mädchen befindet sich im Vordergrund und blickt über die Schulter zurück. Im Hintergrund zeichnet sich der dunkle Schatten eines gewaltigen Mannes mit Pickelhaube ab, der die aus Deutschland stammende Gefahr repräsentiert.

Erläuterungen zu den Arbeitsaufträgen

1. Der Modelltext D1 ist durcheinandergeraten. Bringe die Textabschnitte wieder in die richtige Reihenfolge. Die Hinweise in „Schritt für Schritt" helfen dir, die richtige Textstruktur herauszufinden. (AFB I)

1. Bei dem folgenden Vergleich geht es um die unterschiedlichen Reaktionen der Menschen auf den Beginn des Ersten Weltkriegs. Dazu werden zwei Fotografien (Q1 und Q2), die wahrscheinlich im August 1914 aufgenommen wurden, ausgewertet.
2. Der historische Hintergrund beider Fotografien ist der Ausbruch des Ersten Weltkriegs im Sommer 1914. In den ersten Augusttagen meldeten sich viele Männer freiwillig, um in den Krieg zu ziehen.
3. Die Bilder zeigen die Reaktion der Menschen beim Aufbruch der Truppen an die Front.
4. Die Fotografie aus Wien (Q1) zeigt Menschen, die in Wien am Bahnsteig stehen. Im Vordergrund sieht man eine Gruppe Frauen, im Hintergrund stehen einige Männer.
5. Auf der Fotografie (Q2) sind Männer abgebildet, die in Berlin aus einem Zug winken. Die Männer tragen Uniformen, es handelt sich also um Soldaten. Im Vordergrund steht eine Frau, die die Hand eines Soldaten im Zug hält. Im Hin-

tergrund befindet sich eine Gruppe Männer. Einer von ihnen zeichnet etwas auf den Zug.
6. Zunächst fällt auf, dass auf der Postkarte hauptsächlich Frauen zu sehen sind, auf der Fotografie fast nur Männer.
7. Die Männer, die auf der Fotografie aus Wien gezeigt werden, tragen Anzüge und Hüte oder Mützen. Sie ziehen also nicht als Soldaten in den Krieg. Auf dem Foto aus Berlin sieht man keinen Mann ohne Uniform. Alle Männer gehören also zur Truppe, die mit dem Zug an die Front reist.
8. Die Frauen in Q1 halten sich Taschentücher vor das Gesicht oder haben die Hände vor den Mund gelegt, wahrscheinlich weil sie weinen. Sie wirken sehr traurig über den Abschied von den Soldaten.
9. Die Soldaten in Q2 jubeln und winken. Sie wirken fröhlich und lachen. Ein Soldat zeichnet eine Karikatur eines französischen Soldaten an die Zugwand. Vermutlich will er mit der Zeichnung den Kriegsgegner verspotten. Es scheint, als wären die Männer besonders ausgelassen und freudig darüber, endlich in den Krieg zu ziehen.
10. Die Bildquellen zeigen, dass nicht alle jungen Männer in den Krieg gezogen sind. Außerdem wird deutlich, dass viele der abgebildeten Menschen nicht glücklich über den Kriegsausbruch sind. Einzig unter den Soldaten herrscht Begeisterung angesichts des Krieges. Die Frauen, die in Wien zurückbleiben, wirken erschüttert und traurig. Vielleicht haben sie Angst, ihre Angehörigen im Krieg zu verlieren.

2. Notiere die Unterschiede der Fotografien, die im Modelltext aufgeführt werden, in einer Tabelle. Untersuche die Fotos auf weitere Details. (AFB II)

Foto aus Wien	Foto aus Berlin
– Es sind hauptsächlich Frauen zu sehen.	– Es sind hauptsächlich Männer zu sehen.
– Nicht alle Männer tragen Uniformen. Im Hintergrund sind Männer in Uniform, die Männer im Vordergrund tragen Anzüge.	– Alle Männer tragen Uniformen.
	– Es sind keine Kinder, sondern lediglich eine Frau zu sehen.
– Im Hintergrund ist ein Kind zu sehen	– Die Männer wirken fröhlich und ausgelassen.
– Die Frauen wirken unglücklich und traurig.	

3. Betrachtet Q1 und Q2. Welcher Aspekt des Materials könnte interessant für einen Vergleich sein? Erarbeitet eine Fragestellung oder eine These, die den Vergleich leitet. Sammelt anschließend Gemeinsamkeiten und Unterschiede in einer Tabelle. (AFB III)

Mögliche Fragestellungen oder Thesen könnten sein:
– Wie wird in Frankreich und Amerika für den Kauf von Kriegsanleihen geworben?

Plakat der Französischen Nationalbank (Q1)	Amerikanisches Plakat (Q2)
– Im Vordergrund sind gefallene Soldaten auf einem Schlachtfeld zu erkennen.	– Im Vordergrund ist ein junges Mädchen zu erkennen, das ein Baby auf dem Arm hält. Das Mädchen blickt über die Schulter nach hinten.
– Über den Soldaten fliegt eine Frau, die große Flügel hat und in die französische Fahne gehüllt ist. Ihre Arme sind ausgebreitet.	– Im Hintergrund nähert sich ein dunkler Schatten. Er ist breit und hat eine gebückte Haltung. Er hat die Form eines Mannes mit Pickelhaube.
– Im Hintergrund sind Wolken, auf denen sich bewaffnete Soldaten auf Pferden nähern. Einige tragen die Flaggen der Alliierten.	– Das Bild ist insgesamt eher dunkel, der Schatten wirkt bedrohlich. Lediglich das Baby und das Mädchen sind etwas farbig hervorgehoben.
– Das Bild wirkt im Hintergrund hell und leuchtend, im Vordergrund finster und bedrohlich.	– Die Bildüberschrift lautet: „Hunne oder Heimat? Kauft mehr Kriegsanleihen".
– Die Bildüberschrift lautet: „Unterzeichnet Kriegsanleihen für den Sieg".	

– In Frankreich und Amerika wurde auf unterschiedliche Weise für den Kauf von Kriegsanleihen geworben.
– Frauen werden in den Bildquellen auf unterschiedliche Weise dargestellt.

4. Vergleicht Q1 und Q2. Bearbeitet dazu in Gruppenarbeit folgende Aufgaben: (AFB III)

a) Verfasst einen Einleitungssatz, der in die Thematik des Vergleichs und den historischen Kontext einführt.

Einleitungssatz: Bei dem folgenden Vergleich geht es um die Art und Weise, in der in französischer und amerikanischer Propaganda für den Kauf von Kriegsanleihen geworben wurde. Dazu werden zwei Plakate, die zwischen 1916 und 1918 veröffentlicht wurden, gegenübergestellt.

b) Verknüpft die Gemeinsamkeiten und Unterschiede, die ihr in Aufgabe 3 gesammelt habt, zu einem Fließtext. Die Formulierungshilfen in „Schritt für Schritt" helfen euch.

Hauptteil: Der historische Hintergrund der Fotografien ist der Erste Weltkrieg. Nach den ersten Kriegsjahren forderte die Regierung die Bevölkerung auf, sie durch den Kauf von Kriegsanleihen finanziell zu unterstützen. Das französische Plakat zeigt gefallene Soldaten auf einem Schlachtfeld. Über den Soldaten fliegt eine Frau mit weißen Flügeln, die in die französische Fahne gehüllt ist. Es handelt sich um Marianne, die Nationalfigur der Französischen Republik. Sie führt eine große Armee an, die im Hintergrund auf Wolken naht. Einige der Soldaten, die zur Rettung heranziehen, tragen die Flaggen der Alliierten. Das amerikanische Plakat zeigt ein Mädchen, das ein Baby im Arm hält. Das Mädchen blickt über die Schulter nach hinten. Im Hintergrund nähert sich ein dunkler, breiter Schatten. Es sieht so aus, als wäre es ein Mann mit Pickelhaube. Der Schatten steht für den Kriegsgegner, also Deutschland. Das französische Plakat verweist auf den baldigen Sieg durch eine starke Armee. Es fordert die Menschen auf, Kriegsanleihen zu kaufen, um die französischen Truppen zu unterstützen und stärker zu machen. Das amerikanische Plakat hebt die Gefahr, die von dem Kriegsgegner ausgeht, hervor. Die Darstellung vermittelt die Drohung, dass die Hunnen, also die grausamen Deutschen, in Amerika einfallen, wenn das Volk die Truppen nicht unterstützt.

c) Verfasst den Schluss des Vergleichs, indem ihr eure Ergebnisse zusammenfasst und ein Fazit zieht.

Schluss: Die Bildquellen zeigen, dass die Staaten auf unterschiedliche Weise um Kriegsanleihen geworben haben. Während das französische Plakat Optimismus und Zuversicht ausstrahlt, hebt das amerikanische Plakat die Bedrohung durch die Deutschen hervor.

6 Der Erste Weltkrieg – Urkatastrophe des 20. Jahrhunderts

1918 – ein „Ende mit Schrecken"?

S. 172–173

Kompetenzziele

Wahrnehmungskompetenz

Die SuS
- können begründete Vermutungen der Ursachen für die Verschlechterung der Stimmung an der Front und in der Heimat anstellen;
- können die Ursachen für das Ende des Krieges reflektieren;
- wissen, welche Folgen der Erste Weltkrieg für Deutschland und Europa hatte.

Analysekompetenz
- Die SuS können zeitgenössische Bildquellen analysieren.

Urteilskompetenz

Die SuS
- können die Lage im Innern und an den Fronten beurteilen;
- können die Folgen der Totalisierung des Krieges bewerten.

Orientierungskompetenz
- Die SuS können einen Zeitungsartikel unter der Überschrift „Der Krieg ist zu Ende – was hat er Europa gebracht?" verfassen und im Anschluß einen möglichen Gegenwartsbezug zu kriegerischen Konflikten in Europa diskutieren.

Sequenzvorschlag

S. 172–173

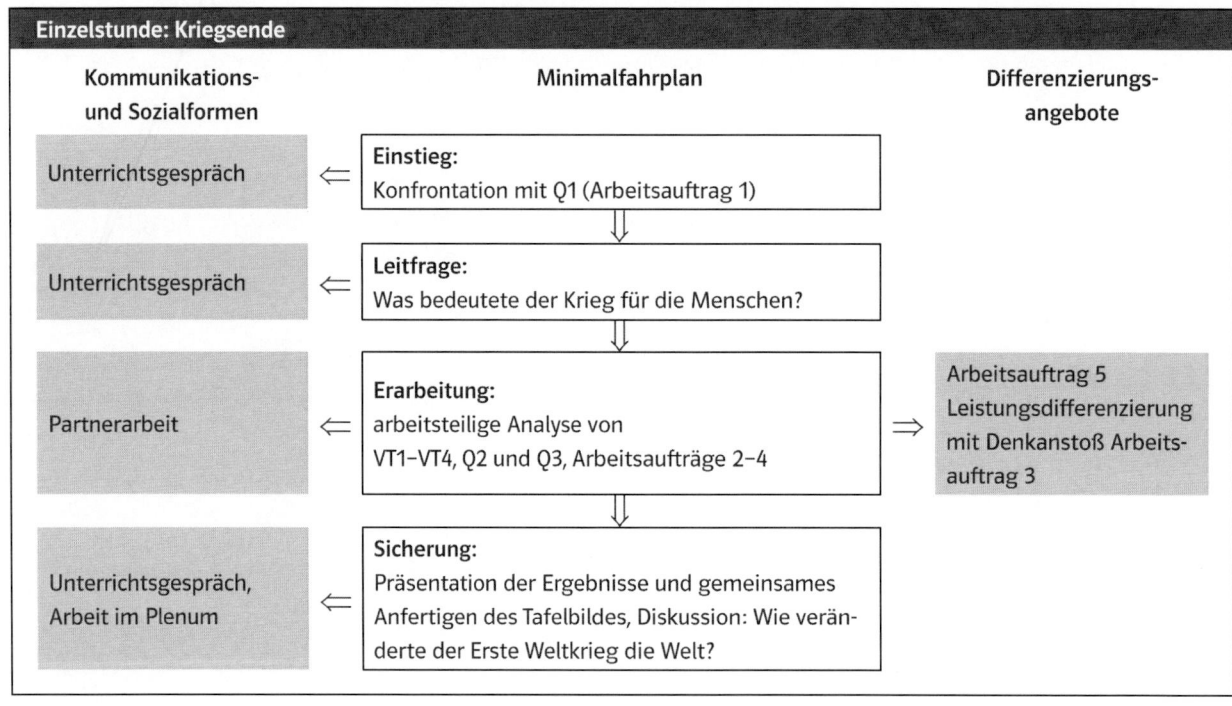

Tafelbild 2

Warum hofften Menschen in der Heimat und an der Front auf ein Ende des Krieges?	
Die Bevölkerung in der Heimat war gekennzeichnet von …	Die Soldaten an der Front …
– Hunger;	– waren kriegsmüde;
– vermehrten Krankheiten und Todesfällen infolge zunehmender körperlicher Schwäche und Mangelerscheinungen;	– hielten das Weiterkämpfen angesichts der Überlegenheit der Alliierten für aussichtslos;
– Unzufriedenheit mit dem bestehenden System;	– waren unzufrieden mit dem bestehenden System.
– Hoffnungslosigkeit;	
– Sorge um Soldaten an der Front;	
– Kriegsmüdigkeit.	

Hinweise zum Verfassertext und zu den Materialien

VT Bereits 1915 kam es zu ersten Spannungen im Reich. Hunger und Unzufriedenheit mit dem politischen System, aber auch wachsende Kriegsmüdigkeit gingen dabei ineinander über. Die Legitimität des bestehenden Systems wurde zunehmend infrage gestellt. Versuche, den Krieg durch einen Kompromissfrieden zu beenden, scheiterten am Widerstand der Obersten Heeresleitung und der politischen Rechten. Nach dem Scheitern der Offensive vom Frühjahr 1918 war die Niederlage kaum noch zu vermeiden – nicht zuletzt, weil die USA nach Eröffnung des uneingeschränkten U-Bootkrieges seit 1917 auf der Seite der Alliierten kämpften. Nach dem militärischen Zusammenbruch der mit dem deutschen Reich verbündeten Staaten sah sich auch die Oberste Heeresleitung veranlasst, auf einen Waffenstillstand zu drängen. Innerhalb weniger Wochen beschleunigten sich die Entwicklungen. Pläne der Marine zu einer letzten, sinnlosen Schlacht lösten eine Meuterei aus. Diese war der Katalysator für eine Revolution, in deren Folge das Kaiserreich zusammenbrach.

Q2 Vor allem Kranke und Ehefrauen von Soldaten litten zunehmend unter Not, wie dieser Brief einer Soldatenfrau an die zuständigen Behörden mit der Bitte um Unterstützung deutlich macht. Das Versagen der Behörden, auf solche Bitten angemessen zu reagieren, war einer der Gründe für wachsenden Protest und die schleichende Delegitimierung des Systems.

Q3 Nach dem Scheitern der auch unter den Frontsoldaten mit großen Hoffnungen verbundenen Frühjahrsoffensive 1918 im Westen erlahmte deren Widerstandswille rapide, da das erhoffte Ende des Krieges weiterhin nicht absehbar war. Die Zahl der Soldaten, die freiwillig in Gefangenschaft ging, stieg ständig und fast eine Million sogenannter „Drückeberger" entzog sich dem Dienst an der Front. Dieser „verdeckte Militärstreik" – so der Militärhistoriker Wilhelm Deist – „war die politische Antwort auf die Überspannung aller Kräfte der Nation im Dienste einer Militärpolitik mit illusionären innen- und außenpolitischen Zielsetzungen. Die Massenbewegung unter den Soldaten zielte in erster Linie auf die Beendigung des Krieges, bildete aber auch eine der entscheidenden Voraussetzungen der Revolution und bestimmte deren Formen und Inhalte mit." (vgl. Deist, Wilhelm: Der militärische Zusammenbruch des Kaiserreichs. Zur Realität der ‚Dolchstoßlegende'. In: ders. (Hrsg.): Militär, Staat und Gesellschaft. Studien zur preußisch-deutschen Militärgeschichte. München 1991, S. 33). Der Bericht der Postüberwachungsstelle vermittelt einen Eindruck von dieser Kriegsmüdigkeit.

Erläuterungen zu den Arbeitsaufträgen

1. Analysiere Q1. Erkläre, warum die Propaganda für eine Fortsetzung des Krieges wirkungslos war. (AFB II)
- Q1 zeigt eine Familie, die die Nachricht vom Tod eines Angehörigen – vermutlich des Ehemanns der jungen Frau – erhält und von großem Schmerz erfüllt ist.
- Die Postkarte will dennoch Mut machen: Der Tod war nicht umsonst – der Ehemann ist nicht einfach „gefallen", sondern: „Sein Leben weihte er dem Vaterland". Damit sollte der Tod automatisch einen neuen „Sinn" erhalten.
- Die Propagandapostkarte, die nach den schrecklichen Verlusten der Jahre 1916/17 verkauft wurde, sollte den patriotischen Durchhaltewillen stärken und den individuellen Schmerz lindern.
- Die Propaganda war für die Fortsetzung des Krieges dennoch wirkungslos, denn die militärische Niederlage war nicht mehr abzuwenden und die Kriegsmüdigkeit an der Front und in der Heimat griffen immer stärker um sich.

2. Verfasse von offizieller Seite eine Antwort auf den Brief in Q2. (AFB II)
Der Brief könnte etwa folgenden Inhalts sein:
„Sehr geehrte Frau X.,
hiermit bestätige ich den Eingang Ihres Schreibens. So verständlich Ihr Anliegen ist, so wenig sehen wir uns leider in der Lage, Ihnen zu helfen. Angesichts der Bedrohung unseres Landes durch feindliche Mächte müssen wir alle leider vieles ertragen, so schwer dies im Einzelfall auch sein mag. Es ist unsere patriotische Pflicht, gemeinsam durchzuhalten bis zum Sieg. Die geltenden Bestimmungen machen es mir nicht möglich, Ihnen durch die Zuweisung von Sonderzahlungen zu helfen."

3. Untersuche Q3 und erkläre den Wandel der Stimmung unter den Soldaten (vgl. Q7 auf S. 165). (AFB II) ○ → S. 190
- Bei Q3 handelt es sich um einen Auszug aus einem Bericht der Postüberwachungsstelle der 6. Armee vom 4. September 1918 und somit kurz vor Kriegsende.
- Überwacht werden die Briefe, die an die Front und in die Heimat gehen.
- Die Stimmung der Briefe ist überwiegend düster: Aussichtslosigkeit, den Krieg zu gewinnen; das Vaterland möge besser untergehen, dann hätte man den ersehnten Frieden.
- Im Vergleich zu Q7 auf Seite 165 und der dort dargestellten Kriegseuphorie hat sich also ein fundamentaler Stimmungswandel vollzogen.
- Der Stimmungswandel zwischen 1914 und 1918 ist auf die jahrelange Zermürbung im Stellungskrieg durch Hunger, Krankheit, Leid und Tod, aber auch die leidvollen Erfahrungen in der Heimat zurückzuführen. Denn im Laufe des Krieges nahm der Mangel an Lebensmitteln, Brennstoffen und alltäglichen Gebrauchsgegenständen immer weiter zu.

6 Der Erste Weltkrieg – Urkatastrophe des 20. Jahrhunderts

4. Begründe, warum der Kriegsverlauf und die Kriegsbelastungen zum Zusammenbruch des Deutschen Kaiserreichs führten (VT1–VT3). (AFB II)

Zu nennen wären hier:
- der Mangel an Lebensmitteln, Brennstoffen und alltäglichen Gebrauchsgegenständen;
- die Opfer, die bald jede Familie zu beklagen hatte;
- die wachsende Unzufriedenheit mit dem politischen und gesellschaftlichen System;
- Kriegsmüdigkeit der Soldaten und der Bevölkerung in der Heimat;
- der militärische Zusammenbruch der Verbündeten;
- die Weigerung der Marine, den im Oktober eingeleiteten politischen Wandel zu akzeptieren und stattdessen zu einer „Todesfahrt" auszulaufen.

5. Schreibe einen Zeitungsartikel unter der Überschrift „Der Krieg ist zu Ende – was hat er Europa gebracht?" (VT). (AFB III) ●

Dieser Artikel sollte auf folgende Aspekte hinweisen:
- ca. 10 Millionen Tote in Europa;
- mehr als 20 Millionen Verwundete;
- große Zerstörungen in West- und Osteuropa;
- allein in Frankreich und Belgien 350 000 Häuser zerstört;
- Untergang dreier Großreiche: Österreich-Ungarn, Russland, Osmanisches Reich;
- Entstehen neuer Nationalstaaten in Ost- und Südosteuropa;
- Revolutionen in vielen Staaten Mittel- und Osteuropas;
- Europa verlor bisherige Führungsrolle in der Welt an die USA.

Die Pariser Friedenskonferenz – ein Neuanfang?

📄 174–177

Kompetenzziele

👥 Wahrnehmungskompetenz
Die SuS
- können eine sachgerechte Vermutung auf der Grundlage von Zeugnissen aus der Vergangenheit am Beispiel eines selbst erstellten Zeitungsartikels zu den Pariser Verhandlungen formulieren;
- können selbst am Beispiel der subjektiven Sichtweisen Georges Clemenceaus und Gustav Bauers zielgerichtet und problemerschließend Fragen aus der Vergangenheit stellen.

🧩 Analysekompetenz
Die SuS
- können den Inhalt der Quellen Q1 und Q2 strukturiert mit eigenen Worten wiedergeben;
- können die veränderte Position der deutschen Regierung zum Versailler Vertrag beschreiben;
- können anhand der Karikatur Q1 zwischen Sachaussagen und subjektiven Wertungen unterscheiden.

⚖️ Urteilskompetenz
Die SuS
- können weitgehend selbstständig den Versailler Vertrag als Eckpunkt von Entwicklungen kennzeichnen;
- können die Motive und Begründungen der Handlungen der Alliierten sowie der deutschen Regierung erklären und beurteilen;
- können für das historische Handeln der Repräsentanten der Staaten unter Berücksichtigung von Multiperspektivität selbstständig begründete Sachurteile fällen;
- können Motive und Begründungen Gustav Brauers im historischen Kontext erklären und in seinen Konsequenzen beurteilen.

🧭 Orientierungskompetenz
Die SuS
- können Wertvorstellungen und Urteilsmaßstäbe aus der Phase am Ende des Ersten Weltkriegs kritisch aufeinander beziehen und gegenüberstellen;
- können die Handlungsoptionen der Akteure vergleichend bewerten;
- können eine eigene Erzählung aus der Perspektive eines zeitgenössischen Reporters am Beispiel der Pariser Verhandlungen vornehmen.

Tafelbild 1

Versailler Vertrag 1919 – ein guter Neustart?

Wesentliche Bestimmungen:
- Gründung elf neuer Staaten
- Grenzveränderungen/Gebietsabtretungen (Deutschland: 15 % des Territoriums + 10 % der Bevölkerung)
- Art. 231: Deutschland + Verbündete alleinige Kriegsschuld
- Art. 232: Wiedergutmachung Kriegsschäden
- Verlust der Kolonien
- Reparationszahlungen

Ausgleich der Interessen:
- Machtbalance durch Stärkung und Schwächung einzelner Länder
- Bildung neuer Staaten
- Gründung Völkerbund

Ziele der Siegermächte:
- Herstellung eines dauerhaften Friedens und Herstellung eines Gleichgewichts der Staaten

Großbritannien:
- fordert Reparationen
- Ausschaltung der deutschen Flotte
- Mächtegleichgewicht

USA:
- vermittelnde Rolle
- Schaffung einer Friedensordnung
- Demokratie und nationale Selbstbestimmung

Frankreich:
- dauerhafte Schwächung Deutschlands + Stärkung Frankreichs
- fordert Reparationen

↓

Deutschland durfte nicht aktiv mitverhandeln und hatte folglich kein Mitspracherecht bei den Beschlüssen!

6 Der Erste Weltkrieg – Urkatastrophe des 20. Jahrhunderts

📄 174–177

Sequenzvorschlag

1. Stunde Pariser Friedenskonferenz und Kriegsschuldfrage

Kommunikations- und Sozialformen	Minimalfahrplan	Differenzierungsangebote
Unterrichtsgespräch	**Einstieg:** Unterrichtsgespräch über die Frage nach einem gerechten und sicheren Frieden nach dem Ersten Weltkrieg	
Unterrichtsgespräch	**Leitfrage:** Versailler Vertrag 1919 – ein guter Neustart?	
Partnerarbeit	**Erarbeitung 1:** wesentliche Bestimmungen des Versailler Vertrags, Arbeitsauftrag 2	Kartenarbeit, Arbeitsauftrag 3 mit möglicher Leistungsdifferenzierung durch Denkanstoß
Arbeit im Plenum	**Sicherung 1:** Anlegen eines Tafelbildes	
Partnerarbeit	**Erarbeitung 2:** Ziele der Siegermächte auf der Friedenskonferenz, Arbeitsauftrag 1	Perspektivenwechsel, Arbeitsauftrag 4 oder „Tag der Abrechnung", Arbeitsauftrag 6
Unterrichtsgespräch	**Sicherung 2:** Fortführung des Tafelbildes	
Einzelarbeit	**Hausaufgabe:** Folgen des Vertrags für Deutschland, Arbeitsauftrag 5 zur Überleitung auf die zweite Stunde	

Tafelbild 2

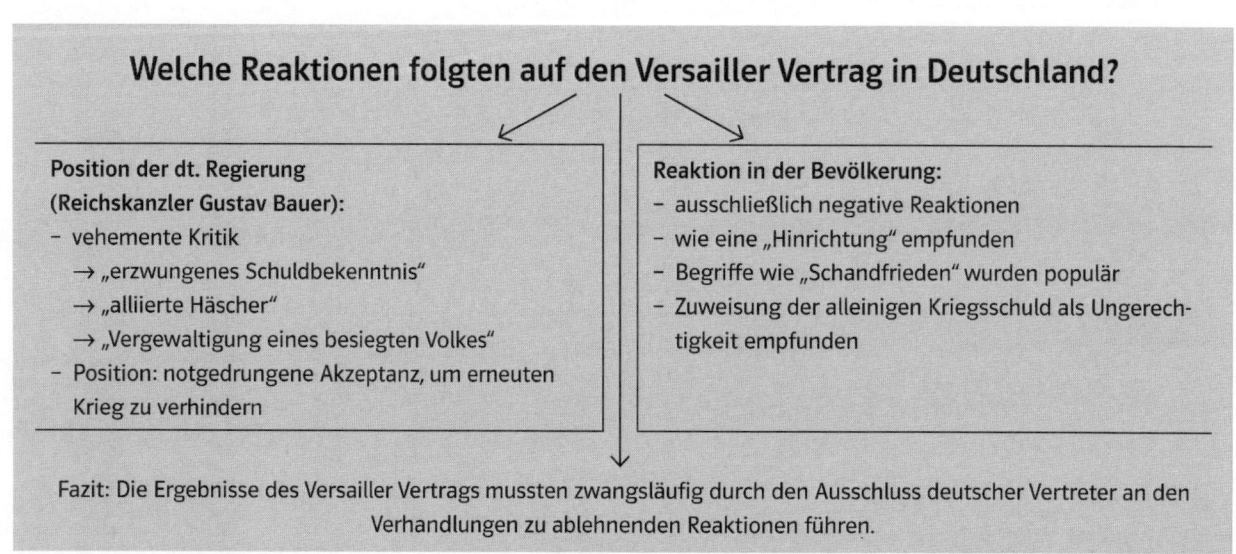

228

Sequenzvorschlag

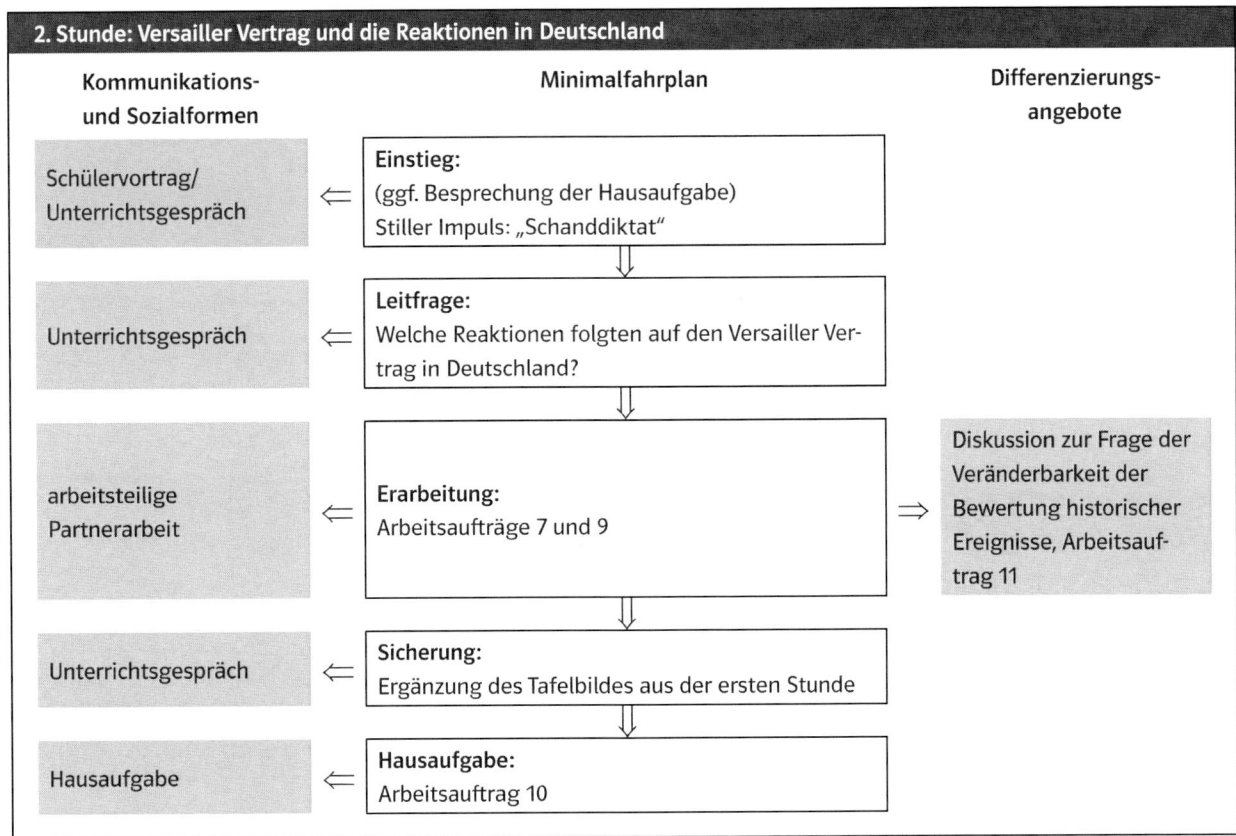

Hinweise zum Verfassertext und zu den Materialien

VT1 Der Zusammenbruch der Großmächte Deutschland, Österreich-Ungarn und des Osmanischen Reichs sowie das nach der Revolution neu formierte Russland werden im Schülerband nur knapp thematisiert. Der Fokus liegt auf den Verhandlungen über einen Friedensvertrag unter Federführung der Siegermächte ab dem 18. Januar 1919. Bereits am 11. November erfolgte der „Frieden von Compiègne", bei dem Deutschland seine Kriegsniederlage de facto anerkannte. Betont wird die Uneinigkeit der Alliierten, die mit höchst unterschiedlichen Zielsetzungen am Verhandlungstisch saßen. Die Anzahl der direkt und indirekt Beteiligten (über 10 000) deutet die Komplexität der Diskussionen u.a. über die Grenzziehung, Reparationen etc. an. Der Verweis auf Woodrow Wilsons 14-Punkte-Plan bietet sich zur vertiefenden Weiterarbeit an.

VT2 Ohne aktive Teilnahme deutscher Vertreter vermerkte der nach dem Ort des Geschehens benannte „Versailler Vertrag" im Kern, dass Deutschland und seine Verbündeten die alleinige Verantwortung für den Krieg zugesprochen wurde und sich daraus Schadenersatzforderungen ableiten ließen. Begründen ließ sich dies mit dem sogenannten Kriegsschuldartikel (Artikel 231). Aufgrund der alliierten Drohung einer Intervention gab es zur Vertragsunterzeichnung keine politisch vertretbare Alternative. Hervorzuheben ist die besondere Symbolik des Spiegelsaals von Versailles, in dem König Wilhelm I. 48 Jahre zuvor zum Deutschen Kaiser ausgerufen wurde.

VT3 Anstelle der zu Kriegsbeginn geplanten Ausdehnung des Deutschen Reiches bis nach Flandern und Nordfrankreich sowie Nordosteuropa verlor Deutschland seine Kolonien, 15 % seines Territoriums und ca. 10 % seiner Bevölkerung. Neben dem Verlust von Eisenerz- und Kohlevorkommen musste das Land Reparationszahlungen leisten – neben Geld z. B. Kohle, Militärausrüstung, Lokomotiven und Waggons. Allein in Europa gründeten sich elf neue Staaten, durch den Zerfall des Osmanischen Reiches kam es auch im arabischen Raum und Asien zu neuen Grenzziehungen.

VT4 Der Verfassertext resümiert die überwiegend negativen Reaktionen auf den Versailler Vertrag in Deutschland. Der Begriff „Schanddiktat" machte vor allem in rechtsextremen und konservativen Kreisen die Runde. Zusammen mit der Dolchstoßlegende wurde dieser Vertrag in den folgenden Jahren zu heftigster Agitation gegen die Weimarer Republik genutzt. Die „Fesseln von Versailles" wurden in zahlreichen Bildern und Postkarten in Form einer gefesselten Germania symbolisch dargestellt.

VT5 Allein in Europa gründeten sich elf neue Staaten, durch den Zerfall des Osmanischen Reiches kam es auch im arabischen Raum und Asien zu neuen Grenzziehungen, die die Weltkarte nachhaltig veränderte. Der auf Initiative Wilsons gegründete Völkerbund sollte zur Verständigung zwischen den Völkern dienen, wobei der Verfassertext betont, dass Deutschland nicht beitreten durfte, im Gegensatz zu Österreich, das ab 1920 Mitglied war. Erst 1926 erhielt die Weimarer Republik einen ständigen Sitz im Völkerbundrat.

D1 Der verlinkte Podcast des WDR aus der Reihe „ZeitZeichen" berichtet in ca. 14 Minuten sehr ausführlich und lebendig über die Friedensverhandlungen von Versailles. Ausgangspunkt ist die Unterzeichnung des Friedensvertrages am 28. Juni 1919. Insbesondere zwischen Minute 03:25 und 09:40 erhält man einen Einblick in die Ziele der beteiligten Mächte. Der Podcast bietet mit vielen Originalzitaten und Historikerkommentaren einen Einblick in die Vorgeschichte, den Ablauf und die Folgen der Friedenskonferenz. Angesprochen werden überdies auch außereuropäische Perspektiven (Asien, Mittlerer Naher Osten bzw. damalige Kolonien). Der Podcast kann auch heruntergeladen werden.

D2 zeigt die Nachkriegsordnung in Form von neuen Ländern und Grenzziehungen. Der Blick geht über Europa hinaus nach Kleinasien, wo durch den Zerfall des Osmanischen Reiches neue Länder entstanden sind. Eingezeichnet sind die Grenzen vor und nach dem Krieg sowie die neu gegründeten Länder in roter Schrift neben den schraffierten Konfliktgebieten.

Q1 Die Karikatur der Satirezeitschrift „Simplicissimus" vom 3. Juni 1919 symbolisiert die Kritik an den Friedensverhandlungen ohne deutsche Beteiligung und an den Reparationszahlungen. Deutschland wird in Form eines Mannes mit nacktem Oberkörper und gefesselten Händen, der zur Guillotine geführt wird, personifiziert. Die der Hinrichtung beiwohnenden Personen sind im Stil der Oberschicht gekleidet. Bei der mit den Händen gestikulierenden Person auf der linken Seite handelt es sich um den amerikanischen Präsidenten Wilson; in der Mitte der deutlich kleiner gezeichnete französische Premierminister Clemenceau als Henker, der mit beiden Händen das Seil des Fallbeils hält. Auf der rechten Seite mit strenger Miene und gerader Haltung der englische Premier Lloyd George mit einem Dokument in der Hand. Der Boden sowie die Guillotine der ansonsten in schwarz-weiß gehaltenen Karikatur sind blutrot gefärbt. Die aufrechte Haltung des aus Sicht des Karikaturisten zu Unrecht Verurteilten kann als Aufforderung verstanden werden, seine Schuld infrage zu stellen. Zusammenfassend wird deutlich, dass sich der Simplicissimus einer allgemeinen Empörung über den Versailler Vertrag anschließt.

Q2 umfasst die beiden Kernartikel des insgesamt 440 Artikel umfassenden Friedenswerkes von Versailles. Art. 231 weist Deutschland und seinen Verbündeten die alleinige Kriegsschuld zu. Darauf aufbauend, fordern die Siegermächte in Art. 232 die Wiedergutmachung sämtlicher Kriegsschäden. Neben diesen zentralen Textpassagen bietet sich der Versailler Vertrag zur vertiefenden Weiterarbeit an – so wird durch die Auseinandersetzung mit weiteren Artikeln deutlich, dass insbesondere die Alliierten neben den zentralen Bestimmungen ihre Einzelinteressen verfolgten. Beispielsweise fordert die britische Regierung in Art. 246: „binnen sechs Monaten [...] ist der Schädel des Sultans Makaua, der aus dem deutschen Schutzgebiet Ostafrika entfernt und nach Deutschland gebracht worden ist, von Deutschland der Regierung Seiner Britischen Majestät zu übergeben. [...]".

Q3 zeigt vertiefend am Beispiel des Ministerpräsidenten Georges Clemenceau die Haltung Frankreichs gegenüber dem besiegten Deutschland. Hingewiesen werden sollte auf die direkte Wortwahl: „weder der Ort noch die Stunde für überflüssige Worte" (Z. 1 f.); „Krieg [...] aufgezwungen" (Z. 4 f.); „Stunde der Abrechnung" (Z. 6); Versailler Vertrag als „Buch des Friedens" (Z. 8 f.); Drohung, die „uns geschuldete Genugtuung" (Z. 20 f.) mit allen Mitteln durchzusetzen.

Q4 Reichsministerpräsident Philipp Scheidemann (SPD) hatte am 19. Juni sein Amt (offizielle Amtsbezeichnung: Reichsministerpräsident) niedergelegt, weil er die Bedingungen, unter denen verhandelt wurde, für unannehmbar hielt. Insbesondere die Bestimmung in Art. 231 sorgte für Empörung. Auch sein Nachfolger Gustav Bauer (SPD) lehnte die Friedensbedingungen im Grundsatz ab, sah sich aber aufgrund der Drohung einer militärischen Intervention durch die Alliierten gezwungen, die Friedensbedingungen anzuerkennen, um keinen neuen Krieg verantworten zu müssen. In seiner Rede vor der Nationalversammlung findet er deutliche Worte (z. B. „vergewaltigt wie kein Volk je zuvor").

D3 Der Neuzeithistoriker Jörn Leonhard betont, dass die Kriegskoalition zwar funktionierte, die Sieger aber an der Gestaltung eines gemeinsamen Friedensprogramms letztlich scheiterten. Leonhard verweist auf die Diskrepanz zwischen den Voraussetzungen für eine Nachkriegsordnung, als der „Frieden von Compiègne" am 11. November 1918 unterschrieben wurde, mit dem die Kampfhandlungen endeten, und dem „Definitivfrieden" von Versailles. Positiv bewertet er trotz der Widersprüche und Belastungen das Nichtscheitern der Friedenskonferenz.

Erläuterungen zu den Arbeitsaufträgen

MK 1. Informiere dich mit dem Podcast D1 W17 ⊕ und VT1 über die Ziele der Siegermächte auf der Friedenskonferenz. Untersuche, ob der Versailler Vertrag einen Ausgleich der Interessen gewährleisten konnte. (AFB II) MKR 1.2
- Inhaltlich sind die Aussagen des Verfassertextes sowie des Podcasts bezüglich der Ziele der Siegermächte identisch:
  - Frankreich (Clemenceau): umfangreiche Entschädigungszahlungen, militärische Schwächung Deutschlands, Rhein als neue Staatsgrenze;
  - Großbritannien (Lloyd George): Auflösung der Hochseeflotte, finanzielle Wiedergutmachung;
  - USA (Wilson): Verhinderung der Ausbreitung der Russischen Revolution auf Europa, gerechte Friedensordnung, 14-Punkte-Plan.
- Während der VT keine Informationen zu einer Beurteilung eines Interessenausgleichs bieten kann, nimmt der Historiker Jörn Leonhard im Podcast ab Minute 12:57 hierzu Stellung: Von der zeitgenössischen Inszenierung von Schuld und der Wahrnehmung als „Schandfrieden" (Nationalsozialismus) könne aufgrund des Ausbleibens der völligen Zerschlagung des deutschen Nationalstaates nicht gesprochen werden. Das ursprüngliche Ziel, v. a. Frankreichs, die territoriale Integrität Deutschlands als Ganzes infrage zu stellen, sei trotz territorialer Verluste nicht erreicht worden. Insbesondere das Ziel Großbritanniens und der USA, Deutschland als Industriestandort und Absatzmarkt zu erhalten, habe sich durchsetzen können.
- Der Podcast ist gemäß seiner Medienspezifik weitaus ausführlicher, enthält Einordnungen von Historikern sowie Anekdoten und bietet im Gegensatz zum schriftlichen und kompakten VT einen Zugang für eher akustische Lerntypen sowie ein wesentlich ausführlicheres Hintergrundnarrativ.
- Weiterführend bietet es sich an, die beiden Darstellungsformen VT und Podcast in ihrer jeweiligen Medienspezifik und Zielstellung vergleichend gegenüberzustellen und zudem jeweilige Aussagechancen und -grenzen für historisches Lernen zu beurteilen.
- Auch ist der Vergleich verschiedener Podcasts zum Thema möglich. Neben dem WDR bietet beispielsweise auch der Bayerische Rundfunk einen Podcast an, der leicht im Internet auffindbar ist.

2. **Benenne die wesentlichen Bestimmungen des Versailler Vertrages (D2, Q2, VT2–VT3). (AFB I)**
- Gründung von elf neuen Staaten;
- wesentliche Grenzveränderungen durch Gebietsabtretungen (Deutschland verliert: 15 % des Territoriums und ca. 10 % der Bevölkerung);
- Art. 231 weist Deutschland und seinen Verbündeten die alleinige Kriegsschuld zu;
- Art. 232 legt die Wiedergutmachung sämtlicher Kriegsschäden fest;
- Verlust der Kolonien;
- Reparationszahlungen in Form von Rohstoffen, Sachleistungen und Geld.

3. **Untersuche die Karte D2 hinsichtlich der Neuordnung der europäischen Staaten. Welche Veränderungen wurden in Paris beschlossen und welche neuen Konflikte zogen diese Entscheidungen nach sich? (AFB II) ○ → S. 190**
- Anhand der Karte können zunächst die wichtigsten territorialen Veränderungen auf deutschem Gebiet herausgearbeitet werden, um dann den Blick auf die neu gebildeten Staaten sowie sonstige Grenzverschiebungen zu erweitern.
- Im Anschluss können die Gebietsverluste der ehemaligen Verbündeten aufgezeigt werden (Österreich und Ungarn).

Veränderungen:
- Gebietsabtretungen (z. B. Elsass-Lothringen im Westen; Teile Nordschleswigs im Norden; Posen, Westpreußen und der östliche Teil Oberschlesiens im Osten);
- Mandatsverwaltung durch Alliierte (z. B. Memelgebiet, linkes Rheinufer);
- Gründung von elf Staaten.

Neue Konflikte u. a.:
- Demütigung Deutschlands;
- Bildung von Vielvölkerstaaten (z. B. Tschechoslowakei; Königreich der Serben, Kroaten und Slowenen).

SP 4. Als Reporter aus Deutschland nimmst du an den Pariser Verhandlungen teil. Schreibe einen Zeitungsartikel darüber. Folgende Stichworte können dir dabei helfen: Spiegelsaal von Versailles, 10 000 Teilnehmer, Ziele der Siegermächte, Kriegsschuldfrage, Bestimmungen. (AFB II)

Aufzugreifende Hintergünde und Aspekte des Zeitungsartikels:
- Spiegelsaal von Versailles: historischer Ort, an dem 1871 Wilhelm I. zum deutschen Kaiser ausgerufen wurde;
- 10 000 Teilnehmer: Masse an Diskussionspartnern, die die Erstellung des Vertragswerks erschwerte;
- Ziele der Siegermächte:
  Frankreich: dauerhafte Schwächung Deutschlands, Rheingrenze und Reparationen; Großbritannien: Reparationszahlungen, Mächtegleichgewicht und Ausschaltung der deutschen Flotte; Italien: Hoffnung auf territoriale Zugewinne;
  USA: Schaffung einer Friedensordnung, Demokratie und nationale Selbstbestimmung;
- Kriegsschuldfrage: Deutschland und seine Verbündeten als alleinige Schuldige;
- Bestimmungen: Verweis auf harte Bestimmungen und Demütigung.

5. **Fasse zusammen, welche Folgen der Versailler Vertrag für Deutschland hatte. Gehe dabei auch auf die Kriegsschuldfrage ein (Q2, VT2–VT4). (AFB I)**
- Alleinige Kriegsschuld (zusammen mit den Verbündeten) führte zu einer massiven wirtschaftlichen, finanziellen und territorialen Schwächung des Deutschen Reiches;
- Begrenzung des deutschen Heeres auf 100 000 Soldaten und Abschaffung der Wehrpflicht;

- überwiegend negative Reaktionen auf den Versailler Vertrag in der deutschen Bevölkerung;
- Erläuterung der Bedeutung der Kriegsschuld: Die SuS können darauf hinweisen, dass ohne die Feststellung der deutschen Kriegsschuld Reparationen kaum hätten eingefordert werden können.

6. Erläutere, warum Clemenceau von einem „Tag der Abrechnung" spricht (Q3). (AFB II)
- Clemenceau stellte bei der Übergabe des Vertrags klar, dass Deutschland für die entstandenen Kriegsschäden aufzukommen habe.
- Die Vereinbarungen des Versailler Vertrags bewertet er als den Franzosen gegenüber „geschuldete Genugtuung" (Z. 20 f.).
- Im Hintergrund steht das Interesse Frankreichs, nicht nur Deutschland zu schwächen, sondern auch Polen zu stärken.

7. Arbeite aus der Stellungnahme des deutschen Reichskanzlers Gustav Bauer (Q4) die Position der deutschen Regierung heraus. (AFB II)
- Die deutsche Regierung kritisiert die Ergebnisse vehement, vertritt aber die Position, dass ein derartiger Friedensvertrag gegenüber einem neuen Aufflammen der Kriegshandlungen zu bevorzugen ist.
- Zudem kann die Sprache, mit der Bauer seine Position begründet, näher untersucht werden: erzwungenes Schuldbekenntnis, Regierung als alliierte Häscher, Vergewaltigung eines besiegten Volkes usw.
- Ein Vergleich zur Sprache Clemenceaus (Q3) bietet sich an.

8. Analysiere Q1 und beurteile die Sichtweise des Karikaturisten auf den Versailler Vertrag. (AFB III) ○ → S. 191
Beschreibung:
- Personen, Gegenstände und ihre Darstellung: Vertreter der Siegermächte in schwarzen Anzügen (von links nach rechts: Wilson, Clemenceau und Lloyd George);
- Im Vordergrund: ein am Oberkörper entkleideter und gefesselter Mann, der vor seiner Hinrichtung an der Guillotine steht, als Personifizierung Deutschlands;
- Titel: Gleichsetzung der Hinrichtung mit den Bedingungen des Versailler Vertrags.

Untersuchung:
- ca. vier Wochen nach Bekanntwerden der Ergebnisse des Vertrags erschienen;
- Anspielung auf den aus deutscher Sicht ungerechten und aufgezwungenen Friedensvertrag;
- Darstellung der unterschiedlichen Rollen der Alliierten (Wilson: gestikulierende Hände als Scheinangebot für Verhandlungen; Clemenceau: Henker; Lloyd George: überwachender bzw. kontrollierender Blick);
- Gesamtaussage: Versailler Vertrag als Todesurteil für Deutschland.

Mögliche Deutung zur Position des Karikaturisten bzw. der Satirezeitschrift:
- Empörung und Unverständnis über das Vertragswerk;
- Zweifel an der alleinigen Kriegsschuld Deutschlands;
- unterstellt den Alliierten, Deutschland zerstören zu wollen.

Beurteilung: Sammlung möglicher Argumente für und gegen die Position des Zeichners; Verfassen eines eigenen Sachurteils.

9. Bewerte die Reaktionen auf den Versailler Vertrag in Deutschland (Q1, Q4, VT4). Beziehe auch Q3 in deine Überlegungen mit ein. (AFB III)
- Die Ergebnisse des Versailler Vertrags mussten durch den Ausschluss deutscher Vertreter an den Verhandlungen zwangsläufig zu negativen Reaktionen führen.
- Der Begriff „Schanddiktat" wurde vor allem in rechtsextremen und konservativen Kreisen populär.
- Die Zuweisung der alleinigen Kriegsschuld wurde als große Ungerechtigkeit empfunden.

10. Erläutere die Haltung Leonhards zur Pariser Friedenskonferenz (D3). Verfasse anschließend ein eigenes Urteil. (AFB III)
- Jörn Leonhard betont, dass die Sieger an der Gestaltung eines gemeinsamen Friedensprogramms scheiterten.
- Leonhard verweist darauf, dass die deutschen Vertreter den „Frieden von Compiègne" am 11. November 1918 unter anderen Voraussetzungen unterschrieben.
- Der Versailler Vertrag wird als „Definitivfrieden" (Z. 15) bezeichnet.
- Positiv bewertet er das Nichtscheitern der Friedenskonferenz.
- Die Haltung Jörn Leonhards dient als Grundlage für das Verfassen eines eigenen Sachurteils.

MK 11. Diskutiert anhand des Historikerkommentars in D1 W17 ⊕ inwiefern sich die Bewertung historischer Ereignisse mit zeitlichem Abstand verändern kann. (AFB III) MKR 1.2 ●
- Ansätze für eine Diskussion zur Bewertung historischer Ereignisse mit zeitlichem Abstand sind z. B.: zeitliche Distanz zu den Ereignissen; keine persönliche Betroffenheit; Erfahrung des Zweiten Weltkriegs; Rückgriff auf weiteres Quellenmaterial durch Ablauf von Sperrfristen …
- Mit zeitlichem Abstand von 100 Jahren wird es möglich, neben Problemen/Belastungen auch die Errungenschaften in den Blick zu nehmen. Der Friedensvertrag kann mit Blick auf die unterschiedlichen Zielstellungen auch als Leistung eines Kompromisses angesehen werden, der positiver als ein komplettes Scheitern der Friedensverhandlungen bewertet werden kann (vgl. D3, Z. 18–21).
- Diese Position vertritt der Historiker Jörn Leonhard auch im Podcast ab Minute 12:57. Von der zeitgenössischen Inszenierung von Schuld und der Wahrnehmung als Schandfrieden (Nationalsozialismus) könne aufgrund des Ausbleibens der Zerschlagung des deutschen Nationalstaates nicht gesprochen werden. Laut Leonhard blieben der deutsche Nationalstaat und seine wirtschaftliche Potenz insbesondere als Absatzmarkt und Industriestandort erhalten. Dies wurde später ab 1923 deutlich. Das faktische Ende der Reparationszahlungen Anfang der 1930er-Jahre könne erst aus rückblickender Perspektive als „Gewinn" für den National-

sozialismus und eben nicht für die Weimarer Republik verbucht werden.
- Die Deutung von historischen Ereignissen oder Personen unterliegt einem Wandel, die Aufgabe dient daher der Herausbildung eines Wandelbewusstseins der SuS.
- Vertiefend können weitere historische Beispiele zur Bewertung von historischen Ereignissen oder Personen besprochen und diskutiert werden (Bismarck, Reichseinigung 1871, Revolution 1848/49, Luther etc.).

Der Erste Weltkrieg – Urkatastrophe des 20. Jahrhunderts

Wiederholen und Anwenden

1. Überblickswissen zum Ersten Weltkrieg
Eine Übersicht erstellen
Analysekompetenz

Liste die Bündnisländer der Entente und der Mittelmächte auf. Nutze dafür die Karte auf der Auftaktdoppelseite (S. 157).

Entente	Mittelmächte
Großbritannien	Deutsches Reich
Frankreich	Österreich-Ungarn
Russland	Bulgarien
Italien	Osmanisches Reich
Portugal	
Japan (nicht auf der Karte)	
Vereinigten Staaten von Amerika (nicht auf der Karte)	

2. Der Charakter des Ersten Weltkrieges
Frontalltag aus historischer Perspektive thematisieren
Urteilskompetenz, Orientierungskompetenz

Arbeitet zu zweit: Stellt euch vor, ihr wärt als Soldaten seit vier Jahren im Krieg und wollt, dass dieser zu Ende geht. Im Schützengraben kommt ihr darüber ins Gespräch. Doch ihr musst vorsichtig sein: Sollte euch jemand belauschen und anschließend melden, könnte euch ein solches Gespräch das Leben kosten ...
Haltet euren Dialog schriftlich fest.
A: Weißt du Kamerad, ich habe einfach keine Lust mehr.
B: Ich auch nicht. Der Krieg ist verloren.
A: Das sehe ich auch so. Wir haben vier Jahre lang unser Bestes gegeben. Umsonst. Hunderttausende sind gefallen für nichts.
B: Genau: Für was kämpfen wir überhaupt? Der Kaiser hat Reformen und schnellen Frieden versprochen. Keines seiner Versprechen hat er gehalten.
A: Wir Arbeiter werden immer noch benachteiligt und von den hohen Herren verachtet.
B: Genau, und unsere Familien hungern, während die Reichen genug zu essen haben.
A: Jetzt, wo wir sehen, dass die Alliierten so überlegen sind, müssen wir Schluss machen. Je eher, je besser.
B: Dann haben wir eine Chance, heil nach Hause zu kommen. Vielleicht wird dann alles besser.
A: Unsere russischen Kameraden haben vorgemacht, wie man einen Krieg beendet. Vielleicht wäre das ein Weg, auch wenn ich keine Revolution will.

3. Kriegführung im Ersten Weltkrieg
Eine Karikatur untersuchen
Analysekompetenz

Analysiere die Karikatur Q1.
a) Untersuche, welches Thema die Karikatur hat.
– Diese Karikatur aus dem sozialdemokratischen „wahren Jacob" aus dem Jahre 1916 zeigt die Erde. Sie ist rot statt blau gefärbt. Dabei handelt es sich offenkundig um Blut, das in das All tropft. Sie ist unterschrieben mit: „Die Erde im Jahre 1916 vom Mond aus gesehen."

b) Untersuche, welche Meinung oder Kritik mit der Karikatur ausgedrückt wird.
– Die Karikatur ist sehr düster gehalten. Sie stammt aus einer sozialdemokratischen Zeitung. Sie erschien am 4. August 1916, d.h. dem zweiten Jahrestag des englischen Kriegseintritts und damit des Beginns des Weltkriegs.

c) Verfasse für die Zeitschrift einen passenden Leitartikel.
– Die Karikatur will deutlich machen, dass der Krieg ein schreckliches Ereignis ist. Statt zu siegen, verblutet die Menschheit regelrecht. Offenkundig ist diese Karikatur eine Mahnung an die Zeitgenossen zu trauern, aber auch alles zu versuchen, dass dieses Massensterben ein Ende hat.

Der Leitartikel könnte wie folgt lauten:

„Die Menschheit verblutet! Zwei Jahre dauert nun der Krieg, ein Ende ist aber nicht absehbar. Wer die Erde vom Weltall betrachtet, ist erschüttert über das viele Blut, dass diese rot färbt. Unzählige Menschen sind gefallen oder verwundet worden. Wir müssen alles tun, dieses Blutbad zu beenden. Ansonsten ist dies das Ende der Menschheit."

MK 4. Erster Weltkrieg im Spiegel von Quellen
Digitale Sammlungen für historisches Lernen nutzen
Wahrnehmungskompetenz, Analysekompetenz

a) Wählt in Kleingruppen aus den digitalen Sammlungen auf den Seiten 128, 137 und 166 das Angebot aus, welches sich eurer Meinung nach am besten für historisches Lernen zum Thema Erster Weltkrieg eignet. Stellt die digitale Sammlung in der Klasse vor.
Für die Auswahl der eurer Meinung nach am besten für historisches Lernen geeigneten digitalen Sammlung solltet ihr folgende Fragen als Kriterien berücksichtigen:
– Welche Quellen bzw. Digitalisate enthält die Sammlung?
– An wen richtet sich die digitale Sammlung?
– Wer ist der Anbieter der digitalen Sammlung?
– Welche Funktionen bietet die Sammlung für die Recherche/Suche von Digitalisaten, und die Untersuchung einzelner Digitalisate und sind diese Funktionen nutzerorientiert bzw. praktikabel?
– Werden ausreichend Informationen zum Sachverhalt und einzelnen Digitalisaten bereitgestellt?

b) Recherchiert im Internet selbstständig eine weitere digitale Sammlung zu einem Themenfeld dieses Kapitels. Präsentiert die Sammlung, deren Anbieter, Inhalte und Recherchemöglichkeiten in der Klasse.
Bei der Recherche weiterer digitaler Sammlungen solltet ihr darauf achten, dass nicht jedes Geschichtsangebot im Internet eine digitale Sammlung ist. So zählen beispielsweise Informationsseiten zu einzelnen historischen Themen oder Portale von Museen und Archiven nur dann zu digitalen Sammlungen, wenn sie gezielt Bestände von digitalisierten Quellen (Digitalisate) bereitstellen.

	Anbieter	Inhalt/Thema der Sammlung/enthaltene Quellen/Darstellungen	Funktionalität und Recherchemöglichkeiten der Sammlung
„Der wahre Jacob"	– verschiedene Universitäten, Archive, Bibliotheken	– Zeitschrift, Medien/Kulturgeschichte – Digitalisate der Ausgaben der Zeitschrift „Der wahre Jacob"	– Schlagwortsuche – gezielte Suche nach Jahrgängen („Blättern") – gezielte Suche nach Personen – Lupenfunktion – Download möglich
„Simplicissimus"	– verschiedene Universitäten, Archive, Bibliotheken	– Zeitschrift, Medien/Kulturgeschichte – Digitalisate der Ausgaben der Zeitschrift „Simplicissimus"	– Schlagwortsuche – gezielte Suche nach Jahrgängen („Blättern") – gezielte Suche nach Personen – Lupenfunktion – Download möglich
„Deutsche Geschichte in Dokumenten und Bildern"	– Deutsches Historisches Institut Washington	– Politik/Ereignisgeschichte – Darstellungstexte (Einleitung), Geschichtskarten, Bildquellen, Statistiken – Textquellen als Transkripte abrufbar (keine Digitalisate)	– Stichwortsuche nach zeitlichen Epochen möglich – zu einzelnen Epochen Orientierung durch Auswahl von Dokumenten, Bildern, Karten – Bereitstellung einer Druckfassung als PDF
„Feldpostbriefe"	– Museum für Post und Telekommunikation Frankfurt	– Fronterfahrung, Alltagsgeschichte, personalisierte Geschichte – sowohl Transkripte als auch Digitalisate	– umfangreiche Suchmöglichkeit nach Themen (alphabetisch), Orten, Personen – biografische Skizzen der Briefeschreiber vernetzt – zum jeweiligen Brief gehörendes Konvolut abrufbar

6 Der Erste Weltkrieg – Urkatastrophe des 20. Jahrhunderts

c) Erarbeitet in der Gruppe eine Ausstellung mit Quellen zum Thema Erster Weltkrieg. Nutzt dafür die digitalen Sammlungen auf den Seiten 128, 137 und 166 und wählt geeignete Digitalisate aus.

Für die Erstellung einer Ausstellung sind folgende Arbeitsschritte wichtig:
1. Festlegung eines Themas eurer Ausstellung (dafür empfiehlt sich eine konkrete Schwerpunktsetzung bzw. Fragestellung zum Thema Erster Weltkrieg);
2. Auswahl und Anordnung geeigneter Quellen/Digitalisate (diese sollten dem Schwerpunkt bzw. der Fragestellung der Ausstellung entsprechen);
3. Vermerk von Quellenangaben;
4. Formulierung kurzer Erläuterungstexte, die sowohl die Quellen erläutern als auch deren Beitrag zum Themenschwerpunkt bzw. der Fragestellung verdeutlichen (Hintergrund der Quelle, Einordnung in den historischen Kontext des Imperialismus bzw. Ersten Weltkrieg);
5. Die Ausstellung könnt ihr sowohl analog beispielsweise in Form eines Plakates als auch digital z. B. als Pecha-Kucha-Präsentation (PowerPoint) oder als Website/Blog umsetzen.

SP 5. 1917 – ein Epochenjahr?
Zusammenhänge in einer Concept Map darstellen
Analysekompetenz, Urteilskompetenz

Stelle die Ereignisse und Entwicklungen des Jahres 1917 in einer Concept Map dar. Verwende dafür die folgenden Begriffe und stelle einen Zusammenhang zwischen ihnen her, indem du sie mit beschrifteten Pfeilen verbindest. Ergänze weitere Begriffe.
Oktoberrevolution – „Steckrübenwinter" – Ende der Zarenherrschaft – Kriegseintritt der USA – Februarrevolution – Bolschewiki – Demokratie – Kommunismus – Seeblockade – Ende der Vorherrschaft Europas in der Welt

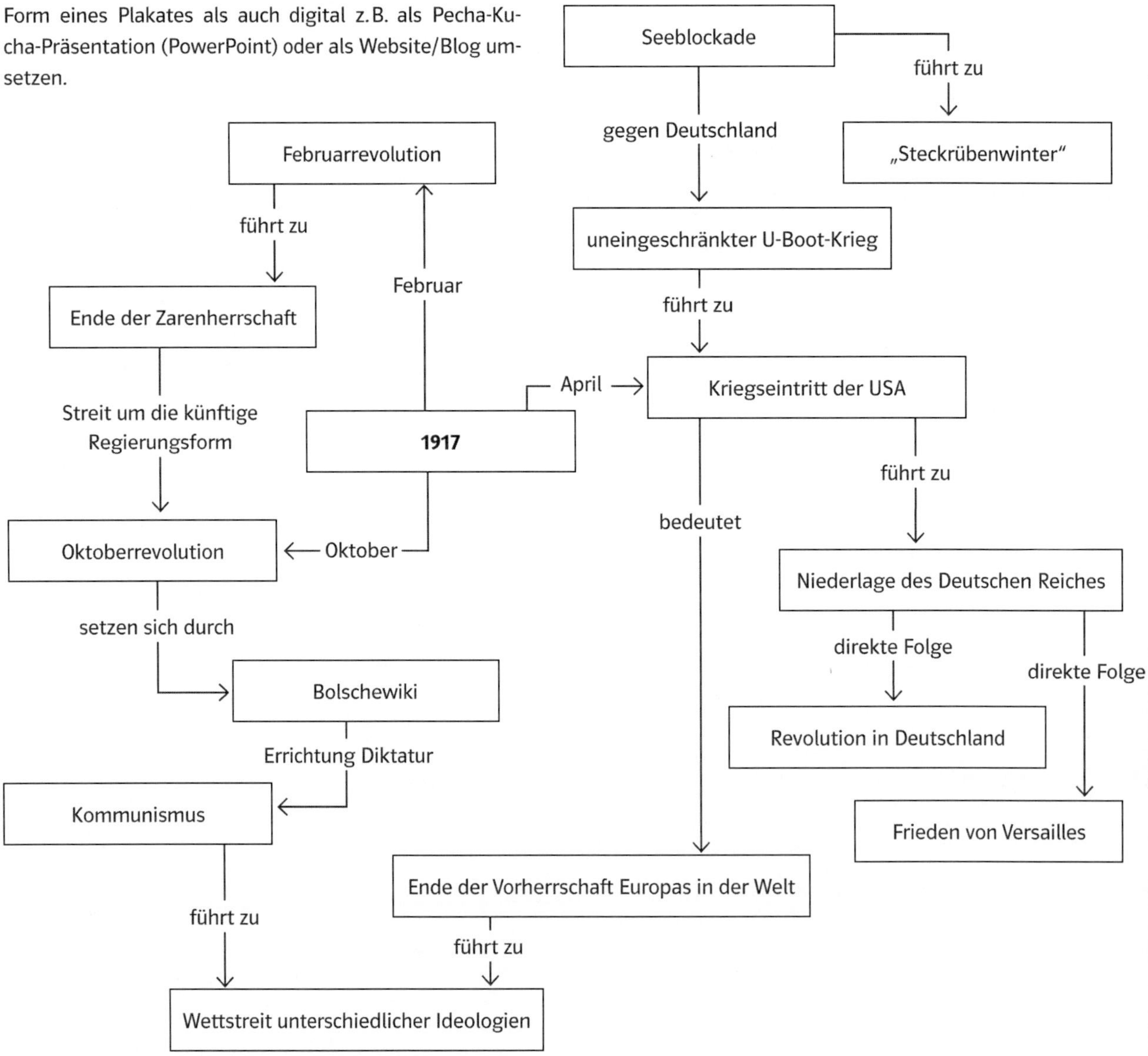

6. Wer trug die Schuld am Ersten Weltkrieg?

Historikermeinungen vergleichen

Wahrnehmungskompetenz, Analysekompetenz, Orientierungskompetenz

a) Stelle die Argumente der beiden Historiker in D1 und D2 in einer Tabelle gegenüber.

Christopher Clark (D1)	Volker Ullrich (D2)
Deutsche nicht allein verantwortlich	auch andere Mächte trugen Verantwortung
alle fühlten sich getrieben	Deutschland war Störenfried vor 1914
alle meinten, unter Druck von außen zu handeln	Regierungen in Berlin und Wien wollten „Julikrise" zur Machtprobe nutzen
alle meinten, Krieg werde von außen aufgezwungen	„Blankoscheck" war Auslöser für entscheidende Eskalation
alle trafen Entscheidungen, die zur Eskalation beitrugen	deutscher und österreichischer Wille zur Zuspitzung unterschied „Julikrise" von anderen Krisen zuvor
alle tragen Verantwortung	keine Quellen vorhanden, die gegen diese Sichtweise sprechen

b) Fasse zusammen, wer nach Meinung der beiden Historiker die Hauptschuld am Ausbruch des Ersten Weltkriegs trägt.

– Clark behauptet, dass niemand die Hauptschuld trage, da alle sich getrieben gefühlt und geglaubt hätten, der jeweils andere wolle ihnen einen Krieg aufzwingen.
– Ullrich behauptet, dass die Deutschen und Österreicher die Hauptverantwortung tragen würden. Sie hätten die Krise im Gegensatz zu vorherigen bewusst eskalieren lassen, um daraus eine Machtprobe zu machen.

c) Nimm in einem kurzen Text begründet Stellung, welche Historikermeinung dir plausibler erscheint.

Folgende Antworten sind möglich:

– Mir scheint Clark recht zu haben. Wenn man sich die Quellen anschaut, dann sieht man doch, dass alle Mächte bereit waren, im Zweifel einen Krieg zu riskieren anstatt nachzugeben. Die Lage in Europa war seit Jahrzehnten angespannt. So wie die Österreicher glaubten, ihre Interessen auf dem Balkan mit Gewalt vertreten zu müssen, so glaubten auch die Russen, dass dies notwendig sei, indem sie Serbien schützten. Die Bündnismechanismen machten dann den großen Krieg unvermeidlich.

– Mir scheint Ullrich die besseren Argumente zu haben. Nach Jahren eines selbst verschuldeten Wettrüstens und aggressiven Auftretens im Rahmen der Weltpolitik glaubte die Reichsleitung, dass es notwendig sei, den einzigen zuverlässigen Verbündeten zu unterstützen. Anderenfalls drohte eine große Blamage, die die eigene Stellung weiter schwächen würde. Auch wenn die anderen Mächte nicht ohne Schuld waren, so wäre ohne die deutsche und die österreichische Entscheidung, die Machtprobe mit den Nachbarn zu suchen, der Krieg nicht ausgebrochen.